Bibliothek des Bank- und Kapitalmarktrechts

Herausgegeben von
Peter Derleder, Bremen, Deutschland
Kai-Oliver Knops, Hamburg, Deutschland
Heinz Georg Bamberger, Neuwied-Segendorf, Deutschland

Weitere Bände in dieser Reihe
http://www.springer.com/series/11759

Christian Gercke

Schadensersatz wegen vorvertraglicher Informationspflichtverletzung beim Verbraucherkredit

Springer

Christian Gercke
Achim
Deutschland

ISBN 978-3-642-39120-0 ISBN 978-3-642-39121-7 (eBook)
DOI 10.1007/978-3-642-39121-7
Springer Heidelberg Dordrecht London New York

Die Deutsche Nationalbibliothek verzeichnet diese Publikation in der Deutschen Nationalbibliografie; detaillierte bibliografische Daten sind im Internet über http://dnb.d-nb.de abrufbar.

Gedruckt auf säurefreiem Papier

Springer ist Teil der Fachverlagsgruppe Springer Science+Business Media (www.springer.com)

Meinen Eltern

Vorwort

Die vorliegende Arbeit wurde vom Fachbereich Rechtswissenschaft der Universität Bremen im Februar 2013 als Dissertation zugelassen.

Mein ganz besonderer Dank gilt meinem Doktorvater, Prof. Dr. Peter Derleder. Er hat mich in allen Phasen der Promotion stets vorbildlich betreut und mit vielen interessanten Diskussionen wesentlich zum Gelingen dieser Arbeit beigetragen. Prof. Dr. Kai-Oliver Knops danke ich für die zügige Erstellung des Zweitgutachtens sowie Prof. Dr. Lorenz Kähler und Prof. Dr. Moritz Renner für die Übernahme der Prüfertätigkeit.

Mein alter Studienfreund Rechtsanwalt Dr. Jan Hahlweg hatte nicht nur während des Promotionsverfahrens immer ein offenes Ohr für alle Arten von Problemen, die der juristische Alltag mit sich bringt. Hierfür und für viele nützliche Ratschläge möchte ich ihm auf diesem Weg danken.

Dank schulde ich auch meinen Kollegen in der Kanzlei GREZESCH & BACHMANN, hier vor allem Rechtsanwalt Dr. Alexander Pallas und Rechtsanwalt Dr. Jochen Bachmann, die mir die Möglichkeit gegeben haben, diese Arbeit neben meiner beruflichen Tätigkeit fertigzustellen.

Den größten Dank möchte ich allerdings meiner Familie, namentlich meiner Frau Marleen sowie meinen Eltern Wilhelm und Renate Gercke, aussprechen. Sie haben stets an mich geglaubt und mich immer unterstützt. Ohne ihre Hilfe wäre nicht nur diese Arbeit sicherlich nie zustande gekommen.

Die Arbeit ist meinen Eltern gewidmet, die mir immer ein Vorbild sein werden.

Achim b. Bremen, im April 2013

Christian Gercke

Inhaltsverzeichnis

Kapitel 1
Einleitung

EU-weit werden die Verbraucher künftig in voller Sachkenntnis ihre Entscheidung treffen können, Wenn es darum geht, einen Verbraucherkredit aufzunehmen – ob zur Finanzierung einer Urlaubsreise, eines Familienfestes oder eines neuen Autos.[1]

Die vorstehenden Worte von Meglena Kuneva, der ehemaligen EU-Kommissarin für Verbraucherschutz, wirken für einen EU-Politiker geradezu euphorisch. Anlass für diese Euphorie war der abschließende Vorschlag der Kommission für eine neue Verbraucherkreditrichtlinie[2]. Die Pressemitteilung, der das Zitat entnommen ist, nennt als wichtigste Neuerung der Richtlinie die nunmehr harmonisierten Standard-Informationen, die EU-weit jedem Verbraucher in der gleichen Form zu erteilen sind. Im ersten Richtlinienvorschlag, den die Kommission fünf Jahre zuvor vorgelegt hatte, nahmen die Informationspflichten der Kreditinstitute noch einen weitaus kleineren Raum ein. Zu kontroversen Diskussionen führte seinerzeit vielmehr die beabsichtigte Pflicht zu einer „verantwortungsvollen Kreditvergabe". In der später verabschiedeten Richtlinie 2008/48/EG findet sich dieser Grundsatz lediglich in den Erwägungsgründen[3]. Stattdessen enthält die Richtlinie einen umfangreichen Katalog vorvertraglicher Informationen, die dem Verbraucher die erhoffte „volle Sachkenntnis" vor Abschluss des Kreditvertrags vermitteln und ihn so vor einer drohenden finanziellen Überlastung schützen sollen. Die erste Verbrauche-

[1] Pressemitteilung der Europäischen Kommission vom 16.01.2008, IP/08/55, abrufbar unter http://europa.eu/rapid/press-release_IP-08-55_de.htm, zuletzt abgerufen am 26.01.2013

[2] Richtlinie 2008/48/EG des Europäischen Parlaments und des Rates vom 23.04.2008 über Verbraucherkreditverträge und zur Aufhebung der Richtlinie 87/102/EWG des Rates, ABl. EG L 133/66.

[3] Erwägungsgrund (26) der RL, *„Die Mitgliedstaaten sollen unter Berücksichtigung der besonderen Merkmale des Kreditmarkts in ihrem jeweiligen Land geeignete Maßnahmen zur Förderung verantwortungsvoller Verfahren in allen Phasen der Kreditvergabe ergreifen".*

C. Gercke, *Schadensersatz wegen vorvertraglicher Informationspflichtverletzung beim Verbraucherkredit,* Bibliothek des Bank- und Kapitalmarktrechts 1,
DOI 10.1007/978-3-642-39121-7_1, © Springer-Verlag Berlin Heidelberg 2014

kreditrichtlinie aus dem Jahr 1987[4] beschränkte sich hinsichtlich der Verbraucherinformation auf das Schriftformgebot sowie die zwingende Angabe des effektiven Jahreszinses und zu dessen Änderungsmöglichkeiten im Kreditvertrag[5].

Dass angesichts steigender Verbraucherverschuldung und der zunehmenden Komplexität von Bankprodukten ein effektiver Verbraucherschutz im Bereich der Kreditvergabe zwingend erforderlich ist, ist mittlerweile allgemein anerkannt. Obwohl die Zahl der Verbraucherinsolvenzen in jüngerer Zeit leicht zurückgegangen ist, waren in den vergangenen Jahren stets mehr als 100.000 Bundesbürger gezwungen, diesen Weg zu gehen, um der Schuldenfalle zu entkommen[6]. In einer Studie des Statistischen Bundesamts aus dem Jahr 2010 gaben fast 58 % der befragten Personen, die zuvor eine Schuldnerberatungsstelle besucht hatten, an, dass ihr größter Gläubiger eines oder mehrere Kreditinstitute seien[7]. Als einer der Hauptgründe für die Überschuldung wurden dabei neben einer gescheiterten Selbstständigkeit oder der Trennung vom Partner auch gescheiterte Immobilienfinanzierungen und unzureichende Kreditberatungen genannt[8]. Diese Entwicklung geht mit einem in den letzten Jahren grundlegend veränderten Konsumverhalten der Verbraucher einher. Nahezu jeder Gebrauchsgegenstand wird heute anstatt zum „Sofortkauf" auch mit einer Finanzierungsmöglichkeit angeboten. Kreditinstitute werben offensiv mit „Bargeld sofort!"-Krediten, teilweise mit Zinsbelastungen im zweistelligen Bereich. Mag es vor dreißig Jahren noch undenkbar gewesen sein, wie von der Verbraucherschutzkommissarin in dem eingangs genannten Zitat angesprochen, eine Urlaubsreise mittels Kredit zu finanzieren, gehört dies mittlerweile zum Alltag der Kreditvergabe.

Um den Gefahren einer unkontrollierten Kreditaufnahme vorzubeugen, kennt das deutsche Recht für den Verbraucherkredit seit jeher eine Vielzahl spezieller

---

[4] Richtlinie 87/102/EWG des Rates vom 22.12.1986 zur Angleichung der Rechts- und Verwaltungsvorschriften der Mitgliedstaaten über den Verbraucherkredit, ABl. EG 1987 L 42/48. ABl. EG 1987 L 42/48.

[5] Die Einführung des Widerrufsrechts im späteren § 7 VerbrKrG erfolgte noch ohne europarechtliche Vorgabe, da die Richtlinie 87/102/EWG keine Ausführungen zum Widerrufsrecht enthielt, MünchKomm/*Schürnbrand*, § 494 Rn. 2.

[6] Statistisches Bundesamt, Wirtschaft und Statistik 3/2010, S. 209, abrufbar unter https://www.destatis.de/DE/Publikationen/WirtschaftStatistik/Monatsausgaben/WistaMaerz10.pdf?__blob=publicationFile, zuletzt abgerufen am 19.01.13.

[7] Statistisches Bundesamt, Statistik zur Überschuldung privater Personen 2010, abrufbar unter https://www.destatis.de/DE/Publikationen/Thematisch/EinkommenKonsumLebensbedingungen/Ueberschuldung/Ueberschuldung5691101107004.pdf?__blob=publicationFile, zuletzt abgerufen am 01.01.13; insgesamt machten 34.313 Personen Angaben zur Gläubigerart.

[8] Statistisches Bundesamt, Statistik zur Überschuldung privater Personen, S. 10; immerhin 3,2 % der Befragten gaben an, dass Hauptgrund für die Überschuldung eine unzureichende Kredit- oder Bürgschaftsberatung gewesen sei; hierzu kommen 4 % der Befragten, die auf eine gescheiterte Immobilienfinanzierung verweisen und 10 %, die ihre Überschuldung schlicht auf „unwirtschaftliche Haushaltsführung zurückführen", Statistisches Bundesamt, Ergebnisse der Überschuldungsstatistik, abrufbar unter https://www.destatis.de/DE/ZahlenFakten/GesellschaftStaat/EinkommenKonsumLebensbedingungen/VermoegenSchulden/Tabellen/Ueberschuldung.html, zuletzt abgerufen am 01.01.13.

Schutzmechanismen. Hierzu zählt neben dem Schriftformgebot des § 492 Abs. 1 BGB auch das *„an Schutzzweck und Bedeutung der jeweiligen Formvorschrift ausgerichtete Sanktionensystem“*[9] des § 494 BGB. Zweck des Schriftformgebotes sollte neben der Warnfunktion gerade auch die Gewährleistung der umfassenden Information des Verbrauchers sein[10]. Besondere Aufklärungspflichten im Vorfeld des Vertragsschlusses waren allerdings die Ausnahme. Diese wurden in der Rechtsprechung des BGH nur für besondere Fallgruppen zugelassen[11]. Der BGH hat vielmehr wiederholt betont, dass es im Grundsatz nicht zu den Pflichten einer kreditgewährenden Bank gehört, den Verbraucher über die Risiken der Kreditverwendung aufzuklären[12].

Dem stehen nunmehr die Vorgaben der Verbraucherkreditrichtlinie gegenüber. Allein Art. 5 Abs. 1 RL enthält einen Katalog von 19 Punkten, über die der Verbraucher vor Vertragsabschluss informiert werden muss. Mit Art. 5 Abs. 6 RL gibt der europäische Gesetzgeber den Mitgliedstaaten weiterhin eine Pflicht zur Erteilung angemessener Erläuterungen vor, die im deutschen Recht in dieser Form bisher nicht existierte[13]. Diese Flut an Informationen spiegelt eine Tendenz in der europäischen Gesetzgebung der letzten Jahrzehnte wieder, beim Verbraucherschutz zunehmend die ausführliche Information des Verbrauchers in den Vordergrund zu stellen. Offen bleibt, welcher „Mehrwert“ für den Verbraucher durch die neu geschaffenen Informations- und Erläuterungspflichten entsteht. In welchen Fällen besteht für ihn die Möglichkeit, gegenüber der Bank Schadensersatzansprüche geltend zu machen, wenn diese ihren Informationspflichten nicht ausreichend nachkommt? Und wie verhalten sich diese möglichen Ansprüche zu dem bereits bestehenden Sanktionen nach § 494 BGB?

Ziel der Arbeit ist es, die wesentlichen Änderungen im Hinblick auf die neu geschaffenen Informationspflichten darzustellen und zu den sich hieraus ergebenden rechtlichen Problempunkten Stellung zu nehmen. Um zunächst die Beweggründe des europäischen Gesetzgebers nachvollziehen zu können, werden im zweiten Kapitel die Grundlagen des Informationsmodells als Verbraucherschutzkonzept dargestellt. Im dritten Kapitel finden sich Ausführungen zur früheren Rechtslage, sowohl auf europäischer Ebene nach der alten Verbraucherkreditrichtlinie als auch im nationalen Recht nach den §§ 491 ff. BGB a. F. Das vierte Kapitel beinhaltet eine Darstellung der einzelnen Informationspflichten in der neuen Richtlinie. Das fünfte Kapitel widmet sich der Umsetzung des Informationspflichtenprogramms der Richtlinie in das nationale Recht. Die Information bei Vertragsschluss und die

---

[9] BGH, Urteil vom 06.12.2005, XI ZR 139/05, NJW 2006, 681 unter Tz. 27.

[10] So die Gesetzesbegründung zu § 3 VerbrKrG, BT-Drucks. 11/5462, S. 19.

[11] BGH, Urteil vom 09.04.1987, III ZR 126/85, WM 1987, 1546; Urteil vom 24.04.1990, XI ZR 236/89, NJW-RR 1990, 876; Urteil vom 17.12.1991, XI ZR 8/91, NJW-RR 1992, 373; Urteil vom 31.03.1992, XI ZR 70/91, NJW-RR 1992, 879; Urteil vom 18.03.2003, XI ZR 188/02, NJW 2003, 2088; Urteil vom 27.01.2004, XI ZR 37/03, NJW 2004, 1376.

[12] Siehe BGH, Urteil vom 28.01.1997, XI ZR 22/96, NJW 1997, 1361, unter Tz. 10; Urteil vom 11.02.1999, IX ZR 352/97, NJW 1999, 2032.

[13] BT-Drucks. 16/11643, S. 78.

weiterhin bestehenden Formvorschriften werden im sechsten Kapitel dargestellt. Im siebten Kapitel werden sodann verschiedene Problemstellungen erörtert, die sich im Zusammenhang mit der Umsetzung der Verbraucherkreditrichtlinie ergeben. Dabei stehen zunächst die vorvertraglichen Informationspflichten nach § 491a Abs. 1 BGB in Verbindung mit Art. 247 §§ 1 ff. EGBGB im Vordergrund. Neben den bereits angesprochenen Fragestellungen geht es dort auch um das mögliche Erfordernis einer „Cooling-Off-Periode" zwischen Information und Vertragsschluss. Ein weiteres Thema sind mögliche Schadensersatzansprüche des Verbrauchers, wenn durch das Kreditinstitut zwar die geforderten Informationen erteilt werden, allerdings ohne Rückgriff auf das Formularmuster „Europäische Standardinformationen für Verbraucherkredite". Hieran anknüpfend wird eine Präzisierung der neu geschaffenen Erläuterungspflicht nach § 491a Abs. 3 BGB unternommen. Problempunkte sind hier unter anderem eine eventuelle Hinweispflicht des Kreditinstituts auf Alternativangebote und die Möglichkeit, für die Erläuterung auf standardisierte Muster zurückzugreifen. Abschließend erfolgt eine Stellungnahme zur Schutzwirkung der Kreditwürdigkeitsprüfung nach § 18 Abs. 2 KWG für den Verbraucher.

Kapitel 2
Grundgedanken des europäischen Gesetzgebers bei der Einführung eines Systems vorvertraglicher Informationspflichten

Vor einer vergleichenden Darstellung der Änderungen im Verbraucherkreditrecht muss zunächst die Frage beantwortet werden, welche Ziele der europäische Gesetzgeber bei der Einführung eines Systems vorvertraglicher Informationen vor Augen hatte. Dabei sollen in einem ersten Schritt zunächst die rechtspolitischen Ansätze für ein Informationsmodell erläutert werden. In diesem Zusammenhang wird kurz auf die Kritik an einem solchen System von Seiten der Literatur einzugehen sein. Ferner sollen im Rahmen einer ökonomischen Analyse Gründe für einen Informationsbedarf des Verbrauchers und für das Entstehen von Informationsasymmetrien aufgezeigt werden. In einem letzten Schritt wird die Entwicklung eines gemeinschaftsrechtlichen Informationsmodells erläutert und der Frage nachgegangen, inwieweit bei diesem Modell die vorher dargestellten Theorien und Ansätze aufgegriffen wurden.

I. Rechtspolitische Grundlagen eines Informationsmodells

Betrachtet man die Erwägungsgründe der neuen Verbraucherkreditrichtlinie, scheinen die Ziele des europäischen Gesetzgebers für die Einführung eines Systems vorvertraglicher Informationspflichten auf der Hand zu liegen: der Verbraucher soll durch die vorvertragliche Information in die Lage versetzt werden, seine Entscheidung über den Vertragsabschluss „in voller Sachkenntnis" zu treffen[1]. Durch die Informationsgewährung sowohl im vorvertraglichen Stadium als auch bei Abschluss des Kreditvertrages soll eine „umfassende Transparenz" gewährleistet werden[2]. Dabei stellt sich die Frage, inwieweit diese Regelungen Ausdruck eines sogenannten Informationsmodells sein könnten, d. h. eines rechtspolitischen Systems, in welchem der Schutz der „schwächeren" Vertragspartei im Wesentlichen durch Auferlegung von Informationspflichten für deren Vertragspartner bewirkt wird.

---

[1] Siehe Erwägungsgrund (19) der RL 2008/48/EG vom 23.04.2008, ABl. EG L 133/66.

[2] Siehe Erwägungsrund (32) der RL.

C. Gercke, *Schadensersatz wegen vorvertraglicher Informationspflichtverletzung beim Verbraucherkredit,* Bibliothek des Bank- und Kapitalmarktrechts 1,
DOI 10.1007/978-3-642-39121-7_2, © Springer-Verlag Berlin Heidelberg 2014

1. Das Informationsmodell als Ausdruck einer liberalen Verbraucherschutzkonzeption

In der Literatur ist das Vorhandensein eines gemeinschaftsrechtlichen Informationsmodells heute nahezu unbestritten[3], teilweise aber auch Zielscheibe erheblicher Kritik geworden[4]. Der Schutz des Verbrauchers durch die Festlegung von Informationspflichten ist bereits seit mehren Jahrzehnten Gegenstand rechtspolitischer Diskussionen[5].

a) Grundzüge

Das Informationsmodell basiert auf der liberal marktwirtschaftlichen Vorstellung, dass der Staat möglichst nicht in wirtschaftliche Vorgänge eingreifen sollte[6]. Grundlage dieses liberalen Ansatzes ist die Vorstellung, dass der Marktmechanismus prinzipiell in der Lage ist, die Interessen der Verbraucher abzusichern[7]. Für die Anhänger des Informationsmodells gilt die Normierung von Informationspflichten als geringster Eingriff in das freie Spiel der Marktkräfte, der zwar zum Ausgleich von Erfahrungs- und Informationsdefiziten erforderlich, aber auch ausreichend sei[8]. Damit stellt es ein Minimalmodell des Verbraucherschutzes dar[9]. Das Informationsmodell entspricht dabei einer neoliberalen Sicht des Marktes, indem es in erster Linie auf Deregulierung und das freie Spiel der Marktkräfte im Wettbewerb vertraut. Die Deregulierung der Leistungserbringung auf Anbieterseite muss nach diesem Modell mit einem verstärkten Bemühen um Transparenz des Angebotenen für den

---

[3] Ausführlich hierzu z. B. *Grundmann*, Vertragsinformation im Binnenmarkt, in Schäfer/Ott (Hrsg.), Vereinheitlichung und Diversität des Zivilrechts in transnationalen Wirtschaftsräumen S. 284 (290 ff.); *Fleischer*, ZEuP 2000, S. 772 (773) spricht insoweit von einem *„unaufhaltsamen Siegeszug der Informationspflichten im Primär- und Sekundärrecht"*; *Riesenhuber*, Europäisches Vertragsrecht, Rn. 138 und 928; *Heiderhoff*, Gemeinschaftsprivatrecht, S. 108 ff; *Kind*, Die Grenzen des Verbraucherschutzes durch Information – aufgezeigt am Teilzeitwohnrechtegesetz, S. 58.

[4] *van den Bergh*, Wer schützt den europäischen Verbraucher vor dem Brüsseler Verbraucherschutz?, in Ott/Schäfer (Hrsg.), Effiziente Verhaltenssteuerung und Kooperation im Zivilrecht, S. 77 ff. (84): „Informationseuphorie"; *Roth*, JZ 1999, 529 (533): *„Inflationär verwendet werden Informationspflichten gegenüber dem Verbraucher…"*; *Reich* in Reich/Micklitz, Europäisches Verbraucherrecht, § 1, 1.10: *„Informationsparadigma des gemeinschaftlichen Verbraucherschutzes"*.

[5] Siehe bereits Mitte der 70er Jahre die ausführliche Darstellung von *Simitis*, Verbraucherschutz, Schlagwort oder Rechtsprinzip?, S. 97 ff.

[6] *Dick*, Das Verbraucherleitbild in der Rechtsprechung, S. 25; *Kind*, S. 42.

[7] *Haybäck*, Verbraucherschutzmodelle für ein faires Vertragsrecht, S. 129; *Drexl*. Die wirtschaftliche Selbstbestimmung des Verbrauchers, S. 26.

[8] Grundlegend *Dauner-Lieb*, Verbraucherschutz durch Ausbildung eines Sonderprivatrechts für Verbraucher, S. 62 ff. (104); *Reuter*, Freiheitsethik und Privatrecht in Bydlinski/Mayer-Maly (Hrsg.), Die ethischen Grundlagen des Privatrechts, S. 105 ff. (122), *Kemper*, Verbraucherschutzinstrumente, S. 187.

[9] *Lurger*, Vertragliche Solidarität, S. 14.

Verbraucher einhergehen. Hierdurch werde der Verbraucher geschützt, der Wettbewerb gefördert und zugleich die Effizienz und Funktionstüchtigkeit des Marktes angehoben [10].

Die wohl bekannteste Begründung dieses Informationsmodells hat *Dauner-Lieb* entwickelt[11]. Ausgangspunkt ihrer Überlegungen ist ein liberales Sozialmodell und ein damit verbundenes – auf dem Rechtsgedanken der Privatautonomie basierendes – Prinzip formal-abstrakter Gleichheit. Im Mittelpunkt des Rechts- und Wirtschaftslebens stehe der Mensch als überwiegend rational handelndes Individuum. Dieser rational handelnde Mensch, der sich am Leitbild des homo oeconomicus orientiere, setze seine durch Teilnahme am wirtschaftlichen Leben erzielten Mittel eigenverantwortlich für eine möglichst optimale Deckung seines Bedarfs ein. Dieses eigenverantwortliche Handeln gehe mit der Fähigkeit einher, vor einer Erwerbsentscheidung Informationen einzuholen, d. h. entsprechende Angebote zu bewerten und zu vergleichen. Da der homo oeconomicus grundsätzlich eine Verbesserung seiner wirtschaftlichen Situation anstrebe, entscheide er sich regelmäßig auch für das günstigste Angebot[12]. Gleichzeitig ergebe sich aus dem Grundsatz der Privatautonomie als eines der Grundprinzipien des Privatrechts ein System formal-abstrakter Gleichheit der Rechtssubjekte. Demzufolge seien alle Rechtssubjekte gleichermaßen fähig und bereit, ihre wirtschaftlichen Angelegenheiten selbständig und vernünftig wahrzunehmen[13]. Im Ergebnis folgt das Informationsmodell daher dem Leitbild der Konsumentensouveränität[14].

Aus diesen Fähigkeiten des „souveränen Verbrauchers" leitet *Dauner-Lieb* gleichzeitig Konsequenzen für die Entwicklung des Marktes ab. Weil die jeweils eigenverantwortlich wirtschaftenden Individuen grundsätzlich eine Verbesserung ihrer wirtschaftlichen Situation anstreben und daher zum jeweils günstigsten Produkt tendieren würden, entstehe zwischen den einzelnen Anbietern ein Wettbewerb. Auf Dauer könne nur derjenige seine Absatz- und Gewinnchancen erhalten, dem es gelinge, sich in Preis und Qualität den günstigeren Angeboten der Konkurrenten anzupassen oder durch neuartige Entwicklungen in Marktlücken einzudringen. Damit einhergehend zwinge der Wettbewerb zu einer ständigen Innovation und Qualitätsverbesserung[15].

Die Anhänger des Informationsmodells sehen die Ursachen für ein Ungleichgewicht zwischen Verbrauchern und Unternehmern auf Märkten, auf denen ein Wettbewerb um die jeweils angebotenen Güter herrscht, daher vornehmlich in subjektiven Merkmalen, d. h. im Bestehen von Informationsasymmetrien begründet. Aufgrund der professionellen Tätigkeit am Markt verfüge der Unternehmer über

---

[10] *Lurger*, a. a. O.; *Haybäck*, S. 130; *Fleischer*, ZEuP 2000, S. 780.

[11] vgl. *Dauner-Lieb*, S. 52 ff; ausführliche Darstellungen dieser Arbeit finden sich u. a. bei *Wiedenmann,* Verbraucherleitbilder und Verbraucherbegriff im deutschen und europäischen Privatrecht, S. 58 ff. oder *Bydlinski,* System und Prinzipien des Privatrechts, S. 741 ff.

[12] *Dauner-Lieb*, S. 52.

[13] Hierzu zusammenfassend *Haybäck*, S. 134.

[14] *Hart/Köck,* ZRP 1991, S. 61; *Drexl*, S. 25; *Dick*, S. 29.

[15] *Dauner-Lieb*, S. 53.

erheblich mehr Informationen als der Verbraucher. Würden diese Asymmetrien aber Informationen betreffen, die für die Aushandlung eines Vertrages wesentlich seien, entfalle die Richtigkeitsgewähr des jeweiligen Aushandlungsmechanismus oder sei erheblich gemindert[16]. In dieser Situation habe dann eine Angleichung der unterschiedlichen Informationslagen zu erfolgen, zuletzt auch durch staatliche Intervention. Das Recht müsse dort einzugreifen, wo Wettbewerb als verbraucherschützende Grundeinrichtung wegen eines Mangels an Informationen versage [17].

Das Informationsmodell verfolgt in diesem Zusammenhang einen marktkomplementären Ansatz[18]. Dabei wird inhaltlich nicht unmittelbar auf das Marktgeschehen oder das Ergebnis von Vertragsverhandlungen eingewirkt. Im Vordergrund steht zunächst vielmehr eine behutsame Einflussnahme auf die jeweiligen Rahmenbedingungen, damit der Konsument in die Lage versetzt wird, eine rationale Auswahlentscheidung zu treffen und sich selbst zu helfen[19]. Durch eine Erhöhung der Markttransparenz soll die Möglichkeit solcher rationaler Verbraucherentscheidungen gefördert werden. Eingriffe in das Markt- und Vertragsgeschehen sollen dagegen nur als ultima ratio in solchen Fällen in Betracht kommen, in denen die selbstregulierenden Kräfte des Marktes versagen, der Verbraucher seine marktregelnde Funktion nicht mehr wahrnehmen und das existierende Recht die Spanne zwischen den Vertragspartnern nicht zu überbrücken vermag[20]. Allein diese Sichtweise werde dem bürgerlichen Recht immanenten und auf der Privatautonomie beruhenden System der formal-abstrakten Gleichheit der Rechtssubjekte gerecht[21].

Simitis, einer der Kritiker des Informationsmodells, hat dieses im Ergebnis treffend auf zwei Grundannahmen reduziert: (1.) Wirtschaftlicher Wettbewerb und die damit verbundenen Verbrauchersouveränität gewährleisten einen Markt, der den Interessen des Verbrauchers gerecht wird bzw. sich an diesen Interessen orientiert.

---

[16] Siehe die Darstellung bei *Joerges,* Verbraucherschutz als Rechtsproblem, S. 31 f; in diesem Sinne *Grundmann,* JZ 2000, 1133 (1137); *Möllers,* JZ 2002, 121 (130).

[17] *Schäfer/Ott*, Lehrbuch der ökonomischen Analyse des Zivilrechts, S. 345; *Drexl*, S. 27; *Dauner-Lieb*, S. 70 kommt in diesem Zusammenhang zu dem Ergebnis, dass *„der über alle für seine Willensbildung relevanten Daten informierte Verbraucher keines Schutzes bedarf; soweit dieser in vollem Bewusstsein der Tragweite seiner Entscheidung Rechtsgeschäfte abschließt, soweit also die Parität, d. h. die vom liberalen Sozialmodell postulierte Gleichheit der Vertragspartner, wiederhergestellt ist, muss er sich uneingeschränkt an seinen Willenserklärungen festhalten lassen.“*.

[18] *Wiedenmann,* S. 58; *Kind*, S. 49.

[19] *Schroeder*, Die soziale Marktwirtschaft als Garant für den Verbraucherschutz, in Piepenbrock/Schroeder (Hrsg.), Verbraucherpolitik kontrovers, S. 127 ff. (137 f.); siehe auch *Schünemann*, Mündigkeit versus Schutzbedürfnis, in Pfeiffer/Kummer/Scheuch (Hrsg.), Festschrift für Brandner, der es als Leitbild des bürgerlichen Rechts ansieht, dass das Gesetz grundsätzlich auf jede inhaltliche Parteinahme verzichte (*„...es greift in den Prozeß der autonomen Bedürfnisartikulation und –befriedigung nicht bewertend ein. Es enthält sich der Direktiven für eine wie auch immer zu fassende Ergebnisrichtigkeit und richtet sein Augenmerk statt dessen darauf, den vernünftigen Willen der Rechtsperson im Rechtsleben zur Geltung zu bringen.“*), S. 279 ff. (283).

[20] *Martinek,* Unsystematische Überregulierung und kontraintentionale Effekte im Europäischen Verbraucherschutz, in Grundmann (Hrsg.), Systembildung und Systemlücken in Kerngebieten des Europäischen Privatrechts, S. 511 (531).

[21] *Dauner-Lieb*, S. 51 f.; zusammenfassend auch *Drexl*, S. 35 f.

(2.) Der Verbraucher ist als souverän handelndes Individuum grundsätzlich in der Lage, die sich am Markt bietenden Chancen zu erkennen und für sich bestmöglich zu nutzen[22].

b) Marktkompensatorische Ausnahmen

Auch nach den Vertretern des liberal-wirtschaftlichen Informationsmodells ist ein umfassender Verbraucherschutz allein durch ausreichende Informationsgewährung nicht zu erreichen. Vielmehr müssten auch in diesem Konzept einzelne marktkompensatorische Ausnahmen zugunsten des Verbrauchers greifen[23]. Als Beispiel seien hier Allgemeine Geschäftsbedingungen genannt. Zwar kann man die Unterlegenheit des Verbrauchers auch in diesen Fällen auf ein Informationsdefizit zurückführen. Der Verwender der AGB kann aufgrund seiner Konzentration auf bestimmte Geschäftsarten ein umfangreiches Fachwissen in die Erstellung dieser Vertragsbedingungen einfließen lassen. Da die AGB allerdings regelmäßig alle denkbaren Risiken und Umstände eines bestimmtem Geschäftskreises abdecken sollen, wirken sie auf einen Nichtfachmann zwangsläufig kompliziert und nicht überschaubar. Häufig wird der Verbraucher in diesen Fällen daher subjektiv überfordert sein. Diesem Ungleichgewicht auf subjektiver Seite könnte allerdings auch durch umfassendere Informationspflichten des AGB-Verwenders nicht begegnet werden. Es ist kaum davon auszugehen, dass eine Erläuterung oder gar ein bloßes Verlesen der oft umfangreichen Geschäftsbedingungen beim Verbraucher zu einem nennenswerten Zuwachs an Informationsvermögen führen würde. Aus diesem Grund kann hier als Korrektiv eine Inhaltskontrolle der entsprechenden Verträge greifen[24].

Als weiteres Korrektiv wird ferner ein Schutz des Verbrauchers vor Täuschung oder Drohung für erforderlich gehalten[25]. Grundlage des Informationsmodells ist gerade die Vorstellung vom Verbraucher als souverän handelndem Individuum, der die ihm gewährten Informationen zur optimalen Befriedigung seiner Bedürfnisse einsetzt. Sofern dem Verbraucher allerdings bewusst Informationen vorenthalten oder falsche Informationen übermittelt werden oder in anderer Weise auf seine Willensbildung eingewirkt wird, ist diese Entscheidungssouveränität zwingend gefährdet. Dementsprechend bedarf es angemessner Schutzmaßnahmen, um sittenwidrige Einflüsse zu vermeiden bzw. zu unterbinden.

---

[22] *Simitis*, S. 107.

[23] Grundlegend zu den Begriffen der marktkomplementären (marktkonformen) und marktkompensatorischen (marktkorrigierenden) Verbraucherschutzkonzeptionen und zur Gegenüberstellung der verschiedenen Konzepte *Reich,* Markt und Recht, S. 198 ff; *ders.* in: Reich/Tonner/Wegener, Verbraucher und Recht, S. 20 f.

[24] *Dauner-Lieb*, S. 72–74; *Bydlinski*, S. 742; *Fastrich,* Richterliche Inhaltskontrolle im Privatrecht, S. 86 ff.; *Lindacher,*BB 1972, 296 (297); *Nicklitsch,* BB 1974, 941 (943); *Lieb,* AcP 178 (1978), 196 (202).

[25] *Wolf,* Entscheidungsfreiheit, S. 113 ff., *Hönn,* Kompensation gestörter Vertragsparität, S. 12.

Im Ergebnis sind daher auch nach dem Informationsmodell Ausnahmen in Form von marktkompensatorischen Regelungen möglich. Diese haben sich allerdings stets am Prinzip formal-abstrakter Gleichheit der Rechtssubjekte zu orientieren und müssen entsprechend allen Rechtssubjekten gleichermaßen zugutekommen[26].

2. Kritik des Informationsmodells

Das Informationsmodell ist als Verbraucherschutzkonzept von Seiten der Rechtswissenschaft vielfach kritisiert worden[27]. Damit stellt sich die Frage, inwieweit solche kritischen Stimmen vom europäischen Gesetzgeber bei der Ausarbeitung seines Informationsmodells berücksichtigt wurden. In diesem Zusammenhang sollen hier einige dieser kritischen Ansätze in ihren Grundzügen dargestellt werden.

a) Einzelne Kritikpunkte

Ein erster Kritikpunkt orientiert sich am System formal-abstrakter Gleichheit der Rechtssubjekte als Ausgangspunkt für das Informationsmodell. Streng genommen enthalte dieses System keinen Ansatzpunkt für die Beachtung eines Informationsdefizits auf Seiten des Verbrauchers. Wären alle Menschen bzw. Menschengruppen für das Recht gleich oder gleich zu behandeln, müssten demzufolge auch besser und schlechter informierte Rechtssubjekte gleich behandelt werden[28].

Gegenstand von Kritik ist ferner die Orientierung des Informationsmodells am Leitbild des souverän handelnden homo oeconomicus. Man könne diesen vielleicht als analytische Kategorie heranziehen, nicht dagegen – wie im Informationsmodell – als normatives Leitbild. Die Figur des homo oeconomicus wirke allzu rational, effizient und kritisch und stelle damit gerade kein Abbild des durchschnittlichen Verbrauchers dar[29]. Das Verbraucherverhalten widerspreche wegen des schwanken-

[26] Hierzu zusammenfassend *Hayböck*, S. 141.

[27] Eine umfassende Darstellung der verschiedenen Kritikansätze bzw. Theorien findet sich z. B. bei AK-BGB-*Hart*, vor § 116 Rn. 163 ff. und bei *Wiedenmann*, S. 49 ff.

[28] Grundlegend hierzu *Bydlinski*, S. 743; dem zustimmend *Hayböck*, S. 145.

[29] Kritisch daher vor allem *Limbach*, KritV 1986, 165 (171), die auf dem Standpunkt steht, „... *daß mit diesem Denkmodell keine gewöhnlichen Menschen erfasst werden, sondern Halbgötter.*"; siehe auch die Kritik aus wirtschaftswissenschaftlicher Sicht bei *Kuhlmann*, Verbraucherpolitik, S. 31, der konstatiert, dass das Leitbild des homo oeconomicus „... *keiner empirischen Überprüfung an der Realität standhält.*"; siehe zu der jüngeren Kritik am Informationsmodell *Schmidt-Kessel*, VuR 2012, 350 (353), wonach der europäische und der deutsche Gesetzgeber ganz offensichtlich die Schutzwirkung der Informationspflicht kolossal überschätzen und insoweit auch die jüngeren Erkenntnisse der Verhaltensforschung ignorieren würden; ebenso *Rittner*, JZ 2005, 668 (669), nach dem ein „... *Konstrukt wie das des homo oeconomicus, das sich zwischen das wirkliche Leben und die Jurisprudenz schieben würde,*" nicht benötigt werde; allgemein zu den Grenzen des Modells des homo oeconomicus *Lüdemann*, in: Engel/Englerth/Lüdemann/Spiecker (Hrsg.), Recht und Verhalten, 7 (9 ff.).

den Grades der emotionalen Beteiligung und wegen der beschränkten Handlungskapazität in weiten Bereichen der im Informationsmodell zugrunde gelegten Rationalitäts- und Autonomieannahme[30]. Die Annahme der Fähigkeit der Verbraucher zu rationalen Entscheidungen stehe deshalb in einem Widerspruch zur sozialen Realität. Wegen der zunehmenden Einschränkung von wettbewerbsfähigen Märkten durch Monopole und Oligopole stehe der Entscheidungsfreiheit des Konsumenten in Wirklichkeit eine Abhängigkeit vom Produzenten gegenüber[31].

Ebenso wird den Anhängern des Informationsmodells eine gewisse Inkonsequenz bei der Anwendung dieses Verbraucherschutzkonzepts vorgehalten. So gehe man grundsätzlich vom Leitbild des souverän handelnden Verbrauchers aus. Im Zusammenhang mit der Verwendung Allgemeiner Geschäftsbedingungen verliere der Verbraucher nun jedoch seine Souveränität und sei auf korrigierende Maßnahmen in Form einer Inhaltskontrolle angewiesen[32].

b) Soziale Verbraucherschutzkonzepte

Aus dieser Kritik am liberal geprägten Informationsmodell haben sich mehrere alternative Verbraucherschutzkonzepte entwickelt, die in der Literatur gemeinhin als soziale Verbraucherschutzmodelle bezeichnet werden. Die dabei vertretenen Ansichten lassen sich unter dem Grundgedanken einer optimalen Bedürfnisbefriedigung für den Verbraucher zusammenfassen[33]. Im Unterschied zum grundsätzlich marktkomplementären Informationsmodell soll dieses Ziel in viel umfangreicherem Maße durch marktkompensatorische, d. h. marktkorrigierende Mittel erreicht werden [34].

So geht beispielsweise *Reich* von einer rollenspezifischen Unterlegenheit der Verbraucher gegenüber den Unternehmern als mächtigerer Wirtschaftsgruppe im Marktprozess aus. Das Konzept der Konsumentensouveränität ist ihm zufolge realitätsfern, da der Verbraucher keinesfalls „souverän" handele, sondern vielmehr ein „Untertan des Marktgeschehens" sei[35]. Diese strukturellen Machtdifferenzen bedürften eines Ausgleichs durch entsprechende marktkompensatorische Maßnahmen[36]. Das Verbraucherrecht habe dem Sozialstaatsgebot des Grundgesetzes zu fol-

---

[30] *Dick*, S. 30; *Rösler,* Europäisches Konsumentenvertragsrecht, S. 154; ähnlich auch *Kirchgässner,* JZ 1991, 104 (110), der einräumt, „... *daß die Annahme der Mündigkeit der Bürger, die im ökonomischen Verhaltensmodell gemacht wird, möglicherweise zu idealistisch ist, um der Wirklichkeit voll zu entsprechen.*"; zugleich weist er allerdings darauf hin, „... *daß auf dieser Annahme auch unsere demokratische Ordnung beruht.*".

[31] vgl. *v. Hippel,* Verbraucherschutz, S. 1; *ders.*, JZ 1972, 417 (420); *Simitis*, S. 107 ff; zusammenfassend auch *Drexl*, S. 29.

[32] *Hayböck*, S. 150.

[33] Siehe hierzu z. B. *v. Hippel*, Verbraucherschutz., S. 21; ebenso *Dick*, S. 35.

[34] Zusammenfassend *Kind,* S. 48; ebenso *Enders,* Neuerungen im Recht der Verbraucherdarlehensverträge, S. 31 ff.

[35] *Reich,* ZRP 1974, 187 (190).

[36] *Ders.*, Markt und Recht, S. 21.

gen, woraus sich gleichermaßen ein marktkompensatorischer Verbraucherschutz als Gegenmodell zu bloß marktkomplementärer Ordnungspolitik legitimiere[37]. Interessant ist in diesem Zusammenhang, dass auch *Reich* als Befürworter eines sozialen Verbraucherschutzmodells die Information des Verbrauchers als wichtiges Schutzinstrument ansieht[38].

Dieser Ansicht tritt *Simitis* ausdrücklich entgegen. Er stimmt *Reich* zwar insoweit zu, dass die Vorstellung von der Souveränität des Konsumenten aufgrund der fundamentalen Unterschiede zwischen Herstellern und Verbrauchern abwegig sei[39]. Zentrale Bedeutung komme in diesem Zusammenhang aber der Werbung durch die Hersteller zu. Der Hersteller selbst sei – anders als der Verbraucher – nicht an der Befriedigung, sondern der Schaffung von Bedürfnissen interessiert. Dieses Ziel erreiche er über die Werbung zur Steuerung von Konsumentenentscheidungen[40]. Anders als *Reich* geht *Simitis* daher davon aus, dass die Information des Verbrauchers kein wirksames Mittel zu dessen Schutz darstelle. Die zu gewährende Information werde regelmäßig mit zu geringer Anpassungsgeschwindigkeit erteilt. Darüber hinaus sei diese hinsichtlich der für die Entscheidungsfindung relevanten Inhalte regelmäßig unvollständig. Wegen der Komplexität der Marktzusammenhänge bleibe sie für den Verbraucher außerdem so undurchsichtig, dass sie im Ergebnis für ihn wertlos sei[41]. Als Reaktion hierauf fordert *Simitis* deshalb eine stärkere Einbindung der Verbraucher in den Produktionsprozess selbst. Die Verbraucherpolitik müsse zum Mittel werden, um die privatautonome Entscheidungsmacht der Produzenten an Kontrollen, Verfahren und Voraussetzungen zu knüpfen, die gewährleisten, dass gesellschaftlich bedeutsame Entscheidungen gesellschaftlich relevante Gesichtspunkte auch beachten[42].

Ein noch extensiveres Verbraucherschutzprogramm hat *Reifner* mit seinem Modell der umverteilenden Solidarität entwickelt[43]. Wie *Reich* und *Simitis* geht er davon aus, dass selbst im Falle allgemeiner Privatautonomie eine Vertragsfreiheit des ökonomisch in der Regel schwächeren Verbrauchers faktisch nicht existiere. Der Verbraucher verfüge zumeist nicht über die Wahl, ein entsprechendes Konsumgut nicht zu konsumieren. In diesem Zusammenhang sei er vielmehr einer Art Konsumzwang der Produzenten ausgesetzt, welcher durch aggressive Werbung und komplexe Vertragswerke noch verstärkt werde[44].

Die Informationsvermittlung stellt für *Reifner* nur eines von mehreren Mitteln zur Stärkung der Rechtsstellung des Verbrauchers dar. Um die grundlegenden

---

[37] *Ders.* in Reich/Tonner/Wegener, Verbraucher und Recht, S. 23.

[38] *Ders.* NJW 1978, 513 (519) und JZ 1980, 329 (332).

[39] *Simitis*, S. 136, der nahezu resignierend konstatiert: *„Die Konsumautonomie ist durch die strukturellen Veränderungen im ökonomischen Bereich endgültig aufgehoben worden. Sie wiederherstellen zu wollen, ist ein aussichtsloses Unterfangen.“*.

[40] *Ders. a. a. O.*, S. 138.

[41] *Ders.* a. a. O., S. 119 ff.

[42] *Ders.* a. a. O., S. 156.

[43] *Reifner*, Alternatives Wirtschaftrecht am Beispiel der Verbraucherverschuldung, S. 51 ff.

[44] *Ders., a. a. O.*, S. 206 ff.

Unterschiede zwischen Verbraucher und Produzenten zu überwinden, bedürfe es weitergehend einer Überwindung der Abstraktion der geltenden Zivilrechtsdogmatik und eines Abstellens auf die tatsächlich vorgegebenen sozialen Rollen der am Wirtschaftsleben beteiligten Personen. Erforderlich sei in diesem Zusammenhang die soziale Auslegung von Verbraucherverträgen in Form einer Moralisierung der Märkte. Dies sei nur durch eine streng soziale Auslegung einzelner, den Marktprozess bestimmenden juristischen Begriffe zu erreichen[45].

Vergleicht man die genannten Alternativmodelle fällt auf, dass sie die Verbraucherinformation teilweise durchaus als taugliches Verbraucherschutzinstrument ansehen. Allen genannten Vertretern der sozialen Modelle geht der hierdurch gewonnene Schutz des Verbrauchers aber nicht weit genug, oder die Effizienz dieses Mittels wird hinsichtlich der Durchsetzung von Verbraucherrechten viel geringer eingeordnet als von den Vertretern des Informationsmodells[46]. Zurückzuführen ist dies vor allem auf die unterschiedlichen Verbraucherleitbilder. Nach den Alternativmodellen soll vor allem das Leitbild eines aufgeklärten Verbrauchers im Sinne eines homo oeconomicus bloße Idealvorstellung und mit der Realität nicht zu vereinbaren sein[47].

II. Ursachen für einen Informationsbedarf des Verbrauchers

Nachdem in einem ersten Schritt zunächst das Informationsmodell als Verbraucherschutzkonzept dargestellt wurde, soll nunmehr nach den Gründen für einen Informationsbedarf des Verbrauchers gefragt werden. Hierzu bedarf es einer ökonomischen Analyse der gesamtgesellschaftlichen und wirtschaftlichen Ursachen für die Entstehung von Informationsdefiziten. Die hieraus gewonnenen Erkenntnisse sollen einem besseren Verständnis der Beweggründe des europäischen Gesetzgebers bei der Einführung eines Systems vorvertraglicher Informationen dienen.

---

[45] *Ders.*, a. a. O., S. 92 ff.

[46] Siehe zu der jüngeren Kritik am Informationsmodell *Schmidt-Kessel*, VuR 2012, 350 (353), der die Informationspflichten unter Hinweis auf die Erkenntnisse der Verbraucherverhaltensforschung als ein *„Beispiel reicher Symbolgesetzgebung, genauer symbolischer Alibigesetzgebung"* bezeichnet; ebenso kritisch *Rittner*, JZ 2005, 668 (669).

[47] Gegen diesen Ansatz, das Konzept des Verbraucherschutzes vor allem auf die Schwäche des Verbrauchers und den Gegensatz zwischen Unternehmern und Verbrauchern zu stützen *Drexl*, S. 39 ff., der stattdessen ein Modell des Verbraucherschutzes entwickelt, welches das Prinzip der ökonomischen Effizienz mit dem normativen Prinzip der wirtschaftlichen Selbstbestimmung zu verbinden versucht.

I. Sachgründe für das Entstehen von Informationsasymmetrien

Vertragsschlussbezogene Informationspflichten stellen eine Reaktion der Rechtsordnung auf intellektuelle oder strukturelle Ungleichgewichtslagen bei der Vertragsanbahnung dar[48]. Dabei bilden Informationen über die wesentlichen Vertragsparameter die Voraussetzung einerseits für eine rational gewinnmaximierende Entscheidung des jeweils Betroffenen und andererseits für das Funktionieren des Selbststeuerungsmechanismus Markt[49]. Verfügt eine Vertragsseite über mehr Informationen als die andere, spricht man grundsätzlich von Informationsasymmetrien.

Als Gründe für das Entstehen solcher Informationsasymmetrien und eines damit verbundenen erhöhten Informationsbedarfes des Verbrauchers werden zumeist die gewandelten wirtschaftlichen und sozialen Rahmenbedingungen unserer Zeit genannt[50]. In den letzten Jahrzehnten hat der Grad funktioneller Arbeitsteilung in allen größeren Volkswirtschaften um ein Vielfaches zugenommen. Damit einhergehend konzentriert sich gleichzeitig auf der Anbieterseite ein immer größer werdendes Spezialwissen[51]. Diese Entwicklung steht in engem Zusammenhang mit der zunehmenden Ausdifferenzierung des Waren- und Dienstleistungsangebots. Immer neuere und kompliziertere Produkte verlangen dem Verbraucher auch immer tiefergehendere Kenntnisse und umfangreichere Möglichkeiten zur Informationsbeschaffung ab[52]. Die Vielfalt der angebotenen Waren lässt die Marktübersicht immer schwieriger werden[53]. Ebenso dürfte aufgrund der unionsrechtlichen Deregulierung das Angebot im Binnenmarkt deutlich verbreitert und damit auch unübersichtlicher geworden sein[54].

Demgegenüber stehen aufgrund des allgemein gestiegenen gesellschaftlichen Wohlstands den Herstellern und Vertreibern von Produkten immer häufiger Verbrauchergruppen gegenüber, denen es an entsprechender Geschäftserfahrung oder Vorbildung mangelt[55]. Für Marktteilnehmer, die Transaktionen nur gelegentlich durchführen, ist die Informationsbeschaffung dementsprechend teurer, weil sie die

---

[48] *Fleischer,* ZEuP 2000, S. 774.

[49] *Grundmann,* JZ 2000, S. 1137.

[50] *Fleischer,* Informationsasymmetrie im Vertragsrecht, S. 204; *Reuter,* AcP 189 (1989), 199 (218) spricht insoweit vom *„Wandel der Waren- und Dienstleistungsmärkte zu Kundenmärkten"*; *Kemper,* S. 36; *Kind,* S. 442 ff.

[51] *Köndgen,* Selbstbindung ohne Vertrag, S. 144 ff.; aus volkswirtschaftlicher Sicht: *Richter/Furubotn,*Neue Institutionenökonomik, S. 56 mit dem Hinweis, dass die Übertragung von Leistungen Tätigkeiten wie die Übertragung einzelner Informationen einschließt.; ähnlich *Fritsch/Wein/Ewers,* Marktversagen und Wirtschaftspolitik, S. 284 ff.

[52] *Reuter,* AcP 189, S. 122; *Fleischer,* Informationsasymmetrie, S. 204.

[53] *Schumacher,* Vertragsaufhebung wegen fahrlässiger Irreführung unerfahrener Vertragspartner, S. 74; ebenso *Simitis,* S. 102.

[54] *Fleischer,* ZEuP 2000, S. 775.

[55] *Lehmann,*Vertragsanbahnung durch Werbung, S. 68; *Schumacher,* S. 74; explizit für den Bereich des Verbraucherkredits *Knops,*VuR 1998, 107 (113), der zutreffend auf das strukturelle Machtgefälle zwischen Bank und Kunde sowie die *„organisatorische Verbandsüberlegenheit"* der Kreditinstitute hinweist.

Informationskosten für eine ungleich geringere Zahl von Transaktionen aufbringen müssen. Gerade in Bereichen besonders professionellen Wissens sind die Informationskosten für die professionelle Marktseite daher erheblich teurer[56]. Wegen der Tiefenstaffelung von Produktion und Absatz und der Anonymisierung des Marktgeschehens werden außerdem mehr und mehr Tauschvorgänge zwischen Personen abgewickelt, die keine längerfristigen Beziehungen pflegen und infolgedessen auf detaillierte Produktinformationen mehr denn je angewiesen sind[57].

Weitere Gründe für Informationsasymmetrien können in der Person des individuellen Verbrauchers liegen. So fehlt es manchen Konsumenten schlichtweg an der notwendigen Ausbildung, um die vorhandenen Informationen entsprechend zu verarbeiten, sodass Kosten- und Preisvergleiche gleichfalls erschwert werden[58]. Weiterhin können Konsumenten in der Regel nur eine begrenzte Menge von Informationen aufnehmen und speichern. Sind diese nicht standardisiert, wird die Produktauswahl ebenfalls erschwert. Gleichzeitig schwanken einzelne Informationen stark in ihrer Verlässlichkeit, was teilweise allein durch ein allzu rasches Veralten der jeweiligen Information bedingt ist[59].

2. Informationsasymmetrien als Gründe für Marktversagen

Die oben beschriebenen Ungleichgewichte in der Informationsverteilung zwischen Unternehmern bzw. Anbietern und Verbrauchern können in der Konsequenz zum Versagen der wettbewerbsbedingten Selbstregulierung eines Marktes führen. In der Literatur wird diese These zumeist auf den amerikanischen Ökonomen *George A. Akerlof* mit der von ihm entwickelten Theorie eines „Market for Lemons" zurückgeführt[60].

Unter dem Begriff „Lemon" ist in diesem Zusammenhang ein praktisch unbrauchbares Produkt zu verstehen, welches zwar von außen betrachtet gut aussieht, allerdings kaum für den Konsum geeignet ist. In einem funktionierenden Markt würde sich ein solches Produkt in Konkurrenz zu anderen, für den Konsum geeigneten Produkten nicht durchsetzen können.

---

[56] Ausführlich hierzu: *Grundmann,* JZ 2000, S. 1137.

[57] *Fleischer,* ZEuP 2000, S. 775; *Richter/Furubotn*, S. 50.

[58] *Carlton/Perloff,* Modern industrial Organisation, S. 444, mit dem Hinweis auf die Kennzeichnungspflichten im amerikanischen Lebensmittelhandel.

[59] Zu den einzelnen Punkten umfassend *Fleischer,* ZEuP 2000, S. 776; *ders.,* Informationsasymmetrien, S. 204 f., jeweils unter Angabe weiterer Gründe für Informationsasymmetrien aus der individuellen Sicht des Verbrauchers.

[60] *Akerlof,* The Market for Lemons, Quarterly Journal of Economics, Bd. 84 (1970), S. 488; *Schäfer/Ott*, S. 345, gehen davon aus, dass die Theorie von Akerloff *„generell eine Fundierung des Verbraucherschutzes"* darstellt; in die gleiche Richtung *Grundmann* JZ 2000, S. 1137, wonach *Akerlof* dieses Problem *„erstmals in dieser Klarheit"* beschrieben habe; siehe. auch *Fleischer* ZeuP 2000, S. 778; *Kuhlmann*, S. 331.

Mit dem von *Akerlof* beschriebenen „Market for Lemons" wird nunmehr ein Modell eines Marktes beschrieben, auf dem sich aufgrund von bestehenden Informationsasymmetrien nicht das beste, sondern vielmehr das schlechteste Produkt durchsetzt und dabei die besseren Produkte aus dem Markt drängt. Als Beispiel hierfür wählt *Akerlof* den Gebrauchtwagenmarkt[61]. Grundsätzlich kann davon ausgegangen werden, dass auf diesem Markt sowohl schlechte als auch gute Gebrauchtwagen gehandelt werden. Die zutreffende Einschätzung, ob es sich um ein gutes oder schlechtes Fahrzeug handelt, kann allerdings nur der Eigentümer und Verkäufer treffen. Dieser ist den Wagen u. U. über einen längeren Zeitraum gefahren und kann dessen Eigenschaften daher marktgerecht bewerten.

Auf diese Weise ergibt sich allerdings ein Informationsdefizit für den Käufer, der den konkreten Wagen gerade nicht über einen längeren Zeitraum testen konnte. Dieses Defizit kann von ihm nur durch zusätzliche Maßnahmen wie z. B. die Einholung eines entsprechenden Gutachtens überwunden werden[62].

Der „Market for Lemons" ergibt sich nunmehr aus der Tatsache, dass gute und schlechte Gebrauchtwagen trotz der bestehenden Qualitätsunterschiede zum gleichen Preis verkauft werden, da es für den Käufer mangels gleicher Erfahrungen wie beim Verkäufer nicht möglich ist, zwischen den guten und schlechten Gebrauchtwagen zu unterscheiden. Damit einhergehend verdrängen die „schlechten" Fahrzeuge aber gleichzeitig die „guten" vom Markt, z. B. weil es für den Verkäufer dieser Fahrzeuge wesentlich günstiger ist, ein Fahrzeug niedrigerer Qualität zu erwerben, dieses aber dann zum gleichen Preis wie ein Fahrzeug höherer Qualität abgesetzt werden kann[63].

Schäfer/Ott haben die Voraussetzungen für das von *Akerlof* beschriebene Phänomen eines „Market for Lemons", in dem die hochwertigeren Produkte von den qualitativ schlechteren Produkten verdrängt werden, wie folgt zusammengefasst:[64]

- Zunächst darf die Qualität der Produkte beim Kauf für den Käufer nicht erkennbar sein. Ursache hierfür können z. B. technische Gründe oder zu hohe Informationskosten sein, z. B. weil ein Erfahrungsaustausch zwischen den Kunden nicht möglich ist. Bleibt man bei *Akerlofs* Beispiel des Gebrauchtwagenmarktes könnte der Kunde diesem Problem z. B. durch Einholung eines Gutachtens begegnen. Im Gegenzug würde dieses Mehr an Informationen bei ihm allerdings auch höhere Anschaffungskosten verursachen.
- Weitere Voraussetzung ist die Unmöglichkeit für den Käufer, den einzelnen Unternehmer durch Abwendung von seinen Produkten oder durch Abwanderung zu bestrafen. Dies wird im Zusammenhang mit dem oben beschriebenen Beispiel von Restaurants in der Nähe sogenannter „Touristenattraktionen" besonders

[61] *Akerlof*, a. a. O., S. 489 ff.; weiterhin auch *Schäfer/Ott*, S. 342 f., die als Beispiel für den von *Akerlof* beschriebenen „race to the bottom" Restaurants an Plätzen mit häufig wechselndem Publikum wie z. B. in Bahnhofsnähe oder in touristischen „Wallfahrtsorten" nennen.

[62] *Akerlof*, a. a. O., S. 488 (489).

[63] *Akerlof*, a. a. O., S. 488 (490).

[64] *Schäfer/Ott*, S. 344.

deutlich. In der Regel besuchen die Kunden den Ort nur einmal in ihrem Leben. Dementsprechend können sie ihre enttäuschten Erwartungen nicht durch eine Abwendung vom jeweiligen Restaurationsbetrieb dokumentieren.

Bei Vorliegen dieser Voraussetzungen besteht für die Durchsetzung eines wirksamen Verbraucherschutzes das Erfordernis staatlicher Intervention. Dies kann z. B. durch eine eigene staatliche Qualitäts- und Preiskontrolle mittels zwingender Vorgaben für bestimmte Produkte geschehen. Nachteil solcher zwingender Vorgaben ist jedoch, dass sie gleichzeitig die Gestaltungsfreiheit reduzieren und unterschiedliche Präferenzen der Nachfrage schlechter befriedigen können[65].

Andererseits besteht aber auch die Möglichkeit, den Unternehmern selbst entsprechende Informationspflichten aufzulegen. Hierdurch werden die bestehenden Informationsasymmetrien verringert oder gar aufgehoben. Der Verbraucher erhält Informationen über das von ihm avisierte Produkt, die ihm ansonsten u. U. überhaupt nicht zugänglich gewesen wären. Damit werden ihm höhere Anschaffungskosten in Form von Informationskosten erspart. Weiterhin unterbleibt grundsätzlich ein staatlicher Eingriff in die vertragliche Gestaltungsfreiheit[66]. Die Befriedigung der unterschiedlichen Verbraucherwünsche bleibt gewährleistet.

In diesem Zusammenhang sollte beachtet werden, dass durch die Verpflichtung des Unternehmers zur Verbraucherinformation gleichzeitig auch dem Verbraucherschutz entgegenlaufende Effekte eintreten können. Jede Verbesserung der Rechtsposition des Verbrauchers verursacht Kosten, die im Warenpreis ihren Niederschlag finden. Die Kosten verbraucherpolitischer Schutzmaßnahmen, wie etwa gesteigerter Informationspflichten aufgrund der Festlegung bestimmter Mindestangaben können vom Unternehmer wiederum auf den Preis der Produkte aufgeschlagen werden[67].

Auf längere Sicht ist der Verbraucher durch solche Maßnahmen einerseits besser gestellt, weil er ein besseres Produkt erhält. Zugleich ist er aber auch schlechter gestellt, weil er einen höheren Preis bezahlen muss. Gleiches gilt im Umkehrschluss für den Produzenten: er wird schlechter gestellt, weil seine Kosten für das jeweilige Produkt steigen. Diese Kosten kann er aber wiederum auf den Verbraucher abwälzen[68].

Im Ergebnis kann man daher festhalten, dass Informationspflichten für Unternehmer aus ökonomischer Sicht einen wichtigen Beitrag zur Gewährleistung des Funktionierens eines Marktes und damit einhergehend auch für den Schutz des Verbrauchers darstellen. Dabei müssen allerdings die eventuell eintretenden adversen Effekte höherer Produktkosten oder auch eines sogenannten „Information-Overload" beachtet werden.

---

[65] *Grundmann* JZ 2000, S. 1137; *ders.*, Europäisches Schuldvertragsrecht, S. 47 f.

[66] *Grundmann*, JZ 2000, 1137 (1143).

[67] Umfassend zu dieser Problematik *van den Bergh*, S. 80 f.

[68] *Ders.*, S. 81.

III. Die Entwicklung eines Informationssystems in der Europäischen Gemeinschaft

Wie bereits angemerkt, wird das grundsätzliche Vorhandensein eines gemeinschaftsrechtlichen Informationsmodells heute nicht mehr bestritten[69]. Dabei stellt sich allerdings die Frage, wie und woraus sich dieses Informationsmodell entwickelt hat und welche Ziele der Europäische Gesetzgeber hiermit verfolgt hat.

1. Primärrecht und Sekundärrecht

a) Erste verbraucherpolitische Programme

In den Anfangsjahren der Europäischen Gemeinschaft spielte der Verbraucherschutz zunächst eine untergeordnete Rolle. In den EG-Gründungsverträgen vom 25. März 1957 wurde dieser noch nicht erwähnt[70]. Die Verfasser der Verträge gingen wahrscheinlich davon aus, dass sich der Verbraucherschutz gleichsam automatisch aus den Vorteilen eines gemeinsamen Markts, des freien Wettbewerbs und der gemeinsamen Landwirtschaftspolitik ergeben würde[71]. Dies zeigt sich auch daran, dass in den ursprünglichen Verträgen der „Verbraucher" nur an drei Stellen auftrat, wobei es dabei vor allem um die Belieferung des Verbrauchers zu angemessenen Preisen als Ziel der gemeinsamen Landwirtschaftspolitik sowie die Bedingungen für eine Freistellung vom Kartellverbot ging[72].

Im Jahr 1973 richtete die Kommission eine erste Dienststelle für das Thema Verbraucherschutz ein und beauftragte diese mit der Ausarbeitung entsprechender Richtlinienvorschläge z. B. für die Bereiche Haustürgeschäfte, missbräuchliche Vertragsklauseln oder Preisauszeichnung. Später wurde diese Aufgabe von der Generaldirektion XXIV in der Kommission übernommen. Weiterhin wurde bereits im selben Jahr auf Gemeinschaftsebene ein aus 39 Vertretern bestehender „Beratender Verbraucherausschuss" eingerichtet, der allerdings kein Recht auf vorherige Beteiligung an den Gesetzgebungstätigkeiten der Gemeinschaften hatte. Außerdem

---

69 Siehe hierzu die unter Fn. 15 genannten Quellen; weiterhin *Höland,* Leitbilder des europäischen Verbraucherrechts, in Krämer/Micklitz/Tonner (Hrsg.), Recht und diffuse Interessen in der Europäischen Rechtsordnung – Liber amoricum Norbert Reich, S. 213, nach dem der moderne Verbraucherschutz getragen sei *„... vom Gedanken der Autonomieverleihung durch Wissen oder jedenfalls Wissen können"*; ebenso *Rösler,* S. 142; *Wicke,* GPR 2005, 106 nennt die Informationspflichten des Unternehmers als eines von zwei Schutzinstrumenten des Verbrauchers neben dem Widerrufsrecht.

70 *Drobnig,* Neue rechtliche Konzepte für den europäischen Verbraucherschutz, in Heusel (Hrsg.), Neues europäisches Vertragsrecht und Verbraucherschutz, S. 201, nennt den Verbraucherschutz daher *„eine späte Blüte unter den offiziellen Politiken der Europäischen Gemeinschaften"*; umfassend zur Entwicklung des EU-Verbraucherrechts auch *Micklitz/Weatherill,* JcP 16 (1993), 285 ff.

71 *Staudenmayer,* RIW 1999, 733.

72 *Staudenmayer,* a. a. O.

kamen im Wirtschafts- und Sozialausschuss als beratendem Organ des Gemeinschaftsgesetzgebers zusätzlich zu den bereits vorhandenen Vertretern von Arbeitgebern und Gewerkschaften noch Verbrauchervertreter hinzu[73].

Als der Rat im Jahr 1975 sein erstes – von der Kommission entwickeltes – Programm für eine Politik zum Schutze der Verbraucher vorlegte, musste man sich noch in erster Linie auf den in Art. 2 EGV enthaltenen Auftrag, eine harmonische Entwicklung der Wirtschaft innerhalb der Gemeinschaft, eine beständige und ausgewogene Wirtschaftsausweitung und eine beschleunigte Hebung der Lebenshaltung zu fördern sowie auf die Reservekompetenz in Art. 235 EGV berufen[74].

In diesem Programm wurde unter Ziffer 3 erstmals das Recht des Verbrauchers auf Bildung und Unterrichtung als eines von fünf fundamentalen Verbraucherrechten genannt[75]. Zu den beabsichtigten Maßnahmen gehörten damals u. a.:

- Die Aufstellung allgemeiner Grundsätze für die Unterrichtung des Verbrauchers.
- Die Festlegung von Regeln für die Kennzeichnung von Waren, deren Merkmale auf Gemeinschaftsebene harmonisiert werden.
- Für Lebensmittel die Aufstellung verbindlicher Regeln für Mindestangaben, die dem Verbraucher bekannt gegeben werden müssen, z. B. hinsichtlich Zusammensetzung, Gewicht, Nährwert etc.
- Die Aufstellung von gemeinsamen Grundsätzen für Preisangaben.
- Und die Förderung der freiwilligen informativen Kennzeichnung und ihrer Harmonisierung[76].

Die im verbraucherpolitischen Programm von 1975 genannten „Rechte“ des Verbrauchers stellten zunächst eher ein allgemeines politisches Programm dar und waren daher nicht als einklagbare Rechte zu verstehen.

Zu Beginn der 80er Jahre entwickelte die Kommission ein zweites Verbraucherschutzprogramm, welches vom Rat im Jahr 1981 verabschiedet wurde[77]. Als Ermächtigungsgrundlage hierfür wurde wiederum auf Art. 2 und Art. 235 EGV

---

[73] Zu dieser Entwicklung ausführlich *Reich*, Verbraucherrechte als – unverzichtbare – subjektive Rechte passiver Marktbürger, in: Grundmann (Hrsg.), Systembildung und Systemlücken in Kerngebieten des Europäischen Privatrechts, S. 482 f S. 483; *Dauses/Sturm*, ZfRV 1996, 133 (134).

[74] Erstes Programm der Europäischen Wirtschaftsgemeinschaft für eine Politik zum Schutz und zur Unterrichtung der Verbraucher, ABl. EG 1975, C 92; siehe hierzu auch *Hoffmann*, Analyse der europäischen Rechtssetzungstechniken im Bereich des Vertragsrechts aus der Sicht der Europäischen Kommission, in: Heusel (Hrsg.), Neues europäisches Vertragsrecht und Verbraucherschutz, S. 39.

[75] Hierbei knüpft der Rat an eine Verbraucherbotschaft des amerikanischen Präsidenten Kennedy vom 15.03.1962 an; siehe hierzu *v. Hippel*, Verbraucherschutz, S. 281 ff.; *Reich*, Verbraucherrechte als subjektive Rechte, S. 482 f.; Kennedy hatte dieses Recht der „consumer“ bezeichnet als *„The right to be informed – to be protected against fraudulent, deceitful, or grosly misleading information, advertising, labeling, or other practices, and to be given the facts he needs to make an informed choice.“*.

[76] ABl. EG. 1975, C 92/9.

[77] Entschließung des Rats betreffend ein zweites Programm der Europäischen Wirtschaftsgemeinschaft für eine Politik zum Schutz und zur Unterrichtung der Verbraucher vom 19.05.1981, ABl. EG, 1981, C 133.

zurückgegriffen. Gemäß Ziffer 2 der Allgemeinen Zielsetzungen war vorrangiges Ziel dieses Programms, die Voraussetzungen für einen besseren Dialog zwischen Händlern und Verbrauchern zu schaffen. Besonderes Augenmerk sollte dabei der Unterrichtung des Verbrauchers über die Preise gelten. Diese sei unerlässlich, damit der Wettbewerb, der auch zur Verringerung der inflationären Spannungen beitragen solle, funktioniere und der Verbraucher seine Entscheidungen unter besseren Voraussetzungen treffen könne. Nach Ansicht der Kommission müsse der Markt dabei möglichst so strukturiert sein, dass vor allem durch größere Transparenz eine bessere Anpassung der Nachfrage an die Preisschwankungen erfolgen könne[78].

Bereits in diesem Programm kann man erste Anzeichen einer wirtschaftsliberalen und marktkomplementären Grundhaltung von Kommission und Rat erahnen. Die Bedeutung der Transparenz des Marktes als Voraussetzung für dessen Funktionieren wird ausdrücklich betont. Dabei wird augenscheinlich vom Leitbild des souverän handelnden Verbrauchers ausgegangen, der bei Kenntnis der maßgeblichen Entscheidungsparameter stets rational die für ihn günstigste Entscheidung trifft.

Ein Rückgriff auf die Reservekompetenz des früheren Art. 235 EGV war auch bei Erlass der ersten ausdrücklich verbraucherschützenden Richtlinie, der so genannten Preisauszeichnungsrichtlinie, notwendig[79]. Spätere Richtlinien zum Verbraucherschutz wurden auf den damaligen Art. 100 EGV gestützt, der die Errichtung und das Funktionieren des gemeinsamen Binnenmarkts regelt[80]. Auch die erste Verbraucherkreditrichtlinie basierte auf Art. 100 EGV als Ermächtigungsgrundlage[81]. An dieser kann man, ebenso wie an der im zeitlich engen Zusammenhang hiermit ergangenen Timesharingrichtlinie[82] oder der Pauschalreiserichtlinie[83], erkennen, wie das gemeinschaftsrechtliche Informationsmodell immer schärfere Konturen annimmt und die Informationsvermittlung gegenüber dem Verbraucher in den Mittelpunkt rückt[84].

---

[78] ABl. EG. 1981, C 133/11.

[79] Richtlinie 79/581/EWG 19.06.1979 über den Schutz des Verbrauchers bei der Angabe der Lebensmittelpreise, ABl. EG. 1979 L 158/19.

[80] Siehe z. B. Richtlinie 84/450/EWG 10.09.1984 zur Angleichung von Rechts- und Verwaltungsvorschriften der Mitgliedstaaten über irreführende Werbung, ABl. EG 1984 L 250/17; Richtlinie 85/577/EWG 20.12.1985 betreffend den Verbraucherschutz im Falle von außerhalb von Geschäftsräumen abgeschlossenen Verträgen, ABl. EG 1985 L 372/31.

[81] Richtlinie 87/102/EWG 22.12.1986 zur Angleichung der Rechts- und Verwaltungsvorschriften der Mitgliedstaaten über den Verbraucherkredit, ABl. EG 1987 L 42/48.

[82] Richtlinie 94/47/EG vom 26.10.1994 zum Schutz der Erwerber im Hinblick auf bestimmte Aspekte von Verträgen über den Erwerb von Teilzeitnutzungsrechten an Immobilien, ABl. EG 1994 L 280, 83.

[83] Richtlinie 90/314 EWG vom 13.06.1990 über Pauschalreisen, ABl. EG 1990, L 158/59.

[84] Zu den Informationspflichten in der alten Verbraucherkreditrichtlinie ausführlich unten, 3. Kap. I. 2.; in den Erwägungsgründen der Richtlinie heißt es ausdrücklich, dass der Verbraucher über Kreditbedingungen und –kosten „angemessen unterrichtet" werden solle und der jeweilige Vertrag zu seinem Schutz bestimmte „Mindestangaben" enthalten müsse, vgl. ABl. EG 1987, L 42, 48 ff.

b) Zunehmende Bedeutung des Verbraucherschutzes

Nachdem in den ersten Richtlinien zum Verbraucherschutz zunächst primär Leben und Gesundheit Gegenstand des gemeinschaftsrechtlichen Verbraucherschutzes waren, rückte später zunehmend der Schutz der wirtschaftlichen Interessen des Verbrauchers in den Mittelpunkt. Diese Entwicklung lässt sich vor allem an dem von der Kommission entwickelten „Neuen Impuls für die Politik der Verbraucher" aus dem Jahre 1986 ablesen[85]. Neben dem hohen Niveau für den Schutz von Sicherheit und Gesundheit nennt dieser als Ziel ausdrücklich auch die Steigerung der sich den Verbrauchern bietenden Möglichkeiten, Nutznießer des gemeinsamen Marktes zu werden.

Gleichzeitig wurde durch die Einheitliche Europäische Akte vom 17. und 28.02.1986 Art. 100a EGV neu in den Vertrag eingeführt. Dessen Abs. 3 enthielt die erste Erwähnung des Wortes „Verbraucherschutz" im EGV und verpflichtete die Kommission gleichzeitig, bei ihren Vorschlägen zur Verwirklichung des Binnenmarktes von einem „hohen" Verbraucherschutzniveau auszugehen. In der Folge wurde ein großer Teil der auch heute noch existierenden Verbrauchergesetzgebung auf der Grundlage dieses Artikels verabschiedet. Die betroffenen Richtlinien hatten in diesen Fällen jeweils einen doppelten Begründungsstrang: zum einen die Förderung des Binnenmarktes durch grenzüberschreitende Verbrauchergeschäfte und zum anderen die Einführung eines hohen Verbraucherschutzniveaus auch im rein nationalen Bereich[86].

Nebeneffekt der Anlehnung an Art. 100a EGV war allerdings, dass die Verbraucherpolitik zunächst nur als eine begleitende Politik zur Harmonisierung des Binnenmarkts gesehen wurde. Der Verbraucher selber sollte nach den einzelnen politischen Programmen zumeist nur der Nutznießer eines solchen Binnenmarkts sein und stand gerade nicht im Vordergrund der einzelnen Erwägungen[87]. Exemplarisch wird dies an einem Bericht über den Stand der Arbeiten zur Vollendung des Binnenmarkts aufgezeigt, in welchem die Kommission Ende der 80er Jahre noch einmal die Bedeutung der Verbraucherpolitik betonte[88].

---

[85] Entschließung des Rates vom 23.06.1986 betreffend die künftige Ausrichtung der Politik der Europäischen Wirtschaftsgemeinschaft zum Schutz und zur Förderung der Interessen der Verbraucher, ABl. EG 1986 C 167/1; siehe hierzu auch *von Vogel,* Verbrauchervertragsrecht und allgemeines Vertragsrecht, S. 44.

[86] *Staudenmayer,* RIW 1999, 733.

[87] *Reichenbach/Emmerling/Staudenmayer,* Integration: Wanderung über europäische Gipfel, S. 59 f., mit weiteren Hinweisen auf die Widersprüche zwischen Binnenmarktprinzip und dem Ziel eines hohen Verbraucherschutzes.

[88] KOM (88) 650 vom 17.11.1988: *„Der Verbraucherschutz stellt einen weiteren Politikbereich dar, dem in einem vollendeten Binnenmarkt zunehmende Bedeutung zukommen wird. Die Verbraucher müssen sicher sein, dass ihre Interessen angemessen vertreten werden, dass Sicherheiterwägungen physischer und ökonomischer Natur angemessen berücksichtigt werden und dass der Zugang zu Informationen und zum Rechtsweg gewährleistet ist."*.

Im Jahr 1990 legte die Kommission ihren ersten dreijährigen verbraucherpolitischen Aktionsplan vor[89]. Anknüpfend an die Programme aus den Jahren 1975 und 1981 enthielt dieser umfangreiche Regelungen zur Verbraucherinformation[90]. So sollte durch ausreichende Information vor allem das Vertrauen der Verbraucher in die Vorteile des Binnenmarkts gewonnen werden. Das Bedürfnis nach einer zunehmenden Informationsvermittlung an den Verbraucher wurde dabei einerseits mit der zunehmenden Fülle an für die Vollendung des Binnenmarkts notwendigen Änderungen von Rechtsvorschriften und Kontrollverfahren begründet. Außerdem trage das wesentlich größere Waren- und Dienstleistungsangebot zu einem vermehrten Informationsbedarf der Verbraucher bei.

Besondere Beachtung gebührt in diesem Zusammenhang der ausdrücklichen Erwähnung einer notwendigen höheren Transparenz in den Bereichen Bank-, Versicherungs- und Finanzleistungen[91]. Als eines der Ziele des Aktionsplans wurde aus diesem Grund auch eine „optimale Transparenz" für Bankleistungen genannt. Diese sei *„erforderlichenfalls als Entscheidungshilfe für den Verbraucher"* auszugestalten. Auch insoweit ist ein marktkomplementärer Verbraucherschutzansatz der Kommission klar zu erkennen. Regelungen zur Informationsvermittlung wurden einem Eingriff in die Privatautonomie durch zwingende Rechtsnormen vorgezogen. Die Problematik einer eventuellen „Überinformation" des Verbrauchers wurde dabei allerdings nicht thematisiert.

Auch in diesem Programm spiegelte sich die Vorstellung der EU vom grundsätzlich souverän handelnden Verbraucher wider. Entsprechend den obigen Ausführungen bildet dies auch ein Beispiel für die zunehmend liberale Haltung bei der Regelung einzelner privatrechtlicher Materien. Die Privatautonomie der Parteien scheint hier absolut vorrangig zu sein. Exemplarisch hierfür steht auch eine Entschließung des Rates aus dem Jahr 1992 über die künftigen Prioritäten für den Ausbau der Verbraucherschutzpolitik[92]. Dort wurde ausgeführt, dass die Möglichkeit des Verbrauchers, seine Wahl aus einer Vielfalt von Gütern und Dienstleistungen zu treffen, durch eine bessere Information abgesichert werden soll. Außerdem bestärkte der Rat die Kommission ausdrücklich, ihm Vorschläge für eine bessere Information der Verbraucher zu unterbreiten.

Das neue Leitbild eines „mündigen Verbrauchers" wurde jedoch vom europäischen Gesetzgeber nicht durchgehend angewendet und vertreten. So enthält insbesondere die Richtlinie über missbräuchliche Klauseln in Verbraucherverträgen[93] die

---

[89] Dreijähriger verbraucherpolitischer Aktionsplan für die EWG (1990–1992) vom 03.05.1990, KOM (90) 98.

[90] KOM (90) 98, S. 9 ff.

[91] KOM (90) 98, S. 10 ff. Nr. 2. a) lit. i).

[92] Entschließung des Rates vom 13.07.1992 über künftige Prioritäten für den Ausbau der Verbraucherpolitiken ABl. EG 1992, 186/1.

[93] Richtlinie 93/13/EWG 05.04.93 über missbräuchliche Klauseln in Verbraucherverträgen, ABl. EG 1993, L 95/29.

erkennbare Tendenz, den Verbraucher als den typisch unterlegene Vertragspartei zu schützen[94].

In den Erwägungsgründen der Richtlinie wurde dabei vor einem möglichen „Machtmissbrauch des Verkäufers oder des Dienstherrn" gewarnt. Dem potentiellen Machtmissbrauch sollte allerdings nicht durch eine verbesserte Verbraucherinformation begegnet werden, obwohl laut den Erwägungsgründen ausschlaggebend für das bestehende Machtgefälle oftmals die Unkenntnis des Verbrauchers über Rechtsvorschriften, die in anderen Ländern für den Kauf von Waren oder das Angebot von Dienstleistungen gelten, sei. Vielmehr sollten die entsprechenden missbräuchlichen Klauseln direkt aus den einzelnen Verträgen entfernt werden.

Hierin ist ein Widerspruch zu den vorher dargestellten Rechtssetzungsakten und Programmen der Europäischen Union zu sehen. Diese waren vorwiegend darauf angelegt, den Verbraucher in seinen Möglichkeiten zu bestärken, gut informiert und frei von sonstigen Einflüssen seine Privatautonomie bei Abschluss und Gestaltung des Vertrags auszuüben[95]. Ein einheitliches Informationsmodell basierend auf einem marktkomplementären Ansatz des Verbraucherschutzes existierte daher zwischen den einzelnen Organen der EU jedenfalls zu Beginn der 90er Jahre noch nicht[96].

c) Entstehung eines europäischen Informationsmodells

Sofern zu Beginn der 90er Jahre noch Zweifel am Verbraucherleitbild und Schutzkonzept der EU bestanden, verhalf spätestens der Vertrag von Maastricht vom 07.02.1992 dem Informationsgedanken endgültig zum Durchbruch. Mit diesem wurde einerseits in Art 129a Abs. 1 lit. b das europäische Verbraucherschutzrecht vom einengenden Erfordernis der Verwirklichung des Binnenmarkts losgelöst[97]. Beachtenswert ist in diesem Zusammenhang, dass nicht nur die Erreichung bestimmter Mindeststandards angestrebt wurde. Art. 129a EGV sprach vielmehr ausdrücklich von der Erreichung eines „hohen" Verbraucherschutzniveaus.

Vor allem aber enthielt Art. 129a EGV in Abs. 1 lit. b mit dem Ziel einer „Sicherstellung einer angemessenen Information des Verbrauchers" eine ausdrückliche Erwähnung der Verbraucherinformation. Damit wurde das europäische Informationsmodell erstmals explizit im Primärrecht der Gemeinschaft verankert.

---

[94] Siehe hierzu *Kind,* S. 58; kritisch zur Richtlinie: *Canaris,* Verfassungs- und europarechtliche Aspekte der Vertragsfreiheit in der Privatrechtsgesellschaft, in: Badura/Scholz (Hrsg.), FS Lerche, S. 873 ff. (887 ff.).

[95] *Hommelhoff,* AcP 192 (1992) 71 ff. (93 f.), der das der Richtlinie über missbräuchliche Vertragsklauseln zugrunde liegende Verbraucherbild wie folgt beschreibt: *„Dem schon qua Rolle unterlegenen Verbraucher muss geholfen werden, selbst wenn er es nicht will. Teilentmündigung ist die Folge.".*

[96] *Hommelhoff,* a. a.O; siehe hierzu auch *Dreher,* JZ 1997, 167 (171).

[97] *Kienle,* in: Bergmann/Lenz (Hrsg), Der Amsterdamer Vertrag, spricht deshalb davon, dass sich die europäische Verbraucherschutzpolitik mit dem Vertrag von Maastricht *„aus der Grauzone"* verabschiedet habe; ausführlich zum neugeschaffenen Art. 129a EGV *Heiss,* ZEuP 1996, 625; ebenso *Micklitz/Weatherill,* S. 299; *Micklitz/Reich,* EuZW 1992, 592 (597).

Die Bedeutung der Verbraucherinformation wurde auch von der Kommission in ihrem zweiten dreijährigen Aktionsplan unterstrichen[98]. Danach sollte der Verbraucher zum einen durch umfassende Unterrichtung über seine Rechte in die Lage versetzt werden, diese effektiv durchzusetzen. Zum anderen wurden umfangreiche Auszeichnungs- und Etikettierungspflichten geschaffen, um einen wirksamen Schutz des Verbrauches vor den zunehmenden Gefahren eines sich vergrößernden Marktes zu gewährleisten[99]. Die Unterrichtung des Verbrauchers wurde damit im Ergebnis als eine der zwei Prioritäten des Aktionsplans neben einer verbesserten Konzertierung genannt.

In ihren verbraucherpolitischen Prioritäten für die Jahre 1996 bis 1998 setzte die Kommission die nachhaltige Verbesserung der Verbrauchererziehung und -information an die erste Stelle[100]. Der Verbraucherinformation wurde auf diesem Weg ausdrücklich der Vorrang vor anderen verbraucherpolitischen Aktionen eingeräumt[101]. Als Grund wurden wiederum die durch das Zustandekommen eines Binnenmarktes geänderten Marktbedingungen genannt. Sofern sich die Verbraucher dieser Veränderungen nicht bewusst seien, würden sie regelmäßig gegenüber den Unternehmern das Nachsehen haben.

Wesentlich verstärkt wurde der Gedanke eines Informationsmodells dann noch einmal durch die Änderung des EGV durch den Vertrag von Amsterdam vom 02.10.1997. Der dort neu eingefügte Art. 153 EGV (heute Art. 169 AEUV) verbriefte ausdrücklich ein Recht der Verbraucher auf Information zur Wahrung ihrer Interessen[102]. In der Literatur wurde dieses „Recht" auf Information wegen der Unbestimmtheit des Anspruchsinhalts und Adressatenkreises zwar nicht als ein unmittelbar einklagbares subjektives Recht angesehen[103]. Unbestritten solle das dort festgeschriebene Informationsrecht des Verbrauchers aber zumindest eine Leitlinie für den Erlass und die Auslegung gemeinschaftsrechtlichen Sekundärrechts bilden[104].

Die Kommission griff diesen Informationsgedanken in ihrem neuen Grünbuch zum Verbraucherschutz aus dem Jahre 2001 auf und forderte die Einführung einer allgemeinen Pflicht zur Offenlegung von Informationen[105]. Zur Umsetzung dieses Ziels sollten beispielsweise Unternehmen verpflichtet werden, *„dem Verbraucher alle wesentlichen Informationen rechtzeitig und eindeutig offenzulegen"*[106].

---

[98] Zweiter dreijähriger Aktionsplan der Kommission 1993–1995, KOM (93) 378.

[99] KOM (93), 378, S. 19: *„Information ist die entscheidende Voraussetzung dafür, daß der Verbraucher sich die Vorteile des Binnenmarkts zunutze macht."*.

[100] Verbraucherpolitische Prioritäten 1996–1998 vom 31.10.1995, KOM (95) 519.

[101] *Fleischer* ZEuP 2000, S. 783.

[102] Ausführlich hierzu *Reich,* VUR 1999, 3 (5); ebenso *Staudenmayer*, RIW 1999 734.

[103] Vgl. *Wichard,* in Callies/Ruffert (Hrsg.), EUV/EGV, Art. 153 EGV Rn. 10; Streinz/*Lurger,* EGV Art. 153 Rn. 20; *Grub,* in Lenz/Borchardt (Hrsg.), Art. 169 AEUV Rn. 32; a. A. *Reich,* in Reich/Micklitz, S. 25, der das in Art. 153 festgeschriebene Informationsrecht als ein „Bürgerrecht" des Verbrauchers ansieht.

[104] *Wichard,* a. a. O.

[105] Grünbuch der Kommission zum Verbraucherschutz in der Europäischen Union vom 02.10.2001, KOM (2001), 531.

[106] Ziffer 4.3 des Grünbuchs zum Verbraucherschutz vom 02.10.2001 KOM (2001), 531, S. 16; diesem Ansatz zustimmend: *Staudenmayer,* RIW 1999, 737, der eine allgemeine Informations-

Diese zunehmende Ausweitung von Informationspflichten ist in Teilen der Literatur auf erhebliche Kritik gestoßen[107]. Die Gegner des europäischen Informationsmodells werfen diesem vor, es versuche Probleme viel zu einseitig zu lösen und verkenne die Bedeutung von Informationsprozessen für das Funktionieren von Märkten. Wie bereits ausgeführt, könne die ungleiche Verteilung von Informationen zwar durchaus zu einem Marktversagen führen[108]. Fordere man allerdings eine umfassende Informationspflicht im geschäftlichen Verkehr, missachte man, dass gerade das Recht des Einzelnen, bestimmte Informationen für sich zu behalten und somit wirtschaftlich verwerten zu können, einen zentralen Triebmechanismus im wirtschaftlichen Verkehr darstelle[109]. Ein vollständig informierter Markt wäre daher als solcher auch überhaupt nicht funktionsfähig[110]. Notwendig sei daher vielmehr, ein ausgewogenes Verhältnis zwischen vollständiger und keiner Information des Verbrauchers zu finden[111].

Die teilweise erhebliche Kritik an der neu entstandenen „Informationseuphorie" des europäischen Gesetzgebers schien in der Folgezeit bei der Kommission zunächst eine gewisse Zurückhaltung in diesem Bereich auszulösen. So hieß es in der verbraucherpolitischen Strategie für die Jahre 2002 bis 2006[112] zum Thema Verbraucherinformation lediglich:

> *„Aus Gründen der Subsidiarität verbleibt den nationalen, regionalen und lokalen Behörden ein großer Teil der Zuständigkeiten für die Verbraucherinformation und -bildung. [...] Die Kommission wird sich weiter darum bemühen, ihre Verbraucherinformationspolitik zu verbessern."*[113]

Anklänge in die gleiche Richtung finden sich beispielsweise auch in der Richtlinie über unlautere Geschäftspraktiken im binnenmarktinternen Geschäftsverkehr. In der Begründung des Richtlinienvorschlags erkannte die Kommission ausdrücklich an, dass ein Übermaß an Informationen ebenso ein Problem darstellen kann wie unzureichende Informationen[114]. Im Aktionsplan für ein kohärentes Vertragsrechts aus dem gleichen Jahr wurde die Verbraucherinformation vereinzelt erwähnt. Außer-

pflicht des Vertragspartners des Verbrauchers hinsichtlich aller wesentlichen Punkte des Vertrags fordert, die über die essentialia negotii und die allgemeinen Grundsätze von Treu und Glauben hinausgeht.

[107] Siehe hierzu die oben unter Fn. 16 genannten Stimmen.

[108] Siehe oben 2. Kap II. 2.; ausführlich zu dieser Problematik bei Verbraucherkreditverträgen auch *Franck*, ZBB 2003, 344 (335 ff.).

[109] Kritisch zum Ansatz der Kommission im Grünbuch 2001 daher auch *von Vogel*, S. 45; allgemein zur Verteilung von Informationen in marktwirtschaftlichen Prozessen: *Posner*, Economic Analysis of Law, S. 111.

[110] Grundlegend hierzu *Grossmann/Stiglitz*, Am.Econ.Rev., Vol. 70 (1980), 393; *Grundmann*, Vertragsinformation im Binnenmarkt, S. 297.

[111] so auch *Grundmann*, a. a. O.; *von Vogel*, S. 45.

[112] Verbraucherpolitische Strategie 2002–2006, KOM (2002) 208.

[113] Verbraucherpolitische Strategie 2002–2006, KOM (2002) 208, S. 26.

[114] Siehe Rn. 65 der Begründung des Vorschlags für eine Richtlinie über unlautere Geschäftspraktiken im binnenmarktinternen Geschäftsverkehr zwischen Unternehmen und Verbrauchern, KOM (2003) 356.

dem betonte die Kommission die Bedeutung der Vertragsfreiheit im Zusammenhang mit der Problematik von Standardvertragsklauseln[115].

Diese Aussagen wurden jedoch durch die europäische Gesetzgebungspraxis der letzten Jahre entkräftet. Nahezu jede neue Richtlinie im Verbraucherrecht, die seit dem Jahr 2000 erlassen wurde, enthielt einen umfassenden Katalog von Informationspflichten[116]. Auch die Mitteilung der Kommission über ein Europäisches Vertragsrecht und die Überarbeitung des gemeinschaftlichen Besitzstandes, in welcher unter anderem die Ausgestaltung eines Gemeinsamen Referenzrahmens erläutert wurde, umfasste bei den Mustervorschriften für Verträge die Pflicht zur Erteilung vorvertraglicher Informationen z. B. in Form von Angaben zu den Hauptmerkmalen der Waren oder Dienstleistungen, Preis und zusätzliche Kosten oder Angaben zu Verbraucherrechten[117].

d) Gemeinsamer Referenzrahmen und Verbraucherrichtlinie

Mit der Mitteilung über den gemeinsamen Besitzstand gab die Kommission zugleich den Startschuss für die Entwicklung des Gemeinsamen Referenzrahmens für das Europäische Privatrecht – Draft Common Frame of Reference (DCFR)[118]. Leitgedanken waren zum einen der Wunsch nach sinnverbindenden allgemeinen Regeln und zum anderen praktische Bedürfnisse der europäischen Märkte[119]. Eine „Initiative Europäisches Vertragsrecht" (EVR) wurde gegründet und die Schaffung

[115] Nr. 4.2 des Aktionsplans für ein kohärentes Europäisches Vertragsrecht vom 12.03.2003, KOM (2003) 68; interessant ist in diesem Zusammenhang die im Rahmen des Anhörungsverfahrens geäußerte Ansicht des belgischen Bank- und Finanzausschusses, der sich ausdrücklich für das von der Kommission entwickelte System der Selbstregulierung ausspricht und als ein gutes Beispiel hierfür die vorvertragliche Information über Wohnungsbaudarlehen nennt, vgl. Anlage Stellungnahme zur Mitteilung über das Europäische Vertragsrecht, Nr. 4.1.1.

[116] Art. 5 der Richtlinie 2000/31/EG vom 08.06.2000, ABl. EG 2000 Nr. L 178, Richtlinie über den elektronischen Geschäftsverkehr; Art. 3 bis 5 der Richtlinie 2002/65/EG vom 23.09.2002, ABl. EG 2002 Nr. L 271/16, Richtlinie über den Fernabsatz von Finanzdienstleistungen an Verbraucher; Art. 30 bis 39 der Richtlinie 2007/64/EG vom 13.07.2007, ABl. EG 2007 Nr. L 319, Richtlinie über Zahlungsdienste im Binnenmarkt; eine Zusammenfassung zu den Informationspflichten in EG-Richtlinien findet sich in der Mitteilung der Kommission zum Europäischen Vertragsrecht an den Rat und das Europäische Parlament vom 11.07.2001, KOM (2001) 398, S. 61; ausführlich zu den Informationspflichten im Fernabsatz und im elektronischen Geschäftsverkehr *Grigoleit,* NJW 2002, 1151 (1155); zur Bedeutung des Informationsmodells als Leitmotiv für die Binnenmarktgesetzgebung *Ackermann,* ZEuP 2009, 230.

[117] Mitteilung der Kommission an das Europäische Parlament und den Rat vom 11.10.2004, Europäisches Vertragsrecht und Überarbeitung des gemeinschaftlichen Besitzstandes – weiteres Vorgehen, KOM (2004) 651, Anhang I, Kap. III, Abschn. II.

[118] Ausführlich zur Entstehungsgeschichte des DCFR *Schmid,* Die Instrumentalisierung des Privatrechts durch die Europäische Union, S. 393 ff.; ebenso *Schulte-Nölke,* in Schmidt-Kessel (Hrsg.), Der gemeinsame Referenzrahmen, S. 9 ff.; *Pfeiffer,* ZEuP 2008, 679.

[119] Nr. 2.1.1. der Mitteilung der Kommission an das Europäische Parlament und den Rat vom 11.10.2004, Europäisches Vertragsrecht und Überarbeitung des gemeinschaftlichen Besitzstandes – weiteres Vorgehen, KOM (2004) 651; hierzu auch *Basedow,* ZEuP 2008, 673.

des Gemeinsamen Referenzrahmens in den Aktionsplan der Kommission vom 10.05.2005 aufgenommen[120].

Ein Diskussionspunkt in den in diesem Rahmen eingerichteten Workshops war u. a. auch die Problematik der vorvertraglichen Informationspflichten. So wurde von Seiten der Sachverständigen darauf hingewiesen, dass ein allgemeiner Grundsatz, wonach der andere Vertragspartner über alles informiert werden müsse, um eine Entscheidung in Kenntnis aller Umstände treffen zu können, zu weit gehe und zu Rechtsunsicherheit führen könne. Nach Ansicht der Sachverständigen sollten vorvertragliche Informationspflichten vielmehr auf bestimmte problembehaftete Bereiche wie z. B. Versicherungsvertragsrecht oder Finanzdienstleistungen begrenzt werden[121].

Diese hinsichtlich eines Informationsmodells eher restriktiven Überlegungen wurden in der Folgezeit allerdings wieder verworfen. Die endgültige Fassung des DCFR enthält nunmehr in Art. II.-3:101 Abs. 1 eine Generalklausel, nach der Unternehmer ihre Vertragspartner grundsätzlich vor Vertragsschluss über alle Umstände *„concerning the goods, other assets or services to be supplied“* aufzuklären haben, soweit die andere Vertragspartei dies vernünftigerweise erwarten kann[122]. Entgegen der bisherigen Praxis in den Richtlinien werden diese Informationspflichten nicht mehr nur auf die Rechtverhältnisse zwischen Unternehmern und Verbrauchern (so genannte b2c-Rechtsverhältnisse) angewandt sondern auch auf Rechtsverhältnisse zwischen Unternehmern (so genannte b2b-Rechtsverhältnisse) ausgedehnt[123].

Gegenüber Verbrauchern soll den Unternehmer nunmehr sogar nach Art. II.-3:102 Abs. 1 die hierüber hinausgehende Pflicht treffen, über alle Umstände aufzuklären, die der durchschnittliche Verbraucher in der konkreten Situation benötigt, um eine informierte Entscheidung treffen zu können. Zusätzliche Informationspflichten treffen ihn weiterhin nach Art. II-3:103 Abs. 1 bei solchen Geschäften, bei denen natürlicherweise ein besonderes Informationsgefälle zulasten des Verbrauchers besteht.

Diese Regelungen des DCFR stehen in einem klaren Widerspruch zu den vorher geäußerten Bedenken bezüglich einer möglichen „Überinformation“ und drohenden Rechtsunsicherheit des Verbrauchers. Gleichzeitig erwecken die einzelnen Regelungen den Eindruck, dass nunmehr auch in b2b-Rechtsverhältnissen die umfassende vorvertragliche Information durch den Vertragspartner die Regel und die informationelle Selbstverantwortung die Ausnahme ist. Damit gehen die Informationspflichten nach dem DCFR sogar noch über die Informationspflichten in den

---

[120] KOM (2005) 184; vgl. hierzu auch den ersten jährlichen Fortschrittsbericht der Kommission zum europäischen Vertragsrecht und zur Schaffung eines gemeinschaftlichen Besitzstandes, KOM (2005) 456.

[121] Zweiter Fortschrittsbericht der Kommission zum Gemeinsamen Referenzrahmen, KOM (2007) 447, Nr. 3.1 „Vorvertragliche Informationen“.

[122] Die einzelnen Regelungen des DCFR finden sich zusammen mit den dazugehörigen Erläuterungen bei *von Bar/Clive,* Principles, Definitions and Model Rules of European Private Law, Volume I, Chapter 3, Section I.

[123] *Eidenmüller/Faust/Grigoleit/Jansen/Wagner/Zimmermann,* JZ 2008, 529 (544).

EG-Richtlinien hinaus, die nahezu ausnahmslos den Verbraucherschutz und damit b2c-Rechtsverhältnisse betrafen[124].

Diese Linie hat die Kommission in ihrem Vorschlag für eine Verbraucherrichtlinie fortgeführt[125]. Der Vorschlag sah zur Konsolidierung des verbraucherrechtlichen Besitzstandes die Zusammenführung von vier der bisherigen verbraucherschützenden Richtlinien zu einem einzigen Rechtsinstrument vor[126]. Von den vier zusammengeführten Richtlinien enthält bisher nur die Fernabsatzrichtlinie breitere vorvertragliche Informationspflichten. Dagegen ist der Verbraucher nach der Verbrauchsgüterkaufrichtlinie nicht über die Produktbeschaffenheit, sondern nur über eine angebotene Garantie zu informieren. Nach der Haustürwiderrufsrichtlinie muss er nur über das ihm zustehende Widerrufsrecht informiert werden. Die Richtlinie über missbräuchliche Klauseln in Verbraucherverträgen enthält sogar keinerlei Angaben zu vorvertraglichen Informationspflichten.

Bemerkenswert ist daher, dass der Richtlinienvorschlag nunmehr unabhängig von einer in bestimmten Absatzformen oder Vertragstypen angelegten Gefährdung der Markttransparenz im Grundsatz für alle Waren- und Dienstleistungsverträge einen „Kernbestand" an vorvertraglichen Informationspflichten vorsah[127]. Im Ergebnis ging er damit weit über eine bloße Zusammenfassung der einzelnen Richtlinien hinaus[128]. Um dies zu unterstreichen, enthielt der Vorschlag in den Kapiteln II und III ausführliche Regelungen zu den Informationen des Verbrauchers. In Art. 5 wurden einzelne Punkte aufgezählt, zu denen der Verbraucher bereits vor Vertragsschluss Informationen erhalten sollte, so z. B. die wesentlichen Merkmale des jeweiligen Produkts oder den Gesamtpreis zuzüglich eventueller Nebenkosten. Etwas anderes sollte nur für solche Fälle gelten, in denen sich die einzelnen Informationen „unmittelbar aus den Umständen ergeben"[129]. Für Fernabsatzverträge enthielt der Richtlinienvorschlag in Kap. III einen gesonderten Katalog von Informationspflichten.

---

[124] Kritisch zu den umfangreichen Informationspflichten des DCFR daher auch *Eidenmüller/Faust/Grigoleit/Jansen/Wagner/Zimmermann,* a. a. O. (545); ebenso *Faust,* in: Schulze/v. Bar/Schulte-Nölke (Hrsg.), Der akademische Entwurf eines gemeinsamen Referenzrahmens, 115 (131).

[125] Vorschlag für eine Richtlinie über die Rechte der Verbraucher vom 08.10.2008, KOM (2008) 614.

[126] KOM (2008) 614, S. 3; bei den vier Richtlinien handelt es sich um die RiLi 97/7/EG vom 20.05.1997, ABl. EG 1997 L 144/19 (Fernabsatz), die RiLi 85/577/EWG vom 20.12.1985, ABl. EG 1985 L 372/31 (Haustürwiderruf), die RiLi 1999/44/EG vom 25.05.1999, ABl. EG 1999 L 171/12 (Verbrauchsgüterkauf) und die RiLi 93/13/EG vom 05.04.1993, ABl. EG L 95/29 (missbräuchliche Vertragsklauseln); vgl. zum Regelungsgegenstand der neuen Verbraucher-RiLi *Tonner/Tamm,* JZ 2009, 277.

[127] So ausdrücklich KOM (2008) 614, S. 10.

[128] *Dehn,* Allgemeine Informationspflichten nach Art. 5 des Vorschlags für eine Richtlinie über Rechte der Verbraucher, in: Jud/Wendehorst (Hrsg.), Neuordnung des Verbrauchervertragsrechts in Europa, S. 42 (44).

[129] KOM (2008) 614, S. 26.

Ähnlich zur Entwicklung bei der Verbraucherkreditrichtlinie scheiterten die ambitionierten Pläne der Kommission, vier Richtlinien zu vereinen, am teilweise heftigen politischen Widerstand in den einzelnen Mitgliedstaaten[130]. Die neue Richtlinie über die Rechte des Verbrauchers[131] umfasst lediglich die Bereiche des Haustürwiderrufsrechts und des allgemeinen Fernabsatzrechts[132]. Neben dem Widerrufsrecht des Verbrauchers kommt dabei allerdings auch den vorvertraglichen Informationspflichten des Unternehmers eine zentrale Bedeutung zu[133]. In diesem Zusammenhang beschränkt man sich nicht auf die beiden Hauptfelder Haustürwiderruf und Fernabsatz. Zwar enthält die Richtlinie in Art. 6 eine umfangreiche Aufzählung von einzelnen Punkten, über die der Verbraucher bei diesen Vertragstypen zu informieren ist. In Art. 5 der Richtlinie werden allerdings auch Informationspflichten für andere Verträge als Fernabsatzverträge oder außerhalb von Geschäftsräumen geschlossene Verträge vorgegeben. Die Richtlinie ist bis zum 13.12.2013 in nationales Recht umzusetzen und gilt für alle Verträge, die nach dem 13.06.2014 geschlossen wurden[134].

Einhergehend mit dem primärrechtlich in Art. 169 AEUV (früher Art. 153 EGV) unmittelbar verbrieften Recht des Verbrauchers auf Information bilden die genannten jüngeren Rechtsakte des Europäischen Gesetzgebers und hier insbesondere der Kommission ein gutes Beispiel für die zunehmenden Bedeutung der vorvertraglichen Informationspflichten im europäischen Privatrecht[135]. Dieser Ansatz erfreut sich wahrscheinlich deshalb großer Beliebtheit, weil er eine lediglich marktkomplementäre und marktbegleitende Maßnahme darstellt, die nicht in Inhalt, Abschluss und Beendigung des Vertragsverhältnisses eingreift und gleichzeitig die Parteiautonomie stärkt, indem er die Grundlagen für eine freie Entscheidung herstellt[136]. Halbzwingende oder zwingende Vorschriften wie z. B. im AGB-Recht bilden dagegen in der Rechtssetzung des Europäischen Gesetzgebers die Ausnahme.

---

130 MünchKomm/*Wendehorst,* Vor § 312b Rn. 10.

131 Richtlinie 2011/83/EU des Europäischen Parlaments und des Rates über die Rechte der Verbraucher vom 25.10.2011 zur Abänderung der Richtlinie des Rates 93/13/EWG und der Richtlinie des Europäischen Parlaments und des Rates 1999/44/EG sowie zur Aufhebung der Richtlinie des Rates 85/577/EWG und der Richtlinie des Europäischen Parlaments und des Rates 97/7/EG, ABl. EU 2011 L 304/64.

132 MünchKomm/*Wendehorst,* Vor § 312b Rn. 10.

133 PWW/*Medicus/Stürner,* Vorb §§ 312 ff Rn. 2.

134 Art. 28 Abs. 1 und 2 der Richtlinie; siehe hierzu auch PWW/*Medicus/Stürner,* a. a. O.

135 *Schmid,* S. 397 spricht deshalb davon, dass in den neueren verbraucherpolitischen Programmen *„inhaltlich bekannte Ansätze"* wie Verbraucherinformation, Verbrauchervertrauen in den Binnenmarkt und *„Hilfe zur Selbsthilfe"* fortentwickelt werden.

136 *Rösler*, S. 146; *Grundmann,* JZ 2000, S. 1137.

2. Rechtsprechung des EuGH

Der EuGH hat sich mit der Bedeutung der Verbraucherinformation vor allem im Zusammenhang mit dem Spannungsfeld zwischen Warenverkehrsfreiheit und Verbraucherschutz auseinandergesetzt[137]. Als Ausgangspunkt des vom EuGH in diesem Zusammenhang entwickelten Informationsmodells ist grundsätzlich das so genannte *„Cassis de Dijon"*-Urteil vom 20.02.1979 zu nennen[138]. Der EuGH hat in diesem Urteil erstmals den Standpunkt vertreten, dass dem Schutz des Verbrauchers auch durch Kennzeichnungs- und Etikettierungspflichten hinreichend genügt werden kann und darüber hinausgehende zwingende gesetzliche Vorschriften dementsprechend unverhältnismäßig sind.

Diese auch als *„labelling doctrine"*[139] bezeichnete Spruchpraxis wurde vor allem durch die Entscheidung *„GB-INNO-BM"* bestätigt[140]. Anlass für das Urteil waren Werbemaßnahmen einer belgischen Supermarktkette an der Grenze zwischen Luxemburg und Belgien. Die Werbemaßnahmen waren zwar nach belgischem Recht zulässig, nicht jedoch nach luxemburgischen, sodass die dortigen Behörden eine entsprechende Untersagungsverfügung erließen. In dem Urteil berief sich der EuGH ausdrücklich auf die verbraucherpolitischen Programme der EU und die darin herausgehobene Bedeutung der Verbraucherinformation. Aufgrund dieser Programme und seiner bisherigen Rechtsprechung zum Verbraucherschutz kam er daher zu dem Schluss, dass *„das Gemeinschaftsrecht eines der grundlegenden Erfordernisse des Verbraucherschutzes in der Unterrichtung des Verbrauchers sieht"*[141].

Spätestens mit der Entscheidung *„GB-INNO-BM"* hat sich der EuGH daher dem Informationsmodell und dem hiermit verbundenen Leitbild eines mündigen Verbrauchers angeschlossen[142]. Aus dem Verhältnismäßigkeitsgrundsatz leitet er dabei den Grundsatz ab, dass nationale Gesetzgeber zwingende inhaltliche Vorschriften ausländischen Anbietern nicht entgegenhalten dürfen, wenn das Interesse des Schützenden auch durch Aufklärung gewährleistet werden kann[143]. Diesen Grundsatz hat der EuGH in den folgenden Jahren mehrfach bestätigt und vertieft[144].

---

[137] Ausführlich zu diesem Thema *Dauses,* RIW 1998, S. 750 (751 ff.); *Dreher,* JZ 1997, S. 167 (171); *Fleischer,* ZEuP 2000, S. 783.

[138] EuGH, Urteil vom 20.02.1979, Rs. 120/78 (Rewe Zentral AG/Bundesmonopolverwaltung für Branntwein), EuGH Slg. 1979, 649.

[139] *Dauses,* RIW 1998, S. 751.

[140] EuGH, Urteil vom 07.03.1990, Rs. C-362/88 (GB-INNO-BM/Confédération du commerce luxembourgeois), EuGH Slg. 1990, 667.

[141] EuGH, Urteil vom 07.03.1990, a. a. O., Rn. 18.

[142] *Doepner,* Verbraucherleitbilder und Irreführungsverbot, in: Niederleithinger/Werner/Wiedemann (Hrsg.), FS Lieberknecht, S. 165 (167).

[143] *Grundmann,* Vertragsinformationen im Binnenmarkt, S. 290, *ders.,* Europäisches Schuldvertragsrecht, S. 47.

[144] Siehe z. B. EuGH, Urteil vom 13.12.1990, Rs. C-238/89 (Pall Corp./P. J. Dahlhausen & Co.), EuGH Slg. 1990, 4827, in welchem ausdrücklich auf den *„umsichtigen Wirtschaftsteilnehmer"* abgestellt wird (Rn. 21); EuGH, Urteil vom 16.01.1992, Rs. C-373/90 („Kraftfahrzeuge – Irreführende Werbung"), EuGH Slg. 1992, 131; EuGH, Urteil vom 02.02.1994, Rs. C-315/92 (Ver-

Der nationale Gesetzgeber muss dementsprechend zunächst stets prüfen, ob er eine eventuelle Gefährdung der Verbraucher nicht durch entsprechende Information vermeiden kann[145]. Kann eine informierte Entscheidung herbeigeführt werden, ist die zwingende Vorgabe einer inhaltlichen Gestaltung unzulässig[146].

Der EuGH geht in seiner ständigen Rechtsprechung daher davon aus, dass die Verbraucher die ihnen zur Verfügung gestellten Informationen verarbeiten und sachgerecht nutzen können[147]. Unerheblich ist in diesem Zusammenhang allerdings, ob der Verbraucher tatsächlich von diesen Informationsmöglichkeiten Gebrauch macht. Geschützt werden soll lediglich die Freiheit der Informationsaufnahme. Macht der Verbraucher von dieser Möglichkeit keinen Gebrauch, ist er auch entsprechend nicht schutzwürdig[148]. Damit folgt auch der EuGH dem eingangs beschriebenen Leitbild eines „mündigen Verbrauchers" im Sinne des *„homo oeconomicus"*[149]. Zwar wird die prinzipielle Notwendigkeit von staatlichen Regulierungsmaßnahmen zugunsten der potentiell unterlegenen Verbraucher anerkannt. Gleichzeitig wird allerdings die Informationspolitik als mildestes Informationsmittel zum vorrangigen Instrument des Verbraucherschutzes erklärt[150].

IV. Fazit

Der Informationsgedanke nimmt im Europäischen Recht heute einen wichtigen – mitunter sogar überragenden – Platz ein. Dies spiegelt sich sowohl in den verschiedenen Rechtssetzungsakten der Europäischen Gemeinschaft als auch in der Rechtsprechung des EuGH der letzten Jahr und Jahrzehnte. Im Europäischen Privatrecht dominiert daher der eingangs beschriebene Gedanke der Konsumentensouveränität[151]. Gerade die Kommission hat in ihren verschiedenen Programmen

---

band Sozialer Wettbewerb e. V./Clinique Laboratories SNC und Estée Lauder Cosmetics GmbH), EuGH Slg. 1994, 317; EuGH, Urteil vom 06.07.1995, Rs. C-470/93 (Verein gegen Unwesen in Handel und Gewerbe Köln e. V./Mars GmbH), EuGH Slg. 1995, 1923, wonach *„der verständige Verbraucher"* auch in der Lage sein soll, zu wissen, dass zwischen der Größe von Werbeaufdrucken, die auf die Erhöhung der Menge des Erzeugnisses hinweisen, und dem Ausmaß dieser Erhöhung nicht unbedingt ein Zusammenhang besteht (Rn. 24); Urteil vom 16.07.1998, Rs. C-210/96 (Gut Springenheide GmbH und Rudolf Tusky/Oberkreisdirektor des Kreises Steinfurt), EuZW 1998, 526, abzustellen ist auf *„den durchschnittlich informierten, aufmerksamen und verständigen Durchschnittsverbraucher"*.

[145] *Leisner*, EuZW 1991, 498 (502).

[146] So ausdrücklich *Grundmann*, Vertragsinformation im Binnenmarkt, S. 291; ebenso *Leisner*, EuZW 1991, 498, demzufolge der EuGH ein „information first" verlange.

[147] *Fleischer*, ZEuP 2000, S. 781.

[148] *Staudenmayer*, RIW 1999, S. 737; *Leisner*, EuZW 1991, S. 502.

[149] *Doepner*, S. 167.

[150] *Reese*, Grenzüberschreitende Werbung in der Europäischen Gemeinschaft, S. 74.

[151] *Fleischer*, ZEuP 2000, S. 781, spricht aus diesem Grund von einem „neoliberalen Gedankengebäude"; in die gleiche Richtung geht *Reese*, S. 74 der auf das Informationsmodell der ordoliberalen Schule zurückgreift; ebenso *Grundmann*, ZHR 163 (1999), 635 (647 ff.).

zum Verbraucherschutz immer wieder die Bedeutung der Verbraucherinformation betont. Dies ist gerade in den einzelnen Maßnahmen der jüngeren Vergangenheit noch einmal hinreichend verdeutlicht worden.

Vor diesem Hintergrund stellt es eine logische Folge dar, dass auch in der neuen Verbraucherkreditrichtlinie die vorvertraglichen Informationen einen herausgehobene Stellung einnehmen. Das in den Erwägungsgründen genannte Ziel, der Verbraucher solle in Zukunft „in voller Sachkenntnis" entscheiden können[152], spiegelt dabei das Leitbild des oben dargestellten souveränen, mündigen Verbrauchers wieder. Diese Haltung wird nur teilweise eingeschränkt, wenn beispielsweise von einer Pflicht der Kreditinstitute zur „verantwortungsvollen Kreditvergabe"[153] oder einer im Einzelfall bestehenden Verpflichtung zur „angemessenen Erläuterung" der jeweiligen Produkte[154] gesprochen wird.

---

[152] vgl. Erwägungsgrund (19) der Richtlinie.

[153] Erwägungsgrund (26) der Richtlinie.

[154] Erwägungsgrund (27) sowie Art. 5 Abs. 6 der Richtlinie.

Kapitel 3
Die Rechtslage vor Inkrafttreten der Richtlinie 2008/48/EG

Nachdem zunächst die rechtspolitischen Grundlagen des Informationsmodells dargestellt wurden, soll Gegenstand dieses Kapitels die alte Rechtslage vor dem Inkrafttreten der neuen Verbraucherkreditrichtlinie sein. Besonderes Augenmerk wird in diesem Zusammenhang dem Schriftformzwang und dem hierdurch bewirkten Verbraucherschutz beigemessen. Außerdem wird der Frage nachgegangen, inwieweit bereits vor der Kodifizierung umfassender Informationspflichten entsprechende Pflichten durch die Rechtsprechung festgelegt wurden.

I. Die „alte" Verbraucherkreditrichtlinie 87/102/EWG[1]

1. Die ersten Entwürfe der Kommission aus den Jahren 1979 und 1984

Nachdem es bereits seit Mitte der 70er konkrete Überlegungen zu einer Harmonisierung im Verbraucherkreditrecht gegeben hatte, nahm sich die Kommission dieser Aufgabe zunächst im Jahr 1977 mit einem Vorentwurf an. Zwei Jahre später konnte sie dann ihren ersten Entwurf für eine Verbraucherkreditrichtlinie vorlegen[2]. Der Entwurf enthielt in seinen Art. 3 bis 8 bereits umfangreiche Regelungen zur Information des Verbrauchers. Vorbild hierfür waren vor allem die Regelungen des englischen und des französischen Rechts[3].

---

[1] Richtlinie 87/102/EWG des Rates vom 22.12.1986 zur Angleichung der Rechts- und Verwaltungsvorschriften der Mitgliedstaaten über den Verbraucherkredit, ABl. EG 1987 L 42/48. ABl. EG 1987 L 42/48.

[2] Vorschlag für eine Richtlinie des Rates zur Angleichung der Rechts- und Verwaltungsvorschriften der Mitgliedstaaten über den Verbraucherkredit, ABl. EG 1979 C 80/4; bereits im Jahr 1965 hatten italienische Regierungsexperten einen ersten Vorschlag für eine einheitliche Regelung der Abzahlungsgeschäfte entwickelt, siehe hierzu *Hüttebräuker,* Die Entstehung der EG-Richtlinien über den Verbraucherkredit, S. 8.

[3] Frankreich hatte nur ein Jahr zuvor ein neues Gesetz zur Information und zum Schutz der Verbraucher auf dem Gebiet des Kredits verabschiedet; in England gab es seit 1974 den sog. *„Consu-*

C. Gercke, *Schadensersatz wegen vorvertraglicher Informationspflichtverletzung beim Verbraucherkredit,* Bibliothek des Bank- und Kapitalmarktrechts 1,
DOI 10.1007/978-3-642-39121-7_3,

Dieser Entwurf wurde insgesamt über fünf Jahre diskutiert, bevor die Kommission im Jahr 1984 einen zweiten Entwurf vorlegte[4]. Grund für die langen Diskussionen war vor allem ein heftiger Widerstand der deutschen Regierung im Ministerrat, der vor dem Hintergrund des Einstimmigkeitsprinzips nach Art. 94 EGV eine Blockade des Gesetzesvorhabens bewirkte[5]. Auf deutscher Seite hatte der Bankensektor seinen Einfluss geltend gemacht, um z. B. den weiten Anwendungsbereich der Richtlinie oder auch die geplante gesamtschuldnerische Haftung nach Art. 13 Abs. 3 des Richtlinienentwurfes zu verhindern[6]. Gerade die zuletzt genannte Regelung wurde in der späteren Richtlinie nur noch erheblich abgeschwächt übernommen[7]. Auf der anderen Seite wurden die vorvertraglichen Informationspflichten vom Umfang her erheblich ausgeweitet. In Art. 6 des Entwurfes waren nunmehr auch Informationspflichten für Kontokorrent-Kreditverträge festgelegt. Außerdem wurden bei den einfachen Kreditverträgen sowie den Kreditkartenkreditverträgen mehrere neue Punkte in das Informationsprogramm aufgenommen.

2. *Endgültige Fassung der Richtlinie*

In der letztendlich vom Rat am 22.12.2986 erlassenen Richtlinie 87/102/EWG findet man bereits in den Erwägungsgründen die Überlegung, der Verbraucher solle über die Kreditbedingungen und -kosten sowie über seine Verpflichtungen „angemessen informiert" werden. Diese Information soll dem Verbraucher insbesondere den Vergleich zwischen den verschiedenen Kreditangeboten erleichtern. Bereits an dieser Stelle kann man die besondere Bedeutung der Transparenzregeln erkennen[8]. Zugleich wird allerdings auch die Möglichkeit des Verbraucherschutzes

---

mer-Credit-Act" (CCA), der bis 1984 stufenweise in Kraft trat; vgl. hierzu ausführlich *Emmerich,* in: Graf von Westphalen/Emmerich/von Rottenburg, Verbraucherkreditgesetz, Einl., Rn. 39 und 48; ebenso *Hüttebräuker,* S. 110 f.

[4] ABl. EG 1984 C 183/4.

[5] *Hoffmann*, Die Reform der Verbraucherkreditrichtlinie, S. 22; *Emmerich*, FLF 1991, 140; sehr kritisch zu dieser Blockadepolitik vor allem *Reifner*, Die EG-Richtlinie über den Konsumentenkredit, in Hörmann (Hrsg.), Verbraucherkredit und Verbraucherinsolvenz, S. 621 ff., der ausführt: *„Noch vor wenigen Jahren habe man in Bonn erklärt, es gäbe im Bereich des Konsumentenkredits keine nennenswerten Probleme."* [...] *„Der Verfasser hat bereits damals vor dem Juristentag darauf hingewiesen, daß damit lediglich gemeint sein konnte, daß die Banken mit dem Konsumentenkredit keine wesentlichen Schwierigkeiten haben."*.

[6] *Gilles*, ZRP 1989, 299 (302) spricht daher davon, die deutsche Delegation in Brüssel habe *„Mut bewiesen und es fertiggebracht, weit verbraucherfreundlichere Richtlinienvorschläge abzuwenden"*; anders dagegen *Scholz*, MDR 1988, 730 (736), der der Ansicht ist, *„gegenüber früheren noch perfektionistischer ausgerichteten Lösungsvorschlägen"* habe man *„im Endstadium mehr marktwirtschaftlich orientierte Grundsätze eingebracht"*; vgl. auch *Tonner*, KJ 1985, 109 (112), der von einer *„Blockadepolitik"* der deutschen Regierung spricht; ebenso *Schmelz/Klute,* ZIP 1989, 1509 (1511).

[7] Siehe Art. 11 Abs. 2 der Richtlinie 87/102/EWG.

[8] *Grundmann,* Europäisches Schuldvertragsrecht, 4.10 Rn. 3 geht daher davon aus, dass sich bei der Richtlinie *„zunehmend ein ordoliberaler Ansatz durchgesetzt habe, der vorrangig auf Trans-*

mittels Schriftformgebot betont. Nach den Erwägungsgründen könne der Verbraucherschutz erhöht werden, wenn Kreditverträge schriftlich abgefasst werden und bestimmte Mindestangaben über die Vertragsbestimmungen enthalten[9].

Entsprechend diesen Erwägungen enthielt die alte Verbraucherkreditrichtlinie unmittelbar am Anfang in den Art. 3 bis 6[10] Regelungen zur Verbraucherinformation. Art. 3 der Richtlinie regelte in diesem Zusammenhang die Werbung für Kreditprodukte und verwies hierfür einerseits auf die Richtlinie über irreführende Werbung[11]. Außerdem wurde festgelegt, dass bei allen Formen von Werbung oder in Geschäftsräumen ausgehängten Angeboten für die Gewährung eines Kredits oder die Vermittlung eines Kreditvertrages, in denen eine Angabe über den Zinssatz oder die andere Zahlen betreffend die Kreditkosten enthalten waren, eine Angabe zum effektiven Jahreszins gemacht werden musste.

Die zentrale Regelung zur Transparenz des Kreditvertrages und zum Schutz des Verbrauchers enthielt Art. 4 der Richtlinie[12]. Nach Art. 4 Abs. 1 bedurften Kreditverträge der Schriftform. Eine Ausfertigung des schriftlichen Vertrages musste dabei zwingend dem Verbraucher ausgehändigt werden. Gemäß Art. 4 Abs. 2 musste die Vertragsurkunde jedenfalls den effektiven Jahreszins und die Bedingungen, unter denen dieser geändert werden kann, angeben. Außerdem *„sollte“* der Vertrag nach Art. 4 Abs. 3 auch die übrigen wesentlichen Vertragsbestimmungen enthalten. Hierzu zählten gemäß Anhang I der Richtlinie u. a. die Beschreibung der Waren oder Dienstleistungen, der Hinweis auf die Möglichkeit der vorzeitigen Kreditrückzahlung sowie die Einzelheiten über zu gewährende Sicherheiten. Wie man der Formulierung *„sollte“* entnehmen kann, war die Aufklärung hierüber allerdings nicht zwingend vorgeschrieben, sondern vielmehr den einzelnen Mitgliedstaaten und deren Umsetzung der Richtlinie überlassen.

Auch wenn die Bedeutung, die der europäische Gesetzgeber der Information des Verbrauchers beigemessen hat, durch die verbindliche Vorgabe von Mindestangaben

---

parenz ausgerichtet sei und in dem das Leitbild des mündigen Verbrauchers prägend geworden sei“; ebenso *Hoffmann*, Reform der Verbraucherkreditrichtlinie, S. 50; *Martinek*, S. 518 f. spricht hinsichtlich der Transparenzregeln von einem *„eindeutigen Regelungsschwerpunkt“*.

[9] Hiergegen *Grundmann*, a. a. O., Rn. 30, der davon ausgeht, dass die Anordnung der Schriftform wenig bedeutsam ist, da die Rechtsfolgen von den Mitgliedstaaten festgelegt werden müssten und nur für das Beweisrecht Auswirkung haben könnten.

[10] Die Art. 1 und 2 enthielten wie in der neuen Verbraucherkreditrichtlinie Regelungen zum Anwendungsbereich; einen dem heutigen Art. 3 (Begriffsbestimmungen) entsprechenden Artikel gab es nicht, vielmehr waren die einzelnen Begriffsbestimmungen in Art. 1 Abs. 2 aufgeführt; vgl. zu den einzelnen Vorschriften der alten Verbraucherkreditrichtlinie auch *Ritz,* Harmonisierungsprobleme bei der Umsetzung der EG-Richtlinie 87/102 über den Verbraucherkredit, S. 8 f.

[11] Richtlinie 84/450/EWG vom 10.09.1984 zur Angleichung der Rechts- und Verwaltungsvorschriften der Mitgliedstaaten über irreführende Werbung, Abl. EG 1984 L 250; später geändert durch die Richtlinie 2005/29/EG vom 11.05.2005 über unlautere Geschäftspraktiken im binnenmarktinternen Geschäftsverkehr zwischen Unternehmen und Verbrauchern; zur Richtlinie 84/450/EWG ausführlich *Reich,* in Reich/Micklitz, S. 751 f.

[12] Siehe hierzu *Scholz*, S. 731 f.; gegenüber dem letzten Richtlinienentwurf von 1984 wurde insoweit die Nummerierung geändert. Im Entwurf war in Art. 4 noch das Rücktrittsrecht des Verbrauchers geregelt.

im Vertrag klar wird, muss gleichzeitig beachtet werden, dass die alte Verbraucherkreditrichtlinie in diesem Bereich hinter dem ersten und vor allem dem zweiten Entwurf der Kommission zurückbleibt. Der erste Richtlinienvorschlag aus dem Jahr 1979 hatte in Art. 6 Abs. 2 noch eine Vielzahl von verbindlichen Angaben differenziert nach unterschiedlichen Formen der Kreditvergabe vorgegeben. Die Richtlinie 87/102/EWG beschränkte sich dagegen in Art. 4 Abs. 3 darauf, den Mitgliedstaaten im Anhang zur Richtlinie eine Liste von möglichen weiteren Informationen an die Hand zu geben, deren Aufnahme in das Schriftformgebot allerdings nicht zwingend war. Ebenso wurden die Informationspflichten des Unternehmers im Bereich der Werbung reduziert. Der ursprüngliche Richtlinienentwurf enthielt noch die verbindliche Pflicht, über die einzelnen Kreditkonditionen in Preisaushängen zu informieren. Art. 3 der Richtlinie schrieb dagegen lediglich vor, den effektiven Jahreszins anzugeben, wobei auch diese Information unter der Bedingung stand, dass in der Werbung überhaupt Angaben über Zinssatz und Kreditkostenelemente gemacht wurden[13].

Anscheinend hatte sich im Gesetzgebungsverfahren die Erkenntnis durchgesetzt, dass zu viele Informationen auch zu negativen Effekten wie einer „Überinformation" des Verbrauchers führen können[14]. Ebenso wurde darauf verzichtet, die Verbraucherkreditverträge allgemein verbindlich für alle Mitgliedstaaten zu standardisieren. Durch die „Soll-Vorschrift" des Art. 4 Abs. 3 der Richtlinie wollte man den einzelnen Mitgliedstaaten wahrscheinlich Umsetzungsspielräume für eine Anpassung an das nationale Verbraucherverhalten ermöglichen[15].

Auch hinsichtlich der einzuhaltenden Schriftform wurde die Endfassung der Richtlinie 87/102/EWG gegenüber dem ersten Richtlinienentwurf verschlankt. In der ersten Fassung war zunächst noch eine eigene Definition der Schriftform vorgesehen. Die genaue Bestimmung dieser Form sollte dann aber letztendlich doch den Mitgliedstaaten vorbehalten bleiben[16].

Entsprechende Vorgaben für die zivilrechtlichen Folgen bei Nichteinhaltung der Schriftform oder anderweitigen Verstößen gegen die Informationsvorschriften

---

[13] Siehe hierzu *Steppeler*, Vorvertragliche Information, Vertragsabschluss und Widerrufsrecht im Entwurf einer EG-Verbraucherkreditrichtlinie und in nationalen Verbrauchergesetzen, in: Hörmann (Hrsg.), Verbraucherkredit und Verbraucherinsolvenz, S. 593 (603), der die alte Regelung in Artikel 5 des Entwurfs von 1984 als *„verunglückt und unpraktikabel"* bezeichnet, da sie zum einen die Kreditinstitute übermäßig belaste und zum anderen auch das Informationsbedürfnis der Verbraucher nicht ausreichend befriedige, weil dann überhaupt keine Werbung mehr in den Geschäftsräumen ausgehangen werde.

[14] *Grundmann*, Europäisches Schuldvertragsrecht, Nr. 4.10, Rn. 3 nennt dementsprechend den im zweiten Richtlinienentwurf enthaltenen Informationskatalog „aufgebläht".

[15] Siehe hierzu auch den Bericht der Kommission über die Anwendung der Richtlinie 87/102/EWG vom 11.05.1995, KOM (95), 117, Rn. 183. Die Kommission war danach der Ansicht, dass *„eine derartige Standardisierung eine Innovation und Anpassung im Zuge der Entwicklung des Marktes und der Produkte verhindern würde"* und dass *„sie durch eine Beeinträchtigung der Vertragsfreiheit und des Wettbewerbs die Wahlmöglichkeiten für den Verbraucher einschränken würde"*.

[16] Art. 6 Abs. 1 des ersten Richtlinienentwurfes gab noch vor, dass der Kreditvertrag von beiden Vertragsparteien zu unterzeichnen ist, wobei auf Seiten der Kreditinstitute eine Nachbildung der eigenhändigen Unterschrift genügen sollte, Abl. EG 1979 C 80/6; siehe hierzu auch *Hüttebräuker*, Die Entstehung der EG-Richtlinien über den Verbraucherkredit, S. 123.

enthielt die alte Verbraucherkreditrichtlinie ebenfalls nicht. Sie beschränkte sich in Art. 14 vielmehr auf den Auftrag an die Mitgliedstaaten sicherzustellen, dass Kreditverträge von den zur Anwendung der Richtlinie ergangenen oder ihr entsprechenden innerstaatlichen Vorschriften nicht zum Nachteil des Verbrauchers abweichen[17]. Für das Massengeschäft der Überziehungskredite sah Art. 6 der Richtlinie außerdem geringere Informationspflichten vor.

Die Informationspflichten der Kreditinstitute konzentrierten sich im Ergebnis daher vor allem auf die Angabe und Berechnung des effektiven Jahreszinses[18]. Dabei wurde den einzelnen Mitgliedstaaten allerdings ein weiter Spielraum für die Umsetzung dieser Informationspflichten gewährt. So gab die Richtlinie keine verbindliche Definition des effektiven Jahreszinses vor. Vielmehr sollten nach Art. 1 Abs. 2 lit. e der Richtlinie mit dem effektiven Jahreszins „die Gesamtkosten des Kredits für den Verbraucher" gemeint sein. Die Berechnung dieser Gesamtkosten blieb dabei den in den Mitgliedstaaten hierfür angewandten Methoden überlassen. Art. 4 Abs. 2 lit. b Satz 2 der Richtlinie milderte diese Informationspflicht noch einmal dahingehend ab, dass dem Verbraucher lediglich „angemessene Informationen" gegeben werden mussten, wenn eine Angabe des effektiven Jahreszinses in der Vertragsurkunde nicht möglich war.

Letztendlich waren die Informationspflichten der Kreditinstitute in der ersten Verbraucherkreditrichtlinie bei weitem nicht so stark ausgeprägt, wie noch in den ersten Entwürfen beabsichtigt. Auch wenn sich die Vorschriften zur Transparenz des Kreditvertrages an zentraler Stelle der Richtlinie befanden, konzentrierten sich die verbindlichen Angaben doch letztendlich auf den effektiven Jahreszins, wobei den Mitgliedstaaten bei dessen Berechnung auch noch ein relativ weiter Spielraum verblieb. Grund hierfür mag zum einen die Erkenntnis gewesen sein, dass ein Mehr an gewährten Informationen nicht zwingend zu einem verbesserten Schutz des Verbrauchers führen muss. Andererseits scheiterten strengere Informationsregeln auch am politischen Widerstand einzelner Mitgliedstaaten[19].

3. Änderungsrichtlinien

Schon kurz nach Bekanntmachung der Verbraucherkreditrichtlinie sah man bei der Kommission anscheinend die Notwendigkeit, die bestehenden Regelungen zum

---

[17] MünchKommBGB/*Schürnbrand*, § 494 Rn. 5.

[18] *Hoffmann*, Reform der Verbraucherkreditrichtlinie, S. 53, spricht daher davon, dass die Angabe des effektiven Jahreszinses *„eine herausragende Stellung im Rahmen der Informationspflichten"* einnimmt; ebenso hat der EuGH in der Rechtssache Cofoniga Mérignac SA./. Sylvain Sachithanathan ausgeführt, dass die *„Unterrichtung des Verbrauchers von den Gesamtkosten des Kredits in Form eines nach einer einheitlichen mathematischen Formel berechneten Zinssatzes"* von besonderer Bedeutung ist; EuGH, Urteil vom 04.03.2004, Rs. C 264/02, EuZW 2004, 287, unter Rn. 26.

[19] Siehe hierzu und zur „Blockadepolitik" Deutschlands in diesem Zusammenhang die unter Fn. 151 genannten Quellen.

Schutz des Verbrauchers weiter auszubauen. So gab es bereits nach knapp 1½ Jahren den ersten Änderungsvorschlag, mit dem vor allem eine Vereinheitlichung bei der Berechnung des effektiven Jahreszinses erreicht werden sollte[20]. Diese Vorschläge endeten schließlich in der ersten Änderungsrichtlinie vom 22.02.1990[21]. Durch sie wurde zum einen eine einheitliche Berechnungsformel für den effektiven Jahreszins vorgegeben. Außerdem wurde der frühere Art. 5 der Richtlinie gestrichen, der eine Ausnahme von der Angabe des effektiven Jahreszinses vorsah. Zudem wurde die Liste der nach Art. 4 Abs. 2 in der Vertragsurkunde zu erteilenden Informationen erweitert[22]. Bereits in den Erwägungsgründen der Änderungsrichtlinie findet man die Aussage, dass die dem Verbraucher zu erteilenden Informationen umfassender sein müssten.

Die zweite Änderungsrichtlinie[23] beschränkte sich auf einzelne Neuerungen bei der Berechnung des effektiven Jahreszinses und gab keine neuen Informationspflichten für die Kreditinstitute vor.

In dem der zweiten Änderungsrichtlinie vorangegangenen Bericht über die Anwendung der Verbraucherkreditrichtlinie aus dem Jahr 1995 führte die Kommission aus, dass die meisten Mitgliedstaaten die im Anhang der Richtlinie aufgeführten Unterrichtungspflichten vollständig oder jedenfalls teilweise übernommen und einige Mitgliedstaaten sogar hierüber hinausgehende Informationspflichten statuiert hatten[24]. Interessant sind in diesem Zusammenhang allerdings vor allem die Ausführungen der Kommission zur Anhörung der einzelnen Verbrauchergruppen sowie der Kreditinstitute. Demnach vertrete das Kreditgewerbe die Ansicht, die dem Verbraucher zur Verfügung gestellten Informationen seien vollkommen ausreichend, vielmehr sei der Verbraucher teilweise bereits „überinformiert“ und könne die zur

[20] Vorschlag für eine Richtlinie des Rates zur Änderung der Richtlinie 102/87/EWG zur Änderung der Rechts- und Verwaltungsvorschriften der Mitgliedstaaten über den Verbraucherkredit vom 18.05.1988, KOM (88) 201; zur weiteren Entwicklung siehe die Stellungnahme des Europäischen Parlaments, ABl. EG 1989 C 96/89 und die Stellungnahme des Wirtschafts- und Sozialausschusses, ABl. EG 1988 C 337, 1; geänderter Vorschlag vom 29.05.1989, KOM (89) 271 und die Stellungnahme des Europäischen Parlaments hierzu, ABl. EG 1990 C 30/92.

[21] Richtlinie 90/88/EWG zur Änderung der Richtlinie 87/102/EWG zur Angleichung der Rechts- und Verwaltungsvorschriften der Mitgliedstaaten über den Verbraucherkredit, ABl. EG 1990 L 61/14.

[22] In der Vertragsurkunde musste nun eine Aufstellung des Betrags, der Anzahl und der zeitlichen Abstände oder des Zeitpunkts der Zahlungen, die der Verbraucher zur Tilgung des Kredits und Entrichtung der Zinsen und sonstigen Kosten vornehmen muss, sowie – soweit dies möglich ist – der Gesamtbetrag dieser Zahlungen aufgenommen werden; außerdem sollte der Verbraucher eine Aufstellung über die im neu geschaffenen Art. 1 Abs. 1a enthaltenen Kostenelemente, die nicht in die Berechnung des effektiven Jahreszinses einbezogen wurden, erhalten; soweit dies wiederum nicht möglich war, sollte eine möglichst realistische Schätzung vorgenommen werden; siehe hierzu Nr. 4 lit. c und d der Änderungsrichtlinie.

[23] Richtlinie 98/7/EG des Europäischen Parlaments und des Rates vom 16. Februar 1998 zur Änderung der Richtlinie 87/102/EWG zur Angleichung der Rechts- und Verwaltungsvorschriften der Mitgliedstaaten über den Verbraucherkredit, ABl. EG 1998 L 101/17.

[24] Bericht der Kommission über die Anwendung der Richtlinie 87/102/EWG vom 11.05.1995, KOM (95), 117, Rn. 173.

Verfügung gestellten Informationen überhaupt nicht zur Kenntnis nehmen[25]. Auf Seiten der Verbraucher sei man dagegen der Meinung, eine bessere Unterrichtung werde auch eine angemessene Nutzung des Kredits erlauben. Anhand dieser Angaben kommt die Kommission zu einem Vorschlag für ein neues Verfahren, durch welches die *„Qualität der vertraglichen Beziehungen verbessert werden könne“*[26]. Zulasten des Verbrauchers solle eine Auskunftspflicht dahingehend festgelegt werden, dass er auf Antrag des Kreditgebers alle erforderlichen Angaben machen müsse. Gleichzeitig sollen die Kreditinstitute verpflichtet werden, sich über die jeweilige Lage des Kreditnehmers zu informieren und ihn dann entsprechend zu beraten[27].

Auf diesem Weg hat die Kommission bereits Mitte der 90er Jahre eine umfassende Informations- und Beratungspflicht der Kreditinstitute kombiniert mit einer Verpflichtung des Verbrauchers zur ausführlichen Darstellung der Verhältnisse vorgeschlagen. In der zweiten Änderungsrichtlinie wurden die Informationspflichten dann allerdings nicht umgesetzt. Diese enthielt lediglich weitere Präzisierungen hinsichtlich des effektiven Jahreszinses. Umfassendere Regelungen scheiterten dagegen offenbar am Widerstand der einzelnen Mitgliedstaaten[28].

Im Ergebnis kann man festhalten, dass durch die Änderungsrichtlinien zwar die Informationspflichten der Kreditinstitute erweitert wurden. Von einem umfassenden Informationsmodell wird man dagegen auch nach Erlass der Änderungsrichtlinien kaum sprechen können. Die zu gewährenden Informationen konzentrierten sich auch danach vor allem auf den effektiven Jahreszins. Im Anhang I der Richtlinie befand sich zwar eine Liste von insgesamt 19 verschiedenen Einzelinformationen. Diesbezüglich verblieb den Mitgliedstaaten allerdings gemäß Art. 4 Abs. 3 der Richtlinie ein Umsetzungsspielraum, d. h. es blieb letztendlich den einzelnen Staaten überlassen, inwieweit sie den Kreditinstituten Informationspflichten auferlegen wollten[29]. Außerdem konnten die Mitgliedstaaten gemäß Art. 15 der Richtlinie weitere, nicht in der Richtlinie genannte Informationspflichten vorsehen. Ergebnis dieser weiten Umsetzungsspielräume waren letztendlich – entgegen der mit der Richtlinie eigentlich beabsichtigten Rechtsangleichung – jeweils von Mitgliedstaat zu Mitgliedstaat bestehende Unterschiede hinsichtlich des Umfangs der zu gewährenden Informationen[30].

---

[25] KOM (95) 117, Rn. 174.

[26] KOM (95) 117, Rn. 180.

[27] KOM (95) 117, a. a. O.

[28] Siehe hierzu *Hüttebräuker,* S. 126, die zwar nicht auf die zweite Änderungsrichtlinie eingeht, aber bereits prognostiziert, dass *„die Realisierung einer solchen, von der Kommission angeregten gemeinschaftlichen Regelung erheblichen nationalen Vorbehalten begegnen wird.“.*

[29] Die Richtlinie enthielt auch keine Vorgaben zur Einführung eines Widerrufsrechts; im Anhang zur Richtlinie findet sich unter Nr. 1 lit. vii) die Angabe einer „etwaigen Bedenkzeit“ für Kreditverträge, die die Finanzierung des Erwerbs von bestimmten Waren oder Dienstleistungen betreffen; diese Angaben waren nach Art. 4 Abs. 3 der Richtlinie für die Mitgliedstaaten allerdings nicht zwingend, *Graf von Westphalen,* in: Graf von Westphalen/Emmerich/von Rottenburg, Verbraucherkreditgesetz, § 7 Rn. 2; *Bruchner,* in: Bruchner/Ott/Wagner-Wieduwilt, Verbraucherkreditgesetz, § 7 Rn. 2.

[30] *Hoffmann,* Reform der Verbraucherkreditrichtlinie, S. 54.

II. Umsetzung der Richtlinie 87/102/EWG in das deutsche Recht

1. Das Gesetz betreffend die Abzahlungsgeschäfte (AbzG)

In Deutschland gab es mit dem Gesetz betreffend die Abzahlungsgeschäfte (AbzG) bereits seit dem Jahr 1894 eine gesetzliche Regelung für einen Teilbereich der von der Richtlinie umfassten Geschäfte. Das AbzG beschränkte sich vom Schutzbereich her lediglich auf Nicht-Kaufleute. Zum Schutz des Abzahlungskäufers war zum Beispiel die zwingende Schriftform der Annahmeerklärung des Käufers vorgesehen.

Das Abzahlungsgesetz war vom Gesetzgeber im Zuge der wirtschaftlichen und gesellschaftlichen Veränderungen zwar durch zwei Novellen aus den Jahren 1969 und 1974 verschärft worden. Eine gesonderte Verbraucher schützende Regelung für den Bereich der Konsumentenkredite gab es zum Zeitpunkt des Inkrafttretens der Richtlinie 87/102/EWG allerdings nicht. Aus diesem Grund hatten sich in der Rechtsprechung Tendenzen entwickelt, dem Verbraucher durch Ausdehnung des Anwendungsbereiches des AbzG sowie extensive Anwendung des § 138 Abs. 1 BGB auf Darlehensverträge mit überhöhten Zinsen oder sonstigen unverhältnismäßigen Bindungen für den Verbraucher zumindest einen gewissen Mindeststandard zu gewähren[31].

Gleichzeitig gab es seit Mitte der 70er Jahre immer wieder Forderungen, die gesetzlichen Regelungen im Bereich des Verbraucherkredites auszubauen und damit der sogenannten Schuldturmproblematik zu begegnen und den Verbraucher wirksamer vor der Überschuldung zu schützen[32]. Nachdem im Jahr 1967 die staatliche Zinsregulierung im Kreditwesen abgeschafft worden war, hatte es in den Folgejahren einen geradezu explosionsartigen Anstieg im Bereich der Verbraucherverschuldung gegeben[33]. Bereits Ende 1979 waren 48 % der deutschen Haushalte durch Konsumentenkredite verschuldet, wobei die durchschnittliche Verschuldung der einzelnen Haushalte bei DM 10.550 lag[34]. So wurden bereits mit der zweiten Novellierung des AbzG Stimmen laut, die eine grundlegende Neuregelung des Verbraucherkreditrechts und eine Ausdehnung des Anwendungsbereiches des AbzG auf alle finanzierten Geschäfte forderten[35].

---

[31] BGH, Urteil vom 12.03.1981, III ZR 92/79, NJW 1981, 1206; Urteil vom 08.07.1982, III ZR 21/81, WM 1982, 1023; Urteil vom 02.12.1982, III ZR 90/81, NJW 1983, 1420; Urteil vom 30.06.1983, III ZR 114/82, NJW 1983, 2692; Urteil vom 14.06.1984, III ZR 81/83, NJW 1984, 2292; MünchKommBGB/*Schürnbrand,* Vor § 491 Rn. 1.

[32] Ausführliche Darstellung hierzu bei Staudinger/*Kessal-Wulf,* Einl zu §§ 491 ff, Rn. 6.

[33] Siehe hierzu *Schmelz/Klute,* ZIP 1989, 1509 (1509).

[34] *Hörmann/Holzscheck,* ZIP 1982, 1172 (1173); gleichzeitig veränderte sich das Verhältnis der Pro-Kopf-Verschuldung zum Pro-Kopf-Volkseinkommen von 0,2 % im Jahr 1950 auf 10,9 % im Jahr 1980.

[35] *Löwe,* NJW 1974, 2257 (2263); *Giese,* BB 1974, 722.

Die Möglichkeiten für eine Neuordnung und Verbesserung des Verbraucherschutzes im Bereich des Konsumentenkredites wurden in der Folgezeit zwar ausführlich diskutiert[36], zu einem entsprechenden Gesetzesvorhaben kam es aber zunächst nicht. Grund hierfür war insbesondere die relativ strenge Rechtsprechung des BGH in diesem Bereich, sodass die Bundesregierung anscheinend keinen Handlungsbedarf für eine Novellierung sah[37].

2. Das Verbraucherkreditgesetz (VerbrKrG)

Aufgrund der relativ geringen Regelungsdichte des Konsumentenkreditrechts in Deutschland wurde der Gesetzgeber durch die Richtlinie 87/102/EWG unter Zugzwang gesetzt. In Deutschland entschloss man sich, die neuen Vorschriften in einem eigenständigen Gesetz zusammenzufassen, dem Verbraucherkreditgesetz (VerbrKrG)[38]. Trotz des zeitlichen Drucks – die neue Richtlinie musste nach Art. 16 der Richtlinie bis zum 01.01.1990 in nationales Recht umgesetzt werden – gingen der gesetzlichen Neufassung mehrere Referentenentwürfe[39] und eine ausführliche Anhörung im Rechtsausschuss des Deutschen Bundestages voran, bei der Sachverständige aus dem Bankenbereich, der Rechtswissenschaft und von Verbraucher- und Schuldnerberatungsstellen unterschiedliche Positionen einnahmen[40]. Im Vergleich zum ersten Regierungsentwurf[41] wurden im fertigen VerbrKrG die Verbraucherinteressen letztendlich stärker berücksichtigt, da man vor allem die Änderungsvorschläge des Bundesrates[42] weitgehend übernommen hatte[43].

---

[36] Unter anderem befasste sich der 53. Deutsche Juristentag ausführlich mit der Thematik; siehe vor allem das zu diesem Anlass verfasste Gutachten von *Hadding,* Welche Maßnahmen empfehlen sich zum Schutz des Verbrauchers auf dem Gebiet des Konsumentenkredits?, demzufolge das AbzG in sachgerechter und zeitgemäßer Fortentwicklung in einem Gesetz über den Verbraucherkredit aufgehen sollte; ebenso *Reich,* JZ 1980, 329 (329), der sich für eine „große Lösung" im Bereich des Konsumentenkredits aussprach.

[37] *Schmelz/Klute/Bender,* Der Verbraucherkredit, Rn. 13.

[38] Gesetz über Verbraucherkredite, zur Änderung der Zivilprozessordnung und anderer Gesetze vom 17.12.1990, BGBl. I S. 2840; die Regelung von Verbraucherinteressen in Spezialgesetzen war zu diesem Zeitpunkt in Deutschland gängige Praxis, vgl. z. B. das AGB-Gesetz (Gesetz zur Regelung des Rechts der Allgemeinen Geschäftsbedingungen vom 09.12.1976, BGBl. I, S. 3317), das Haustürwiderrufsgesetz (Gesetz über den Widerruf von Haustürgeschäften und ähnlichen Geschäften vom 16.01.1986, BGBl. I, S. 122) oder das Teilzeit-Wohnrechtegesetz (Gesetz über die Veräußerung von Teilzeitnutzungsrechten an Wohngebäuden vom 20.12.1996, BGBl. I, S. 2154); siehe hierzu *Hoffmann,* Reform der Verbraucherkreditrichtlinie, S. 64 ff.

[39] Abgedruckt in ZIP 1988, 1215 und ZIP-aktuell 1989, A 69, Nr. 254.

[40] Ausführlich hierzu *Bülow,* in: Bülow/Artz, Verbraucherkreditrecht, Einführung Rn. 4.

[41] Regierungsentwurf eines Gesetzes über Verbraucherkredite, zur Änderung der Zivilprozessordnung und anderer Gesetze, BT-Drucks. 11/5462.

[42] Abgedruckt in BT-Drucks. 11/5462, Anl. 2, S. 34 ff.

[43] *Bülow,* in: Bülow/Artz, Verbraucherkreditrecht, Einführung Rn. 4.

Die Vorgaben der Richtlinie hinsichtlich der Verbraucherinformation wurden in den §§ 4 bis 6 VerbrKrG geregelt. Dabei legte § 4 Abs. 1 Satz 1 VerbrKrG die notwendige Schriftform des Kreditvertrages fest. In Art. 4 Abs. 1 Satz 4 VerbrKrG[44] waren die einzelnen, in der Vertragsurkunde notwendig enthaltenen Informationen aufgeführt. Die Vorschrift ging dabei jedenfalls teilweise über die Vorgaben des Art. 4 der Richtlinie hinaus. Anzugeben waren danach bei normalen Darlehensverträgen der Nettokreditbetrag, der Gesamtbetrag aller vom Verbraucher zur Tilgung des Darlehens zu leistenden Teilzahlungen, die Art und Weise der Rückzahlung des Kredits, der Zinssatz und alle sonstigen Kosten des Kredits, der effektive Jahreszins, die Kosten einer Restschuldversicherung sowie alle etwa zu bestellenden Sicherheiten. Für Kreditverträge, die die Lieferung einer bestimmten Sache oder die Erbringung einer bestimmten anderen Leistung gegen Teilzahlungen zum Gegenstand haben, waren hiervon leicht abweichende Informationsregeln in § 4 Abs. 1 Satz 4 Nr. 2 VerbrKrG geregelt. Entsprechend den Vorgaben der Richtlinie gab es in § 5 VerbrKrG außerdem eine Sonderregelung für Überziehungskredite.

Die Rechtsfolgen von Formverletzungen regelte § 6 VerbrKrG. Durch die Richtlinie 87/102/EWG waren den Mitgliedstaaten dabei keine exakten Vorgaben gemacht worden. Nach Art. 14 der Richtlinie mussten sie lediglich sicherstellen, dass Kreditverträge von den zu ihrer Anwendung ergangenen oder ihr entsprechenden innerstaatlichen Vorschriften nicht zum Nachteil des Verbrauchers abwichen. Diesen Anforderungen wurde § 6 Abs. 1 VerbrKrG durch die Nichtigkeitsfolge bei Mängeln der Schriftform gerecht. Gleichzeitig sollte das Fehlen der notwendigen Informationen nach § 4 Abs. 1 Satz 4 Nr. 1a bis f und Nr. 2a bis e VerbrKrG ebenfalls zur Nichtigkeit des Vertrages führen.

Um den Interessen des Kreditnehmers an der Nutzung des Kapitals und denjenigen des Kreditgebers am Erhalt seiner Zinsen und der sonstigen Kreditkosten zu genügen, wurde durch § 6 Abs. 2 bis 4 VerbrKrG ein abgestuftes System von Sanktionen bei Verletzung der den Kreditgeber treffenden Informationspflichten für den Fall geregelt, dass der Verbraucher das Darlehen empfängt oder den Kredit in Anspruch nimmt[45]. Ungeachtet eines Mangels nach § 6 Abs. 1 VerbrKrG wurde der Kreditvertrag in diesen Fällen nach § 6 Abs. 2 Satz 1 VerbrKrG gültig[46].

[44] Später § 4 Abs. 1 Satz 5 VerbrKrG.

[45] Die Gesetzesbegründung spricht insoweit von einem *„angemessenen Kompromiss"* zwischen den Interessen des Verbrauchers, der sonst einem Bereicherungsanspruch ausgesetzt wäre, und denen des Kreditgebers, siehe Entwurf eines Gesetzes über Verbraucherkredite, zur Änderung der Zivilprozessordnung und anderer Gesetze vom 25.10.1989, BT-Drucks. 11/5462, S. 21; ebenso MünchKomm/*Ulmer* (3. Aufl.), VerbrKrG § 6, Rn. 1; eine vergleichbare Regelung war bereits in § 1a Abs. 3 Satz 1 AbzG enthalten, wonach der Vertrag über das Abzahlungsgeschäft bei Formmängeln der Willenserklärung des Käufers erst zustande kam, wenn die Sache diesem übergeben wurde.

[46] Trotz der unklaren Formulierung in § 6 Abs. 2 Satz 1 VerbrKrG galt dies nicht nur für die Fälle von fehlenden Angaben nach § 4 Abs. 1 Satz 4 Nr. 1 und 2 VerbrKrG, sondern auch wenn der Vertrag wegen Verletzung der Schriftform insgesamt nichtig war, *von Rottenburg,* in: Graf von Westphalen/Emmerich/von Rottenburg, Verbraucherkreditgesetz, § 6 Rn. 15; *Wagner-Wieduwilt,* in: Bruchner/Ott/Wagner-Wieduwilt, Verbraucherkreditgesetz, § 6 Rn. 5; *von Heymann,* WM 1991, 1285 (1291); *Bülow,* NJW 1991, 129 (131).

Fehlte im Kreditvertrag die Angabe des effektiven Jahreszinses, wurde gemäß § 6 Abs. 2 Satz 2 VerbrKrG nur der gesetzliche Zinssatz geschuldet[47]. Ebenso wurden nicht angegeben Kosten nach § 6 Abs. 2 Satz 3 VerbrKrG vom Verbraucher nicht geschuldet. Änderungen preisbestimmender Faktoren waren zum Nachteil des Verbrauchers nicht möglich, wenn in der Vertragsurkunde ein entsprechender Hinweis fehlt (§ 6 Abs. 2 Satz 5 VerbrKrG). Auch im Vertrag nicht genannte Sicherheiten konnten gemäß § 6 Abs. 2 Satz 6 VerbrKrG nicht gefordert werden.

Eine Besonderheit ergab sich für die Berechnung des effektiven Jahreszinses. Wurde dieser zu niedrig angegeben, verminderte sich nach § 6 Abs. 4 VerbrKrG der dem Vertrag zugrunde gelegt Zinssatz um den Prozentsatz, um den der effektive Jahreszins zu niedrig angegeben war[48]. Anders als bei den sonstigen nach § 4 Abs. 1 Satz 4 VerbrKrG geschuldeten Informationen – bei denen § 6 Abs. 2 und 3 VerbrKrG lediglich das vollständige Fehlen sanktionierte – enthielt das VerbrKrG damit für den effektiven Jahreszins eine Sonderregelung hinsichtlich der Unrichtigkeit der Angabe. Daraus kann man für sonstige unrichtige Angaben gleichfalls den Schluss ziehen, dass sie die Wirksamkeit des Kreditvertrages grundsätzlich unberührt lassen[49]. Der Gesetzgeber hat damit die besondere Bedeutung des effektiven Jahreszinses hervorgehoben, gleichsam aber maßvolle Konsequenzen an dessen unrichtige Angabe geknüpft[50].

§ 7 VerbrKrG enthielt das Widerrufsrecht des Verbrauchers. Nach § 7 Abs. 1 VerbrKrG wurde die auf den Abschluss des Kreditvertrags gerichtete Erklärung des Verbrauchers erst wirksam, wenn der Verbraucher diese nicht innerhalb einer Frist von zwei Wochen widerrufen hatte. Die zweiwöchige Widerrufsfrist begann nach § 7 Abs. 2 Satz 2 VerbrKrG allerdings erst, wenn dem Verbraucher eine deutlich gestaltete und von ihm gesondert zu unterschreibende Belehrung über die Modalitäten des Widerrufs, dessen möglichen Wegfall nach § 7 Abs. 3 VerbrKrG sowie den Namen und die Anschrift des Widerrufsempfängers ausgehändigt wurde. Durch § 7 Abs. 3 VerbrKrG wurde das Widerrufsrecht allerdings dahingehend eingeschränkt,

---

[47] Die Regelung weicht damit vom früheren § 1a Abs. 3 Satz 2 AbzG ab, wonach der Teilzahlungskäufer bei Formmängeln des durch Übergabe der Sache wirksam gewordenen Abzahlungsgeschäfts nur den Barzahlungspreis schuldete. Dem Kreditgeber verbleibt nach dem VerbrKrG zumindest eine Verzinsung mit dem gesetzlichen Zinssatz.

[48] Berechnungsbeispiele hierzu und eine Darstellung der möglichen Problemfelder findet man bei *Brinkmann*, BB 1991, 1947.

[49] So ausdrücklich BGH, Urteil vom 14.10.2003, XI ZR 134/02, NJW 2004, 154 (155); Urteil vom 25.04.2006, XI ZR 106/05, BGHZ 167, 239 (244); ebenso m. w. Nachw. MünchKomm/*Schürnbrand*, § 494, Rn. 12 zur gleichlautenden Regelung in § 494 BGB; a. A. *Wagner-Wieduwilt*, in: Bruchner/Ott/Wagner-Wieduwilt (Hrsg.), Verbraucherkreditgesetz, § 6, Rn. 11, der § 6 Abs. 2 Satz 2 VerbrKrG so verstehen will, dass die Zinsreduzierung auch dann greift, wenn die Angabe des richtigen Gesamtbetrags fehlt; differenzierend *Derleder*, ZfIR 2006, 489 (497), der dem BGH zwar zustimmt, dass nicht jeder Berechnungsfehler die Nichtigkeit zur Folge haben darf, hiervon aber bei gravierenden strukturellen Fehlberechnungen eine Ausnahme machen will; die Regelung wich damit ebenfalls von § 1a Abs. 3 Satz 1 AbzG ab, wonach Fehler in der Willenserklärung des Käufers grundsätzlich zur Nichtigkeit des Vertrages führten.

[50] Siehe Begr. RegE, BT-Drucks. 11/5462, S. 21; MünchKomm/*Ulmer* (3. Aufl.), § 6 VerbrKrG, Rn. 41.

dass der Verbraucher bei Empfangnahme eines Gelddarlehens nach § 4 Abs. 2 Satz 2 Nr. 1 VerbrKrG das Darlehen innerhalb von zwei Wochen nach Erklärung des Widerrufs oder Auszahlung des Darlehens zurückzahlen musste. Anderenfalls galt der Widerruf als nicht erfolgt[51].

Ein Widerrufsrecht des Darlehensnehmers war bereits im früheren § 1b AbzG enthalten. Da die Richtlinie 87/102/EWG allerdings keine entsprechende Vorgabe enthielt, machte der deutsche Gesetzgeber hier von der durch Art. 15 der Richtlinie eingeräumten Befugnis, weitergehende Verbraucherschutzbestimmungen zu erlassen, gebrauch[52]. In seiner rechtlichen Ausgestaltung orientierte sich das Widerrufsrecht an § 1 HausTWG, § 1b AbzG und § 11 des Gesetzes über den Vertrieb ausländischer Investmentanteile[53].

Durch das Bauhandwerkersicherungsgesetz[54] wurden die Informationsvorschriften des § 4 VerbrKrG noch einmal punktuell überarbeitet. So wurde unter anderem die Bezeichnung der Kosten des Kredits nach § 4 Abs. 1 Satz 4 Nr. 1 lit. d VerbrKrG weiter präzisiert[55].

3. Integration des VerbrKrG in das BGB durch das Schuldrechtsmodernisierungsgesetz[56]

a) Systematische Neugliederung in den §§ 491 ff. BGB

Eine wesentliche systematische Änderung erfuhren die Regelungen über den Verbraucherkredit durch das am 01.01.02 in Kraft getretene Schuldrechtsmodernisie-

---

[51] Die Regelung war im damaligen Gesetzgebungsverfahren umstritten; die Mehrheit des Rechtsausschusses des Bundestags stimmte seinerzeit für eine Beibehaltung, da man befürchtete, der Verbraucher könne ansonsten durch Ausübung des Widerrufsrechts und Verweigerung der Rückzahlung des empfangenen Darlehens einseitig auf ein Darlehen zu marktüblichen Zinssätzen umschulden; dabei ging man davon aus, dass nach Bereicherungsrecht nur eine Verzinsung zum marktüblichen Zinssatz geschuldet werde und auch der Verzugszinssatz regelmäßig unter dem geschuldeten Zinssatz liege, BT-Drucks. 11/5462, S. 42; *Bruchner,* in: Bruchner/Ott/Wagner-Wieduwilt, Verbraucherkreditgesetz, § 7 Rn. 43; gerade für notleidende Kreditnehmer dürfte das Widerrufsrecht hierdurch aber praktisch entwertet sein, zurecht kritisch daher *Gilles,* ZRP 1989, 299 (307); die Regelung wurde durch das Schuldrechtsmodernisierungsgesetz zwar zunächst in § 495 Abs. 2 BGB a. F. übernommen; durch das OLGVertrÄndG ist sie allerdings zum 01.11.02 ersatzlos weggefallen, siehe zur Begründung BT-Drucks. 14/9266, S. 48.

[52] *Graf von Westphalen,* in: Graf von Westphalen/Emmerich/von Rottenburg, Verbraucherkreditgesetz, § 7 Rn. 2; *Bruchner,* in:Bruchner/Ott/Wagner-Wieduwilt, Verbraucherkreditgesetz, § 7 Rn. 2; MünchKomm/*Schürnbrand,* § 495 Rn. 2.

[53] *Bruchner,* a. a. O.

[54] Gesetz zur Änderung des Bürgerlichen Gesetzbuches (Bauhandwerkssicherung) und anderer Gesetze vom 27.04.1993, BGBl. I 1993, 509.

[55] Siehe hierzu und zu den sonstigen Änderungen die Beschlussempfehlung und den Bericht des Rechtsausschusses des Bundestags vom 10.03.1993, BT-Drucks. 12/4526, S. 13 f.

[56] Gesetz zur Modernisierung des Schuldrechts vom 26.11.2001, BGBl. I 2001, 3138.

rungsgesetz. Nachdem man in den vorangegangenen Jahren für die Regelung von Verbraucherinteressen die Schaffung spezieller Gesetze vorgezogen hatte, wurden im Zuge der Schuldrechtmodernisierung eine Reihe von Spezialgesetzen wieder in das BGB integriert[57]. Der Gesetzgeber wollte auf diesem Weg einer weiteren Rechtszersplitterung im Bereich des Verbraucherschutzes vorbeugen[58]. Besondere inhaltliche Änderungen waren mit der BGB-Integration des Verbraucherkreditrechts abgesehen von einer Umgestaltung der Widerrufsfolgen und der Ausdehnung der Formvorschriften des § 4 VerbrKrG auch auf Kreditvollmachten (§ 492 Abs. 4 BGB) nicht verbunden[59].

In systematischer Hinsicht wurde allerdings der zuvor in § 1 Abs. 2 VerbrKrG legaldefinierte Begriff des Kreditvertrages mit seinen Unterformen des Darlehensvertrages, des Zahlungsaufschubes und der Finanzierungshilfen aufgegeben. Diese verschiedenen Unterformen des Kreditvertrages werden nunmehr in getrennten Untertiteln geregelt. Der Verbraucherdarlehensvertrag ist dabei zusammen mit dem allgemeinen Darlehensvertrag im ersten Untertitel „Darlehensvertrag" geregelt, während der Zahlungsaufschub und die sonstigen Finanzierungshilfen in einem Untertitel 2 zusammengefasst sind[60]. Der Ratenlieferungsvertrag ist in Untertitel 3 geregelt, in einem vierten Untertitel findet man außerdem Regelungen über die Unabdingbarkeit, das Umgehungsverbot sowie die Anwendung der Vorschriften auf Existenzgründer. Außerdem wurde die Kreditvermittlung in den §§ 655a ff. im Bereich des Maklerrechts angesiedelt[61].

Bereits im Zuge der Umsetzung der Fernabsatzrichtlinie[62] hatte der Gesetzgeber mit Inkrafttreten zum 01.10.2000 die verbindliche Definition der Begriffe des Verbrauchers und des Unternehmers in die §§ 13 und 14 BGB eingefügt. Damit einher-

---

[57] Neben dem Verbraucherkreditgesetz zählten hierzu das AGB-Gesetz, das Haustürwiderrufgesetz, das Fernabsatzgesetz und das Teilzeit-Wohnrechtegesetz, *Bülow,* in: Bülow/Artz, Verbraucherkreditrecht, Einführung Rn. 9.

[58] Begr. RegE, BT-Drucks. 14/6040, S. 2, wonach eine isolierte Umsetzung der Verbrauchsgüterkaufrichtlinie *„die strukturellen Mängel des geltenden Schuldrechts in unvertretbarem Maße verschärfen würde."*; siehe zu diesem *„neuen Weg des deutschen Gesetzgebers" Möllers,* JZ 2002, 121 (126); Kritik insbesondere zur Integration des Verbraucherkreditrechts findet sich bei *Reifner,* ZBB 2001, 193 (194), der der Ansicht ist, dass hierdurch das gesamte Gebiet der Finanzdienstleistungen noch unübersichtlicher werde.

[59] Begr. RegE, BT-Drucks. 14/6040, S. 253; MünchKomm/*Schürnbrand,* Vor § 491, Rn. 10; *Bülow,* in: Bülow/Artz, Verbraucherkreditrecht, Einführung Rn. 10; *Lang* in Welter/Lang (Hrsg.), Handbuch der Informationspflichten im Bankenverkehr, Kap. 11 Rn. 11.81.

[60] Wobei diese dann teilweise wiederum auf die „allgemeinen Regelungen" zum Verbraucherkredit in den §§ 491 ff. verweisen; insgesamt dürfte das Verständnis der Materie durch die Neuregelung daher eher erschwert worden sein; kritisch deshalb z. B. Palandt/*Weidenkaff,* BGB, Vorb. Vor § 499 Rn. 1; MünchKomm/*Schürnbrand,* § 499 Rn. 1.

[61] Siehe insgesamt zur Neugliederung in Untertitel Staudinger/*Kessal-Wulf,* Einl. zu §§ 491 ff, Rn. 23; *Habersack,* BKR 2002, 72 ff.

[62] Richtlinie 97/7/EG vom 20.05.1997, ABl. EG 1997 L 144/19.

gehend wurden außerdem die Regelungen des Widerrufs- und des Rückgaberechts erstmals einheitlich in den §§ 361a, 361b a. F. geregelt[63].

b) Regelung der Informationsvorschriften

Für den Bereich der Werbung mit Kreditprodukten wurden keine speziellen Vorschriften in das BGB aufgenommen. Die hierauf entfallenden Vorgaben der Verbraucherkreditrichtlinie sind vielmehr in den §§ 1 und 6 PAngV geregelt. So muss in der Werbung vor allem der effektive Jahreszins angegeben werden oder bei veränderlichen Zinssätzen und Kosten jedenfalls der anfängliche effektive Jahreszins. Verstöße hiergegen sanktioniert § 5 UWG, der auch die irreführende Werbung für Kreditangebote umfasst[64].

Die zuvor in § 4 Abs. 1 VerbrKrG geregelten Formvorschriften finden sich nunmehr in § 492 Abs. 1 BGB[65]. Dieser verweist in Satz 1 mit dem Schriftformerfordernis auf § 126 BGB. § 492 Abs. 1 Satz 3 und 4 BGB enthält allerdings dahingehende Erleichterungen, dass Angebot und Annahme auf unterschiedlichen Dokumenten erklärt werden können und es bei einer automatischen Erstellung durch den Darlehensgeber keiner Unterschrift bedarf. Als Verschärfung gegenüber der Richtlinie ist § 492 Abs. 1 Satz 2 BGB zu sehen, der abweichend von § 126 Abs. 3 BGB den Vertragsschluss in elektronischer Form ausschließt[66]. Entsprechend dem alten § 4 Abs. 3 VerbrKrG hat der Darlehensnehmer nach § 492 Abs. 3 BGB einen Anspruch darauf, dass ihm eine Abschrift der Vertragserklärungen ausgehändigt wird.

Eine bedeutende Ergänzung erfuhren die bisherigen Formvorschriften durch die Einfügung des § 492 Abs. 4 Satz 1 BGB. Dieser schreibt vor, dass die in den Abs. 1 und 2 aufgezählten Formvorschriften auch für die Vollmacht gelten, die ein Darlehensnehmer zum Abschluss eines Verbraucherdarlehensvertrages erteilt. Die Vorschrift wurde erst in der Schlussphase der Beratungen des Schuldrechtmodernisierungsgesetzes auf Empfehlung des Rechtsausschusses des Bundestags eingefügt[67].

---

[63] Gesetz über Fernabsatzverträge und andere Fragen des Verbraucherrechts sowie zur Umstellung von Vorschriften auf den Euro vom 27.07.2000, BGBl. I 2000, 879; während die Vorschriften der §§ 13, 14 BGB durch das Schuldrechtsmodernisierungsgesetz unverändert blieben erhielten die §§ 361a, 361b nicht nur eine rechtstechnische Modifikation durch ihre Umstellung in die §§ 355 bis 357 BGB sondern auch weitgehende inhaltliche Änderungen, siehe hierzu ausführlich MünchKomm/*Schürnbrand,* Vor § 491 Rn. 8.

[64] Harte/Henning/*Weidert,* UWG, § 5 D Rn. 110.

[65] Siehe allgemein zur Übertragung des Informationsmodells des VerbrKrG in das BGB *Grundmann,* BKR 2001, 66 (67 f.).

[66] Eine entsprechende Regelung war bereits in § 4 Abs. 1 Satz 3 VerbrKrG enthalten.

[67] Beschlussempfehlung und Bericht des Rechtsausschusses zum Entwurf eines Gesetzes zur Modernisierung des Schuldrechts, BT-Drucks. 14/7052, S. 201; Grund für die Einführung war die Unzufriedenheit mit der Rechtsprechung des BGH zum Thema Verbrauchervollmachten; nach dem BGH galt der Schriftformzwang zum damaligen Zeitpunkt nicht für eine Vollmacht zum Abschluss eines Verbraucherdarlehensvertrages, weil die Vollmacht nach § 167 Abs. 2 BGB grundsätzlich formfrei ist. Außerdem musste diese Vollmacht nicht den Mindestinhalt an Informationen

Der Umfang der in der Vertragsurkunde notwendig enthaltenen Informationen bestimmt sich nach der Aufzählung in § 492 Abs. 1 Satz 5 BGB. Die Vorschrift übernimmt praktisch wortgleich den früheren § 4 Abs. 1 Satz 5 VerbrKrG. Eine Berechnungsmethode für den effektiven Jahreszins wurde nicht in das BGB übernommen, sondern findet sich im Anhang zu § 6 PAngV. Durch den Verweis in § 492 Abs. 4 Satz 1 BGB auf die Abs. 1 und 2 wird außerdem klargestellt, dass auch die Vollmachtsurkunde den in § 492 Abs. 1 Satz 5 BGB enthaltenen Katalog an Informationen enthalten muss. Für Teilzahlungsgeschäfte findet sich nach der „Ausgliederung" in den Untertitel 2 ein gesonderter Katalog mit den in die Vertragsurkunde notwendig aufzunehmenden Informationen in § 502 Abs. 1 Satz 1 BGB[68].

Durch die Angabe des Nettodarlehensbetrages sowie des Gesamtbetrages aller Kosten nach § 492 Abs. 1 Satz 5 Nr. 1 und 2 BGB soll dem Verbraucher vor allem die Chance eingeräumt werden, eine Einschätzung über Leistung und Gegenleistung des Vertrages treffen zu können und ihm damit die Gesamtbelastung durch den Kredit möglichst plastisch vor Augen zu führen[69]. Die Angabe des effektiven Jahreszinses nach § 492 Abs. 1 Satz 5 Nr. 5 BGB gibt dem Verbraucher dagegen die Möglichkeit, verschiedene Kreditangebote miteinander zu vergleichen[70].

Die Rechtsfolgen von Formmängeln sind in § 494 BGB geregelt. Das dort geregelte Sanktionensystem – grundsätzliche Nichtigkeit mit der Möglichkeit der Heilung bei Empfang des Darlehens und entsprechender Modifizierung des Vertrages – entspricht im Wesentlichen der Vorgängernorm des § 6 VerbrKrG. Der Ausdehnung der Formvorschriften auch auf die Verbrauchervollmacht durch § 492 Abs. 4 Satz 1 BGB wurde dadurch Rechnung getragen, dass die Nichtigkeitssanktion des § 494 Abs. 1 nunmehr auch ausdrücklich für Formfehler der Vollmacht gilt. Die entsprechende Regelung für Teilzahlungsgeschäfte findet sich in § 502 Abs. 3 BGB.

Wie schon in § 6 Abs. 2 und 3 VerbrKrG sanktioniert § 494 Abs. 1 BGB grundsätzlich nur das Fehlen einer der in § 492 Abs. 1 BGB genannten Mindestangaben. Nicht erfasst ist dementsprechend die bloß unrichtige erteilte Information[71]. Eine Ausnahme bildet nach § 494 Abs. 3 BGB lediglich die falsche Angabe des effektiven Jahreszinses. Vergleichbar zur Vorgängernorm des § 6 Abs. 4 VerbrKrG reduziert sich der dem Verbraucherdarlehensvertrag zugrunde liegende Zinssatz um den

---

nach § 4 Abs. 1 Nr. 1 VerbrKrG enthalten; siehe hierzu BGH, Urteil vom 24.04.2001, XI ZR 40/00, NJW 2001, 1931 (1932); Urteil vom 10.07.2001, XI ZR 198/00, NJW 2001, 2963.

[68] Für Teilzahlungsgeschäfte galt über § 1 Abs. 2 VerbrKrG vorher ebenfalls § 4 Abs. 1 VerbrKrG.

[69] *Schwintowski*/Schäfer, Bankrecht, §§ 15 Rn. 72; *Hoffmann*, Reform der Verbraucherkreditrichtlinie, S. 76.

[70] Siehe hierzu vor allem *Grundmann*, BKR 2001, 66 (68), der der Ansicht ist, diese *„einfach verständliche und leicht zugängliche Information macht den Vergleich im Markt zum Kinderspiel."*

[71] So die st. Rspr. des BGH, siehe Urteil vom 14.10.2003, XI ZR 134/02, NJW 2004, 154 (155); Urteil vom 18.11.2003, XI ZR 322/01, WM 2004, 172; Urteil vom 02.12.2003, XI ZR 53/02, NJW-RR 2004, 632, 634; Urteil vom 25.04.2006, XI ZR 106/05, NJW 2006, 1955; Erman/*Saenger*, § 494 Rn. 18; aA MünchKomm/*Schürnbrand*, § 494 Rn. 12, für den Fall, dass die Information „grob fehlerhaft" und deshalb für den Verbraucher völlig ohne Informationsgehalt ist; die grob fehlerhafte Information soll dann der nicht erteilten Information gleichgestellt sein.

Prozentsatz, um den der effektive oder anfängliche effektive Jahreszins zu niedrig angegeben ist.

In den übrigen Fällen der bloß unrichtigen Informationserteilung soll dem Verbraucher dagegen ein Schadensersatzanspruch nach den Grundsätzen der culpa in contrahendo gemäß §§ 280 Abs. 1, 311 Abs. 2 BGB zustehen können[72]. Der Darlehensgeber kann demnach im Einzelfall zur Leistung von Schadensersatz verpflichtet sein, wenn der Verbraucher nachweisen kann, dass er bei richtiger Angabe z. B. des Gesamtbetrages aller von ihm zu erbringender Leistungen einen abweichenden Kreditentschluss gefasst und das günstigere Angebot eines anderen Darlehensgebers angenommen hätte[73]. Ebenso kann der Darlehensgeber verpflichtet sein, die Differenz zwischen wirklich vereinbartem und davon abweichend angegebenem Nettodarlehensbetrag, auf den es dem Verbraucher ankommt, zu leisten[74].

Die durch Art. 6 der Verbraucherkreditrichtlinie vorgesehenen Sonderregeln für Überziehungskredite sind durch das Schuldrechtsmodernisierungsgesetz in § 493 BGB aufgenommen worden. Auf besondere Sanktionen für die Nichteinhaltung der dort genannten Informationspflichten hat der Gesetzgeber bewusst verzichtet[75].

Das Widerrufsrecht des Darlehensnehmers findet sich nunmehr in § 495 BGB, wobei § 495 Abs. 1 BGB für die Einzelheiten auf § 355 BGB verweist. In § 495 Abs. 2 Satz 1, 2 BGB wurde zunächst die frühere Regelung des § 7 Abs. 3 VerbrKrG übernommen, wonach das Darlehen im Fall des Widerrufs innerhalb von zwei Wochen zurückgezahlt werden musste. Anderenfalls galt der Widerruf als nicht erfolgt. Durch das OLGVertrÄndG[76] wurde die Regelung dann allerdings ersatzlos aufgehoben[77]. Für den Verbraucher wird sich auch nach dieser Änderung allerdings regelmäßig das Problem ergeben, dass die Darlehenssumme bereits an den Anbieter des jeweiligen finanzierten Produkts „weitergereicht" oder direkt ausgezahlt wurde. Sofern kein verbundener Vertrag nach § 358 BGB vorliegt muss er aus den bei ihm vorhandenen finanziellen Mitteln die komplette Darlehenssumme an den Darlehensgeber zurückzuzahlen, weshalb der Widerruf für ihn in den meisten Fällen

---

[72] Staudinger/*Kessal-Wulf*, § 494 Rn. 9; *Bülow*, in: Bülow/Artz, Verbraucherkreditrecht § 494 Rn. 42; Erman/*Saenger*, § 494 Rn. 18.

[73] Staudinger/*Kessal-Wulf*, § 494 Rn. 9; ausführlich hierzu unten 3. Kap. II. 2. b) dd).

[74] *Bülow*, in: Bülow/Artz, Verbraucherkreditrecht § 494 Rn. 4.

[75] Siehe hierzu die Gegenäußerung der Bundesregierung zur Stellungnahme des Bundesrats zur insoweit inhaltsgleichen Vorgängernorm des § 5 VerbrKrG, BT-Drucks. 11/5462, S. 42; als Begründung berief man sich vor allem darauf, dass striktere Sanktionen wie z. B. die Herabsetzung der Überziehungszinsen auf den gesetzlichen Zinssatz und die zeitweise Nichtgeltung von Zinserhöhungen wegen der für die Banken entstehenden Beweisschwierigkeiten und der von ihnen zu ergreifenden Beweissicherungsmaßnahmen mit großer Wahrscheinlichkeit zu einer erheblichen Verteuerung der Kontoführungsgebühren bei den meisten Girokonten mit Überziehungsmöglichkeit führen würde.

[76] Gesetz zur Änderung des Rechts der Vertretung durch Rechtsanwälte vor den Oberlandesgerichten vom 23.07.2002, BGBl. I 2002, 2850.

[77] Siehe zur Begründung BT-Drucks. 14/9266, S. 48.

schon aus wirtschaftlichen Gründen ausscheidet[78]. Außerdem wird der Verbraucher die finanzielle Tragweite des Vertragsabschlusses auch nach Ablauf der zweiwöchigen Widerrufsfrist oftmals überhaupt noch nicht einschätzen können[79]. Dementsprechend ist es gerechtfertigt, neben dem Widerrufsrecht des Verbrauchers zusätzliche vorvertragliche Informationspflichten des Kreditinstituts zu normieren.

Im Ergebnis beschränkte man sich auch nach der Neuordnung des Verbraucherdarlehensrechts durch das Schuldrechtsmodernisierungsgesetz im Wesentlichen auf die Vorgaben der alten Verbraucherkreditrichtlinie. Obwohl diese den einzelnen Mitgliedstaaten erhebliche Umsetzungsspielräume zugestand, wurde auf einen weitergehenden Schutz des Verbrauchers verzichtet. Ein Grund hierfür dürfte neben dem Einfluss des Bankensektors auch die Befürchtung höherer Kreditkosten für den Verbraucher gewesen sein[80].

III. Vorvertragliche Informationspflichten nach altem Recht in Rechtsprechung und Literatur

Die zurückhaltende Vorgehensweise des deutschen Gesetzgebers bei der Regelung der vorvertraglichen Informationspflichten der Kreditinstitute bedeutete im Umkehrschluss einen weiten Regelungsspielraum für die Rechtsprechung in diesem Bereich. Gleichzeitig wurden Inhalt und Reichweite der den Kreditinstituten aufzuerlegenden Informationspflichten in der juristischen Literatur ausführlich und kontrovers diskutiert[81]. Dabei ging es zum einen darum, die im Gesetz genannten Informationspflichten zu konkretisieren. Zum anderen bedurfte es für bestimmte Fallgruppen eines Schadensersatzanspruches des Verbrauchers für den Fall der fehlerhaften oder nicht erteilten Information.

---

[78] Kritisch zu der tatsächlichen Schutzwirkung daher auch *Reifner,* in: Derleder/Knops/Bamberger, Handbuch zum deutschen und europäischen Bankrecht, § 15 Rn. 232; *Gilles,* ZRP 1989, 299 (307) verweist insoweit darauf, dass auch bei dem früheren § 1b AbzG die Widerrufsquote sehr gering war.

[79] *Reifner,* a. a. O.

[80] Siehe hierzu die in Fn. 205 genannte Regierungsbegründung zu § 5 VerbrKrG.

[81] Siehe z. B. *Blaurock,* FS Horn, S. 697 ff.; *Hadding,* FS Schimansky, S. 67 ff., *Tonner,* in Derleder/Knops/Bamberger (Hrsg.), Handbuch zum deutschen und europäischen Bankrecht, § 4; *Schwintowski/Schäfer,* Bankrecht, § 14 Rn. 138; *Tiffe,* Die Struktur der Informationspflichten bei Finanzdienstleistungen; *Dietel,* Aufklärungspflichten bei der Vermittlung von Verbraucherdarlehen, S. 45 ff.; *Brandt,* Aufklärungs- und Beratungspflichten der Kreditinstitute bei der Kapitalanlage; *Rong,* Die Entwicklung der Aufklärungspflichten – insbesondere im Kreditrecht, jew. m. w. Nachw.

1. Darstellung der einzelnen Begriffe

Der Begriff der „Information" wurde bisher stets als Oberbegriff für eine Wissensvermittlung gegenüber dem Verbraucher benutzt[82]. Letztendlich ist der Begriff aber zu allgemein, da Information in unterschiedlichen Formen und aufgrund unterschiedlicher Pflichten gewährt wird.

Die Information selbst wird man am ehesten mit dem Begriff der Unterrichtung erklären können. Sie beinhaltet eine Mitteilung von Tatsachen gegenüber dem Verbraucher und erfolgt ohne ein explizites Mitteilungsverlangen[83]. Gleichzeitig fehlt es an einer Belehrung über den Inhalt, d. h. derjenige, der informiert oder unterrichtet worden ist, muss die Mitteilung selbstständig bewerten und hieraus eigene Entschlüsse fassen oder Entscheidungen treffen[84]. Erfolgt die Unterrichtung dagegen auf Anfrage des Kunden, spricht man von einer Auskunft[85].

Hiervon abzugrenzen ist die so genannte Aufklärung. Bei ihr tritt neben die bloße Mitteilung von Tatsachen ein belehrendes Element, d. h. die Erläuterung der Information[86]. Ziel der Aufklärung ist regelmäßig, dem Kunden zusätzliche Klarheit über den Vertragsgegenstand zu verschaffen[87]. Der Unterschied zur bloßen Unterrichtung liegt daher in der Erläuterung, die den Kenntnisstand und den das Verständnis des Empfängers erhöhen soll[88].

Eine Stufe höher steht wiederum die Beratung. Sie basiert ebenfalls auf der Information über Tatsachen, die für den Kunden zur Vorbereitung einer Entscheidung erforderlich sind. Diese wird aber ergänzt durch Werturteile und Prognosen über bestimmte Verhältnisse, Risiken sowie mögliche Entwicklungen[89]. Außerdem beinhaltet die Beratung eine bestimmte Empfehlung an den Kunden, wobei Handlungsoptionen aufgezeigt und begründet werden müssen[90].

Neben diesen zentralen Begriffen sind noch verschiedene weitere Formen von Informationen gegenüber dem Kunden denkbar[91]. In der weiteren Arbeit wird der Schwerpunkt allerdings auf der bloßen Information, der Aufklärung und der Bera-

---

[82] Siehe zur Eignung des Begriffs „Information" als Oberbegriff für die Detailbegriffe Auskunft, Aufklärung, Beratung, Empfehlung, Erkundigung und Warnung *Tiffe,* S. 45.

[83] *Tonner,* in: Derleder/Knops/Bamberger, Handbuch zum deutschen und europäischen Bankrecht, § 4 R. 11.

[84] *Dietel,* S. 50.

[85] *Hadding,* FS Schimansky, S. 67 (74).

[86] *Lang,* in Welter/Lang (Hrsg.), Kap. 2 Rn. 2.7

[87] *Tonner,* in: Derlder/Knops/Bamberger, Handbuch zum deutschen und europäischen Bankrecht, § 4 Rn. 12; *Haddings,* FS Schimansky, S. 67 (74).

[88] *Hadding,* a. a. O.

[89] *Siol,* in: Schimansky/Bunte/Lwowski, Bankrechts-Handbuch, § 43 Rn. 8.

[90] *Lang,* in Welter/Lang (Hrsg.), Kap. 2 Rn. 2.8; *Tonner,* in: Derleder/Knops/Bamberger, Handbuch zum deutschen und europäischen Bankrecht, § 4 Rn. 13.

[91] Siehe hierzu z. B. die Aufzählungen bei *Tiffe,* S. 47 oder *Hadding,* FS Schimansky, S. 73 ff.; zu denken wäre dabei vor allem an die Warnung, d. h. die Information über eine drohende Gefahr oder einen drohenden Nachteil.

tung liegen, da diese im Wesentlichen das mögliche Pflichtenspektrum der Kreditinstitute im Bereich vorvertraglicher Information abbilden.

2. Systematik der vorvertraglichen Information

Bei den einzelnen Informationspflichten muss zunächst zwischen den ausdrücklich gesetzlich normierten und den in Rechtsprechung und Literatur entwickelten weitergehenden Regelungen unterschieden werden. Im Bereich der nicht ausdrücklich normierten Informationspflichten stellt sich sodann die Frage, ob diese auf einer entsprechenden Systematik aufbauen oder auf bestimmte Grundsätze reduziert werden können.

a) Gesetzliche Regelung

Die gesetzlichen Regelungen zur Verbraucherinformation vor der Reform durch die Richtlinie 2008/48/EG wurden bereits oben[92] ausführlich dargestellt. Sie sollen dem Verbraucher eine wettbewerbsförderliche Auswahl der Produkte, einen Vergleich zum Barerwerb sowie eine Abschätzung der eigenen Belastung in der Zukunft ermöglichen[93]. Neben der Information im Vertrag nach § 492 BGB ist hier auch die zweiwöchige Überlegungsfrist der §§ 495, 312 BGB zu sehen, die dem Verbraucher vor dem Vertragsabschluss in der Vertragsurkunde bei der Unterschriftsleistung vor Augen führen soll, wie das Produkt im Vergleich zu anderen auf dem Markt positioniert ist und wie es sich auf die eigenen Lebensverhältnisse auswirkt[94].

b) Weitergehende Aufklärungs- und Beratungspflichten

Neben diesen ausdrücklichen gesetzlichen Vorgaben stellt sich aber die Frage, wann und in welchem Umfang ein Kreditinstitut dem Verbraucher beim Abschluss eines Kreditvertrages zur Aufklärung oder Beratung über einzelne Punkte des Vertrages verpflichtet ist[95]. Dabei muss differenziert werden zwischen solchen Fällen, in denen ein ausdrücklicher oder konkludenter Beratungsvertrag geschlossen wird, bei denen eine Auskunftspflicht des Kreditinstituts also ein entsprechendes Auskunftsverlangen des Verbrauchers gegenübersteht und den Fällen, in denen das

---

[92] Siehe oben unter 3. Kap. II. 3. b).

[93] *Reifner,* in: Derleder/Knops/Bamberger, Handbuch zum deutschen und europäischen Bankrecht, § 15 Rn. 145.

[94] *Reifner,* a. a. O. Rn. 144.

[95] Zu den Informationspflichten bei anderen Bankgeschäften wie z. B. Anlageberatung, Zahlungsverkehr oder Kontoverbindung umfassend *Welter/Lang* (Hrsg.), Handbuch der Informationspflichten im Bankverkehr; *Siol,* in: Schimansky/Bunte/Lwowski, Bankrechts-Handbuch, § 44; *Hadding,* FS Schimansky, S. 67 (78).

Kreditinstitut von sich aus zur weiteren Aufklärung über den Vertragsinhalt verpflichtet ist. Unabhängig hiervon gilt der Grundsatz, dass Information in jedem Fall richtig sein muss, wenn sie gewährt wird[96]. Falschinformation ist daher stets eine Pflichtverletzung[97]. Von Bedeutung ist weiterhin auch, welche konkreten Interessen dem jeweiligen Geschäft zugrunde liegen, d. h. ob die Bank als Interessenvertreter des Kunden auftreten soll – möglicherweise auch im Außenverhältnis gegenüber Dritten – oder ob sie mit ihm ein durch Interessengegensätze geprägtes Austauschgeschäft abschließt[98].

aa) Beratungsvertrag

Als Grundlage von Informationspflichten des Kreditinstituts kommt zunächst ein Beratungsvertrag zwischen Kunde und Bank in Betracht. Dieser kann sowohl ausdrücklich oder auch konkludent abgeschlossen werden. Hierfür soll nach der Rechtsprechung des BGH bereits genügen, dass der Interessent an die Bank herantritt, um über eine Finanzierungsmöglichkeit und ihre Alternativen beraten zu werden, und die Bank dem durch Aufnahme von Beratungsgesprächen entspricht[99]. Ob für die Beratung ein besonderes Entgelt erhoben wird, ist dagegen unerheblich[100].

Eine solche Form konkludenten Vertragsschlusses wird man vor allem im Bereich der Immobilienfinanzierung finden. Der praktischen Fall, in dem der Verbraucher das Kreditinstitut aufsucht und nach einer bestimmten Finanzierungsform fragt und das Kreditinstitut diesen Wunsch dann lediglich passiv entgegennimmt, ist kaum vorstellbar. Vielmehr wird es regelmäßig so sein, dass der Verbraucher die Bank aufsucht, um allgemein nach einer Finanzierungsform für ein bestimmtes Vorhaben zu fragen und die Bank daraufhin die verschiedenen Finanzierungsalternativen vergleichend gegenüberstellt, Vergleichsberechnungen erstellt und abschließend eine bestimmte Kreditform empfiehlt[101].

---

[96] Dies gilt natürlich auch dann, wenn die Bank bestimmte Informationen erteilt, ohne hierzu überhaupt verpflichtet zu sein, siehe *Tonner,* in: Derleder/Knops/Bamberger, Handbuch zum deutschen und europäischen Bankrecht, § 4 Rn. 46.

[97] *Hennrichs,* FS Kümpel, S. 241 (245), der deshalb zwischen der Haftung für die Erteilung einer Information sowie der Haftung für die Unterlassung einer Information differenziert.

[98] *Rehm,* Aufklärungspflichten im Vertragsrecht, S. 251.

[99] BGH, Urteil vom 04.03.1987, IVa ZR 122/85, BGHZ 100, 117 = NJW 1987, 1815; Urteil vom 06.07.1993, XI ZR 12/93, BGHZ 123, 131 = NJW 1993, 2433, unter Rn. 11.

[100] BGH, Urteil vom 04.03.1987, IVa ZR 122/85, a. a. O., unter Rn. 12.

[101] So die Darstellung bei *Hennrichs,* FS Kümpel, S. 241 (246); ebenso *Siol,* in: Schimansky/Bunte/Lwowski, Bankrechts-Handbuch, § 44 Rn. 8.

Die Bank nimmt in diesen Fällen die Rolle eines Beraters ein, Inhalt und Umfang ihrer Vertragspflichten ergeben sich daher aus dem Beratungsvertrag[102]. Vor allem muss sie den Kunden vollständig und richtig beraten[103].

Ob zwischen Bank und Verbraucher im Einzelfall ein konkludenter Beratungs- oder Auskunftsvertrag geschlossen wird, hängt im Wesentlichen von der Art des jeweiligen Bankgeschäfts ab. So bejaht der BGH im Bereich der Anlagevermittlung das Zustandekommen eines stillschweigenden Auskunftsvertrages, wenn der Interessent deutlich macht, dass er, auf eine bestimmte Anlageentscheidung bezogen, die besonderen Kenntnisse und Verbindungen des Vermittlers in Anspruch nehmen will und der Anlagevermittler die gewünschte Tätigkeit beginnt[104]. Auf der anderen Seite soll es im Bereich des Wertpapierkaufs nicht genügen, wenn ein Kunde seiner Bank gezielt den Auftrag zum Kauf bestimmter Wertpapiere gibt[105]. Ebenso wenig folgt allein aus dem Abschluss eines Wertpapierdepotvertrags eine Pflicht der Bank zur vollumfänglichen Betreuung und laufenden Beratung[106].

Die vor allem vor allem zur Anlagevermittlung ergangene Rechtsprechung des BGH, die eher großzügig das Zustandekommen eines Beratungsvertrages bejaht, ist allerdings nicht für alle Formen von Bankgeschäften zu verallgemeinern. Es macht wenig Sinn, Beratungs- und Informationspflichten, die Gegenstand fast jeden Vertrages sind, aus dem eigentlichen Vertragsgeschäft auszukoppeln und hierdurch die Grenzen zwischen vertraglichen Nebenpflichten und isoliert einklagbaren Hauptpflichten praktisch zu verwischen[107]. Weiterhin wird man grundsätzlich davon ausgehen müssen, dass der Bank bzw. dem im konkreten Fall zuständigen Sachbearbeiter der Rechtsbindungswille zum Abschluss eines isolierten Beratungsvertrages fehlt[108]. Die Umstände, die gegen einen Rechtsbindungswillen der Bank sprechen, sind dabei für den Kunden auch regelmäßig ohne weiteres erkennbar[109]. Auch der BGH hat für andere Konstellationen außerhalb des Bankvertragsrechts ausgeführt, dass die Annahme eines Auskunftsvertrages ausnahmsweise nur dann bejaht werden kann, wenn die im Einzelnen festgestellten Umstände deutlich für den Verpflichtungswillen des Auskunft Gebenden sprechen[110].

---

102 *Blaurock,* FS Horn, S. 697 (698).

103 So ausdrücklich OLG Celle, Urteil vom 15.09.1993, 3 U 224/91, WM 1993, 2082, wonach die Bank *„alle aufgrund der ihr bekannten Tatsachen in Betracht kommenden Finanzierungsmodelle vorstellen und dem Kunden – auf dessen Bedürfnisse, Situationen und Kenntnisse zugeschnitten – deren Vor- und Nachteile umfassend, richtig und verständlich erläutern sowie ihn auf etwaige Bedenken aufmerksam machen"* muss; siehe hierzu auch *Köndgen,* NJW 1994, 1508 (1510).

104 BGH, Urteil vom 13.05.1993, III ZR 25/92, NJW-RR 1993, 1114; Urteil vom 13.01.2000, III ZR 62/99, NJW-RR 2000, 998; Urteil vom 11.09.2003, III ZR 381/02, NJW-RR 2003, 1690; Urteil vom 19.10.2006, III ZR 122/05, NJW-RR 2007, 348.

105 BGH, Urteil vom 12.03.1996, XI ZR 232/95, NJW 1996, 872.

106 BGH, Urteil vom 23.11.2004, XI ZR 137/03, NJW 2005, 1113.

107 *Tonner,* in: Derleder/Knops/Bamberger, Handbuch zum deutschen und europäischen Bankrecht, § 4 Rn. 4.

108 So auch *Musielak,* WM 1999, 1593 (1594).

109 *Canaris,* FS Schimansky, S. 43 (48).

110 BGH, Urteil vom 24.01.1978, VI ZR 105/76, WM 1978, 576 zur Konstellation, in der ein Rechtsanwalt gegenüber Gläubigern seines Mandanten Informationen über dessen Kreditwürdigkeit abgibt.

Im Bereich des Verbraucherdarlehens sollte man daher bei der Annahme eines konkludent geschlossenen Beratungsvertrages zwischen Verbraucher und Kreditinstitut zurückhaltend sein. Dieser sollte auf solche Fälle beschränkt werden, in denen den Erklärungen der Parteien wirklich überzeugungskräftige Anhaltspunkte für einen Rechtsbindungswillen zu entnehmen sind[111].

bb) Informationspflichten als Nebenpflichten zum Verbraucherkredit

Geht man davon aus, dass selbstständige Beratungsverträge im Bereich der Kreditvergabe die Ausnahme bilden, stellt sich die Frage, in welchen Fällen die Kreditinstitute besonderen Informationspflichten als Nebenpflichten zum Kreditvertrag unterliegen.

Der BGH hat in seiner ständigen Rechtsprechung hierzu festgelegt, dass es bei Kreditgeschäften grundsätzlich keine allgemeine Beratungs-, Warn- oder Aufklärungspflicht des Kreditinstituts gegenüber dem Kunden gibt[112]. Ausgangspunkt hierfür ist der bereits oben[113] angesprochene Gedanke der Privatautonomie[114]. Grundsätzlich muss sich jede Seite bei Abschluss eines Vertrages selbst vergewissern, ob der Vertrag für sie von Vorteil ist[115]. Vor dem Abschluss des Kreditvertrages besteht daher weder eine allgemeine Aufklärungspflicht der Bank[116], noch ist diese dazu verpflichtet, einen möglichen Informationsbedarf des Kunden zu erforschen[117]. Benötigt der Kunde Informationen, weil er die mit der Kreditaufnahme oder -verwendung verbundenen wirtschaftlichen Risiken selbst nicht zutreffend

[111] So auch *Canaris,* FS Schimansky, S. 43 (48); *Tonner,* in: Derleder/Knops/Bamberger, Handbuch zum deutschen und europäischen Bankrecht, § 4 Rn. 4; *Becker,* Verhaltenspflichten und Haftung von Banken bei Kreditvergabe, S. 51.

[112] Urteil vom 17.05.1979, III ZR 118/77, NJW 1979, 2092; Urteil vom 24.04.1990, XI ZR 236/89, WM 1990, 920; Urteil vom 11.02.1999, XI ZR 352/97, NJW 1999, 2032; Urteil vom 27.06.2000, XI ZR 174/99, NJW 2000, 3558; siehe hierzu auch *Lwowski/Wunderlich,* in: Schimansky/Bunte/Lwowski, Bankrechts-Handbuch, § 76 Rn. 126; *von Heymann/Merz,* Bankenhaftung bei Immobilienanlagen, Rn. 551.

[113] Siehe hierzu 2. Kap. I. 1. a).

[114] *Hennrichs,* FS Kümpel, S. 241 (244); *Blaurock,* FS Horn, S. 697 (698).

[115] *Schwintowski*/Schäfer, Bankrecht, § 14 Rn. 131; *Lang,* in Welter/Lang, Kap. 11 Rn. 11.1; allgemein zum Grundsatz der Privatautonomie PWW/*Brinkmann,* Vor §§ 145 ff Rn. 13; Palandt/*Ellenberger,* Überbl. v. § 104, Rn. 1.

[116] Siehe hierzu u. a. BGH, Urteil vom 20.03.2007, XI ZR 414/04, WM 2007, 876 (877), wonach sich Aufklärungs- und Beratungspflichten *„nur aus den besonderen Umständen des konkreten Einzelfalls ergeben"* können; *Tonner,* in: Derleder/Knops/Bamberger, Handbuch zum deutschen und europäischen Bankrecht, § 4 Rn. 44; *Becker,* S. 88; Albrecht/Karahan/Lenenbach/*Buck-Heeb,* FA Bank- und Kapitalmarktrecht, § 42 Rn. 13; Erman/*Westermann,* § 241 Rn. 14.

[117] *Siol,* in: Schimansky/Bunte/Lwowski, Bankrechts-Handbuch, § 44 Rn. 12; *Klein,* in: Fischer/Klanten (Hrsg.), Bankrecht, Rn. 9.135.

einschätzen kann, muss er selbst Auskünfte einholen oder ausdrücklich einen entsprechenden Rat verlangen[118].

Einer allgemeinen Pflicht zur Aufklärung über die Zweckmäßigkeit des Kredits und dessen Risiken steht regelmäßig das legitime Eigeninteresse der Bank an Abschluss und Gestaltung des Kreditvertrages entgegen[119]. Dementsprechend muss der Darlehensnehmer auch regelmäßig mit einem eigennützigen Verhalten des Kreditinstituts rechnen[120]. Die Bank ist daher grundsätzlich nicht verpflichtet, den Darlehensnehmer über die Risiken der von ihm beabsichtigten Verwendung des Darlehens zu aufzuklären[121]. Dies gilt bereits deshalb, weil die Bank in den meisten Fällen mangels hinreichenden Einblicks in die Verhältnisse des Kreditnehmers überhaupt nicht überblicken kann, ob die Aufnahme eines Kredits zweckmäßig ist und welche Gestaltungsform den Interessen des Kunden am besten entspricht[122]. Die Bank muss sich deshalb auch nicht über die Umstände des finanzierten Objekts informieren bzw. irgendwelche Nachforschungen in diese Richtung betreiben[123]. Gerade im Zusammenhang mit steuersparenden Bauherren-, Bauträger- oder Erwerbermodellen, bei denen im Einzelfall wegen der oft völlig geschäftsunerfahrenen Kunden eine Aufklärung doch dringend notwendig wäre, hat sich der BGH auf den pauschalen Hinweis beschränkt, dass die mit einem solchen Geschäft verbundenen Risiken jedermann bekannt sind oder doch bekannt sein dürften[124].

Weiterhin ist es Sache des Darlehensnehmers, sein eigenes Leistungsvermögen zu beurteilen und abzuwägen, ob die sich aus dem Darlehensvertrag ergebenen Belastungen für ihn tragbar sind[125]. Die lediglich kreditgebende Bank soll nicht ein-

---

[118] *Siol,* a. a. O. Rn. 9.

[119] BGH, Urteil vom 07.04.1995, XI ZR 200/91, NJW 1992, 1820 unter Rn. 11.

[120] BGH, Urteil vom 08.03.1982, II ZR 60/81, NJW 1982, 1214 unter Rn. 18; *Canaris,* Bankvertragsrecht, Rn. 114; *Vortmann,* Aufklärungs- und Beratungspflichten der Banken, Rn. 172.

[121] BGH, Urteil vom 09.04.1987, III ZR 126/85, WM 1987, 1546; Urteil vom 27.06. 1989, XI ZR 52/88, WM 1989, 1408; Urteil vom 24.04.1990, XI ZR 236/89, NJW 1992, 1820; Urteil vom 27.11.1990, XI ZR 308/89, NJW 1991, 693; *Kern,* in: Fischer/Klanten (Hrsg.), Bankrecht, Rn. 9.135.

[122] *Canaris,* Bankvertragsrecht, Rn. 114; *Vortmann,* Rn. 177.

[123] BGH, Urteil vom 28.02.1989, IX ZR 130/88, NJW 1989, 1276; Urteil vom 18.04.2000, XI ZR 193/99, NJW 2000, 2352; OLG Dresden, Urteil vom 28.05.2001, 8 U 0498/01 und 8 U 498/01, WM 2002, 1881.

[124] Siehe BGH, Urteil vom 18.04.2000, XI ZR 193/99, NJW 2000, 2352; Urteil vom 14.06.2004, II ZR 393/02, NJW 2004, 2736, unter Rn. 52; ebenso Urteil vom 15.06.2006, XI ZR 6/04, NJW 2006, 2099, unter Rn. 41; danach geht der BGH davon aus, dass sich die Kunden, sofern sie nicht selbst über die notwendigen Kenntnisse der jeweiligen Materie verfügen, jedenfalls der Hilfe von Fachleuten bedienen werden; siehe auch OLG Celle, Urteil vom 08.12.2004, 3 U 175/04, WM 2005, 877; zu Recht kritisch hierzu gerade in Bezug auf geschäftsunerfahrene Kreditnehmer *Tonner,* in: Derleder/Knops/Bamberger, Handbuch zum deutschen und europäischen Bankrecht, § 4 Rn. 45 und 55; ausführlich zur ebenso restriktiven Haltung des Bankrechtsenats des BGH im Bereich der „Schrottimmobilien" *Derleder,* ZfIR 2006, 257 (258 ff.).

[125] BGH, Urteil vom 09.04.1987, III ZR 126/85, WM 1987, 1546; Urteil vom 08.02.1989, IX ZR 130/88, NJW 1989, 1276; OLG Frankfurt, Urteil vom 20.06.1998, 16 U 135/95, WM 1998, 337 (339); siehe hierzu auch *Eckert,* WM 1990, 85 (92), nach dem die von den Banken vor der Vergabe

mal gehalten sein, von sich aus auf mögliche Bedenken gegen die Zweckmäßigkeit der gewählten Kreditart hinzuweisen[126]. Ihr etwaiges Eigeninteresse an der Vergabe eines bestimmten Kredits braucht sie den wirtschaftlichen Belangen des Kreditnehmers grundsätzlich nicht unterzuordnen[127].

Eine Ausnahme hiervon soll nach dem BGH allerdings bei besonders komplexen Kreditgestaltungen möglich sein, z. B. bei der Kombination eines Kreditvertrages mit einer Kapitallebensversicherung[128]. Wird einem nicht besonders geschäftserfahrenen und rechtskundigen Kreditbewerber ein solcher Vertrag anstelle eines üblichen Ratenkredites angeboten, vermag er in der Regel nicht die sich aus dieser Kombination ergebende Gesamtbelastung zu erkennen. In solchen Fällen ist die Bank, wenn sich die Vertragskombination aus Festkredit und Kapitallebensversicherung für den Kreditbewerber wirtschaftlich ungünstiger darstellt als ein marktüblicher Ratenkredit, nach Treu und Glauben gehalten, den Kreditbewerber während der Vertragsverhandlungen von sich aus darüber aufzuklären, in welchen wesentlichen Punkten sich der mit einer Kapitallebensversicherung verbundene Kredit vom üblichen Ratenkredit unterscheidet, welche spezifischen Vor- und Nachteile sich aus einer derartigen Vertragskombination für ihn ergeben können und was ihn der Kredit unter Berücksichtigung aller Vor- und Nachteile der Lebensversicherung voraussichtlich kosten wird[129]. Die Bank muss den Kreditnehmer dabei im Rahmen des von ihr unterbreiteten Angebots durch geeignete Hinweise in die Lage versetzen, selbst darüber zu entscheiden, ob der Abschluss eines mit einer Kapitallebensversicherung kombinierten Kreditvertrages seinen wirtschaftlichen Verhältnissen und Vorstellungen entspricht[130].

---

eines Kredits durchgeführten Bonitätsprüfungen regelmäßig nur dem Schutz der Kreditinstitute vor der Zahlungsunfähigkeit des Darlehensnehmers dienen sollen; etwas anderes soll nur gelten, wenn sich die Bank nicht auf eine bloße Prüfung der Kreditwürdigkeit beschränkt, sondern dem Kunden ausdrücklich eine sorgfältige Prüfung seiner finanziellen Belastbarkeit zusichert (S. 93); anders dagegen *Siol,* in: Schimansky/Bunte/Lwowski, Bankrechts-Handbuch, § 44 Rn. 16, nach dem eine Aufklärungspflicht jedenfalls dann zu bejahen sein soll, wenn die Prüfung ergeben hat, dass die eingegangene Verpflichtung nicht oder nur unter den günstigsten Umständen für den Kunden tragbar ist.

[126] OLG Frankfurt, Urteil vom 15.08.2001, 23 U 130/00, WM 2002, 2181, allerdings mit der Einschränkung für den Fall, dass die Bank einem besonders geschäftsunerfahrenen und rechtsunkundigen Kreditbewerber für einen vorgegebenen Verwendungszweck von sich aus einen mit einer Kapitallebensversicherung verbundenen Festkredit anbietet; ebenso, allerdings ohne Einschränkung hinsichtlich des sichtlich unerfahrenen Kunden, OLG Naumburg, Urteil vom 15.06.2000, 2 U 130/99, WM 2001, 1411.

[127] BGH, Urteil vom 09.03.1989, III ZR 269/87, NJW 1989, 1667, unter Rn. 14.

[128] BGH, Urteil vom 09.03.1989, III ZR 269/87 NJW, 1989, 1667; Urteil vom 03.04.1990, XI ZR 261/89, NJW 1990, 1844; siehe zu den Aufklärungspflichten des Kreditinstituts im Zusammenhang mit dem Abschluss einer Restschuldversicherung *Knops,* VersR 2006, 1455.

[129] BGH, Urteil vom 09.03.1989, III ZR 269/87, NJW 1989, 1667 unter Rn. 18 mit Verweis auf *Reifner,* ZIP 1988, 817 (818); ebenso *Metz,* BKR 2007, 401 (403).

[130] BGH, a. a. O. unter Rn. 22; *Metz,* BKR 2007, 401 (403) weist in diesem Zusammenhang zutreffend auf die Parallelen zum in der Verbraucherkreditrichtlinie aufgeführten Konzept der verantwortungsvollen Kreditvergabe hin.

Besonderheiten ergeben sich auch im Bereich des verbundenen Geschäfts. Voraussetzung für ein verbundenes Geschäft ist nach § 358 Abs. 3 Satz 1, dass das Darlehen ganz oder teilweise der Finanzierung des anderen Vertrags dient und beide Geschäfte eine wirtschaftliche Einheit bilden[131]. Liegt im Einzelfall ein solches verbundenes Geschäft trotz der wirtschaftlichen Einheit zwischen beiden Verträgen nicht vor – z. B. weil beim finanzierten Immobilienerwerb die Bank nicht wie nach § 358 Abs. 3 Satz 3 BGB gefordert selbst das Grundstück oder grundstücksgleiche Recht verschafft – muss sie den Kunden darauf hinweisen, dass das Darlehen und seine Rückzahlung von dem finanzierten Rechtsgeschäft und seinen Risiken völlig unabhängig sind. Unterlässt die Bank diesen Hinweis, kann dies als vorvertragliche Pflichtverletzung Schadensersatzansprüche des Kunden gegen die Bank begründen[132].

Im Grundsatz kann man daher festhalten, dass es auch beim Kreditgeschäft keine allgemeine Pflicht gibt, relevante Informationen mit dem Vertragspartner zu teilen[133]. Aufklärungs- oder Beratungspflichten eines Vertragsteils bedürfen insoweit immer einer besonderen Begründung[134]. Dieser Grundsatz gilt gerade auch für das jeweilige Erwerbsgeschäft des Kreditnehmers, d. h. die Verwendung des von ihm aufgenommenen Kredites[135].

Um das Erwerbsgeschäft des Kreditnehmers muss sich die Bank regelmäßig nicht kümmern[136]. Selbst wenn die Bank hiervon Kenntnis hat – was in der Regel der Fall sein wird – ist es ausschließlich Aufgabe des Kreditnehmers, die Chancen und Risiken des Geschäfts abzuwägen und hierüber zu entscheiden. Dies gilt sowohl für die Auswahl des jeweiligen Geschäftspartners als auch hinsichtlich der geschäftsspezifischen Risiken[137]. Es ist daher auch nicht Aufgabe der Bank, den Kunden von leichtfertigen Kreditaufnahmen, wie z. B. der kreditfinanzierten Wertpapierspekulation zu bewahren[138].

---

[131] Siehe zu den Voraussetzungen des verbundenen Geschäfts ausführlich *Reifner,* in: Derleder/Knops/Bamberger, Handbuch zum deutschen und europäischen Bankrecht, § 15 Rn. 241 ff.

[132] *Siol,* in: Schimansky/Bunte/Lwowski, Bankrechts-Handbuch, § 44 Rn. 47.

[133] *Blaurock,* FS Horn 697 (699); *Hofmann,* ZBB 2001, 174 (175); *Becker,* S. 88; *Schwintowski*/Schäfer, Bankrecht, § 14 Rn. 131.

[134] *Hennrichs,* FS Schimansky, S. 241 (244); allgemein zum Regel-Ausnahme-Verhältnis zwischen dem Grundsatz, sich selbst die erforderlichen Informationen zu beschaffen und der Pflicht, den Vertragspartner aufzuklären *Fleischer,* Informationsasymmetrie, S. 575 f.

[135] Wegen der strengen Trennung der Pflichtenkreise von Bank und „Veräußerer", d. h. demjenigen, der dem Verbraucher das zu finanzierende Produkt anbietet, wird in der Literatur insoweit auch von der „Trennungstheorie" gesprochen; siehe hierzu *Derleder,* ZfIR 2007, 257 (258); *ders.* ZfIR 2006, 489 (490); siehe auch MünchKomm/*Emmerich,* § 311 Rn. 157.

[136] *Canaris,* Bankvertragsrecht, Rn. 114; *Oechsler,* Vertragliche Schuldverhältnisse, Rn. 422.

[137] BGH, Urteil vom 09.04.1987, III ZR 126/85, WM 1987, 1546; Urteil vom 28.01.1997, XI ZR 22/96, NJW 1997, 1361; *Vortmann,* Rn. 186.

[138] BGH, Urteil vom 16.04.1991, XI ZR 88/90, NJW 1991, 1956; *Siol,* in: Schimansky/Bunte/Lwowski, Bankrechts-Handbuch, § 44 Rn. 17; hiervon abzugrenzen ist allerdings der Fall, in dem die Bank dem interessierten Kunden zu einer Spekulation auf Kredit verleitet, bei der die Leistungsfähigkeit des Kunden übersteigende Verluste absehbar sind und Gewinne nur unter besonders

cc) Fallgruppen für eine Informationspflicht des Kreditinstituts

Die oben dargestellte „Trennungstheorie" und der Grundsatz, dass es im Zusammenhang mit Kreditverträgen keine allgemeine Aufklärungspflicht über die mit dem Kreditgeschäft verbundenen Risiken gibt[139], sind aufgrund der hiermit verbundenen Probleme im Einzelfall[140] im Laufe der Zeit heftiger Kritik ausgesetzt gewesen[141]. Aus diesem Grund haben sich in der Rechtsprechung im Laufe der Jahre zahlreiche Ausnahmen gebildet. Als Zusammenfassung kann man aus diesen Ausnahmen den weiteren Grundsatz bilden, dass eine Bank immer dann zur vorvertraglichen Information verpflichtet ist, wenn beim Kreditnehmer ein besonderes Aufklärungs- und Schutzbedürfnis besteht und nach Treu und Glauben ein Hinweis der Bank geboten ist[142]. Für die Frage, wann ein solches „besonderes Aufklärungs- und Schutzbedürfnis" vorliegt, haben sich in der Rechtsprechung insgesamt vier Fallgruppen herausgebildet[143]:

- wenn die Bank im Zusammenhang mit der Planung, der Durchführung oder dem Vertrieb eines Projekts über die Rolle als Kreditgeberin hinausgeht,
- wenn sie einen zu den allgemeinen wirtschaftlichen Risiken hinzutretenden besonderen Gefährdungstatbestand für den Kunden schafft oder dessen Entstehen begünstigt,
- wenn sie sich im Zusammenhang mit der Kreditgewährung in schwerwiegende Interessenkonflikte verwickelt,

---

günstigen und unwahrscheinlichen Umständen anfallen können, siehe hierzu BGH, Urteil vom 28.01.1997, XI ZR 22/96, NJW 1997, 1361.

[139] Siehe BGH, Urteil vom 28.01.1997, XI ZR 22/96, NJW 1997, 1361, unter Rn. 10; Urteil vom 11.02.1999, IX ZR 352/97, NJW 1999, 2032.

[140] Der Trennungstheorie liegt der Gedanke zugrunde, dass der Kreditnehmer weiß, dass Bank und Veräußerer nicht identisch sind. Diese Voraussetzung ist z. B. bei den so genannten Treuhandmodellen aber oftmals nicht gegeben, siehe hierzu *Tonner,* in: Derleder/Knops/Bamberger, Handbuch zum deutschen und europäischen Bankrecht, § 4 Rn. 55.

[141] Siehe zu den finanzierten Erwerbermodellen *Reifner,* in: Derleder/Knops/Bamberger, Handbuch zum deutschen und europäischen Bankrecht, § 15 Rn. 306, wonach der XI. Senat des BGH seine Aufgabe in den letzten Jahren vor allem darin gesehen habe, *„die Versuche geprellter Anleger und ihrer Anwälte abzuwehren, das Anlegerschutzrecht auf diese Form der Kapitalanlage auszudehnen"*; ebenso *Derleder,* NZM 2006, 449, der hinsichtlich der Auseinandersetzung zwischen dem II. und dem XI. Senat des BGH bei der Frage des Anlegerschutzes bei Schrottimmobilien von einem „Schisma" spricht; siehe auch *Kulke,* VUR 2007, 108 (109).

[142] So ausdrücklich BGH, Urteil vom 24.01.2006, XI R 405/04, BKR 2006, 119; OLG Stuttgart, Urteil vom 12.01.2000, 9 U 155/99, WM 2000, 292, unter Rn. 42; ebenso Albrecht/Karahan/Lenenbach/*Buck-Heeb,* FA Bank- und Kapitalmarktrecht, § 42 Rn. 18; ebenso *Vortmann,* Rn. 18; *Becker,* S. 88.

[143] Die vier Fallgruppen wurden vor allem im Zusammenhang mit Kreditgeschäften bei Bauherren- und Erwerbermodellen entwickelt; sie gelten aber für alle Arten von Kreditgeschäften, *Siol,* in: Schimansky/Bunte/Lwowski, Bankrechts-Handbuch, § 44 Rn. 20; ebenso *Fuellmich/Rieger,* ZIP 1999, 465, 466 ff.

- wenn sie in Bezug auf spezielle Risiken des Vorhabens einen konkreten Wissensvorsprung vor dem Darlehensnehmer hat und dies auch erkennen kann[144].

(1) Überschreiten der Rolle als Kreditgeber

Die erste Fallgruppe erfasst die Fälle, in denen durch das Auftreten der Bank die beschriebene Trennung in drei Parteien – Kreditgeber, Verbraucher/Kreditnehmer und Veräußerer – nicht gewährleistet ist. Hierfür muss das Kreditinstitut im Zusammenhang mit der Planung, der Durchführung oder dem Vertrieb des Objekts gleichsam als Partei des zu finanzierenden Geschäfts in nach außen erkennbarer Weise Funktionen oder Aufgaben des Veräußerers oder Vertreibers übernommen und damit einen zusätzlichen, auf die übernommenen Funktionen bezogenen Vertrauenstatbestand geschaffen haben[145]. Dabei kommt es entscheidend darauf an, ob die Bank Aufgaben übernimmt, die typischerweise vom Veräußerer oder Vertreiber des Projekts wahrgenommen werden, sodass sie gleichsam als Partei des zu finanzierenden Geschäfts erscheint und ihr der Verbraucher ein entsprechendes Vertrauen entgegenbringt[146].

Eine genaue Abgrenzung, wann von einer solchen Rollenüberschreitung des Kreditinstituts ausgegangen werden kann, ist schwierig, da Kreditgeber ihre berechtigten Interessen an der Verwirklichung eines bestimmten Projekts in verschiedenen Formen wahrnehmen können[147]. Außerdem ist das Bestreben nach der genügenden Absicherung einer Finanzierung bankenüblich und typischerweise mit der Rolle eines Kreditgebers verknüpft[148]. In der Rechtsprechung wird die Fallgruppe des Überschreitens der Rolle als Kreditgeber daher eher restriktiv angewandt[149]. So soll z. B. kein zu einer Haftung führender Vertrauenstatbestand entstehen, wenn die

[144] Siehe zu den vier Fallgruppen BGH, Urteil vom 17.12.1991, XI R 8/91, NJW-RR 1992, 373; Urteil vom 31.03.1992, XI ZR 70/91, NJW-RR 1992, 912; Urteil vom 11.02.1999, IX ZR 352/97, NJW 1999, 1184; Urteil vom 18.04.2000, XI ZR 193/99, NJW 2000, 2352; Urteil vom 12.11.2002, XI ZR 25/00, ZIP 2003, 160; Urteil vom 18.03.2003, XI ZR 188/02, NJW 2003, 2088 jew. m. w. Nachw.

[145] So schon BGH, Urteil vom 09.02.1978, III ZR 31/76, NJW 1978, 1427 zur Frage des Einwendungsdurchgriffs beim Abzahlungskauf; ebenso Urteil vom 12.07.1979, III ZR 18/78, NJW 1980, 41; Urteil vom 09.10.1986, III ZR 127/85, WM 1986, 1561; Urteil vom 21.01.1988, III ZR 179/88, NJW 1988, 1583 unter Rn. 13.

[146] BGH, Urteil vom 31.03.1992, XI ZR 70/91, NJW-RR 1992, 879 mit dem ausdrücklichen Hinweis darauf, dass die Haftung aus c. i. c. ihre Wertungsgrundlage im Vertrauensprinzip hat und deshalb stets ein Auftreten der Bank nach außen erfordert (unter Rn. 38).; Urteil vom 27.01.2004, XI ZR 37/03, NJW 2004, 1376; siehe zu dem von der Bank in diesen Fällen zusätzlich geschaffenen Vertrauenstatbestand auch *Rümker,* ZHR 151 (1987), 162 (169).

[147] *Siol,* in: Schimansky/Bunte/Lwowski, Bankrechts-Handbuch, § 44 Rn. 32.

[148] *Becker,* S. 98.

[149] *Tonner,* in: Derleder/Knops/Bamberger, Handbuch zum deutschen und europäischen Bankrecht, § 4 Rn. 52 mit mehreren Beispielen, wann in der Rechtsprechung im Einzelfall ein solches Überschreiten bejaht wurde.

Bank in dem verwendeten Vertriebsprospekt lediglich als Kreditgeberin genannt wird[150].

Etwas anderes gilt dagegen, wenn die Bank sich in dem verwendeten Verkaufsprospekt nicht nur als Kreditgeberin, sondern auch als Referenz nennen lässt. In diesen Fällen muss sie die Richtigkeit der Prospektangaben und die Bonität der Initiatoren überprüfen und den Kreditinteressenten über bestehende Bedenken von sich aus, d. h. auch ohne ausdrückliche Anfrage, aufklären[151]. Ein schutzwürdiges Vertrauen wird ferner dann geschaffen, wenn die Bank nach außen hin den Eindruck vermittelt, sie habe das jeweilige Anlageprogramm geprüft und für gut befunden[152]. Tritt die Bank dagegen nicht durch ein auf das finanzierte Projekt bezogenes Verhalten nach außen in Erscheinung, kann beim Verbraucher auch kein schutzwürdiges Vertrauen entstehen, sodass gleichfalls eine Aufklärungspflicht wegen des Überschreitens der Rolle als Kreditgeber ausscheidet[153].

(2) Schaffung eines besonderen Gefährdungstatbestandes

Eine Haftung der Bank wegen Verletzung ihrer Aufklärungspflichten gegenüber dem Verbraucher kommt ferner dann in Betracht, wenn sie einen zu den allgemeinen wirtschaftlichen Risiken des Vorhabens hinzutretenden besonderen Gefährdungstatbestand schafft oder dessen Entstehung begünstigt[154]. Von der Schaffung eines solchen Gefährdungstatbestandes ist z. B. auszugehen, wenn die Bank mit dem Vermögensverwalter eines Kunden eine Vereinbarung über die Beteiligung des Verwalters an ihren Provisionen und Depotgebühren schließt[155], wenn sie einem bei ihr hochverschuldeten Initiator und wesentlichen Leistungsträger im Rahmen eines Anlagemodells einen Kredit zur Vorfinanzierung eines Grundstückskaufpreises und der Anlaufkosten gegen unzureichende dingliche Absicherung am Kaufgrundstück gewährt[156], wenn sie das eigene wirtschaftliche Risiko auf den Kunden verlagert und diesen bewusst mit einem Risiko belastet, das über die mit dem zu finanzieren-

[150] BGH, Urteil vom 31.03.1992, XI ZR 70/91, NJW-RR 1992, 879 unter Rn. 39.

[151] BGH, Urteil vom 16.06.1992, XI ZR 166/91, NJW 1992, 2148 unter Rn. 21; etwas anderes soll nach OLG München, Urteil vom 29.11.1993, 26 U 4680/93, WM 1995, 289 dann gelten, wenn in dem Verkaufsprospekt lediglich damit geworben werde, dass das Projekt durch *„eine renommierte deutsche Großbank"* finanziert werde.

[152] BGH, Urteil vom 05.05.1992, XI ZR 242/91, NJW 1992, 2560 unter Rn. 29.

[153] Dies gilt selbst dann, wenn die Bank mit der Anlagegesellschaft und dem für den Vertrieb zuständigen Unternehmen ständig eng zusammenarbeitet, BGH, Urteil vom 12.11.2002, XI ZR 25/00, BKR 2003, 112; ebenso BGH, Urteil vom 18.11.2003, XI ZR 322/01, WM 2004, 172.

[154] BGH, Urteil vom 09.04.1987, III ZR 126/85, WM 1987, 1546; Urteil vom 24.04.1990, XI ZR 236/89, NJW-RR 1990, 876; Urteil vom 17.12.1991, XI ZR 8/91, NJW-RR 1992, 373.

[155] Sog. „Kick-Backs", BGH, Urteil vom 19.12.2000, XI ZR 349/94, NJW 2001, 297; siehe hierzu *Gessner,* BKR 2010, 89 f.; zur Frage, ob die Bank zusätzlich auch eine Aufklärungspflicht bezüglich ihrer Gewinnmarge trifft *Buck-Heeb,* BKR 2010, 1 (2 ff.).

[156] BGH, Urteil vom 24.04.1990, XI ZR 236/89, NJW-RR 1990, 876 unter Hinweis auf die in diesem Fall für den Kreditnehmer nicht erkennbaren erheblichen Eigeninteressen der Bank am zügigen Voranschreiten des Projekts (unter Rn. 22).

den Vorhaben normalerweise verbundenen Gefahren hinausgeht[157] oder wenn sie den Kunden zu einer Spekulation auf Kredit verleitet, bei der die Leistungsfähigkeit des Kunden übersteigende Verluste absehbar sind und Gewinne nur unter besonders günstigen Umständen anfallen können[158].

Erforderlich ist danach stets, dass zu den „normalen" wirtschaftlichen Risiken des Kreditgeschäfts weitere Risiken hinzutreten, deren Entstehung sich die Bank unmittelbar zurechnen lassen muss. Auch in diesem Bereich war die Rechtsprechung in den vergangenen Jahren eher restriktiv. So soll etwa ein besonderer Gefährdungstatbestand nicht alleine dadurch geschaffen werden, dass die Bank im Rahmen eines Finanzierungskonzepts die Einrichtung eines Mietpools verlangt und der Erwerber einer Eigentumswohnung verpflichtet ist, diesem Mietpool beizutreten[159].

(3) Bestehen einer schwerwiegenden Interessenkollision

Eine weitere Fallgruppe für eine Aufklärungspflicht der Kreditinstitute bildet das Vorliegen einer Interessenkollision. Von der Rechtsprechung wird in diesem Zusammenhang aber stets eine „schwerwiegende" Interessenkollision gefordert, d. h. es genügt nicht, dass die finanzierende Bank zugleich Kreditgeberin des Bauträgers

[157] BGH, Urteil vom 28.04.1992, XI ZR 165/92, NJW 1992, 2146; in dem zugrundeliegenden Fall hatte sich die kreditgebenden Bank sämtliche Kaufpreisansprüche eines Erwerbermodells im Voraus abtreten lassen, sodass die Initiatorengruppe ihrer wirtschaftlichen Bewegungsfreiheit beraubt war und die Bank allein die Durchführung des Projekts beherrschte, von dem sie sich die Rückführung der Kreditmittel erhoffte; siehe hierzu auch BGH, Urteil vom 11.02.1999, IX ZR 352/97, NJW 1999, 2032.

[158] BGH, Urteil vom 28.01.1997, XI ZR 22/96, NJW 1997, 1361 mit Anm. von *Emmerich,* JuS 1997, 654 (655); etwas anderes dürfte lediglich dann gelten, wenn der Kunde von sich aus einen Kredit für spekulative Zwecke verwenden will, *Blaurock,* FS Horn, S. 697 (704).

[159] BGH, Urteil vom 20.03.2007, XI ZR 414/04, NJW 2007, 2396 mit Anm. von *Edelmann,* BB 2007, 1693; etwas anderes soll nach dem BGH nur dann gelten, wenn die Bank den Beitritt in Kenntnis der bereits bestehenden Überschuldung des Mietpools verlangt oder in Kenntnis des Umstands handelt dass entweder dem konkreten Mietpool Darlehen gewährt wurden, für die die Anleger als Poolmitglieder haften müssen oder dass an die Poolmitglieder konstant überhöhte Ausschüttungen geleistet werden, die ihnen einen falschen Eindruck von Rentabilität und Finanzierbarkeit der Anlage vermitteln (Leitsatz 2); ebenso BGH, Urteil vom 18.03.2008, XI ZR 246/06, NJW-RR 2008, 1149, wonach ein besonderer Gefährdungstatbestand nur bei Hinzutreten spezifischer Risiken des konkreten Mietpools zu bejahen sei; eine Aufklärungspflicht kann sich in diesem Zusammenhang aber unter dem Gesichtspunkt des konkreten Wissensvorsprungs ergeben, siehe BGH, Urteil vom 18.03.2008, a. a. O. unter Rn. 43 und Verweis auf BGH, Urteil vom 16.05.2006, XI ZR 6/04, NJW 2006, 2099; siehe hierzu auch *Tonner,* in: Derleder/Knops/Bamberger, Handbuch zum deutschen und europäischen Bankrecht, § 4 Rn. 53.

oder des Verkäufers und des Erwerbers ist[160]. Vielmehr müssen zu dieser „Doppelfinanzierung“ noch weitere, besondere Umstände hinzutreten[161].

Eine schwerwiegende Interessenkollision erfordert demnach, dass die Bank einerseits die finanziellen Probleme des Initiators kennt und sich andererseits vor diesem Hintergrund die Frage stellt, ob sie das wirtschaftliche Risiko, das sie mit der Vorfinanzierung des Projekts eingegangen ist, auf die Anleger abwälzen soll[162]. So kann sich für die Bank im Einzelfall ein Interessenkonflikt dahingehend ergeben, ob sie durch Verweigerung weiterer Kredite die Insolvenz des Bauträgers oder Initiators und damit einhergehend eigene hohe Verluste verursacht oder ob sie zulassen soll, dass sich ihr Kreditengagement verringert, indem sie den Verbrauchern weitere Kredite für ein Objekt gewährt, dass vom Initiator überhaupt nicht mehr zu realisieren ist und bei dem es naheliegt, dass die Verbraucher mit den Kreditmitteln auch weitgehend wertlose Verpflichtungen honorieren werden[163].

Die bloße „Doppelfinanzierung“ von Bauträger bzw. Initiator und Verbraucher begründet für die Bank dementsprechend noch keine aufklärungspflichtige Interessenkollision[164]. Etwas anderes gilt allerdings ab dem Zeitpunkt, in dem die Bank von den finanziellen Problemen des Initiators weiß. Ab diesem Zeitpunkt liegt die Vermutung nahe, dass sich die Bank aus der Vermittlung weiterer Anlagen oder Projekte gerade auch einen Ausgleich der bei ihr noch offenen Forderungen verspricht. In der Rechtsprechung ist eine schwerwiegende Interessenkollision daher bejaht worden, wenn eine Bank einem bei ihr bereits hoch verschuldeten Bauträger weitere Kredite für ein neues Bauvorhaben gewährt, obwohl sie weiß, dass der Bauträger über keine eigenen Mittel verfügt und das Projekt daher voll finanziert werden muss und die gewährten Kredite nur unzureichend über Grundschulden abgesichert werden[165]. Bestehen solche über die allgemeinen wirtschaftlichen Risiken von Anlagemodellen hinausgehenden besonderen Wagnisse für den Erwerber, muss die Bank über die ihr bekannten Umstände aufklären, auch oder gerade weil sie im

---

[160] BGH, Urteil vom 21.01.1988, III ZR 179/86, NJW 1988, 1583; OLG Stuttgart, Urteil vom 12.01.2000, 15 U 155/99, WM 2000, 292; OLG Frankfurt a. M., Urteil vom 19.07.2000, 19 U 190/99, WM 2000, 2135 unter Rn. 34.

[161] BGH, Urteil vom 18.03.2003, XI ZR 188/02, NJW 2003, 2088; Urteil vom 27.01.2004, XI ZR 37/03, NJW 2004, 1376.

[162] *Siol,* in: Schimansky/Bunte/Lwowski, Bankrechts-Handbuch, § 44 Rn. 42; *Fuellmich/Rieger,* ZIP 1999, 465 (468).

[163] BGH, Urteil vom 27.11.1990, XI ZR 308/99, NJW 1991, 693.

[164] So ausdrücklich BGH, Urteil vom 18.03.2003, XI ZR 188/02, NJW 2003, 2088, unter Rn. 29.

[165] BGH, Urteil vom 17.12.1991, XI ZR 8/91, NJW-RR 1992, 373; der BGH hat dabei vor allem auf die *„branchenunüblichen Risiken“* abgestellt, die die Bank aufgrund der Kreditgewährung trotz der bereits bestehenden hohen Verbindlichkeiten des Bauträgers eingegangen war; ein besonderes Risiko für die Erwerber ergab sich dabei aus der Tatsache, dass sowohl die alten als auch die neuen Verbindlichkeiten lediglich über Grundschulden an dem finanzierten Projekt gesichert wurden.

Interesse einer Rückführung der Altverbindlichkeiten bereits ist, Kredite zu sonst nicht branchenüblichen Konditionen zu vergeben[166].

Weiterhin soll eine Aufklärungspflichten begründende Interessenkollision dann vorliegen, wenn die Bank als Hauptgläubigerin einer Massenkommanditgesellschaft die einzelnen Kommanditisten auffordert, die Liquidität der Gesellschaft durch bei ihr finanzierte Darlehen zu erhöhen[167] oder wenn Sie dem Kreditnehmer zur Aufgabe von Sicherheiten rät, ohne darüber aufzuklären, dass ihr diese Verschlechterung der Rechtsposition unmittelbar zugute kommt[168].

In der Regel wird eine Interessenkollision der Bank nicht isoliert auftreten sondern zusammen mit einer der anderen Fallgruppen, die zu Aufklärungspflichten führen[169]. Oftmals liegt in dem Verhalten der Bank dann gleichzeitig die Schaffung eines besonderen Gefährdungstatbestandes für den Kunden[170]. Die Bank muss den Kunden in diesen Fällen dann nicht nur über den sich aus ihrer Einbindung ergebenden Interessenkonflikt, sondern auch über die mit dem Projekt verbundenen besonderen Risiken aufklären[171].

(4) Vorliegen eines konkreten Wissensvorsprungs des Kreditinstituts

Die letzte von der Rechtsprechung anerkannte Fallgruppe bilden die Sachverhalte, in denen die Bank gegenüber dem Kreditnehmer über einen konkreten Wissensvorsprung verfügt. Hierin ist gleichzeitig die wohl wichtigste Fallgruppe für das Bestehen von Aufklärungspflichten zu sehen, da die Banken regelmäßig über einen Wissensvorsprung gegenüber ihren Kunden verfügen werden[172].

Ein aufklärungspflichtiger Wissensvorsprung kann sich immer nur aus dem vorhandenen Wissen der Bank ergeben, d. h. sie ist grundsätzlich nicht verpflichtet, sich diesen Wissensvorsprung durch Nachforschungen erst zu verschaffen[173]. Das

---

[166] BGH, a. a. O. unter Rn. 22; in dem dort behandelten Fall kam erschwerend hinzu, dass durch eine Rücküberweisung des Kaufpreises auf das Kreditkonto des Investors ein Teil des Kaufpreises bewusst den Erwerbern verschleiert worden und dies der Bank auch bekannt war.

[167] BGH, Urteil vom 29.05.1978, II ZR 173/77, NJW 1978, 2547.

[168] BGH, Urteil vom 30.05.1995, XI ZR 180/94, NJW 1995, 2218; auf Vorschlag des Kreditinstituts sollten die Kaufpreisraten für das finanzierte Objekt nicht auf ein Notaranderkonto sondern auf ein bei der finanzierenden Bank geführtes Konto des Initiators gezahlt werden, auf das die Bank bei Zahlungsschwierigkeiten unmittelbar zugreifen konnte.

[169] *Siol,* in: Schimansky/Bunte/Lwowski, Bankrechts-Handbuch, § 44 Rn. 44.

[170] Siehe hierzu BGH, Urteil vom 28.04.1992, XI ZR 165/91, NJW 1992, 2146; dort hatte die Bank eine Finanzierung trotz Kenntnis von der Vermögenslosigkeit des Initiators übernommen; neben der Interessenkollision und der Schaffung eines Gefährdungstatbestandes lag dort nach dem BGH auch ein konkreter Wissensvorsprung des Kreditinstituts vor.

[171] BGH, Urteil vom 17.12.1991, XI ZR 8/91, NJW-RR 1992, 373, unter Rn. 22.

[172] *Tonner,* in: Derleder/Knops/Bamberger, Handbuch zum deutschen und europäischen Bankrecht, § 4 Rn. 48.

[173] BGH, Beschluss vom 28.01.1992, XI ZR 301/90, WM 1992, 602; Urteil vom 31.03.1992, XI ZR 70/91, NJW-RR 1992, 879; Urteil vom 05.05.1992, XI ZR 242/91, NJW 1992, 2560; Urteil vom 18.11.2003, XI ZR 322/01, ZIP 2004, 209.

Wissen muss sich für die Bank als wesentlich für das Vertragsverhältnis und damit für die Belange des Kunden darstellen[174]. Sie muss selbst erkennen, dass sie einen konkreten Wissensvorsprung über spezielle Risiken des jeweiligen Vorhabens hat und dass beim Kunden hierüber ein entsprechendes Wissensdefizit besteht[175]. Dabei kann die Bank aber davon ausgehen, dass sich der Kunde über die Risiken der Kreditaufnahme und des hiermit finanzierten Geschäfts selbstständig informiert[176].

Anhand der oben genannten Grundsätze hat sich in der Rechtsprechung in den letzten Jahrzehnten eine umfangreiche Kasuistik zu der Frage gebildet, wann der Wissensvorsprung des Kreditinstituts im Einzelfall eine Aufklärungspflicht gegenüber dem Kunden auslöst. Im Ergebnis erkennt man auch hier die Bemühung, die Aufklärungspflichten der Banken nicht zu weit auszudehnen[177]. Dies mag darauf zurückzuführen sein, dass ein überlegenes Wissen des Kreditinstituts gegenüber dem Kunden auch hinsichtlich des finanzierten Objekts eher die Regel sein wird, da die durch die Bank eingesetzten Mitarbeiter täglich im Bereich der Kredit- und Anlageberatung tätig sind und hierfür in den meisten Fällen auch regelmäßige Schulungen und andere Weiterbildungen besuchen. Eine klare Trennung, ab welchem Zeitpunkt oder unter welchen Umständen eine Bank Erläuterungen schuldet, ist anhand dieser auf Einzelfälle ausgelegten Rechtsprechung aber kaum möglich. Dies führt im Ergebnis vor allem zu Rechtsunsicherheit, die gerade den Kreditnehmer und Geschädigten trifft, der nur schwer abschätzen kann, ob er wirklich die Mühen eines Prozesses gegen das die Information verweigernde oder vorenthaltende Kreditinstitut auf sich nehmen soll.

Nach der Rechtsprechung liegt ein aufklärungspflichtiger Wissensvorsprung nicht bereits deshalb vor, weil der Bank bekannt ist, dass zwischen dem Kaufpreis und dem Wert des finanzierten Objekts ein erheblicher Unterschied besteht[178]. Ebenso wenig begründen Kenntnisse der Bank über den konkreten Zustand des zu finanzierenden Objekts eine Aufklärungspflicht. Die Bank soll vielmehr darauf

[174] BGH, Urteil vom 27.01.2004, XI ZR 37/03, NJW 2004, 1376 unter Rn. 20.

[175] BGH, Urteil vom 21.01.1988, III ZR 179/86, NJW 1988, 1583; Urteil vom 01.06.1989, III ZR 277/87, NJW 1989, 1368.

[176] BGH, Urteil vom 08.04.1987, III ZR 126/85, WM 1987, 1546; Urteil vom 21.01.1988, III ZR 179/88, NJW 1988, 1583 unter Rn. 18; ebenso *Immenga*, ZHR 151 (1987), 148 (151); *Bruchner*, WM 99, 825 (831).

[177] Laut *Tonner*, in: Derleder/Knops/Bamberger, Handbuch zum deutschen und europäischen Bankrecht, § 4 Rn. 51 soll die Rechtsprechung nach dem Grundsatzurteil des BGH vom 16.05.2006, XI ZR 6/04, NJW 2006, 1588 zwar etwas großzügiger hinsichtlich des Bestehens von Aufklärungspflichten geworden sein; zutreffend führt er aber aus, dass dies für die geschädigten Anleger oftmals keine Hilfe sein wird, da diese sich in der Praxis gleichzeitig erhöhten Beweisanforderungen gegenübersehen.

[178] BGH, Urteil vom 21.01.1988, III ZR 179/88, NJW 1988, 1583; Urteil vom 11.02.1999, IX ZR 352/97, NJW 1999, 2032; Urteil vom 20.01.2004, XI ZR 460/02, NJW-RR 2004, 1126, unter Rn. 33 mit dem Hinweis, dass nicht einmal der Verkäufer einer Immobilie verpflichtet ist, den Käufer über die Wertunterschiede aufzuklären.

vertrauen können, dass sich ihr Kunde selbst ein Bild über den von ihm zu finanzierenden Gegenstand verschafft[179].

Auch vertragliche Verflechtungen zwischen der Bank und dem Veräußerer des zu finanzierenden Objekts, die über die bloße „Doppelfinanzierung“ hinausgehen, müssen nicht automatisch zu einem zu offenbarenden Wissensvorsprung führen. So hat der BGH eine Haftung wegen Verletzung einer Aufklärungspflicht verneint, wenn das Kreditinstitut eine Provision von 0,5 % der Darlehenssumme ohne Kenntnis des Darlehensnehmers an den Finanzierungsvermittler gezahlt hat[180]. Anders soll es dagegen bei Schmiergeldzahlungen sein, die der Darlehensgeber an den Verhandlungsführer des Darlehensnehmers zahlt. Diese sind nach dem BGH stets *„in höchstem Maße anstößig“*, da sie die Gefahr heraufbeschwören, dass der Verhandlungsführer vorrangig im eigenen Provisionsinteresse handelt und die Interessen des Darlehensnehmers dadurch vernachlässigt[181].

Anknüpfend an die beschriebene Sittenwidrigkeit soll die Bank auch zur Aufklärung verpflichtet sein, wenn ihr bekannt ist, dass dem Anleger durch Manipulationen wesentliche Vertragsumstände verheimlicht werden oder er auf andere Weise arglistig durch die Initiatoren des Projekts getäuscht würde[182]. Sie muss den Kunden außerdem aufklären, wenn ihr positiv bekannt ist, dass das zu finanzierende Projekt schon bei Abschluss des Darlehensvertrages wegen Vermögenslosigkeit der

[179] BGH, Urteil vom 03.12.1991, XI ZR 300/90, NJW 1992, 555 unter Rn. 11; Urteil vom 18.04.2000, XI ZR 193/99, NJW 2000, 2352 unter Rn. 14.

[180] BGH, Urteil vom 20.01.2004, XI ZR 460/02, NJW-RR 2004, 1126 unter Rn. 26 mit ausdrücklicher Abgrenzung zum Urteil vom 19.12.2000, XI ZR 349/99, NJW 2001, 962; in dem dort behandelten Fall hatte die Bank den Vermögensverwalter eines Kunden an ihren Provisionen und Depotgebühren beteiligt; zur Abgrenzung führt der BGH aus, dass bei der bloßen Zahlung einer Vermittlungsprovision anders als bei der Beteiligung an den Provisionen und Depotgebühren kein Anreiz für den Vermittler geschaffen werde, sowohl bei der Auswahl der Bankverbindung als auch der Anzahl und des Umfangs der Geschäfte nicht alleine das Interesse des Kunden, sondern auch das eigene Interesse an möglichst umfangreichen Vergütungen der Bank zu berücksichtigen; siehe in diesem Zusammenhang auch die so genannte „Kick-Back-Rechtsprechung“ des BGH, Urteil vom 19.12.2006, XI ZR 56/05, NJW 2007, 1876, wonach eine Bank, die ihrem Kunden den Erwerb von Fondsanteilen empfiehlt, darüber aufzuklären hat, dass und in welcher Höhe sie Rückvergütungen von der Fondsgesellschaft erhalten hat; siehe auch Beschluss vom 20.01.2009, XI ZR, 510/07, NJW 2009, 1416 und vom 12.05.2009, XI ZR 510/07, NJW 2009, 2298, wonach in diesen Fällen u. a. die Vermutung aufklärungsrichtigen Verhaltens gilt; die entsprechende Aufklärungspflicht soll für Kreditinstitute jedenfalls für Zeiträume ab dem Jahr 1990 erkennbar gewesen sein, BGH, Beschluss vom 29.06.2010, XI ZR 308/09, NJW 2010, 2339; diese Grundsätze gelten allerdings nicht für den nicht bankmäßig gebundenen, freien Anlageberater, BGH, Urteil vom 15.04.10, III ZR 196/09, NJW-RR 2010, 1064 und vom 03.03.11, III ZR 170/10, DB 2011, 761; ausführlich zu dieser Rechtsprechung des BGH *Jordans,* BKR 2011, 456.

[181] BGH, Urteil vom 16.01.2001, XI ZR 113/00, NJW 2001, 1065.

[182] BGH, Urteil vom 17.12.1991, XI ZR 8/91, NJW-RR 1992, 373; Urteil vom 11.02.1999, IX ZR 352/97, NJW 1999, 2032; Urteil vom 18.01.2005, XI ZR 201/03, NJW-RR 2005, 634; siehe hierzu auch *Spickhoff/Petershagen,* BB 1999, 165 (167).

Initiatoren zum Scheitern verurteilt ist oder die Durchführung des Projekts aus diesem Grund allein von ihr abhängt[183].

Was die Zurechnung von Wissen angeht, muss die Bank auch die Kenntnisse ihres nicht an der Kreditgewährung beteiligten Personals gegen sich gelten lassen[184]. Unrichtige Erklärungen des Vermittlers muss sie dagegen grundsätzlich nicht nach § 278 BGB gegen sich gelten lassen. Der Vermittler eines Anlagemodells wird als Erfüllungsgehilfe im Pflichtenkreis der in den Vertrieb nicht eingeschalteten Bank regelmäßig nur insoweit tätig, als sein Verhalten den Bereich der Anbahnung des Kreditvertrages betrifft[185]. Bei möglicherweise falschen Erklärungen, die lediglich im Zusammenhang mit dem zu finanzierenden Objekt stehen, ist dies dagegen nicht der Fall[186].

Im Zusammenhang mit den sogenannten Schrottimmobilien hat der BGH in seiner jüngeren Rechtsprechung erleichterte Voraussetzungen festgelegt, unter denen sich Anleger mit Erfolg auf einen Aufklärungspflichten begründenden Wissensvorsprung der Bank berufen können. So soll in Fällen des institutionalisierten Zusammenwirkens zwischen kreditgebender Bank und dem Verkäufer oder Vertreiber des Objekts im Fall von unrichtigen Angaben des Verkäufers, Vermittlers oder Initiators eine widerlegliche Vermutung für die die Aufklärungspflichten begründenden Kenntnis der Bank von dieser arglistigen Täuschung bestehen[187]. Für ein solches „institutionalisiertes Zusammenwirken" soll eine im Vorhinein erteilte Finanzierungszusage allerdings nicht genügen. Erforderlich ist vielmehr eine ständige Geschäftsbeziehung z. B. durch Vertriebsvereinbarung, Rahmenvertrag oder konkrete

[183] BGH, Urteil vom 27.11.1990, XI ZR 308/89, NJW 1991, 693 mit weiteren Ausführungen auch zu der Frage, wie in diesen Fällen der Konflikt zwischen den Aufklärungspflichten gegenüber dem Darlehensnehmer einerseits und den Geheimhaltungspflichten gegenüber den Initiatoren andererseits zu lösen ist; ebenso Urteil vom 28.04.1992, XI ZR 165/91, NJW 1992, 1310, wo sich die Bank sämtliche Kaufpreisansprüche eines Erwerbermodells im Voraus hatte abtreten lassen, sodass die Initiatorengruppe ihrer finanziellen Bewegungsfreiheit völlig beraubt war.

[184] BGH, Urteil vom 01.06.1989, III ZR 277/87, NJW 1989, 2881 (Kenntnisse des Filialleiters einer Bank); Urteil vom 18.01.2005, XI ZR 201/03, NJW-RR 2005, 634.

[185] BGH, Urteil vom 03.06.2003, XI ZR 289/02, NJW-RR 2003, 1203; Urteil vom 14.10.2003, XI ZR 134/02, NJW 2004, 154.

[186] BGH, Urteil vom 18.03.2003, XI ZR 188/02, NJW 2003, 2088; Urteil vom 23.03.2004, XI ZR 194/02, NJW 2004, 2378.

[187] BGH, Urteil vom 16.05.2006, XI ZR 6/04, NJW 2006, 2099; der Bankrechtssenat musste sich in dieser Entscheidung vor allem mit der Frage eines Einwendungsdurchgriffs im Falle des Haustürgeschäfts sowie den Vorgaben des EuGH aus den Urteilen vom 25.10.05, Rs. C-350/03 (Schulte/Badenia), EuGH Slg. 2005, I-9215 und Rs. C-229/04 (Crailshaimer Volksbank/Conrads), EuGH Slg. 2005, I-9273 auseinandersetzen; in beiden Entscheidungen hatte der EuGH ausdrücklich Sanktionen für die Verletzung der Belehrungspflicht bei den in einer Haustürsituation geschlossenen Immobilienfinanzierungen gefordert; da der BGH auch weiterhin einen Einwendungsdurchgriff des Kreditnehmers ablehnt, sollen die Vorgaben des EuGH durch die Möglichkeit eines Schadensersatzanspruches wegen Aufklärungspflichtverletzung kompensiert werden; siehe zu der gesamten Problematik und dem Lösungsweg des BGH *Derleder,* ZBB 2006, 375 (379 ff.); ausführlich zu den Vorgaben des EuGH in den genannten Urteilen vom 25.10.05 sowie den Konsequenzen für die Rechtsprechung außerdem *Knops,* VuR 2006, 90 ff. und 187 ff.; *Knops/Kulke,* VuR 2006, 127 ff.

Vertragsabsprache oder ein sonstiges enges Zusammenwirken[188]. Außerdem muss auch die Finanzierung der Kapitalanlage vom Verkäufer oder Vermittler angeboten werden und die Unrichtigkeit der Angaben des Verkäufers, Initiators oder der für sie tätigen Vermittler so evident sein, dass es sich aufdrängt, die Bank habe sich der Kenntnis der arglistigen Täuschung geradezu verschlossen[189].

Der XI. Zivilsenat des BGH schwächt diese *„vorsichtige Wende hin zu einem stärkeren Schutz getäuschter Anleger"*[190] allerdings wieder ab, indem er an den Darlehensnehmer höhere Beweisanforderungen hinsichtlich der Art der Angaben und der Kausalität der Aufklärungspflichtverletzung stellt. So muss zum einen der Nachweis erbracht werden, dass die Angaben des Verkäufers über das Anlageobjekt objektiv unrichtig waren. Handelt es sich nur um subjektive Werturteile oder unverbindliche Anpreisungen mit bloß werbendem Charakter, begründen diese auch keinen Schadensersatzanspruch[191]. Gelingt dem Darlehensnehmer dieser Nachweis, muss er weiterhin darlegen, dass er den Vertrag bei ordnungsgemäßer Belehrung tatsächlich widerrufen und die jeweilige Anlage nicht getätigt hätte[192]. Auf die Vermutung aufklärungsrichtigen Verhaltens kann er sich in diesem Zusammenhang gerade nicht stützen, da diese Vermutung voraussetzt, dass es für den zu belehrenden nur eine bestimmte Möglichkeit der Reaktion gibt[193].

Unabhängig davon, ob die Beweisanforderungen des BGH den Anforderungen des EuGH aus den Urteilen Schulte und Crailsheimer Volksbank gerecht werden[194], kann man auch hinsichtlich der Fallgruppe des konkreten Wissensvorsprungs nur in Ausnahmefällen von einer Aufklärungspflicht ausgehen. Aufklärungs- und Hinweispflichten können sich daher nur aus den besonderen Umständen des konkreten

---

188 BGH, Urteil vom 16.05.2006, XI ZR 6/04 a. a. O., unter Rn. 53 mit Verweis auf BGH, Urteil vom 20.03.1980, III ZR 172/78, WM 1980, 620; Urteil vom 05.05.1992, XI ZR 242/91, WM 1992, 1355; siehe hierzu auch *Derleder,* ZBB 2006, 375 (384).

189 BGH, Urteil vom 16.05.2006, XI ZR 6/04, a. a. O. unter Rn. 52; Urteil vom 17.10.2006, XI ZR 205/05, NJW-RR 2007, 257 unter Rn. 17; Urteil vom 29.04.2008, XI ZR 221/07, NJW-RR 2008, 1226; Urteil vom 27.05.2008, XI ZR 132/07, NJW-RR 2008, 1260 unter Rn. 18; OLG Frankfurt, Urteil vom 31.03.2010, 16 U 190/00.

190 So *Tonner,* in: Derleder/Knops/Bamberger, Handbuch zum deutschen und europäischen Bankrecht, § 4 Rn. 49.

191 BGH, Urteil vom 19.09.2006, XI ZR 204/04, NJW 2007, 357 unter Rn. 24 ff.; kritisch zu diesen Anforderungen zurecht *Jungmann,* NJW 2007, 1562 (1563).

192 BGH, Urteil vom 19.09.2006, XI ZR 204/04, NJW 2007, 357 unter Rn. 43; Urteil vom 23.10.2007, XI ZR 167/05, NJW 2008, 640; *Siol,* in: Schimansky/Bunte/Lwowski, Bankrechts-Handbuch, § 44 Rn. 31.

193 BGH, Urteil vom 19.09.2006 a. a. O. unter Verweis auf BGH, Urteil vom 13.07.2004, XI ZR 178/03, NJW 2004, 2967 und entgegen OLG Bremen, Urteil vom 02.03.2006, 2 U 20/02, NJW 2006, 1210.

194 Dies verneinend und deshalb zurecht kritisch *Jungmann,* NJW 2007, 1562 (1566); siehe auch *Derleder,* ZBB 2006, 375 (386), der von einer *„durch die Veränderungen der Rechtsprechung mit veranlasste Beweisnot"* spricht; in diese Richtung auch *Pahl,* JuS 2006, 775 (780).

Einzelfalls ergeben[195]. Ob diese dann wirklich bestehen, hängt weiterhin entscheidend von Zweck und Form des jeweiligen Kreditgeschäfts ab[196].

Im Ergebnis kann man festhalten, dass sich die heutige Rechtsprechung – trotz der für Kreditnehmer positiven Tendenzen in den letzten Jahren – von dem einmal vom Reichsgericht formulierten Grundsatz, die Bank habe *„den Kunden treu zu beraten und ihn über alle Umstände aufzuklären, die für seine Entschließung von Bedeutung sein können"*[197] im Laufe der Zeit weit entfernt hat[198]. Zwar kann man in der Rechtsprechung gerade in den letzten Jahren eine gewisse Tendenz hin zu einer größeren Aufklärungsintensität beobachten[199]. Aber selbst wenn hiernach im Einzelfall eine Aufklärungspflicht des Kreditinstituts zu bejahen ist, steht der geschädigte Kunde aufgrund der uneinheitlichen Judikatur und der genannten Beweisanforderungen vor hohen Hürden, die ihn von einer erfolgreichen Durchsetzung seiner Rechte gegenüber dem Kreditinstitut abhalten können.

(5) Weitere Fallgruppen

Wegen der restriktiven Haltung in der Rechtsprechung wird von einigen Vertretern in der Literatur gefordert, die vier bestehenden Fallgruppen um eine weitere Fallgruppe zu erweitern, nämlich die erkennbare Geschäftsunerfahrenheit des Vertragspartners[200]. Auf diesem Weg soll das generelle strukturelle Ungleichgewicht zwischen Kreditinstitut und Kunden ausgeglichen werden[201].

Anstoß für diese Diskussion in der Literatur bildeten vor allem die geänderten Produkte im Anlagebereich und die damit einhergehende Verschiebung der Kundenschichten. Standen in der Vergangenheit Bauherrenmodelle in diesem Bereich im Vordergrund, haben in den letzten zwanzig Jahre die sogenannten Treuhandmodelle immer mehr an Beliebtheit gewonnen. Hiermit werden aber auch in zunehmendem Maße Kleinanleger geschädigt, die wegen ihrer Geschäftsunerfahrenheit auf einen höheren Schutz durch die Rechtsprechung angewiesen sind[202].

In der Rechtsprechung und wohl überwiegenden Literatur ist dieser Ausnahmetatbestand dagegen nicht als weitere Fallgruppe für die Begründung einer Aufklä-

---

[195] So ausdrücklich BGH, Urteil vom 06.11.2007, XI ZR 322/03, NJW 2008, 644.

[196] *Siol,* in: Schimansky/Bunte/Lwowski, Bankrechts-Handbuch, § 44 Rn. 24; *Vortmann,* Rn. 211; *Becker,* S. 104 ff.; eine beispielhafte Aufzählung verschiedener Einzelfälle findet sich bei Palandt/ *Grüneberg,* § 280, Rn. 60 und 60a.

[197] RG, Urteil vom 29.09.1916, WarnRspr. 1916, Nr. 277, S. 455, zitiert nach *Canaris,* Rn. 103.

[198] Siehe zu der Kritik an dieser restriktiven Haltung des XI. Senats u. a. *Emmerich,* JuS 2006, 841 („Bankenschutzsenat"); *Derleder,* NZM 2006, 449 (450 ff.); *Hofmann,* WM 2006, 1847 (1855) jew. m. w. Nachw.

[199] So auch *Köndgen,* NJW 2000, 468 (469); ebenso MünchKomm/*Emmerich,* § 311 Rn. 159.

[200] *Schwintowski*/Schäfer, § 14 Rn. 165; *Tonner,* in: Derleder/Knops/Bamberger, Handbuch zum deutschen und europäischen Bankrecht, § 4 Rn. 55; *Fuellmich/Rieger,* ZIP 1999, 465 (469 ff.); *Spickhoff/Petershagen,* BB 1999, 165 (166).

[201] *Fuellmich/Rieger,* ZIP 1999, 465 (470).

[202] *Tonner,* in: Derleder/Knops/Bamberger, Handbuch zum deutschen und europäischen Bankrecht, § 4 Rn. 55; *Spickhoff/Petershagen,* BB 1999, 165.

rungspflicht der Kreditinstitute anerkannt worden[203]. Als Begründung hierfür wird auf die Möglichkeit des Kunden hingewiesen, mit der Bank einen entsprechenden Beratungsvertrag zu schließen. Verzichtet er hierauf, soll auch kein Anlass für einen weitergehenden Schutz bestehen[204]. Außerdem werde bei dieser neuen Fallgruppe nicht berücksichtigt, dass es ausschließlich Aufgabe des Erwerbers sei, die Zweckmäßigkeit der beabsichtigten Kreditaufnahme selbst zu beurteilen und zu prüfen, ob diese überhaupt in dieser Höhe und zu den angegebenen Bedingungen sinnvoll ist[205]. Die Geschäftsunerfahrenheit des Kunden könne nur im Rahmen der Prüfung, ob sich besondere Aufklärungspflichten infolge eines „Informationsgefälles" ergeben, eine Rolle spielen[206].

Ebenso wie die Schaffung einer neuen Fallgruppe für Aufklärungspflichten des Kreditinstitutes lehnt es die Rechtsprechung und überwiegende Literatur ab, § 18 Satz 1 KWG a. F. als Schutzgesetz im Sinne des § 823 Abs. 2 BGB anzusehen und dem Kunden auf diesem Weg eine weitere Rückgriffsmöglichkeit gegenüber dem Kreditinstitut zu geben. Die Vorschrift sieht ab einer bestimmten Kredithöhe die Pflicht des Kreditinstitutes vor, sich über die wirtschaftlichen Verhältnisse des Kreditnehmers zu informieren. § 18 KWG soll aber lediglich eine ordnungspolitische Funktion im Verhältnis zwischen den Kreditinstituten und dem Aufsichtsamt haben, sodass sich die Darlehensnehmer zu ihrem Schutz nicht hierauf berufen können[207].

dd) Rechtsfolgen

Hinsichtlich der möglichen Rechtsfolgen einer Aufklärungspflichtverletzung muss zunächst danach unterschieden werden, ob zwischen Bank und Kunde ein ausdrück-

---

[203] OLG Stuttgart, Urteil vom 12.01.2000, 9 U 155/99, WM 2000, 292; OLG München, Urteil vom 12.04.2000, 17 U 2317/00, WM 2001, 252; OLG Köln, Urteil vom 21.03.2001, 13 U 124/00, NJW-RR 2002, 1575; OLG Dresden, Urteil vom 06.06.2001, 8 U 2694/00, WM 2003, 1802; OLG Frankfurt a. M., Urteil vom 15.08.2001, 23 U 130/00, WM 2002, 1281; LG Bremen, Urteil vom 21.01.1999, 6 O 2766/97; WM 1999, 847; Palandt/*Grüneberg*, § 280 Rn 63; *Siol*, in: Schimansky/Bunte/Lwowski, Bankrechts-Handbuch, § 44 Rn. 45; *ders.*, DRiZ 2006, 223 (224); *Lang*, in: Welter/Lang, Kap. 11 Rn. 11.23; *Richrath*, WM 2004, 653 (658); *Köndgen*, NJW 2000, 468 (469), *Edelmann/Hertel*, DStR 2000, 331 (332); *Westermann*, ZHR 153 (1989), 123 (132); *Becker*, S. 101.

[204] Palandt/*Heinrichs*, § 280 Rn. 63.

[205] *Edelmann/Hertel*, DStR 2000, 331 (332).

[206] *Richrath*, WM 2004, 653 (658).

[207] OLG Hamm, Urteil vom 17.12.1987, 5 W 152/87, WM 1988, 191; OLG Köln, Beschluss vom 23.06.1999, 13 W 32/99, WM 1999, 1817; OLG Stuttgart, Urteil vom 21.03.2001, 9 U 204/00, WM 2003, 343; Palandt/*Sprau*, §§ 823 Rn. 66; BFS-KWG/*Bock*, § 18 Rn. 3; *v. Heymann*, NJW 1999, 1577 (1583); *Blaurock*, FS Horn, 697 (704); offen gelassen von BGH, Urteil vom 05.12.1972, VI ZR 120/71, NJW 1973, 321 unter Rn. 13; ebenso OLG München, Urteil vom 30.10.1985, 7 U 1890/85, NJW-RR 1986, 1374 unter Rn. 50; zu der Frage, ob die infolge der Umsetzung der Verbraucherkreditrichtlinie neu eingeführte Pflicht zur Bewertung der Kreditwürdigkeit des Verbrauchers nach § 18 Abs. 2 KWG individualschützenden Charakter haben kann, ausführlich *Hofmann*, NJW 2010, 1782; *Knops*, in: Habersack/Mülbert/Nobbe/Wittig (Hrsg.), Bankrechtstag 2009, 195 (222) sowie untern 7. Kap. II. 5.

licher oder konkludenter Beratungsvertrag geschlossen wurde oder ob „lediglich" eine vertragliche Nebenpflichtverletzung vorliegt[208]. Zwar führt sowohl die Verletzung einer vertraglichen Nebenpflicht als auch die Pflichtverletzung im Rahmen eines Beratungsvertrages zu einem Schadensersatzanspruch aus § 280 Abs. 1 BGB. Ein Unterschied zwischen beiden besteht allerdings darin, dass der Kunde bei der Nichterfüllung eines Beratungsvertrages nach § 281 BGB Schadensersatz statt der Leistung verlangen und nach § 323 BGB vom Vertrag zurücktreten kann, während dies bei der Verletzung einer Nebenpflicht nur unter der zusätzlichen Bedingungen der Unzumutbarkeit des weiteren Festhaltens am Vertrag nach §§ 282, 324 BGB möglich ist[209]. Da es dem Darlehensnehmer aber in den meisten Fällen ohnehin um Schadensersatz neben der Leistung gehen wird, dürfte der Abgrenzung in der Praxis keine zu große Bedeutung zukommen[210].

Verletzt die Bank ihre vorvertraglichen Informationspflichten führt dies zu einem Haftung wegen Verschuldens bei Vertragsschluss (culpa in contrahendo). Anspruchsgrundlage ist in diesem Fall regelmäßig § 280 Abs. 1 BGB i. V. mit §§ 311 Abs. 2 Nr. 1, 241 Abs. 2 BGB[211]. Für die Annahme von Vertragsverhandlungen im Sinne dieser Vorschrift genügen bereits Vorgespräche, Bewerbungsgespräche, Werbemaßnahmen, Prospekte oder sonstige einseitige Maßnahmen eines Vertragsteils, die den anderen zu einem Vertragsschluss veranlassen sollen[212]. Die Haftung aus culpa in contrahendo ist unabhängig davon, ob die Verhandlungen mit dem Kunden zu einem Vertragsschluss geführt haben oder gescheitert sind oder ob der geschlossene Vertrag unwirksam ist[213].

Liegt eine Informationspflichtverletzung der Bank vor, muss sie den Darlehensnehmer grundsätzlich nach § 249 Abs. 1 BGB so stellen, wie er ohne das schädigende Verhalten, d. h. die unrichtige oder pflichtwidrig nicht erteilte Information stehen würde. Der Anspruch des Darlehensnehmers ist daher regelmäßig auf den Ersatz seines Vertrauensschadens (negatives Interesse) gerichtet[214]. Der Kunde hat daher

---

[208] *Horn,* ZBB 1997, 139 (142) kritisiert in diesem Zusammenhang, dass die Rechtsprechung *„eine gewisse Beliebigkeit in der Wahl der dogmatischen Haftungsgrundlagen"* zeige; so werde zunächst das Schutzproblem identifiziert, um sodann Verhaltenspflichten zu konkretisieren und dafür passende dogmatische Grundlagen zu finden; ebenso *Hennrichs,* FS Kümpel, 241 (244).

[209] *Tonner,* in: Derleder/Knops/Bamberger, Handbuch zum deutschen und europäischen Bankrecht, § 4 Rn. 5.

[210] *Tonner,* a. a. O.

[211] *Siol,* in: Schimansky/Bunte/Lwowski, Bankrechts-Handbuch, § 43 Rn. 11; dabei ergeben sich aus § 311 Abs. 2 BGB die allgemeinen Voraussetzungen für die Begründung eines vorvertraglichen Schuldverhältnisses, während Inhalt und Umfang der einzelnen Pflichten aus § 241 Abs. 2 BGB folgen, siehe hierzu Bamberger/Roth/*Grüneberg/Sutschet,* § 311 Rn. 37.

[212] Palandt/*Grüneberg,* § 311 Rn. 22; *Rong,* Die Entwicklung der Aufklärungspflichten, S. 181; str., a. A. MünchKomm/*Emmerich,* § 311 Rn. 70, der wegen des Wortlauts „Verhandlungen" stets einen zweiseitigen Vorgang fordert.

[213] BGH, Urteil vom 22.02.1989, VIII ZR 4/88, NJW-RR 1989, 627; *v. Heymann/Merz,* Rn. 500.

[214] BGH, Urteil vom 12.10.1993, X ZR 65/92, NJW 1994, 663; *Tiedtke,* WM 1993, 1228 (1229); Jauernig/*Stadler,* § 311 Rn. 54; *Tonner,* in: Derleder/Knops/Bamberger, Handbuch zum deutschen und europäischen Bankrecht, § 4 Rn. 38.

keinen Anspruch auf Abschluss eines günstigeren Darlehensvertrages mit dem Kreditinstitut[215]. Einen gesetzlichen Anspruch eines Kreditsuchenden gegenüber einem Kreditinstitut auf Abschluss eines Darlehensvertrages, noch dazu zu bestimmten, ausschließlich vom Kreditsuchenden festgelegten Konditionen, kennt das deutsche Zivilrecht nicht[216].

In den meisten Fällen wird das Interesse des Darlehensnehmers darauf gerichtet sein, sich von dem ihm nachteiligen und unerwünschten Vertrag zu lösen. Der Schadensersatz aus culpa in contrahendo gewährt ihm in diesen Fällen einen Anspruch auf Befreiung von dem abgeschlossenen Vertrag sowie auf Ersatz der nutzlosen Aufwendungen[217]. Der Anspruch ist allerdings nicht zwingend auf das negative Interesse beschränkt. Vielmehr kann der Kreditnehmer auch den Ersatz seines positiven Interesses verlangen, wenn es ihm gelingt, nachzuweisen, dass es ohne die Pflichtverletzung des anderen Teils zum Abschluss eines für ihn günstigeren Vertrags gekommen wäre[218].

In diesem Zusammenhang kommt dem Kreditnehmer die Vermutung des sogenannten „aufklärungsrichtigen Verhaltens" zugute, d. h. es wird vermutet, dass er bei richtiger Informationserteilung das Kreditgeschäft so nicht getätigt hätte[219]. Das Risiko der Unaufklärbarkeit der Kausalitätsfrage trägt das Pflicht verletzende Kreditinstitut[220]. Diese Vermutung kann aber wiederum nur in den Fällen greifen, in denen es für den aufzuklärenden Teil vernünftigerweise lediglich eine oder zwei Handlungsalternativen gibt, um den drohenden Schaden abzuwehren, nicht dagegen, wenn er im Falle der vollständigen und richtigen Aufklärung vor einen echten Entscheidungskonflikt durch die Möglichkeit der Wahl zwischen mehreren gleich vernünftigen Handlungsalternativen gestellt würde[221].

Hat das Kreditinstitut seine Aufklärungspflichten verletzt, kann der Kunde neben der Aufhebung des Kreditvertrags im Einzelfall die ganze oder teilweise Erstattung

---

[215] BGH, Urteil vom 19.05.2006, V ZR 264/05, NJW 2006, 3139 unter Rz. 21; KG Berlin, Urteil vom 07.10.2004, 12 W 25/04, WM 2005, 1118; *Vortmann,* Rn. 66.

[216] KG Berlin, a. a. O. unter Rn. 4.

[217] BGH, Urteil vom 27.09.1988, XI ZR 4/88, NJW-RR 1989, 150; *Siol,* in: Schimansky/Bunte/Lwowski, Bankrechts-Handbuch, § 43 Rn. 44.

[218] BGH, Urteil vom 26.04.2001, V ZR 394/99, NJW 2001, 2875; Urteil vom 19.05.2006, V ZR 264/05, NJW 2006, 3139; MünchKomm/*Emmerich,* § 311 Rn. 261.

[219] *Vortmann,* Rn. 66 unter Hinweis auf BGH, Urteil vom 06.10.1980, II ZR 60/80, NJW 1981, 1449; siehe auch BGH, Urteil vom 09.02.2006, III ZR 20/05, NJW-RR 2006, 685.

[220] BGH, Urteil vom 10.07.1980, III ZR 177/78, NJW 1980, 2301 (2303); *Schmelz/Klute/Bender,* Rn. 176.

[221] BGH, Urteil vom 09.06.1998, XI ZR 220/97, NJW-RR 1998, 1271; Urteil vom 13.07.2004, XI ZR 178/03, NJW 2004, 2976; nach dem BGH soll die Vermutung dem Kreditnehmer auch bei einer fehlerhaften Belehrung über das Widerrufsrecht nicht zugutekommen, wenn offen ist, ob er die Risiken des Vertragswerks innerhalb der Widerrufsfrist erkannt hätte, Urteil vom 19.09.2006, XI ZR 204/04, NJW 2007, 357; OLG Celle, Beschluss vom 03.04.2006, 3 W 35/06, NJW 2006, 1817; OLG München, Urteil vom 27.04.2006, 19 U 3717/04, NJW 2006, 1811; aA OLG Bremen, Urteil vom 02.03.2006, 2 U 20/02, NJW 2006, 1210, wonach von einer widerlegbaren Vermutung auszugehen ist, dass der Verbraucher bei ordnungsgemäßer Belehrung über das Widerrufsrecht alle notwendigen Schritte unternommen hätte, um die Loslösung vom Vertrag zu erreichen.

der Prämien für einen ungünstigen oder überflüssigen Restschuldversicherungsvertrag oder die Reduzierung des effektiven Vertragszinses auf den angegebenen oder den marktüblichen Zins verlangen[222]. Der Schadensersatzanspruch des Kreditnehmers richtet sich in diesen Fällen darauf, Ersatz für die durch die gewählte Finanzierung gegenüber einem Kredit zu marktüblichen Bedingungen entstandenen Mehrkosten zu erhalten[223]. Werden ihm beim Abschluss des Darlehensvertrages zur Finanzierung des Kaufs einer Sache schuldhaft Umstände verschwiegen, die den Zweck des Kaufs gefährden, kann er eine Anpassung des Darlehensvertrages verlangen. Denn in diesem Fall ist davon auszugehen, dass wegen des gefährdeten Vertragszwecks regelmäßig auch der Abschluss eines günstigeren Kaufvertrags und damit einhergehend auch einer günstigeren Finanzierung möglich gewesen wäre[224].

Ist eine Auskunftspflichtverletzung des Kreditinstituts zu bejahen, muss weiterhin der Schutzzweck der verletzten Pflicht beachtet werden. Der Verstoß gegen eine Rechtspflicht kann immer nur zum Ersatz des Schadens verpflichten, dessen Eintritt die Einhaltung der Pflicht verhindern sollte[225]. Dieser Grundsatz, dass der Haftungsumfang durch den Schutzzweck der verletzten Pflicht begrenzt wird, gilt auch für Beratungs- und Auskunftspflichten im Rahmen vorvertraglicher Schuldverhältnisse[226].

Wird dem Kunden demnach eine umfassende Beratung oder Aufklärung über alle in Betracht kommenden Einzelheiten geschuldet, haftet die Bank für alle mit der Anlageentscheidung verbundenen Schäden, auch wenn sie ihre Pflicht nur hinsichtlich eines Einzelpunkts verletzt und dadurch die Entscheidung des Kunden verursacht hat[227]. Sie kann sich nicht darauf berufen, der Beratungs- oder Aufklärungsfehler habe nur einen Punkt betroffen, der für das Scheitern des Vorhabens nicht ausschlaggebend gewesen sei[228].

Etwas anderes gilt allerdings, wenn die Bank als Nichtbeteiligte nur Beratung und Aufklärung hinsichtlich einzelner Punkte der zu finanzierenden Anlage schuldet. In diesem Fall braucht sie auch nur für die Schäden einzustehen, für deren Einschätzung die erbetene Auskunft maßgeblich war, während sie keine Haftung für

---

[222] BGH, Urteil vom 09.03.1989, III ZR 269/87, NJW 1989, 1667; *Schmelz/Klute/Bender*, Rn. 175.

[223] BGH, Urteil vom 03.04.1990, XI ZR 261/89, NJW 1990, 1844; *Metz*, BKR 2007, 401 (403).

[224] BGH, Urteil vom 11.02.1999, XI ZR 352/97, NJW 1999, 574 mit Anm. von *Ann*, JA 1999, 827.

[225] BGH, Urteil vom 25.06.1985, VI ZR 270/81, NJW 1985, 2749; Urteil vom 09.07.1985, VI ZR 244/83, NJW 1985, 2752; Urteil vom 17.10.1990, IV ZR 187/89, NJW-RR 1991, 627; Beschluss vom 18.06.1991, XI ZR 282/90, NJW-RR 1991, 1265.

[226] BGH, Urteil vom 08.01.1962, VII ZR 64/61, VersR 1962, 562 (563); Urteil vom 03.12.1991, XI ZR 300/90, NJW 1992, 555; ebenso BGH, Urteil vom 16.06.1992, XI ZR 166/91, NJW 1992, 2148; Urteil vom 20.03.2007, XI ZR 412/04, NJW 2007, 2396; OLG Karlsruhe, Urteil vom 18.12.1992, 14 UU 221/91.

[227] BGH, Urteil vom 03.12.1991, XI ZR 300/90, NJW 1992, 555 unter Rn. 18 mit Hinweis auf die Rechtsprechung zur Haftung der Initiatoren von Bauherrenmodellen; siehe hierzu auch die Anmerkung von *Haase*, JR 1992, 291.

[228] BGH, Urteil vom 06.02.1990, XI ZR 184/88, NJW-RR 1990, 604; Urteil vom 31.05.1990, VII ZR 340/88, NJW 1990, 2461.

Schäden trifft, die mit dem Fehlschlagen der Anlage insgesamt verbunden sind[229]. Dies gilt jedenfalls dann, wenn die fraglichen Risiken isoliert und gesondert ausgeglichen werden können, denn in diesen Fällen wäre es unangemessen, das nicht den Gegenstand der Auskunftspflicht bildende Anlagerisiko allein aus Kausalitätsgründen auf das Kreditinstitut überzuwalzen[230]. Ansonsten bestünde die Gefahr, dass der Geschädigte besser gestellt würde als er stünde, wenn sich die Auskunft als zutreffend erwiesen hätte[231]. Im Zusammenhang mit einem finanzierten Immobilienkauf trifft die Bank bei einer lediglich fehlerhaften Beratung in einem Teilaspekt des Immobiliengeschäfts daher keine Schadensersatzpflicht für den gesamten Vertragsschaden[232].

Diese Haftungsbegrenzung auf den Teilbereich der Auskunftsverpflichtung dürfte in der Praxis allerdings eher selten eingreifen. Denn in den meisten Fällen wird der Kreditnehmer vortragen können, dass er bei ordnungsgemäßer Aufklärung das finanzierte Geschäft überhaupt nicht getätigt hätte. Wenn aber eine ordnungsgemäße Aufklärung in Einzelpunkten den Kläger veranlasst hätte, vom ganzen Projekt Abstand zu nehmen und damit die Kausalität zwischen Aufklärungspflichtverletzung und Anlageentschluss feststeht, erstreckt sich der Ersatzanspruch des Kreditnehmers auf alle Nachteile, die ihm aus der Anlageentscheidung entstanden sind[233]. Allerdings muss er sich die ihm aus dem Geschäft evtl. erwachsenen Vorteile anrechnen lassen, sodass im Ergebnis stets nur die tatsächlichen Mehrkosten ersetzt werden[234].

Kann sich der Kreditnehmer darauf berufen, dass er bei ordnungsgemäßer Aufklärung die jeweilige Investition so überhaupt nicht getätigt hätte, ist die Bank neben dem Ersatz der Einlage auch zum Ersatz des Schadens verpflichtet, der durch das Nichtabschließen einer günstigeren Investition entstanden ist[235]. Dabei hängt der Schadensersatzanspruch nicht davon ab, ob sich der Kunde von dem finanzier-

---

[229] BGH, Urteil vom 19.12.2000, XI ZR 349/99, NJW 2001, 962.

[230] BGH, Urteil vom 03.12.1991, XI ZR 300/90, NJW 1992, 555 unter Rn. 19; *Emmerich*, JuS 1992, 519 (520).

[231] BGH, Urteil vom 08.01.1962, VII ZR 64/61, VersR 1962, 562 (563); OLG Karlsruhe, Urteil vom 13.03.1987, 14 U 51/85, NJW-RR 1987, 912 zu dem umgekehrten Fall, in dem eine Bank gegenüber einem Architekten Schadensersatzansprüche wegen Auskunftspflichtverletzung gelten macht.

[232] BGH, Urteil vom 03.12.1991, XI ZR 300/90, NJW 1992, 555; *Vortmann*, Rn. 71.

[233] So ausdrücklich BGH, Urteil vom 16.06.1992, XI ZR 166/91, NJW 1992, 2148 unter Rn. 26; OLG Karlsruhe, Urteil vom 18.12.1992, 14 U 221/91; anders aber wohl nun BGH, Urteil vom 20.03.2007, XI ZR 414/04, NJW 2007, 2396 unter Rn. 43, wonach bei intransparenten Finanzierungskonstruktionen dem Verbraucher durch die Aufklärungspflicht des Kreditinstituts gerade nicht die Risiken des Anlagegeschäfts verdeutlicht oder die Entscheidungsgrundlage dafür geliefert werden soll, ob eine Kreditaufnahme in seiner Situation überhaupt sinnvoll ist; kritisch hierzu *Hofmann*, in: Riesenhuber (Hrsg.), Perspektiven des europäischen Schuldvertragsrechts, 71 (109).

[234] BGH, Urteil vom 16.06.1992, a. a. O.; *Heße/Niederhofer*, MDR 2010, 968 (971).

[235] BGH, Urteil vom 02.02.1988, VIII ZR 380/86, NJW 1988, 2234; MünchKomm/*Emmerich*, § 311 Rn. 267.

ten Objekt getrennt hat. Er kann vielmehr auch an dem für ihn ungünstigen Vertrag festhalten und lediglich den Ersatz seiner Mehraufwendungen verlangen[236].

Wie bereits angemerkt wird es dem Darlehensnehmer in der Praxis regelmäßig darum gehen, sich von einem für ihn überteuerten oder nicht sinnvollen Kreditvertrag zu lösen und damit die Rückgängigmachung des Vertrags zu bewirken. Hat er dagegen kein Interesse an einer solchen Vertragsaufhebung – etwa weil ihm die Rückgewähr der Darlehenssumme aus wirtschaftlichen Gründen nicht möglich ist – kann er immer noch weiter an dem Vertrag festhalten und lediglich Schadensersatz in Höhe der zu viel getätigten Aufwendungen verlangen. Nach den allgemeinen Regeln des Schadensrechts, die auch im Bereich der Haftung aus culpa in contrahendo gelten, muss er sich im Wege des Vorteilsausgleichs allerdings solche Vorteile anrechnen lassen, die adäquat kausal auf dem schädigenden Ereignis beruhen, bei denen die Anrechnung entsprechend dem Zweck der Pflichten zumutbar ist und durch die der Schädiger nicht unbillig entlastet wird[237]. Hierzu zählen oftmals ersparte Steuern, wenn der Darlehensnehmer die infolge der Pflichtverletzung entstandenen Verluste bei der Ermittlung seines zu versteuernden Einkommens berücksichtigen kann und die Schadensersatzleistung nicht selbst wieder versteuern muss[238].

Die Schadensersatzansprüche aus einer Verletzung von vorvertraglichen Beratungs- oder Auskunftspflichten verjähren innerhalb der dreijährigen Regelverjährung nach §§ 195, 199 BGB[239]. Der Verschuldensmaßstab richtet sich nach § 276 Abs. 1 BGB, sodass auch eine fahrlässige vorvertragliche Informationspflichtverletzung einen Schadensersatzanspruch begründen kann[240]. Liegt objektiv eine Informationspflichtverletzung des Kreditinstituts vor, spricht das gleichzeitig auch für ein Verschulden. Die Bank trifft in diesem Fall die Obliegenheit des Entlastungsbeweises, da im Regelfall nur sie allein einen Einblick in die Umstände hat, die zur unterlassenen oder fehlerhaften Beratung geführt haben[241].

---

[236] BGH, Urteil vom 02.12.1991, II ZR 141/90, NJW 1992, 1223; Urteil vom 14.03.1991, VII ZR 342/89, NJW 1991, 1819; *Assmann,* FS Lange, S. 345 (357); *Siol,* in: Schimansky/Bunte/Lwowski, Bankrechts-Handbuch, § 43 Rn. 45.

[237] St. Rspr. des BGH, siehe zuletzt Urteil vom 17.12.2006, III ZR 350/04, NJW 2006, 499; Urteil vom 12.03.2007, II ZR 315/05, NJW 2007, 3130; Urteil vom 12.11.2009, VII ZR 233/08, NJW 2010, 675; Palandt/*Grüneberg,* Vorb v § 249 Rn. 67; zur Anwendung der Grundsätze des Vorteilsausgleichs im Zusammenhang mit Aufklärungspflichtverletzungen der Kreditinstitute *Vortmann,* Rn. 87 ff.

[238] BGH, Urteil vom 18.12.1969, VII ZR 121/67, NJW 1970, 461; Urteil vom 23.01.1979, VI ZR 4/77, NJW 1979, 915; *Tonner,* in: Derleder/Knops/Bamberger, Handbuch zum deutschen und europäischen Bankrecht, § 4 Rn. 38.

[239] Noch zur früheren 30jährigen Regelverjährung BGH, Urteil vom 30.03.1990, V ZR 13/89, NJW 1990, 1658; zur Anwendung der nunmehr dreijährigen Regelverjährung MünchKomm/*Emmerich,* § 311 Rn. 279.

[240] BGH, Urteil vom 11.11.1987, VIII ZR 304/86, NJW-RR 1988, 744; Urteil vom 24.05.1993, II ZR 136/92, NJW 1993, 2107; zu der Frage, inwieweit sich die Bank ein innerbetriebliches Wissen zurechnen lassen muss und zur Anwendung der §§ 31, 166, 278 und 831 BGB ausführlich *Faßbender,* Innerbetriebliches Wissen und bankrechtliche Aufklärungspflichten, S. 21 ff.

[241] BGH, 23, 288; NJW 1964, 2058; *Siol,* in: Schimansky/Bunte/Lwowski, Bankrechts-Handbuch, § 43 Rn. 53.

Kapitel 4
Die Ausgestaltung der Informationspflichten in der Richtlinie 2008/48/EG

I. Entstehungsgeschichte

1. Vorgeschichte

Der Verbraucherschutz im Bereich des Verbraucherkredites blieb auch nach dem Erlass der Richtlinie 87/102/EWG ein ständiges Thema für die Kommission. Dies zeigt sich zunächst daran, dass bereits 1½ Jahre nach Erlass der Richtlinie ein erster Änderungsvorschlag vorgelegt wurde[1], der später zur ersten Änderungsrichtlinie vom 22.02.1990 führen sollte[2]. Weiterhin gab die Kommission im Jahr 1995 einen ersten Bericht über die Anwendung der Verbraucherkreditrichtlinie heraus[3]. Der Bericht beschäftigte sich ausführlich mit der Problematik der Unterrichtung des Verbrauchers und schlug – neben einer Auskunftspflicht des Verbrauchers – auch die Statuierung einer Beratungspflicht der Kreditinstitute dahingehend vor, dass diese sich über die Lage des Verbrauchers informieren und ihn dann entsprechend unterrichten sollten[4].

Ein Jahr nach diesem Bericht brachte die Kommission ihr Grünbuch zur Wahrung der Verbraucherinteressen im Bereich der Finanzdienstleistungen heraus[5]. Auch dort wurde die Problematik der Verbraucherinformation ausdrücklich angesprochen. Gerade bei komplexen Finanzangeboten wie Verbraucherkrediten sollte

---

[1] Vorschlag für eine Richtlinie des Rates zur Änderung der Richtlinie 102/87/EWG zur Änderung der Rechts- und Verwaltungsvorschriften der Mitgliedstaaten über den Verbraucherkredit vom 18.05.1988, KOM (88) 201; siehe hierzu oben 3. Kap I. 3.

[2] Richtlinie 90/88/EWG zur Änderung der Richtlinie 87/102(EWG zur Angleichung der Rechts- und Verwaltungsvorschriften der Mietgliedstaaten über den Verbraucherkredit, ABl. EG 1990 L 61/14.

[3] Bericht über die Anwendung der Richtlinie 87/102/EWG zur Angleichung der Rechts- und Verwaltungsvorschriften der Mitgliedstaaten über den Verbraucherkredit vom 11.05.1995, KOM (95) 117.

[4] KOM (95) 117, S. 61; siehe zu diesen Überlegungen der Kommission zur Verschärfung der Richtlinie *Scholz,* EWS 1995, 357 (359).

[5] Grünbuch zur Wahrung der Verbraucherinteressen vom 22.05.1996, KOM (96) 209.

C. Gercke, *Schadensersatz wegen vorvertraglicher Informationspflichtverletzung beim Verbraucherkredit*, Bibliothek des Bank- und Kapitalmarktrechts 1,
DOI 10.1007/978-3-642-39121-7_4,

es nach Ansicht der Kommission für den Verbraucher immer schwieriger sein, deren wachsende Vielfalt zu bewerten und voll zu erfassen[6].

In den Jahren 1996 und 1997 folgten weitere Analysen zur Anwendung der Richtlinien in den Mitgliedstaaten[7]. Im Zuge dieser Analysen erarbeitete die Kommission ein Diskussionspapier, welches bestimmte Schwachpunkte der Richtlinie und des europäischen Verbraucherkreditrechts thematisierte und den betroffenen Kreisen, d. h. den Mitgliedstaaten, den Verbraucherverbänden und der Finanzwirtschaft, zur Vorbereitung einer neuen Richtlinie mit der Bitte um Beantwortung der aufgeworfenen Fragen übersandt wurde[8]. Ausgehend von dem Standpunkt, dass die alte Richtlinie nicht mehr den Gegebenheiten des Marktes für Verbraucherkredite entspreche, formulierte die Kommission darin sechs Leitlinien für die geplante Überarbeitung der Richtlinie. Eine dieser Leitlinien bildete dabei die Festschreibung verbindlicher Regelungen für eine umfassende Unterrichtung sowohl der Verbraucher als auch etwaiger Sicherheitsgeber. Durch eine erhöhte Transparenz sollte dem Verbraucher ein Mehr an Vergleichsmöglichkeiten zwischen den am Markt angebotenen Produkten gewährt werden[9]. Anfang Juli 2001 wurden die Vertreter der Mitgliedstaaten sowie der Finanzwirtschaft und Verbraucher zu den dargelegten Thesen angehört[10].

Im Jahr 2001 wurde außerdem eine Studie zum Thema Verbraucherverschuldung veröffentlicht, die die Generaldirektion Gesundheit und Verbraucher in Auftrag gegeben hatte[11]. Das Ergebnis dieser Studie war nicht nur die Feststellung einer wesentlichen Veränderung des Verbraucherverhaltens in den vorangegangenen zwei Jahrzehnten. Vielmehr waren schon zu diesem Zeitpunkt europaweit über 15 % aller Verbraucher überschuldet[12].

---

[6] KOM (96) 209, S. 9.

[7] Vorschlag für eine Richtlinie des Europäischen Parlaments und des Rates zur Änderung der Richtlinie 87/102/EWG (in der durch die Richtlinie 90/88/EWG geänderten Fassung) zur Angleichung der Rechts- und Verwaltungsvorschriften der Mitgliedstaaten über den Verbraucherkredit, KOM (96) 79; Bericht vom 24.09.1997 über die Anwendung der Richtlinie 87/102/EWG zur Angleichung der Rechts- und Verwaltungsvorschriften der Mitgliedstaaten über den Verbraucherkredit – Zusammenfassender Bericht und Stellungnahmen, KOM (97) 465.

[8] Synthesepapier der Europäischen Kommission – Generaldirektion Gesundheit und Verbraucherschutz, vom 08.06.2001, abrufbar unter http://ec.europa.eu/consumers/cons/_int/fina_serv/cons_directive/cons_cred1a _de.pdf; zuletzt abgerufen am 26.01.2013; siehe hierzu auch *Kaiser,* VuR 2002, 385.

[9] Siehe hierzu S. 15 des Synthesepapiers; gleichzeitig soll aber die Verbesserung der Information des Kreditgebers eine eigenständige Leitlinie für die Reformation der Richtlinie sein; denn nach der Auffassung der Kommission werden die Kosten eines Kredits maßgeblich durch das Risiko geprägt, dass der Kreditgeber eingeht; dieses Risiko werde wiederum maßgeblich von der Qualität der ihm zur Verfügung stehenden Informationen beeinflusst; siehe hierzu *Kaiser,* VuR 2002, 385 (386).

[10] siehe hierzu KOM (2002) 443, S. 3.

[11] Study of the problem of Consumer Indebtedness, abrufbar unter http://ec.europa.eu/consumers/cons/_int/fina_serv/cons_directive/fina_serv06_en.pdf; zuletzt abgerufen am 26.01.2013; siehe hierzu auch *Siems,* EuZW 2008, 454 (455).

[12] Wobei zwischen den einzelnen Mitgliedstaaten teilweise erhebliche Unterschiede bestehen; so lag der Überschuldungsgrad in Griechenland schon damals bei über 50 %, siehe hierzu *Siems,*

Damit einhergehend ist der Markt für Verbraucherkredite in der Zeit seit 1990 erheblich gewachsen. Allein in Deutschland stieg das Volumen der Verbraucherkredite von € 150,8 Mrd. im Jahr 1991 auf € 226,7 Mrd. im Jahr 2010[13]. Dabei variierten die Kosten für Verbraucherkredite in der Europäischen Union von Land zu Land sehr stark und reichten von ca. 6 % in Finnland bis zu über 12 % in Portugal[14]. Ein Binnenmarkt für Verbraucherkredite besteht bislang praktisch nicht. Der Anteil grenzübergreifender Direktkredite für Verbraucher am Gesamtkreditaufkommen liegt bei unter 1 %[15].

2. *Die Informationspflichten in den ersten Richtlinienvorschlägen*

Am 11.09.2002 legte die Kommission ihren ersten Vorschlag für eine neue Verbraucherkreditrichtlinie vor, der im Wesentlichen auf den oben beschriebenen Thesen des Diskussionspapiers aufbaute[16]. Neben dem neu eingeführten Grundsatz der Maximalharmonisierung[17] enthielt dieser Vorschlag in den Art. 4 bis 11 ein umfangreiches Informationskonzept. Dabei wurden in Art. 6 des Richtlinienvorschlags 2002 die Leitlinien 3 und 4 des Synthesepapiers umgesetzt.

Nach Art. 6 Abs. 1 des Richtlinienvorschlags soll der Kreditgeber das Recht haben, vom Verbraucher vor Abschluss des Vertrages diejenigen Informationen zu verlangen, die zur Einschätzung der wirtschaftlichen Situation des Verbrauchers sowie seiner Möglichkeiten zur Rückzahlung des Kredites notwendig und erforderlich sind. Die Verpflichtung des Kreditgebers zur vorvertraglichen Informationserteilung fand sich in Art. 6 Abs. 2. Danach sollte der Kreditgeber dem Verbraucher „genaue und vollständige Auskünfte über alles, was er über den in Aussicht genommenen Kreditvertrag wissen muss", erteilen. Die Ausgestaltung dieser Pflicht wurde in Art. 6 Abs. 2 Satz 3 und 4 weiter konkretisiert. So sollte die Information

---

EuZW 2008, 454 (455); in Deutschland lag die Schuldnerquote im Jahr 2010 dagegen bei ca. 9,5 %, was bedeutet, dass etwa 6,5 Mio. Bürger über 18 Jahren überschuldet sind oder zumindest Zahlungsschwierigkeiten haben, Schuldneratlas Deutschland 2010, S. 4, abrufbar unter http://www.creditreform.de/Deutsch/Creditreform/Presse/Archiv/SchuldnerAtlas_Deutschland/2010/Analyse_SchuldnerAtlas_Deutschland_2010.pdf; zuletzt abgerufen am 26.01.2013, siehe zu den Vorjahren und der Entwicklung seit 1989 *Schwintowski,* Bankrecht, § 13 Rn. 12.

[13] Bundesverband Deutscher Banken, Statistikservice Geschäftsentwicklung, Kreditgeschäft mit dem inländischen Privatsektor, abrufbar unter http://bankenverband.de/downloads/112011/ta-vw-geschaeftsentwicklung-kreditgeschaeft.pdf, zuletzt abgerufen am 26.01.2013; *Schwintowski,* Bankrecht, § 13 Rn. 8.

[14] Presseerklärung der Kommission vom 16.01.2008, IP/08/55, abrufbar unter http://europa.eu/rapid/press-release_IP-08-55_de.htm, zuletzt abgerufen am 26.01.2013.

[15] Presseerklärung der Kommission vom 16.01.2008, a. a. O.

[16] Vorschlag für eine Richtlinie des europäischen Parlaments und des Rates zur Harmonisierung der Rechts- und Verwaltungsvorschriften der Mitgliedstaaten über den Verbraucherkredit vom 11.09.2002, KOM (2002) 443.

[17] Kritisch hierzu *Emmerich/Doehner,* FS Derleder, S. 367 (368); *Reifner,* VuR 2004, 11 (13).

eine kurze aber klare Beschreibung des Produkts, seiner Vorteile und die eventuell damit verbundenen Nachteile beinhalten[18].

Zu kontroversen Diskussionen in der Literatur und Finanzwirtschaft führte die erstmals mit dem Richtlinienvorschlag 2002 eingearbeitete Pflicht zur verantwortungsvollen Kreditvergabe[19]. Nach Art. 9 des Richtlinienvorschlags wurde angenommen, dass der Kreditgeber bei Abschluss eines Kreditvertrages zuvor unter Ausnutzung aller ihm zur Verfügung stehenden Mittel zu der Überzeugung gelangt ist, dass der Verbraucher in der Lage sein wird, seinen vertraglichen Verpflichtungen nachzukommen. Hiermit verbunden war die in Art. 6 Abs. 3 festgelegte Pflicht des Kreditgebers, aus der Palette der angebotenen Kreditverträge, denjenigen Kredittyp und Gesamtkreditbetrag auszuwählen, der sich in Anbetracht der finanziellen Situation des Verbrauchers, der Vor- und Nachteile des vorgeschlagenen Produkts und des Zwecks, dem der Kredit dient, für den Verbraucher am besten eignet.

Trotz der ungewöhnlichen Formulierung „wird angenommen“[20] in Art. 9 des Richtlinienvorschlags sollte es sich bei dem Grundsatz der verantwortungsvollen Kreditvergabe nicht bloß um eine Vermutung zugunsten des Kreditgebers handeln. Vielmehr sollte eine echte Sorgfaltspflicht begründet werden, die insbesondere die Pflicht umfassen sollte, die zentralen Datenbanken abzufragen und die Angaben des Verbrauchers zu überprüfen, von diesem Sicherheiten zu verlangen, die Angaben von Kreditvermittlern zu prüfen und den richtigen Kredit anzubieten[21]. Art. 6 Abs. 3 begründete damit eine echte Beratungspflicht des Kreditgebers. Die Beratung sollte danach insbesondere die Rückzahlungsmöglichkeiten des Verbrauchers, die damit verbundenen Risiken, das Vorhandensein oder Nichtvorhandensein eines festen Tilgungsplans, die Möglichkeiten des Kreditabrufs sowie den Zweck des beantragten Kredits umfassen[22].

---

[18] In der Begründung zu Art. 6 des Richtlinienvorschlags 2002 wird hierzu weiter ausgeführt, dass der Verbraucher durch die ihm zu gewährenden Informationen *„ausreichend über die Bedingungen und Kosten des Kredits sowie über die Verpflichtungen, die er mit dem Vertrag eingeht“* unterrichtet werden soll, KOM (2002) 443, S. 14; siehe hierzu auch *Danco,* WM 2003, 853 (857).

[19] Siehe aus der umfangreichen Literatur z. B. *Bülow/Artz,* WM 2005, 1153 (1157); *Riesenhuber,* ZBB 2003, 325 (328); *Rott,* BKR 2003, 851 (854); *Rohe,* BKR 2003, 267 (270); *Danco,* WM 2003, 853 (857); *Hoffmann,* Reform der Verbraucherkreditrichtlinie, S. 202; kritisch auch *Reifner,* VuR 2004, 11 (12), der die Einführung eines Rechtsprinzips der verantwortlichen Kreditvergabe allerdings ausdrücklich begrüßt; eine ausführliche Aufzählung der weiteren Kritik von Seiten der Politik und der nationalen Spitzenverbände findet sich bei *Emmerich/Doehner,* FS Derleder, S. 367 (368).

[20] In der englischen Fassung des Richtlinienentwurfes heißt es *„he is assumed to have“*; in der französischen Fassung *„il est censé“*.

[21] So die Begründung zu Art. 9 des Richtlinienvorschlags, KOM (2002) 443, S. 17; siehe hierzu Riesenhuber, ZBB 2003, 325 (330); *Knops,* in: Habersack/Mülbert/Nobbe/Wittig, Bankrechtstag 2009, 195 (221) verweist auf die Prinzipien der Europäischen Koalition für verantwortungsvolle Kreditvergabe; im schweizerischen Konsumentenkreditgesetz wurde eine Verpflichtung zur verantwortungsvollen Kreditvergabe bereits im Jahr 2001 normiert (Art. 28 KKG), *Hoffmann,* Reform der Verbraucherkreditrichtlinie, S. 204.

[22] Siehe die Begründung zu Art. 6 Abs. 3 des Richtlinienvorschlags, KOM (2002) 443, S. 15.

Mit diesem neuartigen Informationsmodell für den Bereich des Verbraucherkredits sollte die Kommission allerdings innerhalb kürzester Zeit scheitern[23]. Nach der Zuleitung des Vorschlages an das Europäische Parlament und den Rat wurde die weitere Prüfung durch den Präsidenten des Europäischen Parlaments auf den Ausschuss für Recht und Binnenmarkt übertragen. Dieser führte am 29.04.2003 eine Anhörung durch, bei der sich sowohl Verbraucherverbände als auch Verbände von Banken, Handel und Unternehmen kritisch zu dem Gesetzesvorhaben äußerten. Daraufhin erließ der Ausschuss den Entwurf einer Entschließung des Parlaments, mit der der Richtlinienvorschlag der Kommission komplett abgelehnt und die Kommission gleichzeitig zur Vorlage eines neuen Vorschlages aufgefordert wurde[24]. Nachdem das Parlament gemäß Art. 144 Abs. 1 GO EP diesen Vorschlag abgelehnt und an den Ausschuss für Recht und Binnenmarkt zurückverwiesen hatte, legte dieser am 02.04.2004 einen zweiten Bericht vor, der einen geänderten Richtlinienvorschlag mit letztendlich über 150 Änderungen gegenüber dem ursprünglichen Vorschlag der Kommission enthielt[25].

Nach dieser heftigen Kritik und der strikten Zurückweisung durch das Europäische Parlament legte die Kommission am 28.10.2004 einen geänderten Richtlinienvorschlag vor, der die Vorschläge des Parlaments weitestgehend berücksichtigte, allerdings noch die Problematik der Sicherungsgeschäfte enthielt[26]. Am 07.10.2005 folgte dann ein komplett überarbeiteter Richtlinienvorschlag[27]. Der frühere Art. 9 des Richtlinienvorschlags 2002 mit dem ausdrücklich erwähnten Grundsatz der verantwortungsvollen Kreditvergabe wurde komplett gestrichen. Dafür enthielt

---

[23] Ausführlich hierzu sowie zum weiteren Ablauf des Gesetzgebungsverfahrens *Reifner,* KJ 2009, 132 (134), demzufolge *„die Richtlinie in einem einer Demokratie unwürdigen Verfahren zustande gekommen"* ist.

[24] Bericht des Ausschusses für Recht und Binnenmarkt des Europäischen Parlaments vom 23.09.2003 über den Vorschlag für eine Richtlinie des Europäischen Parlaments und des Rates zur Harmonisierung der Rechts- und Verwaltungsvorschriften der Mitgliedstaaten über den Kredit an Verbraucher, A5-0310/2003, abrufbar unter http://www.europarl.europa.eu/sides/getDoc.do?pubRef=-//EP//NONSGML+REPORT+A5-2003-0310+0+DOC+PDF+V0//DE, zuletzt abgerufen am 27.01.2013; *Hoffmann,* BKR 2004, 308 (309).

[25] Zweiter Bericht des Ausschusses für Recht und Binnenmarkt des Europäischen Parlaments vom 02.04.2004 über den Vorschlag für eine Richtlinie des Europäischen Parlaments und des Rates zur Harmonisierung der Rechts- und Verwaltungsvorschriften der Mitgliedstaaten über den Kredit an Verbraucher, A5-0224/2004; kritisch hierzu *Reifner,* BKR 2004, 85 (86 ff.).

[26] Geänderter Vorschlag für eine Richtlinie des Europäischen Parlaments und des Rates zur Harmonisierung der Rechts- und Verwaltungsvorschriften der Mitgliedstaaten über den Verbraucherkredit, zur Aufhebung der Richtlinie 87/102/EWG und zur Änderung der Richtlinie 93/13/EWG vom 28.10.2004, KOM (2004) 747; bei diesem geänderten Vorschlag handelte es sich allerdings noch nicht um eine konsolidierte Fassung, sodass die genaue Rechtslage praktisch nur schwer abzusehen war; *Hoffmann,* Reform der Verbraucherkreditrichtlinie, S. 169 f.; *Bülow,* in Bülow/Artz, Einf. Rn. 3.

[27] Geänderter Vorschlag für eine Richtlinie des Europäischen Parlaments und des Rates über Verbraucherkreditverträge und zur Änderung der Richtlinie 93/13/EWG des Rates vom 07.10.2005, KOM (2005) 483.

Art. 5 Abs. 1 des Richtlinienvorschlags 2005[28] nunmehr die Aussage, dass sich der Kreditgeber und ggf. der Kreditvermittler zum Grundsatz der verantwortungsvollen Kreditvergabe bekennen. Erstmals wurde in Art. 5 Abs. 1 Satz 2 außerdem die Verpflichtung des Kreditgebers erwähnt, die Kreditwürdigkeit des Verbrauchers zu prüfen. Diese Prüfung sollte anhand der vom Verbraucher erteilten Informationen sowie mit den dem Kreditinstitut zur Verfügung stehenden Datenbanken vollzogen werden[29].

In Art. 5 Abs. 2 fand sich weiterhin eine Liste von Informationen, die dem Verbraucher zwingend vor Abschluss des Vertrages auf Papier oder einem anderen dauerhaften Datenträger zur Verfügung zu stellen sind. Diese Aufzählung wurde gegenüber dem Entwurf von 2002 nur unwesentlich verändert. So wurden einige Angaben gestrichen, da im Anhörungsverfahren mehrfach Bedenken dahingehend geäußert worden waren, dass eine zu umfangreiche Information den Verbraucher verwirren könnte[30]. Auf der anderen Seite wurden einige Punkte in die Liste der vorvertraglich zu erteilenden Informationen neu aufgenommen, z. B. das Recht auf Unterrichtung über das Ergebnis einer Datenbank-Recherche und die Verpflichtung, einen mit dem Kreditvertrag zusammenhängenden Vertrag, insbesondere über eine Versicherung, abzuschließen, wenn der Abschluss eines solchen Vertrages Voraussetzung für die Gewährung des Kredits oder des vereinbarten Zinssatzes ist[31].

Gestrichen wurde außerdem Art. 6 Abs. 3 des Richtlinienvorschlags 2002, nach dem der Kreditgeber dazu verpflichtet sein sollte, aus der Palette der von ihm angebotenen Produkte für den Verbraucher den passenden Kredit auszusuchen. Vielmehr betont Art. 5 Abs. 5 des geänderten Richtlinienvorschlags nunmehr, dass der

---

[28] Da der alte Art. 5 des Richtlinienvorschlags 2002 mit dem Verbot der Aushandlung von Kredit- oder Sicherungsverträgen komplett gestrichen wurde, findet sich die Regelung zur vorvertraglichen Information des Verbrauchers im geänderten Richtlinienvorschlag nunmehr in Art. 5.

[29] Die Kommission geht dabei davon aus, dass den Kreditinstituten durch diese neue Prüfpflicht keine zusätzlichen Kosten entstehen, da die Kreditwürdigkeitsprüfung bereits in der Vergangenheit der „guten Bankpraxis" entsprochen habe, KOM (2005) 483, S. 6 unter Nr. 5.4.

[30] KOM (2005) 483, S. 6; nach Ansicht der Kommission sollen gegenüber dem ersten Richtlinienvorschlag einige Informationspflichten weggefallen sein; dies verwundert, da der Katalog an Informationen im zweiten Vorschlag eigentlich zugenommen hat; zwar ist die Vorschrift des Art. 6 Abs. 2 aus dem Richtlinienvorschlag 2002 gestrichen worden, nach welcher dem Verbraucher Auskunft über alles zu geben war, was er über den in Aussicht genommenen Vertrag wissen musste; aufgrund der Unbestimmtheit der Vorschrift lässt sich hieraus aber keine wirkliche Reduzierung der Informationspflichten ableiten, sodass die Informationspflichten im Vergleich zum ersten Richtlinienvorschlag sogar erweitert wurden; der Hinweis der Kommission auf eine mögliche Verwirrung der Verbrauchers durch zu viele Informationen ist daher nicht nachvollziehbar, *Hoffmann,* Die Reform der Verbraucherkreditrichtlinie, S. 209.

[31] Betroffen hiervon sind vor allem die so genannten Restschuldversicherungen; der erste Richtlinienentwurf aus dem Jahr 2002 enthielt zwar diesbezüglich noch keine explizite Auskunftspflicht; allerdings waren dort die Kosten einer mit dem Kreditvertrag abgeschlossenen Versicherung in die Gesamtkosten des Kredits und damit in die Berechnung des effektiven Jahreszinses einbezogen, über dessen Berechnung der Verbraucher vor Vertragsschluss zu informieren war; da diese Einbeziehung unabhängig vom zwingenden Charakter des Versicherungsvertrages zu erfolgen hatte, stellt die nun gewählte Regelung eine Verschlechterung für den Verbraucher im Vergleich zum ersten Richtlinienentwurf dar.

Verbraucher durch die gewährten Informationen in die Lage versetzt werden solle, selbst den passenden Kredit aus den Angeboten des Kreditgebers auszusuchen.

Eine vollständige Abkehr vom Grundsatz der verantwortungsvollen Kreditvergabe fand allerdings nicht statt. Vielmehr wurde dieser noch explizit in Art. 5 Abs. 1 des Vorschlags erwähnt. Außerdem fand sich in der Begründung des Richtlinienentwurfs die Aussage, dass die Kreditinstitute neben der Erteilung der vorvertraglichen Institutionen verpflichtet sein sollten, dem Verbraucher nicht nur die entsprechenden vorvertraglichen Informationen zu erteilen, sondern auch ihm die Vor- und Nachteile des jeweiligen Produkts persönlich zu erläutern[32]. Umgesetzt wurde diese Erläuterungspflicht in Art. 5 Abs. 5. Dieser verpflichtete die Kreditinstitute zur Erteilung angemessener Erläuterungen zum angebotenen Kreditvertrag. Beispielhaft wurde hierfür die Erläuterung der in Art. 5 Abs. 2 genannten vorvertraglichen Informationen und der mit dem Produkt verbundenen Vor- und Nachteile genannt.

Im Gegenzug stellte der neue Richtlinienentwurf aber auch klar, dass das Kreditinstitut durch die Beratungspflicht lediglich dazu verpflichtet werden sollte, den Verbraucher in die Lage zu versetzen, die Vor- und Nachteile eines Kredits abzuwägen. Die endgültige Verantwortung für die Entscheidung, einen Kreditvertrag abzuschließen, sollte aber stets beim Verbraucher verbleiben[33].

Für den Bereich der Werbung verwies der Richtlinienvorschlag ausdrücklich auf die Richtlinie über missbräuchliche Geschäftspraktiken[34]. Art. 4 Abs. 2 des Vorschlags enthielt lediglich eine kurze Aufzählung von Mindestinformationen, die als Standardinformationen in jeder Form von Werbung für Kreditprodukte enthalten sein müssen, bei denen Zinssätze oder sonstige auf die Kosten des Kredits bezogenen Angaben gemacht werden.

Nach der Veröffentlichung des überarbeiteten Richtlinienvorschlags verlagerte sich die Diskussion zunächst auf den Europäischen Rat. Der letzte Entwurf der Kommission wurde wiederholt überarbeitet und verschiedene Alternativmodelle wurden diskutiert[35]. Erst unter der deutschen Ratsherrschaft im Jahr 2007 gelang schließlich ein politischer Durchbruch in Form einer Einigung auf einen konkreten

---

[32] Siehe Beweggrund (20) des Richtlinienvorschlags 2005, KOM (2005) 483, S. 15; unter Ziff. 5.4 betont die Kommission außerdem ausdrücklich, dass an dieser Beratungspflicht entgegen den Wünschen aus Teilen des Bankensektors festgehalten wird.

[33] Ziff. 5.4 des Richtlinienvorschlags, KOM (2005) 483, S. 7; in den Beweggründen wird dabei wiederum explizit auf die Wünsche des Bankensektors sowie einiger Mitgliedstaaten hingewiesen; insoweit wurde allerdings diesen Wünschen entsprochen, da die Erläuterungspflicht zwar nicht gestrichen, die Verantwortung für die konkrete Entscheidung aber ausdrücklich dem Verbraucher auferlegt wird.

[34] Richtlinie 2005/29/EG des Europäischen Parlaments und des Rates vom 11.05.05 über unlautere Geschäftspraktiken im binnenmarktinternen Geschäftsverkehr zwischen Unternehmern und Verbrauchern, ABl. EG L 149/22.

[35] Siehe hierzu sowie dem weiteren Gang des Gesetzgebungsverfahrens *Siems,* EuZW 2008, 454 (454).

Richtlinientext. Im September 2007 wurde sodann ein gemeinsamer Standpunkt festgelegt und dem Europäischen Parlament mitgeteilt[36].

Dieser gemeinsame Standpunkt zählte die vorvertragliche Information des Verbrauchers nunmehr zu einem der fünf „Kernmodule" der Richtlinie. Als wichtigste Neuerung im Vergleich zu den vorangegangenen Vorschlägen wird man sicherlich die Einführung eines Standardformulars, in dem der Kreditgeber die zur Erfüllung seiner vorvertraglichen Informationen notwendigen Angaben macht, sehen können[37]. Festgehalten wurde außerdem an der bereits im zweiten Richtlinienvorschlag aus dem Jahr 2005 eingeführten Pflicht des Kreditinstituts zur Bewertung der Kreditwürdigkeit des Verbrauchers.

Der Grundsatz der verantwortungsvollen Kreditvergabe sollte nach dem ausdrücklichen Wortlaut des gemeinsamen Standpunkts dagegen aufgegeben werden. Nach Ansicht der Kommission war dies aber letztendlich akzeptabel, da der Kreditgeber ohnehin verpflichtet wurde, dem Verbraucher angemessene Erläuterungen zu erteilen, die ihm eine Beurteilung ermöglichen, ob der angebotenen Kredit seinen Bedürfnissen und seiner finanziellen Situation entspricht[38].

Die Liste der dem Verbraucher im Vorfeld des Vertragsschlusses zur Verfügung zu stellenden Informationen wurde durch den gemeinsamen Standpunkt noch einmal erweitert. Vor allem das Parlament hatte eine erheblich größere Menge an Informationen vorgesehen. Dagegen wurde eine Erweiterung der bestehenden Informationsliste durch die Kommission aus Angst vor einer „Überfrachtung" des Verbrauchers mit Informationen zunächst abgelehnt[39]. Da die zusätzlichen Informationen aber nur für spezielle Fälle Geltung beanspruchten und auch nur dann in das Standardformular aufzunehmen waren, wurde letztendlich auch hierzu die Zustimmung erteilt.

Als Alternative zu dem beschriebenen Formblatt hatte das Parlament vorgeschlagen, dem Kreditgeber die Möglichkeit zu geben, seinen vorvertraglichen Informationspflichten dadurch nachzukommen, dass er einen Entwurf des Kreditvertrages aushändigt, der alle notwendigen Informationen enthält. Dieser Vorschlag wurde vom Rat allerdings verworfen, da die Bedingungen eines Kreditvertrages für den Verbraucher regelmäßig schwer zu verstehen seien. Das zwingend vorgeschriebene

---

[36] Mitteilung der Europäischen Kommission an das Parlament über den gemeinsamen Standpunkt des Rates im Hinblick auf den Erlass einer Richtlinie des Europäischen Parlaments und des Rates über Verbraucherkreditverträge, KOM (2007) 546.

[37] Diese Änderung wurde durch den Rat neu in den Richtlinientext eingeführt; die Kommission befürwortete die Einführung eines Standardformulars „voll und ganz", da nach ihrer Auffassung *„das Formular den Verbrauchern den Vergleich von Angeboten und das Verständnis der vorvertraglichen Informationen erleichtern wird"*, KOM (2007) 546, S. 10.

[38] KOM (2007) 546, S. 5; diese Verpflichtung war bereits im 2. Richtlinienvorschlag enthalten, KOM (2005) 483, S. 28.

[39] KOM (2007) 546, S. 6; insoweit kommt der bereits angesprochene Gedanke eines „Information Overload" zum Tragen; siehe 2. Kap. II. 2.

Formular gewährleiste dagegen eine verständliche vorvertragliche Unterrichtung des Verbrauchers[40].

Hinsichtlich des Formerfordernisses war durch das Parlament die zwingende Schriftform für Verbraucherkreditverträge vorgeschlagen worden. Sowohl der Rat als auch die Kommission lehnten diesen Vorschlag allerdings ab, da die Richtlinie gerade auch der Schaffung eines echten Binnenmarktes für Verbraucherkredite dienen solle und ein Schriftformerfordernis dem hierfür notwendigen Vertragsabschluss im Fernabsatz entgegenstehe[41]. Den Mitgliedstaaten wurde allerdings die Möglichkeit eingeräumt, in diesem Bereich abweichende Regelungen zu treffen[42].

Nachdem einige der vom Parlament gemachten Vorschläge durch den Rat und die Kommission abgelehnt worden waren, stieß der gemeinsame Standpunkt dort zunächst auf Ablehnung[43]. Aus diesem Grund stand zwischenzeitlich sogar ein Scheitern der Richtlinie im Raum. Letztendlich legten die liberale und die sozialdemokratische Fraktion des Parlaments Anfang 2008 aber einen neuen Kompromissentwurf vor, der auch im Parlament die Zustimmung der Mehrheit fand[44].

Drei Monate später am 23.04.2008 wurde die Richtlinie schließlich im Rat beschlossen und am 22.05.2008 im Amtsblatt der EG veröffentlicht[45]. Art. 27 Abs. 1 RL gewährt den Mitgliedstaaten für die Umsetzung der gemeinschaftsrechtlichen Vorgaben eine Frist bis zum 12.05.2010.

II. Das Informationskonzept der Richtlinie 2008/48/EG

1. Erwägungsgründe

Zu den vorrangigen Zielen der Verbraucherkreditrichtlinie zählt neben der Anpassung der gesetzlichen Regelungen an das im Laufe der Jahre veränderte Verbraucherverhalten vor allem die Schaffung eines funktionierenden Binnenmarktes für

---

[40] KOM (2007) 546, S. 8.

[41] KOM (2007) 546, a. a. O.

[42] Siehe hierzu und zur Bedeutung der E-Commerce-Richtlinie in diesem Zusammenhang *Artz,* in: Bülow/Artz, Verbraucherkreditrecht, § 492 Rn. 44f.

[43] *Siems,* EuZW 2008, 454 (454).

[44] Legislative Entschließung des Europäischen Parlaments vom 16.01.2008 zu dem gemeinsamen Standpunkt des Rates im Hinblick auf den Erlass der Richtlinie des Europäischen Parlaments und des Rates über Verbraucherkreditverträge und zur Aufhebung der Richtlinie 87/102/EWG des Rates, ABl. EG C 041 E, S. 106; *Siems,* a. a. O.; *Wendehorst,* ZEuP 2011, 262 [264] spricht aufgrund der langwierigen Auseinandersetzungen zwischen Rat, Kommission und Parlament von einem *„politischen Kompromiss par excellence, bei dem die legistische Qualität mitunter gelitten hat".*

[45] Richtlinie 2008/48/EG des Europäischen Parlaments und des Rates vom 23.04.2008 über Verbraucherkreditverträge und zur Aufhebung der Richtlinie 87/102/EWG, ABl. EG L 133/66.

Verbraucherkredite[46]. Hiermit einhergehend wird die Bedeutung eines ausreichenden Verbraucherschutzniveaus betont[47].

Um dieses Ziel eines hohen Schutzniveaus für Verbraucher zu erreichen, setzt der europäische Gesetzgeber vor allem auf das bereits beschriebene Informationsmodell. Die vor Abschluss des Vertrages gewährten Informationen sollen den Verbraucher in die Lage versetzen, „in voller Sachkenntnis entscheiden" zu können[48]. Besondere Bedeutung kommt in diesem Zusammenhang wiederum der Angabe des effektiven Jahreszinses zu, der dem Verbraucher anhand eines repräsentativen Beispiels zu verdeutlichen ist[49]. Inwieweit den erteilten vorvertraglichen Informationen Bindungswirkung zukommt und wie lange die Kreditinstitute an diese gebunden sein sollen, wird allerdings der Regelung durch die einzelnen Mitgliedstaaten überlassen[50].

Wie bereits in dem gemeinsamen Standpunkt von Rat und Kommission klargestellt wird an dem zunächst vorgesehenen Grundsatz der verantwortungsvollen Kreditvergabe nicht mehr festgehalten. Während nach dem ersten Richtlinienentwurf der Kreditgeber noch verpflichtet war, den für den Verbraucher jeweils günstigsten und zweckmäßigsten Kredit auszuwählen und zu prüfen, ob der Verbraucher in der Lage sein wird, den vertraglichen Verpflichtungen nachzukommen[51], soll die neue Verbraucherkreditrichtlinie die Mitgliedstaaten lediglich dazu verpflichten, *„geeignete Maßnahmen zur Förderung verantwortungsvoller Verfahren in allen Phasen der Kreditvergabe"* zu ergreifen[52]. Die Richtlinie nennt in diesem Zusammenhang zum einen die Unterrichtung und Aufklärung des Verbrauchers, durch die verhindert

---

[46] Erwägungsgrund (7) der RL 2008/48/EG; hiermit wird auch das in der Richtlinie verwirklichte Konzept der Maximalharmonisierung begründet; gleichzeitig soll hierdurch ein hoher und vergleichbarer Schutzmaßstab für Verbraucherinteressen gewährleistet werden, Erwägungsgrund (9) der RL; kritisch hierzu *Derleder,* NJW 2009, 3195 (3198), der es als unschlüssig ansieht, optimalen Verbraucherschutz gerade durch den Ausschluss des Wettbewerbs der Mitgliedstaaten um ein höheres Schutzniveau zu erreichen; ebenso kritisch *Reifner,* FS G. Mayer, 159 (178); *Knops,* in: Habersack/Mülbert/Nobbe/Wittig, Bankrechtstag 2009, 195 (230) ist der Ansicht, dass die EU im Bereich des Verbraucherkredits überhaupt keine Befugnis für eine maximal harmonisierende Richtlinie hat; dem zustimmend *Nobbe,* WM 2011, 625; ausführlich zum Harmonisierungskonzept der neuen Verbraucherkreditrichtlinie *Riehm/Schreindorfer,* GPR 2008, 244 (245).

[47] Erwägungsgrund (8) der RL.

[48] Erwägungsgrund (18) der RL; für den Bereich der Werbung wird wiederum auf die Richtlinie 2005/29/EG vom 11.05.2005 über unlautere Geschäftspraktiken im binnenmarktinternen Geschäftsverkehr zwischen Unternehmern und Verbrauchern verwiesen; allerdings soll auch in diesem Bereich durch die Verwendung einer Liste von Standardinformationen dem Verbraucher die Möglichkeit gewährt werden, verschiedene Angebote zu vergleichen, siehe hierzu *Rott,* WM 2008, 1104 (1107).

[49] Erwägungsgrund (18) der RL; zur herausgehobenen Bedeutung des effektiven Jahreszinses in der Verbraucherkreditrichtlinie 87/102/EWG oben 3. Kap. I. 2.; zu der Frage, ob der effektive Jahreszins eine effektive Information darstellt *Rink,* VuR 2011, 12.

[50] Erwägungsgrund (25) der RL.

[51] Art. 6 Abs. 3 und Art. 9 des Richtlinienvorschlags 2002, KOM (2002) 443, S. 42 und 44.

[52] Erwägungsgrund (26) der RL.

werden soll, dass Kreditgeber verantwortungslos in der Kreditvergabe tätig werden. Zum anderen nimmt sie Bezug auf die neu geschaffene Pflicht zur Bewertung der Kreditwürdigkeit[53]. Einer hieraus möglicherweise abzuleitenden Verschiebung der Verantwortungssphären steht allerdings der ausdrückliche Hinweis entgegen, dass die Verbraucher unabhängig von den statuierten Sorgfaltspflichten mit Umsicht vorgehen und ihre vertraglichen Verpflichtungen erfüllen sollen[54].

Auch nach Auffassung des Richtliniengebers kann die vorvertragliche Information allein allerdings noch keinen hinreichenden Schutz des Verbrauchers gewährleisten. Aus diesem Grund sollen die Kreditgeber ferner verpflichtet sein, dem Verbraucher die Hauptmerkmale des angebotenen Produkts angemessen zu erläutern[55]. Hier betont der Richtlinientext aber wiederum die Letztverantwortlichkeit des Verbrauchers, d. h. dieser muss anhand der ihm erteilten Erläuterungen die Auswirkungen auf seine persönliche Situation abschätzen.

2. Ausgestaltung der einzelnen Vorschriften

a) Werbung

Im Bereich der Werbung verfolgt der europäische Gesetzgeber einen Ansatz, der bereits in der ersten Verbraucherkreditrichtlinie enthalten war. Dieses Konzept beinhaltet einen verstärkten Schutz des Verbrauchers, wenn in der Werbung Angaben über Zinssätze oder sonstige auf die Kosten des Kredits bezogene Zahlen enthalten sind[56]. Art. 4 Abs. 1 RL schreibt die Aufnahme eines Katalogs von Standardinformationen vor, sobald in der Werbung für einen Kreditvertrag Zinssätze oder sonstige auf die Kosten eines Kredits für den Verbraucher bezogenen Zahlen genannt werden[57].

Zu den aufzunehmenden Standardinformationen gehören nach Art. 4 Abs. 2 lit. a) bis f) RL der Sollzinssatz, der Gesamtkreditbetrag, der effektive Jahreszins, die Laufzeit des Kreditvertrages, bei Krediten in Form eines Zahlungsaufschubs der

---

[53] *Wittig/Wittig,* ZInsO 2009, 633 gehen aufgrund dieser Erwägungen davon aus, dass der Richtliniengeber an dem Grundgedanken der verantwortungsvollen Kreditvergabe festgehalten hat; a. A. wohl *Schürnbrand,* ZBB 2008, 383 (388), der zwar ebenfalls auf Erwägungsgrund (26) und die darin enthaltene „Förderung verantwortungsvoller Verfahren" hinweist, dabei allerdings festhält, dass diese „nur" die Pflicht zur Prüfung der Kreditwürdigkeit und zur Erläuterung der Merkmale und Auswirkungen des Vertrags erfasst.

[54] Wobei dieser Hinweis auf die eigene Sorgfalt der Verbraucher bereits in den ersten beiden Richtlinienentwürfen enthalten war, KOM (2002) 443, S. 17 und KOM (2005) 483, S. 15.

[55] Diese Erläuterung kann wiederum durch eine Erklärung des Katalogs für vorvertragliche Informationen erfolgen, Erwägungsgrund (27) der RL.

[56] *Rott,* WM 2008, 1104 (1107); *Artz,* in Bülow/Artz, Verbraucherkreditrecht, § 491a Rn. 53.

[57] Art. 3 RL 87/102/EWG verpflichtete den Kreditgeber in diesen Fällen jedenfalls zur Angabe des effektiven Jahreszinses und ggf. von repräsentativen Beispielen hierzu.

Barzahlungspreis sowie die etwaigen Anzahlungen und ggf. der vom Verbraucher zu zahlenden Gesamtbetrag. Diese Informationen müssen unter Zuhilfenahme eines repräsentativen Beispiels mitgeteilt werden. Gemäß Erwägungsgrund (19) der Richtlinie soll dieses Beispiel einen typischen Kreditvertrag mit durchschnittlicher Laufzeit und üblichem Gesamtbetrag, der entsprechend häufig geschlossen wird, wiedergeben[58].

Sofern Voraussetzung für den Abschluss eines Kreditvertrages der Abschluss eines Vertrages über eine Nebenleistung – insbesondere eines Restschuldversicherungsvertrages – ist, soll hierauf bereits in der Werbung an optisch hervorgehobener Stelle zusammen mit dem effektiven Jahreszins hingewiesen werden (Art. 4 Abs. 3 RL). Enthält die Werbung dagegen keine Zahlenangaben in der in Art. 4 Abs. 1 RL genannten Form, verweist Art. 4 Abs. 4 RL lediglich auf die Richtlinie über unlautere Geschäftspraktiken[59]. Verzichtet der Kreditgeber daher insgesamt auf die Angabe von Zahlenmaterial, muss sich seine Werbung lediglich an den Vorgaben des Lauterkeitsrechts messen lassen[60].

Detaillierte Vorgaben für die Form der zu erteilenden Informationen enthält die Richtlinie nicht. In Art. 4 Abs. 2 heißt es lediglich, diese sollen *„in klarer, prägnanter und auffallender Art und Weise"* erteilt werden. Erwägungsgrund (18) der Richtlinie ergänzt dies insoweit, als eine Mitteilung *„an optisch hervorgehobener Stelle"* gefordert wird. Für Verstöße gegen die Pflicht zur Erteilung von Standardinformationen in der Werbung muss daher auf Art. 23 RL zurückgegriffen werden, der die Festlegung von Sanktionen den Mitgliedstaaten überlässt und lediglich vorschreibt, dass diese wirksam, verhältnismäßig und abschreckend sein müssen.

---

[58] *Rott,* WM 2008, 1104 (1108); hierdurch will der Gesetzgeber verhindern, dass der Kreditgeber einen besonders günstigen Vertragszins herausstellt, der allerdings nur wenigen Kunden angeboten wird, *Schürnbrand,* ZBB 2008, 383 (386); *Nobbe,* WM 2011, 625 (626) weist hierzu auf Lockvogelangebote von Teilzahlungsbanken hin, die zwar sehr niedrige Zinssätze beinhalten, letztendlich aber kaum einem Verbraucher zugänglich sind; siehe zur Problematik der Lockvogelangebote *Ady/ Paetz,* WM 2009, 1061 (1067); eine feste Quote wird aber anders als z. B. im englischen Recht durch die Richtlinie nicht verlangt; ebenso wurde die zunächst vorgesehene Pflicht verworfen, die aufgezählten Informationen auch in genau der vorgegebenen Reihenfolge erteilen zu müssen, *Rott,* WM 2008, 1104 (1108).

[59] Richtlinie 2005/29/EG des Europäischen Parlaments und des Rates über unlautere Geschäftspraktiken im binnenmarktinternen Geschäftsverkehr zwischen Unternehmern und Verbrauchern, ABl. EG L 149/22; *Rott,* WM 2008, 1104 (1108) weist in diesem Zusammenhang zutreffend auf einen Widerspruch zu Erwägungsgrund (18) der Richtlinie hin, wonach den Mitgliedstaaten bei Werbung, die keine Informationen über die Kosten des Kredits enthält, die innerstaatliche Umsetzung freigestellt bleibt, obwohl die Richtlinie über unlautere Geschäftspraktiken durch ihr Vollharmonisierungskonzept ein autonomes Konzept der Unlauterkeit eingeführt hat; der erste Richtlinienvorschlag enthielt dagegen noch die Verpflichtung, den effektiven Jahreszins sowie weitere Kennzahlen auch dann anzugeben, wenn die Werbung keine Angaben zu Kreditkosten enthält, Art. 4 ds Richtlinienvorschlags 2002, KOM (2002) 443, S. 41; *Hoffmann,* Reform der Verbraucherkreditrichtlinie, S. 199.

[60] *Schürnbrand,* ZBB 2008, 383 (386).

b) Vorvertragliche Informationserteilung mit Hilfe des Formulars „Europäische Standardinformationen für Verbraucher“

Zentrale Norm für die neu geschaffenen vorvertraglichen Informationspflichten ist Art. 5 RL. Nach Art. 5 Abs. 1 Satz 1 RL hat der Kreditgeber oder Kreditvermittler dem Verbraucher rechtzeitig, bevor dieser durch einen Kreditvertrag oder ein Angebot gebunden ist, die Informationen zu erteilen, die der Verbraucher benötigt, um verschiedenen Angebote zu vergleichen und eine fundierte Entscheidung darüber zu treffen, ob er einen Vertrag schließen will. In Ihrer Struktur ähnelt die Vorschrift damit Art. 3 der Richtlinie über den Fernabsatz von Finanzdienstleistungen[61].

Um diesen Informationspflichten nachzukommen, soll sich der Kreditgeber nach Art. 5 Abs. 1 Satz 2 RL des im Anhang zur Richtlinie befindlichen Formulars „Europäische Standardinformationen für Verbraucherkredite“ bedienen. Die Mitteilung soll entweder auf Papier oder einem anderen dauerhaften Datenträger erfolgen. Verwendet der Kreditgeber das Standardformular, so gelten seine Informationspflichten nach Art. 5 Abs. 1 Satz 3 RL sowohl nach Art. 5 Abs. 1 Satz 1 RL als auch nach Art. 3 Abs. 1 und 2 der Richtlinie über den Fernabsatz von Finanzdienstleistungen als erfüllt. Durch die Verwendung des Standardformulars soll einerseits die Übersichtlichkeit und Transparenz zugunsten der Verbraucher gefördert werden. Andererseits wird durch Art. 5 Abs. 1 Satz 3 RL Rechtssicherheit für die Kreditinstitute geschaffen, da sich diese durch die Vorlage des Standardformulars vor eventuellen Schadensersatzansprüchen schützen können[62]. Durch den Verweis auf die Richtlinie 2002/65/EG wird außerdem den dort formulierten Informationspflichten Rechnung getragen, da bei einem Vertragsschluss im Internet beide Richtlinien ansonsten nebeneinander zur Anwendung kommen könnten[63].

Offen bleibt, was der Richtliniengeber unter einer „rechtzeitigen“ Informationserteilung versteht, d. h. wann die Informationen im konkreten Fall zu erteilen sind. Dies ergibt sich weder aus der Vorschrift selbst noch aus den Erwägungsgründen zur Richtlinie. Daher stellt sich die Frage, ob auch eine Informationserteilung in unmittelbarer zeitlicher Nähe zum Vertragsschluss noch „rechtzeitig“ im Sinne des Art. 5 Abs. 1 Satz 1 RL ist[64].

---

[61] Richtlinie 2002/65/EG des Europäischen Parlaments und des Rates vom 23.09.2002 über den Fernabsatz von Finanzdienstleistungen an Verbraucher, ABl. EG L 271/16; *Rott,* WM 2008, 1104 (1108).

[62] *Rott,* a. a. O.

[63] *Rott,* WM 2008, 1104 (1108).

[64] *Siems,* EuZW 2008, 454 (456); die englische Fassung verwendet hierfür den Begriff *„in good time“*; gegen eine Informationserteilung unmittelbar vor Vertragsabschluss spricht Erwägungsgrund (19) der Richtlinie, der davon ausgeht, dass der Verbraucher die Informationen *„mitnehmen und prüfen kann“*, siehe hierzu *Wittig/Wittig,* ZInsO 2009, 633 (636), die dem Darlehensnehmer die Möglichkeit geben wollen, die Informationen räumlich getrennt vom Kreditgeber zu prüfen, gleichzeitig aber davon ausgehen, dass ein Vertragsabschluss am selben Tag möglich ist, an dem der Verbraucher die Information erhalten hat; siehe zu dieser Problematik unten 7. Kap. I. 4.

Art. 5 Abs. 1 Satz 4 RL enthält sodann eine Liste von bis zu 19 verschiedenen Punkten, die dem Verbraucher vorvertraglich mitgeteilt werden müssen[65]. Neben allgemeinen Angaben zur Art des Kredites stehen die Kreditkosten für den Verbraucher im Vordergrund. Eine herausgehobene Stellung kommt auch hier der Mitteilung des effektiven Jahreszinses nach Art. 5 Abs. 1 Satz 4 lit. g) RL zu[66]. Dabei soll der effektive Jahreszins wiederum anhand eines repräsentativen Beispiels unter Angabe sämtlicher in die Berechnung des Jahreszinsen einfließenden Annahmen erläutert werden. Die Information ist allerdings nicht losgelöst von den individuellen Wünschen des Verbrauchers zu gewähren. Hat dieser dem Kreditgeber seine Wünsche in Bezug auf eines oder mehrere Elemente seines Kredits mitgeteilt, z. B. in Bezug auf die Laufzeit des Vertrages oder den Gesamtkreditbetrag, muss der Kreditgeber diese berücksichtigen. Eine neue Formel für die Berechnung des effektiven Jahreszinses wird durch Art. 19 RL und den Anhang I der Richtlinie festgelegt.

Hinsichtlich der Kreditkosten enthält die Aufzählung „klassische" Merkmale wie den Gesamtkreditbetrag, den Sollzinssatz sowie den Betrag, die Anzahl und die Periodizität der vom Verbraucher zu leistenden Zahlungen. Darüber hinaus müssen allerdings auch die Kosten angegeben werden, die im Zusammenhang mit der Führung eines oder mehrerer Konten für die Buchung der Zahlungsvorgänge entstehen (Art. 5 Abs. 1 Satz 4 lit. i) RL). Fallen zusätzlich Notargebühren an, muss hierauf gemäß Art. 5 Abs. 1 Satz 4 lit. j) RL ebenfalls hingewiesen werden. Eine Hinweispflicht trifft den Kreditgeber außerdem im Zusammenhang mit der neu vorgeschriebenen Kreditwürdigkeitsprüfung. Lehnt dieser den Abschluss eines Darlehensvertrages aufgrund der vorgeschriebenen Datenbankabfrage ab, ist der Verbraucher hierüber unverzüglich und unentgeltlich zu unterrichten. Auf diesen Informationsanspruch muss das Kreditinstitut nach Art. 5 Abs. 1 Satz 4 lit. q) RL vorvertraglich hinweisen. Der hiermit verbundene Transparenzgewinn dürfte allerdings gering sein, da der Verbraucher nur über das Ergebnis der Datenbankabfrage und nicht über die jeweiligen Grundlagen der Abfrage informiert werden muss[67]. Ebenso bestehen Hinweispflichten bezüglich der ggf. vom Kreditgeber verlangten Sicherheiten, des Bestehens oder Nichtbestehens eines Widerrufsrechts und des Rechts des Verbrauchers auf vorzeitige Rückzahlung der Darlehenssumme und der damit möglicherweise verbundenen Vorfälligkeitsentschädigung[68].

Eine Besonderheit ergibt sich für Informationen zu mit dem Kreditvertrag zusammenhängenden Verträgen. Hierunter fallen insbesondere die so genannten Restschuldversicherungen. Unter einer Restschuldversicherung versteht man eine neben dem Kreditvertrag abzuschließende Lebensversicherung, mit deren Hilfe der jeweils noch offene Kreditrest im Falle des Ablebens oder der Arbeitsunfähigkeit

---

[65] *Schürnbrand,* ZBB 2008, 383 (385) spricht wegen dieses Umfangs an Informationspflichten von dem Motto *„Viel hilft viel"*.

[66] Siehe zu der Frage, ob die Angabe des effektiven Jahreszinses eines effektive Information darstellt *Rink,* VUR 2011, 12.

[67] *Rott,* WM 2008, 1104 (1109); *Metz,* VuR 2007, 361 (362).

[68] Siehe zur Neuregelung des Rückzahlungsrechts des Verbrauchers sowie der Vorfälligkeitsentschädigung durch die RL 2008/48/EG *Freitag,* ZIP 2008, 1102.

des Kreditnehmers getilgt wird[69]. Ein Hinweis auf den Abschluss einer solchen Restschuldversicherung hat nach Art. 5 Abs. 1 Satz 4 lit. k) RL nur dann zu erfolgen, wenn der Abschluss eines solchen Vertrages Voraussetzung dafür ist, dass der Kredit überhaupt oder nach den vorgesehenen Bedingungen gewährt wird[70].

Im ersten Richtlinienvorschlag waren die Kosten einer Restschuldversicherung, die teilweise zu erheblichen Steigerungen der Gesamtbelastung der Darlehensnehmer führen[71], noch ausdrücklich im Katalog der Informationspflichten des Kreditinstituts enthalten[72]. Begründet wurde dies mit den möglichen Abgrenzungsproblemen hinsichtlich des „zwingenden Charakters" einer Restschuldversicherung und der Problematik, im Einzelfall nachzuweisen, dass der Verbraucher tatsächlich keine Möglichkeit hatte, einen vergleichbaren Kredit ohne Abschluss der Kosten erhöhenden Versicherung zu erhalten[73]. Bei der Berechnung der Gesamtkosten des Kredits sollten daher auch Versicherungsprämien berücksichtigt werden, die im Zusammenhang mit dem Abschluss eines Kreditvertrages anfallen, unabhängig

---

[69] *Schwintowski,* Bankrecht, § 12 Rn. 93; *Artz,* in: Bülow/Artz, Verbraucherkreditrecht, § 492 Rn. 127.

[70] Die gleiche Regelung findet sich in Art. 5 Abs. 1 Satz 4 lit. g) RL für die Angabe des effektiven Jahreszinses. Neben diesem ist auch der „vom Verbraucher zu zahlende Gesamtbetrag" anzugeben; der „vom Verbraucher zu zahlende Gesamtbetrag" beinhaltet nach Art. 3 lit. h) RL die Summe des Gesamtkreditbetrags und der Gesamtkosten des Kredits für den Verbraucher; zu den Gesamtkosten des Kredits für den Verbraucher zählen nach Art. 3 lit. g) RL Kosten für Nebenleistungen im Zusammenhang mit dem Kreditvertrag, insbesondere Versicherungsprämien, nur dann, wenn der Abschluss des Vertrags eine zusätzliche zwingenden Voraussetzung dafür ist, dass der Kredit überhaupt oder nach den vorgesehenen Vertragsbedingungen gewährt wird; dementsprechend wird eine Restschuldversicherung auch nur unter diesen Voraussetzungen bei der Berechnung des effektiven Jahreszinses nach Art. 19 Abs. 2 RL berücksichtigt.

[71] Ausführlich hierzu *Reifner,* WM 2008, 2329; *ders.,* BKR 2009, 51 (55); *Derleder,* VuR 2007, 241 weist in diesem Zusammenhang darauf hin, dass einige Kreditinstitute mittlerweile die vom BGH festgelegt Sittenwidrigkeitsgrenze von 12%-Punkten über dem marktüblichen Effektivzinssatz fast bis zur Grenze ausgereizt haben und nunmehr dazu übergehen, die außerhalb dieser Vergleichsrechnung liegenden Versicherungsprämien immer mehr zu erhöhen und an diesem Geschäft über erhebliche Kick-back-Provisionen zu partizipieren.

[72] Art. 6 Abs. 2 lit. a) des Richtlinienvorschlags 2002 nennt hinsichtlich der Auskunftspflicht des Kreditgebers zwar nur „verlangte" Versicherungen; nach Art. 6 Abs. 2 lit. h) des Vorschlags umfasste die Auskunftspflicht allerdings auch den effektiven Jahreszins und den Kreditgeber-Gesamtzins; diese mussten durch ein effektives Beispiel und unter Angabe aller finanziellen Daten und Angaben, die bei der Berechnung zugrunde gelegt wurden, erläutert werden; für die Berechnung des effektiven Jahreszinses waren zwar ebenfalls die Gesamtkosten des Kredits für den Verbraucher maßgebend; nach Art. 12 Abs. 2 Satz 3 waren allerdings ausdrücklich mit Versicherungsprämien zusammenhängende Kosten in die Berechnung der Gesamtkosten des Kredits einzubeziehen, wenn die Versicherung beim Abschluss des Kreditvertrags abgeschlossen wird; die Auskunftspflicht nach Art. 6 des Richtlinienvorschlags nannte damit zwar nicht ausdrücklich den Hinweis auf den Abschluss der Restschuldversicherung; durch die Einbeziehung in den effektiven Jahreszins und die Pflicht, diesen anhand aller Kosten bildenden Faktoren zu erläutern, musste letztendlich aber auch auf eine eventuelle Restschuldversicherung hingewiesen werden.

[73] KOM (2002) 443, S. 20.

davon, ob der Verbraucher diese Versicherung beim Abschluss des Kreditvertrages freiwillig abgeschlossen hat[74].

Diese Regelung wurde allerdings bereits im zweiten Richtlinienvorschlag aus dem Jahr 2005 nicht mehr beibehalten. Zwar umfasste der verlängerte Katalog an vorvertraglich zu gewährenden Informationen nach Art. 5 Abs. 2 lit. h) des Richtlinienvorschlags auch die Restschuldversicherung. Wie in Art. 5 Abs. 2 lit. k) RL sollte dieser Hinweis allerdings nur geschuldet sein, wenn der Abschluss der Versicherung Voraussetzung für die Gewährung eines entsprechenden Darlehens ist[75]. Eine genaue Begründung zu dieser „Kehrtwende" findet sich weder im Richtlinienentwurf aus dem Jahr 2005 noch in der Richtlinie 2008/48/EG. Letztendlich dürfte diese aber vor allem auf den Einfluss des Bankensektors zurückzuführen sein, der mit dem Abschluss von Restschuldversicherungen nicht nur die Möglichkeit eines Kreditausfalls absichern will, sondern durch die hiermit oftmals verbundenen Provisionszahlungen zusätzlich seine Krediteinnahmen erhöht[76].

Sofern das Kreditinstitut weitere Informationen erteilen will, die über den Katalog des Art. 5 Abs. 1 Satz 4 RL hinausgehen, muss es dies nach Art. 5 Abs. 1 Satz 5 RL in einem gesonderten Dokument tun, das dem Formular „Europäische Standardinformationen für Verbraucherkredite" beigefügt werden kann.

Sonderregelungen finden sich in Art. 5 Abs. 2 und 3 RL für den Bereich der fernmündlichen Kommunikation, z. B. den Vertragsschluss über das Internet. In der nach Art. 3 Abs. 3 lit. b) erforderlichen Beschreibung der Hauptmerkmale der Finanzdienstleistung müssen lediglich Angaben zum Gesamtkreditbetrag und zu den Bedingungen für die Inanspruchnahme, zur Laufzeit des Kreditvertrages, bei Zahlungsaufschub oder verbundenen Verträgen ggf. zur Ware oder Dienstleistung und deren Barzahlungspreis, zum Sollzinssatz sowie zu den Bedingungen für dessen Anwendung und zu dem Betrag, der Anzahl und der Periodizität der vom Verbraucher zu leistenden Zahlungen gemacht werden. Außerdem muss neben dem vom Verbraucher zu zahlenden Gesamtbetrag auch der effektive Jahreszins genannt und anhand eines repräsentativen Beispiels erläutert werden. Abweichend von der nach Art. 5 Abs. 1 Satz 1 RL vorgesehenen Unterrichtung, die rechtzeitig, bevor der Verbraucher an den Vertrag gebunden ist, erfolgen soll, lässt es Art. 5 Abs. 3 RL in den Fällen der fernmündlichen Kommunikation genügen, wenn dem Verbraucher unmittelbar nach Abschluss des Kreditvertrages die vollständigen vorvertraglichen Informationen mittels des Standardformulars übermittelt werden.

---

[74] Erwägungsgrund (19) des Richtlinienvorschlags 2002, KOM (2002) 443, S. 36; aufgrund der Verpflichtung, den effektiven Jahreszins anhand aller Kosten bildenden Faktoren zu erläutern, war damit auch eine Restschuldversicherung von den Hinweispflichten nach Art. 6 Nr. 2 des Vorschlags umfasst.

[75] Damit einhergehend sollten auch die mit einer Restschuldversicherung verbundenen Kosten nur bei zwingender Vorgabe durch das Kreditinstitut Einfluss in die Berechnung des effektiven Jahreszinses finden, Art. 18 Abs. 2 Satz 1 i. V. mit Art. 3 lit. f) des Richtlinienvorschlags 2005 sowie Erwägungsgrund (28) des Vorschlags, KOM (2005) 483, S. 17.

[76] Siehe zu diesen „Zusatzeinnahmen" der Kreditinstitute *Derleder,* VuR 2007, 241; kritisch zu der gewählten eingeschränkten Informationspflicht in Bezug auf die Restschuldversicherung *Rott,* WM 2008, 1104 (1108); eine vergleichbare Regelung findet sich für den Bereich der Werbung in Art. 4 Abs. 3 RL; kritisch hierzu *Rösler/Werner,* BKR 2009, 1 (2).

Voraussetzung hierfür ist, dass der Vertrag auf Ersuchen des Verbrauchers mit Hilfe eines Fernkommunikationsmittels geschlossen wurde, welches die Erteilung der Information rechtzeitig vor Vertragsschluss nicht gestattet. Die Möglichkeit einer Unterrichtung nach Vertragsschluss dürfte gerade dann bedeutsam sein, wenn der Darlehensnehmer besonders schnell über das Geld verfügen möchte[77].

Art. 5 Abs. 4 RL normiert den Anspruch des Verbrauchers auf unentgeltliche Aushändigung einer Kopie des Kreditvertragsentwurfs. Der Anspruch ist allerdings durch die Bereitschaft des Kreditgebers zum Abschluss des Kreditvertrages bedingt.

Die Richtlinie enthält keine Vorgaben zu der Frage, inwieweit die Kreditinstitute an die von ihnen vorvertraglich erteilten Informationen gebunden sind und – falls man eine solche Bindung bejahen sollte – wie lange diese gewährt wird, d. h. wie lange ein Kreditinstitut an den im Vorfeld eines Vertrages erteilten Informationen festgehalten werden kann. Die Regelung dieser Fragen bleibt daher den einzelnen Mitgliedstaaten überlassen[78].

c) Die Erläuterungspflicht nach Art. 5 Abs. 6 RL

Zusätzlich zu den vorvertraglichen Informationspflichten des Art. 5 Abs. 1 RL hat der europäische Gesetzgeber in Art. 5 Abs. 6 RL eine neuartige Erläuterungspflicht geschaffen. Danach ist der Kreditgeber verpflichtet, dem Verbraucher angemessene Erläuterungen zu geben, damit dieser in die Lage versetzt wird, zu beurteilen, ob der Vertrag seinen Bedürfnissen und seiner finanziellen Situation gerecht wird. Hierfür kann insbesondere auf eine Erklärung der in Art. 5 Abs. 1 RL aufgezählten vorvertraglich zu erteilenden Informationen zurückgegriffen werden. Durch die Erläuterung soll der Verbraucher in die Lage versetzt werden, einzuschätzen, welche Auswirkungen der Abschluss des Kreditvertrages auf seine wirtschaftliche Situation hat[79]. Zusätzlich zu den angesprochenen vorvertraglichen Informationen muss daher eine Erläuterung der möglichen spezifischen Auswirkungen der Produkte auf den Verbraucher, insbesondere für den Fall des Zahlungsverzuges, erfolgen[80].

Die Regelung stellt im Ergebnis das Überbleibsel des in den ersten beiden Richtlinienvorschlägen noch enthaltenen Grundsatzes der verantwortungsvollen Kreditvergabe dar[81]. Während Art. 5 Nr. 1 des Richtlinienvorschlags 2005 noch ausdrücklich

---

[77] *Artz,* in: Bülow/Artz, Verbraucherkreditrecht, § 491a Rn. 41.

[78] Erwägungsgrund (25) der RL; siehe hierzu unten 7. Kap. I. 1. c) aa).

[79] Erwägungsgrund (27) der RL.

[80] *Rott,* WM 2008, 1104 (1109).

[81] *Schürnbrand,* in: Habersack/Mülbert/Nobbe/Wittig (Hrsg.), Bankrechtstag 2009, 173 (180) spricht insoweit von einer *„im politischen Einigungsprozess gefundenen Kompromissformel, in der sich sowohl die Anhänger des Prinzips der verantwortungsvollen Kreditvergabe als diejenigen wiederfinden können sollten, die vom Leitbild eines mündigen Kreditnehmers ausgehen"*; *ders.,* ZBB 2008, 383 (389); *Rott,* WM 2008, 1104 (1109); *Ady/Paetz,* WM 2009, 1061 (1065); *Knops,* in: Habersack/Mülbert/Nobbe/Wittig (Hrsg.), Bankrechtstag 2009, 194 (222) spricht von einem *„Minimalkompromiss"*; siehe allgemein zum Grundsatz der verantwortungsvollen Kreditvergabe *Stauder,* FS G. Mayer, S. 193; *Reifner,* Liber amicorum Bernd Stauder, S. 383.

das Bekenntnis des Kreditgebers zum Grundsatz der verantwortungsvollen Kreditvergabe enthielt, findet sich in der Richtlinie 2008/48/EG in Erwägungsgrund (26) lediglich die Aussage, dass die Mitgliedstaaten unter Berücksichtigung der besonderen Merkmale des Kreditmarkts in ihrem Land geeignete Maßnahmen zur Förderung verantwortungsvoller Verfahren in allen Phasen der Kreditvergabe ergreifen sollen.

Nachdem der erste Richtlinienvorschlag noch eine Verpflichtung des Kreditgebers vorsah, aus der Palette der von ihm angebotenen Produkte denjenigen Kredittyp und Gesamtkreditbetrag auszuwählen, der sich in Anbetracht der finanziellen Situation des Verbrauchers sowie der Vor- und Nachteile des vorgeschlagenen Produkts und des Zwecks, dem der Kredit dient, am besten für den Verbraucher eignet[82], schuldet er nun – neben der nach Art. 8 Abs. 1 vorgesehenen Kreditwürdigkeitsprüfung[83] – lediglich „angemessene Erläuterungen" zu den angebotenen Produkten und den möglichen Auswirkungen auf den Verbraucher. Was genau hierunter zu verstehen ist, gibt die Richtlinie nicht vor[84]. Die Erläuterung der vorvertraglich erteilten Informationen sowie der Hauptmerkmale der angebotenen Produkte soll nach Art. 5 Abs. 6 Satz 1 RL sowie Erwägungsgrund (27) der RL nur „gegebenenfalls" erfolgen. Nach Art. 5 Abs. 6 Satz 2 RL wird es außerdem den Mitgliedstaaten überlassen, die Art und Weise der Erläuterungsmaßnahmen sowie deren Umfang und die Frage, durch wen sie zu geben sind, den besonderen Umständen der Situation, in der der Kreditvertrag angeboten wird, und der Art des angebotenen Kredits anzupassen.

Art. 5 Abs. 6 Satz 1 RL sowie Erwägungsgrund (27) geben letztendlich lediglich das mit der Erläuterungspflicht angestrebte Ziel vor: der Verbraucher soll in die Lage versetzt werden, selbst zu entscheiden, ob der angebotenen Vertrag seinen Bedürfnissen und seiner finanziellen Situation entspricht[85]. Hieraus kann man lediglich ableiten, dass im Gegensatz zum ersten Richtlinienentwurf 2002 die Verantwortung für die Kreditaufnahme und -auswahl nicht mehr dem Kreditgeber zugewiesen, sondern lediglich dem Verbraucher eine eigenverantwortliche Entscheidung ermöglicht werden soll[86].

Rein semantisch wird man die „Erläuterung" zwischen dem „Beraten" und der „Informationserteilung" ansiedeln können, d. h. sie ist mehr als eine bloße Informationserteilung, aber ein Weniger im Vergleich zur Beratung[87]. Die englische

[82] Art. 6 Abs. 3 des Richtlinienvorschlags 2002, KOM (2002) 443, S. 42.

[83] Siehe hierzu *Herresthal,* WM 2009, 1174 (1176); *Schürnbrand,* in: Habersack/Mülbert/Nobbe/Wittig (Hrsg.), Bankrechtstag 2009, 173 (183); *ders.* ZBB 2008, 383 (388); *Ady/Paetz,* WM 2009, 1061 (1067); *Knops,* in: Habersack/Mülbert/Nobbe/Wittig (Hrsg.), Bankrechtstag 2009, 194 (222).

[84] *Herresthal,* a. a. O., S. 1179; *Schürnbrand,* in: Habersack/Mülbert/Nobbe/Wittig (Hrsg.), Bankrechtstag 2009, 173 (180); *Siems,* EuZW 2008, 454 (457).

[85] *Rott,* WM 2008, 1104 (1109).

[86] *Schürnbrand,* in: Habersack/Mülbert/Nobbe/Wittig (Hrsg.), Bankrechtstag 2009, 173 (180); *Hofmann,* in: Grundmann (Hrsg.), Perspektiven des europäischen Schuldvertragsrechts, 71 (97).

[87] *Ady/Paetz,* WM 2009, 1061 (1066); *Knops,* in: Habersack/Mülbert/Nobbe/Wittig (Hrsg.), Bankrechtstag 2009, 194 (224).

Fassung verwendet für das Geben einer angemessenen Erläuterung die Formulierung *„... provide adequate explanations to the consumer...“*. Die französische Fassung spricht dagegen von *„fournissent au consommateur des explications adequates...“*. Vergleichbar hierzu heißt es in der spanischen Fassung *„los intermediarios de crédito faciliten al consumidor las explicaciones adecuadas“*.

Die Begriffe *„explanations“*, *„explications“* sowie *„explcaciones“* werden im deutschen jeweils mit Erklärung oder Erläuterung übersetzt. Die jeweiligen Fassungen stellen damit allesamt auf eine Form des Verständlichmachens oder Erklärens ab[88].

d) Sonderregelungen

Art. 6 RL sieht für bestimmte Kreditformen erleichterte Anforderungen an die Informationspflicht vor. Durch diese Beschränkung soll vor allem eine unverhältnismäßige Belastung der Kreditinstitute vermieden werden[89]. Hierunter fallen insbesondere Überziehungskredite. Für sie ist in Art. 6 Abs. 1 RL nicht nur ein verkürzter Katalog an vorvertraglich zu erteilenden Informationen vorgesehen. Den Mitgliedstaaten wird außerdem nach Art. 6 Abs. 2 RL die Möglichkeit eingeräumt, bei diesen Kreditformen auf die Angabe des effektiven Jahreszinses zu verzichten. Diese Ausnahme war im ersten Richtlinienvorschlag 2002 noch nicht enthalten[90]. Erst auf Betreiben des Bankensektors sowie aufgrund von Vorschlägen des Europäischen Parlaments wurden im zweiten Richtlinienvorschlag 2005 reduzierte Informationspflichten für den Bereich der Überziehungskredite geschaffen[91].

Neben den Überziehungskrediten gelten die vereinfachten Informationspflichten auch für Kredite bestimmter Wohlfahrtsorganisationen sowie Kreditverträge, die für den Fall, dass der Verbraucher seinen Verpflichtungen aus dem ursprünglichen Kreditvertrag nicht nachgekommen ist, vorsehen, dass Kreditgeber und Verbraucher Vereinbarungen über Stundungs- und Rückzahlungsmodalitäten treffen (Art. 2 Abs. 5 und 6 RL).

Durch Art. 7 RL werden Warenlieferanten oder Dienstleistungserbringer, die nur in untergeordneter Form als Kreditvermittler beteiligt sind, ausdrücklich von den Informationspflichten nach Art. 5 und 6 RL ausgenommen. Hiervon unberührt bleibt nach Art. 7 Satz 2 RL die Verpflichtung des Kreditgebers, dem Verbraucher die in diesen Artikeln genannten vorvertraglichen Informationen mitzuteilen.

---

[88] *Metz,* NJW 2012, 1990 (1991).

[89] Erwägungsgrund (23) der RL.

[90] In den Anlagen zum Richtlinienvorschlag 2002 wird vielmehr auf die Bedeutung des Überziehungskredits in der heutigen Zeit hingewiesen; danach verfügen über 30 % der Verbraucher über einen Überziehungskredit auf einem laufenden Konto als Fazilität, Folgenabschätzungsbogen zu den Auswirkungen des Richtlinienvorschlags auf die Unternehmen unter besonderer Berücksichtigung der kleinen und mittleren Unternehmen, KOM (2002) 443, S. 88.

[91] KOM (2005) 483, S. 6.

e) Die Verpflichtung zur Bewertung der Kreditwürdigkeit des Verbrauchers

Der Vollständigkeit halber soll hier kurz auf die neu geschaffene Pflicht zur Bewertung der Kreditwürdigkeit des Verbrauchers nach Art. 8 RL eingegangen werden[92]. Die Information gegenüber dem Verbraucher kommt hierbei nur nachrangig zum Tragen. Im Vordergrund steht die Verpflichtung des Kreditgebers, die Kreditwürdigkeit des Verbrauchers anhand von Informationen, die er entweder von diesem oder aus Datenbanken erhält, zu bewerten. Eine Informationspflicht gegenüber dem Verbraucher ergibt sich in Zusammenhang mit der durchzuführenden Datenbankabfrage, da der Verbraucher nach Art. 9 Abs. 2 RL bei Ablehnung des Kreditantrags unverzüglich und unentgeltlich über das Ergebnis der Abfrage und die Angaben aus der Datenbank zu unterrichten ist. Auf dieses Recht muss der Verbraucher nach Art. 5 Abs. 1 Satz 4 lit. q) RL bereits vorvertraglich hingewiesen werden.

Bei der nach Art. 8 RL vorgeschriebenen Kreditwürdigkeitsprüfung handelt es sich – zusammen mit der Erläuterungspflicht des Art. 5 Abs. 6 RL – um eines der Überbleibsel des im ersten Richtlinienentwurf 2002 vorgesehenen Grundsatzes der verantwortungsvollen Kreditvergabe[93]. In Erwägungsgrund (26) der Richtlinie wird die Verpflichtung des Kreditgebers, in jedem Einzelfall die Bewertung der Kreditwürdigkeit des Verbrauchers zu prüfen, dementsprechend auch im Zusammenhang mit der Förderung verantwortungsvoller Verfahren in allen Phasen der Kreditvergabe genannt.

Nach Art. 8 Abs. 1 Satz 1 RL soll die Kreditwürdigkeitsprüfung anhand der vom Verbraucher erhaltenen Informationen erfolgen. Zudem soll der Kreditgeber auf Datenbanken zurückgreifen, deren Zugriff in Art. 9 RL geregelt ist. Nach Art. 9 Abs. 1 Satz 2 RL ist der Zugang ohne Diskriminierung zu gewährleisten. Pläne zur Schaffung zentraler Datenbanken auf nationaler Ebene wurden dagegen im Laufe des Gesetzgebungsverfahrens aufgegeben[94].

---

[92] Ausführlich hierzu *Hoffmann,* Die Reform der Verbraucherkreditrichtlinie, S. 205; *Hofmann,* NJW 2010, 1782; *Rott/Terryn/Twigg-Flesner,* VuR 2011, 163; *Herresthal,* WM 2009, 1174 (1176); *Schürnbrand,* in: Habersack/Mülbert/Nobbe/Wittig (Hrsg.), Bankrechtstag 2009, 173 (183); *Rösler/Werner,* BKR 2009, 1 (3); *Wittig/Wittig,* ZInsO 2009, 633 (639).

[93] *Schürnbrand,* ZBB 2008, 383 (388); *Knops,* in: Habersack/Mülbert/Nobbe/Wittig (Hrsg.), Bankrechtstag 2009, 195 (219) weist in diesem Zusammenhang zutreffend darauf hin, dass nach Ansicht der Kommission der Grundsatz der verantwortungsvollen Kreditvergabe im ersten Richtlinienentwurf 2002 vor allem die Verpflichtung beinhaltete, die zentralen Datenbanken abzufragen und die Angaben des Verbrauchers zu prüfen; diese Vorgehensweise dürfte aber gerade beim Verbraucherkredit schon in der Vergangenheit der üblichen Bankenpraxis entsprochen haben, *Knops,* a. a. O., S. 220; zur Bedeutung des Begriffs der „verantwortungsvollen Kreditvergabe" nach Ansicht der Kommission KOM (2002) 443 S. 16; auch im geänderten Richtlinienvorschlag 2005 wurde die Kreditwürdigkeitsprüfung in unmittelbarem Zusammenhang mit dem weiterhin erwähnten Grundsatz der verantwortungsvollen Kreditvergabe erwähnt, Art. 5 Abs. 1 Satz 2 des Richtlinienvorschlags 2005, KOM (2005) 483, S. 26.

[94] *Rott/Terryn/Twigg-Flesner,* VuR 2011, 163; siehe hierzu Art. 8 des Richtlinienvorschlags 2002; nach Ansicht der Kommission wäre die Verpflichtung zur Einrichtung zentraler Datenbanken allerdings über das Ziel der Richtlinie hinausgegangen, weshalb die Vorschrift bereits im zweiten Richtlinienentwurf komplett gestrichen wurde, KOM (2005) 483, S. 7; *Rott,* WM 2008, 1104

Durch Art. 8 RL wird den Mitgliedstaaten die Verpflichtung aufgegeben, eine Rechtspflicht der Kreditinstitute zur Bewertung der Kreditwürdigkeit des Verbrauchers vor Abschluss des Vertrages zu schaffen. Die Ausgestaltung als Rechtspflicht und nicht lediglich als bloße Obliegenheit des Kreditinstituts ergibt sich aus der Überschrift des Art. 8 sowie systematisch aus der Stellung in Kap. II der Richtlinie, das die Überschrift „Informationspflichten und vorvertragliche Pflichten" trägt[95]. Art. 8 Abs. 2 RL schreibt vor, dass die Kreditwürdigkeitsprüfung zudem vor jeder deutlichen Erhöhung des Gesamtkreditbetrages durchzuführen ist.

In der Literatur ist allerdings stark umstritten, welche Rechte sich aus dieser Prüfungspflicht für den Verbraucher ergeben können und ob Art. 8 RL auch Schutzwirkung zu dessen Gunsten entfaltet[96]. Angaben hierzu macht enthält die Richtlinie nicht. Art. 23 RL überlässt es vielmehr den Mitgliedstaaten, entsprechende Sanktionen festzulegen und schreibt lediglich vor, dass diese wirksam, verhältnismäßig und abschreckend sein müssen[97]. Die Richtlinie lässt es daher offen, die Pflicht zur Kreditwürdigkeitsprüfung entweder im Zivilrecht oder im öffentlichen Aufsichtsrecht zu statuieren[98]. Inwieweit sich dagegen aus ihr ein individual-rechtlicher Anspruch des Verbrauchers für den Fall einer Verletzung dieser Prüfungspflicht ergibt und ob der deutsche Gesetzgeber durch die Regelung in § 18 Abs. 2 KWG und § 509

(1109) weist in diesem Zusammenhang darauf hin, dass der Nutzen dieser Datenbankabfragen selbstverständlich von den zur Verfügung stehenden Datenbanken abhängt und dass sog. Positivregister, die alle Kreditverbindlichkeiten des Schuldners erfassen, nützlicher sein dürften als bloße Negativregister wie z. B. das der Schufa.

[95] *Herresthal,* WM 2009, 1174 (1176); *Knops,* in: Habersack/Mülbert/Nobbe/Wittig (Hrsg.), Bankrechtstag 2009, 195 (222).

[96] Siehe hierzu sowie der Umsetzung in das deutsche Recht durch § 18 Abs. 2 KWG *Hofmann,* NJW 2010, 1782 (1783); *Derleder,* NJW 2009, 3195 (3199); *Herresthal,* WM 2009, 1174 (1176); *Rott/Terryn/Twigg-Flesner,* VuR 2011, 163; *Knops,* in: Habersack/Mülbert/Nobbe/Wittig (Hrsg.), Bankrechtstag 2009, 195 (222); *Schürnbrand,* in: Habersack/Mülbert/Nobbe/Wittig (Hrsg.), Bankrechtstag 2009, 173 (182); *ders.,* ZBB 2008, 383 (388); *Ady/Paetz,* WM 2009, 1061 (1067); *Rott,* WM 2008, 1104 (1109); *ders.,* in: Micklitz/Reich/Rott (Hrsg.), Understanding EU Consumer Law; Chapter 5, Nr. 5.16; *Wittig/Wittig,* ZInsO 2009, 633 (639); *Rösler/Werner,* BKR 2009, 1 (3); *Nobbe,* WM 2011, 625 (629); *Artz,* in: Bülow/Artz, Verbraucherkreditrecht, § 509 Rn. 6; *Rühl,* DStR 2009, 2256 (2261); *Frings,* NWB 2010, 1608 (1612); *Reinking,* DAR 2010, 252 (253 und 255).

[97] Im ersten Richtlinienvorschlag 2002 wurden als mögliche Sanktionen für einen Verstoß gegen den Grundsatz verantwortungsvoller Kreditvergabe dagegen noch ein Untergang des Anspruchs des Kreditgebers auf Zahlung von Zinsen und Kosten oder das Fortbestehen des Rechts des Verbrauchers auf Ratenzahlung des Gesamtkreditbetrags genannt, Art. 31 Satz 3 des Richtlinienvorschlags 2002, KOM (2002) 443, S. 61; *Herresthal,* WM 2009, 1174 (1176) zieht aus der Streichung dieser Sanktionen den Umkehrschluss, dass der Verbraucher gerade keinen individual-rechtlichen Anspruch aus der Kreditwürdigkeitsprüfung ableiten kann.

[98] *Schürnbrand,* in: Habersack/Mülbert/Nobbe/Wittig (Hrsg.), Bankrechtstag 2009, 173 (183) unter Hinweis auf den differenzierten Ansatz des deutschen Gesetzgebers durch die Regelung in § 18 Abs. 2 KWG und in § 509 BGB; *Herresthal,* WM 2009, 1174 (1176); a. A. *Rott,* in: Micklitz/Reich/Rott (Hrsg.), Understanding EU Consumer Law, Chapter 5, Nr. 5.17.

BGB diesen Vorgaben nachgekommen ist, soll an dieser Stelle nicht beantwortet werden[99].

3. Informationserteilung im Kreditvertrag

a) Änderungen im Hinblick auf das Schriftformerfordernis

Hinsichtlich der Form des Kreditvertrags enthält die Richtlinie eine weitere Neuerung gegenüber der Richtlinie 87/102/EWG. Nach Art. 10 Abs. 1 RL können Kreditverträge nunmehr auf Papier oder auf einem anderen dauerhaften Datenträger erstellt werden. Art. 4 Abs. 1 Satz 1 RL 87/102/EWG hatte noch die Schriftform als zwingend vorgegeben. Nach Art. 10 Abs. 1 Satz 3 RL sollen zwar innerstaatliche Vorschriften über die Gültigkeit des Abschlusses von Kreditverträgen, die mit dem Gemeinschaftsrecht in Einklang stehen, unberührt bleiben. Die Vorschrift dürfte sich allerdings auf Erwägungsgrund (30) der RL beziehen, wonach die Richtlinie keine Aspekte des Vertragsrechts regelt, die die Wirksamkeit von Kreditverträgen betreffen[100].

Wegen des Hinweises in Art. 10 Abs. 1 Satz 3 und Erwägungsgrund (30) der Richtlinie auf die Vereinbarkeit mit dem Gemeinschaftsrechts und den gleichzeitigen Verzicht auf das Schriftformerfordernis in Art. 10 Abs. 1 Satz 1 RL erhält nunmehr die Richtlinie über den elektronischen Geschäftsverkehr[101] Bedeutung[102]. Diese verpflichtet in Art. 9 Abs. 1 die Mitgliedstaaten, einerseits den Abschluss von Verträgen auf elektronischem Wege zu ermöglichen und andererseits in ihren für den Vertragsabschluss geltenden Rechtsvorschriften Hindernisse für die Verwendung elektronischer Verträge auszuschließen. Ebenso muss ausgeschlossen werden, dass diese Verträge aufgrund des Umstandes des elektronischen Zustandekommens keine rechtliche Wirksamkeit oder Gültigkeit haben. Nach Art. 1 Abs. 3 RL 2000/31/EG können zwar Ausnahmen im Bereich des Verbraucherschutzes getroffen werden[103]. Da die neue Verbraucherkreditrichtlinie aber nunmehr kein

---

[99] Siehe hierzu unten 7. Kap. II. 5. sowie *Hofmann*, NJW 2010, 1782 und *Rott/Terryn/Twigg-Flesner*, VuR 2011, 163 mit jeweils unterschiedlichen Ergebnissen und zahlreichen weiteren Nachweisen.

[100] *Rott*, WM 2008, 1104 (1110).

[101] Richtlinie 2000/31/EG des Europäischen Parlaments und des Rates vom 08.06.2000 über bestimmte rechtliche Aspekte der Dienste der Informationsgesellschaft, insbesondere des elektronischen Geschäftsverkehrs im Binnenmarkt („Richtlinie über den elektronischen Geschäftsverkehr“), ABl. EG L 178/1.

[102] *Artz*, in: Bülow/Artz, Verbraucherkreditrecht, § 492 Rn. 44.

[103] Siehe auch Erwägungsgrund (11) der RL 2000/31/EG, wonach die Richtlinie das durch Gemeinschaftsrechtsakte eingeführte Schutzniveau unberührt lässt.

Schriftformerfordernis enthält, greift diese Ausnahme nicht, sodass auch für Verbraucherkreditverträge der Vertragsschluss in elektronischer Form zuzulassen ist[104].

Art. 10 Abs. 1 Satz 2 RL schreibt das Recht auf Aushändigung einer Kopie des Kreditvertrages fest. Dadurch wird die frühere Regelung des Art. 4 Abs. 1 Satz 2 RL 87/102/EWG übernommen und dahingehend erweitert, dass nunmehr alle Vertragsparteien einen Anspruch auf Aushändigung einer Ausfertigung haben.

b) Umfang der Informationspflicht im Kreditvertrag

Während in der alten Richtlinie 87/102/EWG die Vorschriften über die im Kreditvertrag notwendig zu erteilenden Informationen zentrale Normen für die Gewährleistung des Verbraucherschutzes waren, haben diese in der neuen Richtlinie durch die Einführung der vorvertraglichen Informationspflichten und der Erläuterungspflicht an Bedeutung verloren[105]. Ungeachtet dessen enthält Art. 10 RL einen umfangreichen Katalog an Informationen, die im Kreditvertrag zwingend enthalten sein müssen. Erwägungsgrund (31) der Richtlinie führt hierzu aus, dass alle notwendigen Informationen, die sich für den Verbraucher aus dem Kreditvertrag ergeben, in klarer und prägnanter Form im Kreditvertrag enthalten sein sollen, damit dieser die Möglichkeit zur ausreichenden Kenntnisnahme hat.

Die in Art. 10 Abs. 2 RL aufgezählten Informationen decken sich zum großen Teil mit dem Katalog an vorvertraglich zu erteilenden Informationen. Der Darlehensvertrag muss nach Art. 10 Abs. 2 lit. i) RL zusätzlich einen Hinweis auf das Recht des Verbrauchers enthalten, auf Antrag kostenlos und zu jedem beliebigen Zeitpunkt während der Gesamtlaufzeit einen Tilgungsplan zu erhalten. Ein solcher Tilgungsplan wurde in der Vergangenheit bereits in der Literatur gefordert[106]. Der erste Richtlinienvorschlag sah diesbezüglich noch eine zwingende Angabe des Tilgungsplans im Kreditvertrag selbst vor[107]. Im Laufe des Gesetzgebungsverfahrens wurde die Vorschrift auf Betreiben des Parlaments allerdings dahingehend geändert, dass der Tilgungsplan nunmehr nicht automatisch im Kreditvertrag, sondern nur auf Wunsch des Schuldners zu erteilen ist[108].

In Erweiterung der vorvertraglichen Informationspflichten soll der Kreditvertrag nicht nur Angaben über das Widerrufsrecht, sondern nach Art. 10 Abs. 2 lit. q) RL auch Informationen über dessen Ausübung bei verbundenen Verträgen enthalten. Außerdem müssen nach Art. 10 Abs. 2 lit. s) RL Angaben zu den einzuhaltenden Modalitäten bei der Ausübung des Kündigungsrechts gemacht werden. Gemäß

---

104 *Artz,* in: Bülow/Artz, Verbraucherkreditrecht, § 492 Rn. 45; *Rott,* WM 2008, 1104 (1110); *Schürnbrand,* ZBB 2008, 383 (387).

105 *Rott,* a. a. O.

106 *Reifner,* VuR 2004, 11 (14) fordert, dass alle Kreditinformationen ihren zentralen Punkt in einer Rückzahlungstabelle haben sollten.

107 Art. 10 Abs. 2 lit. c) des Richtlinienvorschlags 2002, KOM (2002) 443 S. 44.

108 *Rott,* WM 2008, 1104 (1110).

Art. 10 Abs. 2 lit. t) RL soll der Verbraucher ferner informiert werden, ob ihm für Rechtsstreitigkeiten ein außergerichtliches Beschwerde- oder Rechtsbehelfsverfahren offensteht und welche Voraussetzungen hierfür zu erfüllen sind.

Art. 10 Abs. 3 RL regelt die bereits angesprochene Pflicht des Kreditgebers, auf Antrag des Verbrauchers diesem unentgeltlich einen Tilgungsplan zur Verfügung zu stellen. Art. 10 Abs. 5 gibt für Überziehungskredite einen vereinfachten Informationskatalog vor.

4. Informationen im laufenden Vertragsverhältnis

Neben den vorvertraglichen und vertraglichen Informationspflichten normiert die Richtlinie in Art. 11 eine weitere Ebene der Informationsvermittlung: die Informationspflicht des Kreditinstituts während des laufenden Vertragsverhältnisses[109]. Vor einer Veränderung des Sollzinssatzes soll der Verbraucher hierüber schriftlich oder auf elektronischem Wege informiert werden. Dabei muss der Betrag der nach dem Wirksamwerden des neuen Sollzinssatzes zu leistenden Zahlungen angegeben werden[110].

Nach Erwägungsgrund (32) der RL soll die Vorschrift zur Gewährleistung einer umfassenden Transparenz beitragen. Art. 11 Abs. 1 Satz 1 RL schreibt ausdrücklich fest, dass die Information vor einer wirksamen Änderung des Sollzinssatzes zu erfolgen hat. Dementsprechend kann eine wirksame Veränderung des Sollzinssatzes lediglich vorgenommen werden, wenn der Verbraucher hierüber vorher ausreichend informiert wurde[111].

Besondere Regeln für die Informationserteilung während des laufenden Vertragsverhältnisses bei Überziehungskrediten enthält Art. 12 RL[112].

---

[109] *Schürnbrand,* in: Habersack/Mülbert/Nobbe/Wittig (Hrsg.), Bankrechtstag 2009, 173 (177) spricht in diesem Zusammenhang von insgesamt vier Ebenen der Informationsversorgung (Werbung, vorvertragliche Information, vertragliche Information, Information während des laufenden Vertragsverhältnisses).

[110] Der Verbraucher wird demzufolge lediglich über die veränderte Zahllast informiert; in Art. 14 Abs. 4 Satz 2 des Richtlinienvorschlags 2002 war dagegen noch vorgesehen, dass der Verbraucher zusätzlich über den neuen effektiven Jahreszins und den Kreditgeber-Gesamtzins informiert wird sowie ggf. einen veränderten Tilgungsplan erhält, KOM (2002) 443, S. 49; im Richtlinienvorschlag 2005 wurde diese Verpflichtung dann zunächst soweit abgeschwächt, dass der Verbraucher lediglich bei „erheblichen" Veränderungen des Sollzinssatzes und nur unmittelbar im Anschluss an diese Änderung zu informieren war; die vorherige Information war daher gerade kein Wirksamkeitserfordernis für die Änderung, Art. 10 Satz 2 des Vorschlags, KOM (2005) 483, S. 35.

[111] *Schürnbrand,* ZBB 2008, 383 (388), auch mit weiteren Ausführungen zu den bereits bestehenden Informationspflichten im deutschen Recht durch das Risikobegrenzungsgesetz.

[112] Für Überziehungskredite sah bereits Art. 6 Abs. 2 der Richtlinie 87/102/EWG eine Informationspflicht während des laufenden Vertragsverhältnisses vor; danach war der Verbraucher während der Laufzeit des Vertrages über jede Änderung des Jahreszinses und der in Rechnung gestellten Kosten zu informieren.

III. Ausblick

Im Jahr 2009 wurde die Verbraucherkreditrichtlinie noch einmal in einzelnen Punkten berichtigt[113]. Die vorvertraglichen Informationspflichten waren hiervon allerdings nicht betroffen[114].

Für die Zukunft hat die Kommission bereits weitere Maßnahmen zur Förderung der verantwortungsvollen Kreditvergabe angekündigt. In ihren Mitteilungen für die Frühjahrstagung des Europäischen Rates aus dem Jahr 2009 hat sie einen Vorschlag für ein neues Reformprogramm zur Schaffung verantwortungsvoller und verlässlicher Finanzmärkte angekündigt[115]. Zu den Zielen dieses Programms zählt nach der Kommission u. a., dass europäische Anleger, Verbraucher und kleine und mittlere Unternehmen im Hinblick auf ihre Ersparnisse, ihren Zugang zu Darlehen und ihre Rechte beim Umgang mit Finanzprodukten Vertrauen hegen können. Erreicht werden soll dies durch weitere Maßnahmen für verantwortungsvolles Kreditgebaren[116]. Im Zusammenhang mit dieser Mitteilung zu den „Impulsen für den Aufschwung in Europa“ hat sie in einer Pressemitteilung vom 15.06.2009 noch einmal die Bedeutung einer verantwortungsvollen Kreditvergabe betont[117]. Hierzu zählt unter anderem, dass nur solche Finanzprodukte angeboten werden, die den Bedürfnissen des Verbrauchers entsprechen und die auf seine Rückzahlungsmöglichkeiten zugeschnitten sind. Zu diesem Zweck soll u. a. eine öffentliche Anhörung zum Thema verantwortungsvolle Kreditvergabe und -aufnahme stattfinden[118].

In jüngster Zeit wurde der Grundsatz der verantwortungsvollen Kreditvergabe insbesondere im Vorschlag für eine Richtlinie über Wohnimmobilienkreditverträge thematisiert[119]. Die Richtlinie soll vor allem Kreditverträge betreffen, die zum Zweck des Immobilienerwerbs aufgenommen wurden und durch eine Hypothek

---

[113] Berichtigung vom 11.08.2009 der Richtlinie 2008/48/EG des Europäischen Parlaments und des Rates vom 23.04.2008 über Verbraucherkreditverträge und zur Aufhebung der Richtlinie 87/102/EWG des Rates, ABl. EG L 207, S. 14.

[114] Lediglich bei den vertraglichen Informationspflichten erfolgte eine Änderung des Art. 10 Abs. 2 lit. g); neben dem effektiven Jahreszins ist dort anstatt der Gesamtkosten des Kredits für den Verbraucher nunmehr der vom Verbraucher zu zahlende Gesamtbetrag anzugeben.

[115] Mitteilung vom 04.03.2009 für die Frühjahrstagung des Europäischen Rates – Impulse für den Aufschwung in Europa, KOM (2009) 114, S. 7.

[116] KOM (2009) 114, S. 9; siehe hierzu auch *Knops*, in: Habersack/Mülbert/Nobbe/Wittig (Hrsg.), Bankrechtstag 2009, 195 (225).

[117] Pressemitteilung vom 15.06.2009, IP/09/922, abrufbar unter http://europa.eu/rapid/press-release_IP-09-922_de.htm, zuletzt abgerufen am 26.01.2013; *Knops*, in: Habersack/Mülbert/Nobbe/Wittig (Hrsg.), Bankrechtstag 2009, 195 (225).

[118] Die Ergebnisse der Anhörung vom 10.09.2009 sowie der Konsultation vom 30.11.2009 sind teilweise unter http://ec.europa.eu/internal_market/finservices-retail/credit/responsible_lending_de.htm abrufbar, zuletzt abgerufen am 26.01.2013.

[119] Vorschlag für eine Richtlinie des Europäischen Parlaments und des Rates über Wohnimmobilienkreditverträge vom 31.03.2011, KOM (2011) 142.

oder eine vergleichbare Sicherheit gesichert sind[120]. Die Begründung des Richtlinienvorschlags verweist ausdrücklich auf die durchgeführte öffentliche Konsultation zum Thema verantwortungsvolle Kreditvergabe[121]. Nach Ansicht der Kommission haben die von ihr eingeholten Informationen bestätigt, dass gute Gründe für EU-Maßnahmen auf dem Gebiet der verantwortungsvollen Kreditvergabe und -aufnahme bestehen[122].

Umgesetzt werden diese Bestrebungen wiederum durch einen Katalog an vorvertraglichen Informationen, der allerdings kürzer gestaltet ist als in der Verbraucherkreditrichtlinie. Wie dort soll ein Standardformular für Verbraucherinformationen eingesetzt werden. Zudem sieht Art. 9 Abs. 2 des Richtlinienvorschlags vor, dass der Kreditgeber dem Verbraucher auf dessen Angaben hin unverzüglich individuell zugeschnittene Informationen erteilt, die dieser benötigt, um Kreditangebote auf dem Markt zu vergleichen, ihre jeweiligen Auswirkungen zu prüfen und eine informierte Entscheidung über den Abschluss des Kreditvertrages zu treffen. Weiterhin wurde im Vergleich zur Verbraucherkreditrichtlinie die Erläuterungspflicht wesentlich konkreter gefasst. Gemäß Art. 11 des Richtlinienvorschlags sollen die Kreditgeber nunmehr sorgfältig und unter Einsatz aller erforderlichen Mittel bewerten, über welche Kenntnisse und Erfahrungen der Verbraucher verfügt, um beurteilen zu können, inwieweit auf dessen Seite Erklärungsbedarf besteht und um die gegebenen Erläuterungen diesem Bedarf besser anzupassen.

In Art. 15 des Richtlinienvorschlags wird außerdem eine ausdrückliche Offenlegungspflicht des Verbrauchers normiert, d. h. dieser wird verpflichtet, dem Kreditgeber im Zuge des Kreditantragsverfahrens vollständige und korrekte Auskünfte über seine finanzielle und persönliche Situation zu erteilen. Nach Ansicht der Kommission soll hierdurch die Pflicht zur verantwortungsvollen Kreditaufnahme eingeführt werden[123]. Ein eigenständiges Kapitel behandelt ferner die Beratung für Wohnimmobilienkredite. Dabei wird in Art. 17 Abs. 1 des Vorschlags zunächst klargestellt, dass unter einer „Beratung" stets eine von der Kreditgewährung getrennte Dienstleistung zu verstehen ist. Gemäß Art. 17 Abs. 2 müssen die Kreditgeber im Falle einer Beratung nicht nur alle erforderlichen Informationen beim Verbraucher einholen, sondern auch eine ausreichende Zahl von am Markt zur Verfügung stehenden Kreditverträgen in Betracht ziehen, um hiermit dem Verbraucher den für ihn am besten geeigneten Kreditvertrag empfehlen zu können. Eine Pflicht zur Beratung des Verbrauchers soll hierdurch aber ausdrücklich nicht eingeführt werden[124].

---

[120] Siehe Art. 2 Abs. 1 lit. a) des Richtlinienvorschlags; diese Kredite sind vom Anwendungsbereich der Verbraucherkreditrichtlinie ausgenommen, Art. 2 Abs. 2 lit. a) RL.

[121] KOM (2011) 142, S. 6.

[122] KOM (2011) 142, S. 7; wobei durch die Bankwirtschaft ein Eingreifen der EU als nicht notwendig abgetan wurde, da eine unverantwortliche Kreditvergabe in Europa nicht in gleichem Umfang existiere wie in den USA, KOM (2011) 142, S. 6.

[123] Einzelerläuterung zu Art. 15 des Richtlinienvorschlags, KOM (2011) 142, S. 12.

[124] Einzelerläuterung zu Art. 17 des Richtlinienvorschlags, KOM (2011) 142, S. 12; gleichzeitig soll gewährleistet werden, dass im Falle einer Beratung für den Kreditnehmer deutlich wird, dass eine Beratung erfolgt.

Vor allem der zuletzt dargestellte Vorschlag für eine Richtlinie über Wohnimmobilienkredite zeigt, dass die Kommission im Kreditrecht weiterhin auf das Informationsmodell setzt. Damit einhergehend wird der Grundsatz der verantwortungsvollen Kreditvergabe weiter ausgebaut, nicht allerdings ohne dabei ausdrücklich auch die Eigenverantwortlichkeit des Verbrauchers zu betonen. Die Tendenz scheint daher eher zu einer leichten Abnahme der Informationspflichten und einer stärkeren Verantwortung der Bankwirtschaft zu gehen. Dies zeigt sich exemplarisch an Art. 5 Abs. 1 des Richtlinienvorschlags, wonach die Kreditgeber bei der Gewährung oder Vermittlung eines Kredits *„ehrlich, redlich und professionell im besten Sinne des Verbrauchers handeln sollen"*[125]. Dies mag vor allem auch darauf zurückzuführen sein, dass der Richtlinienvorschlag in wesentlich stärkerem Maße durch die derzeitigen Unruhen auf den Finanzmärkten geprägt ist als seinerzeit die Verbraucherkreditrichtlinie. Es bleibt allerdings abzuwarten, wie sich die anderen Gesetzgebungsorgane hierzu verhalten. Auch bei der Verbraucherkreditrichtlinie hatte man zunächst einen weitaus geringeren Informationskatalog und dafür mehr Verhaltenspflichten der Kreditgeber vorgesehen. Dieser Ansatz ist jedoch letztendlich am Widerstand des Parlaments und des Bankensektors gescheitert.

[125] KOM (2011) 142, S. 30.

Kapitel 5
Die Umsetzung des Informationspflichtenprogramms der Richtlinie 2008/48/EG in das deutsche Recht

Nachdem die Vorgaben der Richtlinie für eine vorvertragliche Information des Verbrauchers dargestellt wurden, soll nunmehr auf die Umsetzung dieser Vorgaben durch den deutschen Gesetzgeber eingegangen werden. Dabei wird zunächst der Ablauf des Gesetzgebungsverfahrens bis zum Erlass des Umsetzungsgesetzes dargestellt. Danach werden die einzelnen Vorschriften erläutert, die durch die Umsetzung der Richtlinie 2008/48/EWG reformiert wurden. Abschließend soll der Frage nachgegangen werden, wie die einzelnen, durch die Richtlinie vorgegebenen Informationspflichten vom deutschen Gesetzgeber umgesetzt wurden und welche Pflichten mit diesen im konkreten Fall verbunden sind.

I. Ablauf des Gesetzgebungsverfahrens

Weniger als zwei Monate nach der Verkündung der Richtlinie 2008/48/EG wurde vom Bundesjustizministerium am 17.06.2008 ein erster Referentenentwurf zur Umsetzung der Verbraucherkreditrichtlinie vorgelegt[1]. Am 05.11.2008 wurde ein Regierungsentwurf zur Umsetzung der Verbraucherkreditrichtlinie veröffentlicht, der im Wesentlichen auf dem vorherigen Referentenentwurf basierte[2].

---

[1] Referentenentwurf vom 17.06.11 eines Gesetzes zur Umsetzung der Verbraucherkreditrichtlinie, des zivilrechtlichen Teils der Zahlungsdiensterichtlinie sowie zur Neuordnung der Vorschriften über das Rückgabe- und Widerrufsrecht, teilweise abgedruckt in ZBB 2008, 355 ff.; die komplette Fassung findet sich z. B. auf der Homepage des VÖB – Bundesverband öffentlicher Banken Deutschlands, unter http://www.voeb.de/download/referentenentwurf_verbraucherkreditrichtlinie, zuletzt abgerufen am 26.01.2013.

[2] Gesetzesentwurf der Bundesregierung vom 05.11.2008, abrufbar unter http://www.voeb.de/de/themen/recht/umsetzung_zahlungsdiensterichtlinie_recht/, zuletzt abgerufen am 26.01.2013; eine zwischenzeitliche Stellungnahme des Deutschen Richterbundes kann unter http://www.drb.de/cms/index.php?id=485, abgerufen werden, zuletzt abgerufen am 26.01.2013; die Pressemitteilung des BMJ zum Regierungsentwurf findet sich auf der Seite des Deutschen Notarinstituts unter http://www.dnoti.de/Gesetzesaenderungen/gesaend2.htm, zuletzt abgerufen am 26.01.2013; eine Stellungnahme der Verbraucherzentrale Bundesverband (vzbv) zum Referentenentwurf findet sich unter http://www.vzbv.de/2829.htm, zuletzt abgerufen 26.01.2013.

C. Gercke, *Schadensersatz wegen vorvertraglicher Informationspflichtverletzung beim Verbraucherkredit,* Bibliothek des Bank- und Kapitalmarktrechts 1,
DOI 10.1007/978-3-642-39121-7_5, © Springer-Verlag Berlin Heidelberg 2014

Eine Stellungnahme des Bundesrates zu diesem Gesetzgebungsentwurf erfolgte am 19.12.2008[3]. Darin wurde u. a. die Einführung einer Vermutungsregelung gefordert, wonach der Darlehensgeber stets zum Abschluss eines Verbraucherdarlehensvertrages bereit ist, wenn er seine Bindung an die vorvertraglich übermittelten Informationen erklärt hat[4]. Die Regelung sollte dem Darlehensnehmer die Möglichkeit geben, seinen Anspruch auf Überlassung eines Vertragsentwurfs noch möglichst vor der Unterzeichnung des Kreditvertrages geltend zu machen.

Nach einer Gegenäußerung der Bundesregierung zur Stellungnahme des Bundesrates[5] wurde am 21.01.2009 der Gesetzesentwurf der Bundesregierung veröffentlicht[6]. Der Gesetzentwurf sah für die beiden Teile des Gesetzes, d. h. sowohl für die Vorschriften in Bezug auf den Verbraucherkredit als auch diejenigen zur Neuregelung des Rechts der Zahlungsdienste ein einheitliches Inkrafttreten zum 31.10.2009 vor[7].

Nach einer öffentlichen Anhörung im Bundestag mit mehreren Sachverständigenstellungnahmen gab der Rechtsausschuss am 01.07.2009 eine Beschlussempfehlung zum Gesetzentwurf ab[8]. Dieser wurde vom Bundestag in seiner 230. Sitzung am 02.07.2009 angenommen[9]. Die Zustimmung des Bundesrates hierzu erfolgte am 10.07.2009[10]. Am 03.08.2009 wurde der Entwurf als Gesetz zur Umsetzung der Verbraucherkreditrichtlinie, des zivilrechtlichen Teils der Zahlungsdiensterichtlinie sowie zur Neuordnung der Vorschriften über das Widerrufs- und Rückgaberecht vom 29.07.2009 im Bundesgesetzblatt verkündet[11].

Das Gesetz übernahm im Wesentlichen den Regierungsentwurf vom 05.11.2008 unter Berücksichtigung einiger Änderungsvorschläge des Bundesrates[12]. Abweichend vom ersten Gesetzesentwurf war nunmehr allerdings ein getrenntes Inkrafttreten der verschiedenen Teile der Richtlinie vorgesehen. Die Zahlungsdiensterichtlinie

---

[3] BR-Drucks. 848/08.

[4] BR-Drucks. 848/08, S. 3.

[5] Abrufbar über die Homepage des BMJ unter http://www.bmj.de/SharedDocs/Downloads/DE/pdfs/Gegenäußerung_Bundesregierung.pdf?_blob=publicationFile, zuletzt abgerufen am 26.01.2013.

[6] BT-Drucks. 16/11643.

[7] Art. 11 des Gesetzesentwurfs vom 21.01.2009, BT-Drucks. 16/11643, S. 38; eine Stellungnahme des zentralen Kreditausschusses zu diesem Gesetzesentwurf kann unter http://www.bankenverband.de/downloads/022009/sp0902-re-vkr-umsg.pdf abgerufen werden, zuletzt abgerufen am 26.01.2013.

[8] BT-Drucks. 16/13669; darin findet sich auch eine Liste der Sachverständigen, die im Rahmen der öffentlichen Anhörung Stellungnahmen abgegeben haben, BT-Drucks. 16/13669, S. 175; weiterhin wurde ein abweichender Entschließungsantrag der FDP-Fraktion abgelehnt, BT-Drucks. 16/13669, S. 178.

[9] Abgedruckt in BR-Drucks. 639/09.

[10] BR-Drucks. 639/09 (B).

[11] BGBl. I 2009, 2355.

[12] *Bülow,* in: Bülow/Artz, Verbraucherkreditrecht, Einf. Rn. 3b.

gewährte den Mitgliedstaaten eine Umsetzungsfrist bis zum 01.11.2009[13]. Die Verbraucherkreditrichtlinie gab den Mitgliedstaaten in Art. 27 Abs. 1 RL dagegen eine Umsetzung bis zum 11.06.2010 vor[14]. Einem einheitlichen Inkrafttreten sowohl des zahlungsdiensterechtlichen Teils als auch des verbraucherkreditrechtlichen Teils zum 30.10.2009 steht Art. 27 Abs. 1 Satz 2 der Verbraucherkreditrichtlinie entgegen. Dieser schreibt vor, dass die Mitgliedstaaten die aufgrund der Verbraucherkreditrichtlinie erlassenen Vorschriften ab dem 11.06.2010 anwenden. Der Zweck der Vorschrift dürfte darin liegen, dass durch ein einheitliches Anwendungsdatum eine zeitliche Fragmentierung des europäischen Verbraucherkreditrechts vermieden wird[15]. Die zunächst geplante Umsetzung des verbraucherkreditrechtlichen Teils des Gesetzes gemeinsam mit den Änderungen im Recht der Zahlungsdienste wäre daher nicht richtlinienkonform gewesen[16].

Bereits kurz nach seinem Inkrafttreten musste das Gesetz ein erstes Mal geändert werden. Der Bundestag hatte die Bundesregierung in seiner Beschlussempfehlung vom 01.07.2009 aufgefordert, zu Beginn der neuen Legislaturperiode einen Gesetzentwurf mit einem Muster für eine Information über das Widerrufsrecht bei Verbraucherkreditverträgen mit Gesetzlichkeitsfiktion in das Gesetzgebungsverfahren einzubringen[17]. Diese Aufforderung ging auf Art. 10 Abs. 2 lit. p) RL zurück, wonach der Kreditvertrag eine Information über das Bestehen oder Nichtbestehen des Widerrufsrechts, die Frist und alle anderen Modalitäten für dessen Ausübung beinhalten muss. Für diese Pflichtangabe in Gestalt des Widerrufsrechts enthielt das Umsetzungsgesetz allerdings kein Muster[18].

Am 19.04.2010 wurde daher ein Gesetzesentwurf der Bundesregierung vorgelegt, der die Einführung einer Musterwiderrufsinformation für Verbraucherkreditverträge regelt[19]. Zusätzlich zu vereinzelten Klarstellungen enthielt das Gesetz neben der Musterinformation über das Widerrufsrecht auch eine Regelung für die Nachholung vertraglicher Pflichtangaben. Diese sollte dem Darlehensgeber ermöglichen, den Beginn der Widerrufsfrist auszulösen, wenn der Vertrag trotz des Fehlens von Pflichtangaben wirksam ist[20].

---

[13] Art. 94 Abs. 1 Satz 1 der Richtlinie 2007/64/EG über Zahlungsdienste im Binnenmarkt, ABl. EG L 319, S. 35.

[14] Die ursprüngliche Fassung der Richtlinie sah zunächst eine Umsetzung bis zum 12.05.2010 vor; dies wurde allerdings später berichtigt und als neues Umsetzungs- und Anwendungsdatum der 11.06.2010 vorgegeben, ABl. EG 2008, L 207/14.

[15] *Bülow*, in: Bülow/Artz, Verbraucherkreditrecht, Einf. Rn. 3c.

[16] *Bülow, a. a. O.*; der Bundesrat hatte in seiner Stellungnahme dagegen die frühere Umsetzung des verbraucherkreditrechtlichen Teils lediglich aus Praktikabilitätsgründen abgelehnt, BR-Drucks. 848/08, S. 23.

[17] BR-Drucks. 16/13669, S. 5.

[18] *Bülow*, NJW 2010, 1713; ein entsprechendes Muster war auch in der Richtlinie nicht gefordert oder vorgegeben worden.

[19] Entwurf eines Gesetzes zur Einführung einer Musterwiderrufsinformation für Verbraucherdarlehensverträge, zur Änderung der Vorschriften über das Widerrufsrecht bei Verbraucherdarlehensverträgen und zur Änderung des Darlehensvermittlungsrechts, BT-Drucks. 17/1394.

[20] BT-Drucks. 17/1394, S. 14.

Das Änderungsgesetz vom 24.07.2010 wurde am 29.07.2010 im Bundesgesetzblatt veröffentlicht und trat am 30.07.2010 in Kraft[21]. Da es nicht gelang, das Änderungsgesetz zeitgleich mit dem Umsetzungsgesetz in Kraft treten zu lassen, bestand für den Zeitraum zwischen dem 11.06.2010 und dem 29.07.2010 eine Phase, in der die Rechtslage nach dem Umsetzungsgesetz ohne die Änderungen galt, die sich durch das Änderungsgesetz ergeben haben[22]. Insbesondere durfte sich der Darlehensgeber in dieser Phase nicht der neu geschaffenen Musterinformation für den Widerruf bedienen, da diese bereits die veränderte Rechtslage des Änderungsgesetzes einbezog und sich daher nicht mit der bisherigen Rechtslage deckte[23].

II. Die Änderungen durch das Umsetzungsgesetz

1. Systematik

Wie bereits dargestellt[24], hat der deutsche Gesetzgeber im Zuge der Schuldrechtmodernisierung davon Abstand genommen, Verbraucher schützende Materien in Spezialgesetzen zu regeln. Anders als in anderen europäischen Staaten[25] erfolgte die Umsetzung der Richtlinie daher durch eine Integration der wesentlichen materiellen Vorschriften in das BGB[26]. Dabei wurde die Richtlinie nicht als kompletter „Block" übernommen, sondern die bereits über das Gesetz verteilten Vorschriften in den §§ 355 ff., 491 ff. usw. wurden entsprechend geändert oder ergänzt[27].

Um das BGB mit den vorzunehmenden Änderungen, insbesondere den umfangreichen Katalogen an Informationsvorschriften, nicht zu sehr zu belasten, wurde ein Großteil der Vorschriften in das EGBGB ausgelagert[28]. Eine Alternative hierzu wäre die Aufnahme verschiedener Musterbelehrungen in die BGB-InfoV gewesen. Nachdem in der Rechtsprechung und Literatur allerdings in jüngster Zeit Zweifel an den in der InfoV enthaltenen Mustern für die Widerrufsbelehrung aufgekommen

---

[21] BGBl I Nr. 39, S. 977; das Inkrafttreten ist in Art. 6 des Änderungsgesetzes geregelt, BGBl I Nr. 39, 977 (979).

[22] *Bülow,* in: Bülow/Artz, Verbraucherkreditrecht, Einf. Rn. 3d.

[23] *Bülow,* NJW 2010, 1713; der Darlehensgeber war in dieser Phase daher gehalten, die Information über das Widerrufsrecht selbst zu formulieren, *Bülow,* in: Bülow/Artz, Verbraucherkreditrecht, Einf. Rn. 3d.

[24] Siehe oben 3. Kap II 3. a).

[25] In Österreich erfolgte bspw. die Umsetzung der Verbraucherkreditrichtlinie in einem speziellen Verbraucherkreditgesetz, *Wendehorst,* ZEuP 2011, 263 (271).

[26] *Rühl,* DStR 2009, 2256.

[27] Siehe zu diesem „horizontalen" Umsetzungskonzept *Wendehorst,* ZEuP 2011, 263 (271).

[28] *Derleder,* NJW 2009, 3195 ist der Ansicht, dass wegen der Vielzahl der ausgegliederten Paragrafen und der wechselseitigen Bezugnahme der Normen aufeinander *„auch der professionelle Rechtsanwender von Drehschwindel befallen werden kann."*; ebenso kritisch *Rösler/Werner,* BKR 2009, 1 (2).

waren[29], entschied sich der Gesetzgeber letztendlich gegen diese Option. Stattdessen wurden die Bestimmungen über die Informationspflichten als neuer Art. 247 in das EGBGB aufgenommen[30].

Durch das Umsetzungsgesetz wurde der 1. Untertitel des 3. Titels in zwei Kapitel mit Überschriften untergliedert, die zum Ausdruck bringen, dass die §§ 488–490 das allgemeine Darlehensvertragsrecht und die §§ 491–505 das Verbraucherdarlehensvertragsrechts regeln[31]. Anders als in der Richtlinie wurde außerdem auf einen übergreifenden Begriff des „Kreditvertrags" verzichtet. Vielmehr wurden die unterschiedlichen Kreditformen gesondert geregelt und mittels Verweisungen oder Teilverweisungen miteinander verknüpft[32]. Der 3. Titel von Buch 2 Abschn. 8 des BGB wurde insgesamt um einige Vorschriften erweitert (§§ 488 bis 512 BGB gegenüber den §§ 488 bis 507 BGB a. F.)[33]. Die Finanzierungshilfen zwischen Unternehmer und Verbraucher werden auch weiterhin in einem gesonderten Untertitel geregelt. Gleiches gilt für Ratenlieferungsverträge und die Sondervorschriften für die Unabdingbarkeit und die Anwendung auf Existenzgründer, sodass sich hier im Vergleich zum alten Recht lediglich die Nummerierung der Vorschriften geändert hat.

Aufgehoben wurde außerdem die Vorschrift des § 500 BGB a. F. für Finanzierungsleasingverträge. Nach Ansicht des Gesetzgebers blieb nach der Neuordnung des 2. und 3. Untertitels kein Regelungsbereich für eine Sondervorschrift im Bereich des Finanzierungsleasings übrig. Vielmehr fallen diese unter § 506 Abs. 2 BGB und werden daher wie entgeltliche Finanzierungshilfen behandelt[34].

Durch die vorgenommene Neuordnung wurden die bisher bestehenden Ausnahmen vom Anwendungsbereich der Verbraucherkreditvorschriften auf Finanzierungshilfen wie Finanzierungsleasing oder Teilzahlungsgeschäfte deutlich reduziert[35]. Die komplizierte Verweisungstechnik der §§ 491 ff., die bereits nach früherem Recht vielfach für Kritik gesorgt hatte[36], wurde zwar teilweise vereinfacht[37].

---

[29] OLG Schleswig, Urteil vom 25.10.2007, 16 U 70/07, MDR 2008, 254; LG Koblenz, Urteil vom 20.12.2006, 12 S 128/06, BB 2007, 239; MünchKomm/*Masuch,* § 357 Rn. 56.

[30] *Wendehorst,* ZEuP 2011, 263 (272); *Ady/Paetz,* WM 2009, 1061.

[31] Palandt/*Weidenkaff,* Vorb v § 488 Rn. 1; *Rösler/Werner,* BKR 2009, 1 (2).

[32] *Wendehorst,* ZEuP 2011, 263 (272); der Gesetzgeber hat damit das durch die Schuldrechtsmodernisierung eingeführte Gliederungskonzept beibehalten; eine andere Regelung fand sich dagegen im VerbrKrG: dieses war noch durch den Begriff des Kreditvertrags und die hieran anknüpfende Einheitskonzeption geprägt, wonach die §§ 3 ff. VerbrKrG mit einzelnen Ausnahmen für sämtliche Formen des Kreditvertrags Geltung beanspruchten, MünchKomm/*Schürnbrand,* § 499 Rn. 1.

[33] Auf der anderen Seite wurden auch einige Vorschriften wie z. B. § 504 BGB a. F. zur vorzeitigen Zahlung bei Teilzahlungsgeschäften komplett gestrichen, siehe hierzu *Kulke,* VuR 2009, 12.

[34] BT-Drucks. 16/11643, S. 93; ausführlich zum Finanzierungsleasing nach der Umsetzung der Verbraucherkreditrichtlinie *Omlor,* NJW 2010, 2694.

[35] *Rühl,* DStR 2009, 2256 (2260).

[36] Bamberger/Roth/*Möller,* BGB, § 499 Rn. 2; MünchKomm/*Schürnbrand,* § 499 Rn. 1.

[37] Beispielsweise durch den Grundsatz, dass für alle Finanzierungshilfen nunmehr die Vorschriften für Verbraucherdarlehen gelten; eine Differenzierung nach der Vertragsart findet im Gegensatz zur Vorgängerregelung daher nicht mehr statt, *Bülow,* in Bülow/Artz, Verbraucherkreditrecht, §§ 506 Rn. 86; ebenso *Wendehorst,* ZEuP 2011, 263 (272).

Auf der anderen Seite wurde durch die Ausgliederung der Informationsvorschriften in das EGBGB das BGB entschlackt, die praktische Anwendung für den Normanwender allerdings wiederum um einiges erschwert[38].

Umfassende Änderungen gab es außerdem im Bereich des Widerrufsrechts[39]. So stellt § 312 Abs. 2 Satz 1 BGB nunmehr ausdrücklich klar, dass es sich bei der Belehrung hinsichtlich des Widerrufsrechts um keine bloße Obliegenheit, sondern eine ausdrückliche Rechtspflicht handelt[40]. Neben Änderungen in den §§ 312, 312c, 312d, 312e, 355–357 und 359 wurden die §§ 359a und 360 neu eingefügt. Einzelne Informationspflichten wurden außerdem in Art. 246 § 1–3 EGBGB ausgegliedert. Die Anlagen 1 und 2 zu Art. 246 EGBGB enthalten die Muster für eine Widerrufsbelehrung. Durch diese Neuregelungen setzt der Gesetzgeber die Zielvorgabe um, die bestehenden Rechtsunsicherheiten im Zusammenhang mit der Verwendung von Musterwiderrufsbelehrungen durch Aufnahme in ein formelles Gesetz zu beseitigen[41].

Für den Bereich der Werbung wurden in die PAngV § 6a und § 6b eingefügt. Diese regeln die einzelnen Pflichtangaben bei der Werbung für Kredite oder Überziehungsmöglichkeiten. Änderungen gibt es auch in § 6 PAngV, in dessen Anlage sich außerdem die Gleichung für die Berechnung des effektiven Jahreszinses findet. Die Verpflichtung zur Prüfung der Kreditwürdigkeit hat der Gesetzgeber jedenfalls für Kreditinstitute im Aufsichtsrecht des § 18 Abs. 2 KWG normiert[42].

2. *Werbung*

Die Informationspflichten des Kreditgebers für den Bereich der Werbung sind nach der Gesetzesreform nunmehr in § 6a PAngV geregelt. Grund für die „Ausgliederung" der Vorgaben des Art. 4 RL in ein Spezialgesetz war die Tatsache, dass bereits die Vorgängerregelung des Art. 3 der Richtlinie 102/187/EWG in der PAngV umgesetzt worden war. Die PAngV dient außerdem der Herbeiführung von Preisklarheit

[38] *Rösler/Werner,* BKR 2009, 1 (2); *Derleder,* NJW 2009, 3195; *Schürnbrand,* ZBB 2008, 383 (384); anders dagegen *Ady/Paetz,* WM 2009, 1061, die die Ausgliederung der Vorschriften in das EGBGB als eine zumutbare Lösung ansehen, da BGB und EGBGB regelmäßig hintereinander abgedruckt seien.

[39] Ausführlich hierzu *Kulke,* VuR 2009, 12 ff.; *Schröder,* NJW 2010, 1933 ff.

[40] Palandt/*Grüneberg,* § 312 Rn. 31; PWW/*Medicus/Stürner,* § 312a Rn. 24a; hierdurch soll gleichermaßen klargestellt werden, dass eine fehlende oder nicht ordnungsgemäße Belehrung einen Schadensersatzanspruch nach § 280 Abs. 1 BGB nach sich ziehen kann, BT-Drucks. 16/11643, S. 69.

[41] BT-Drucks. 16/11643, S. 74; *Schröder,* NJW 2010, 1933, 1936.

[42] Die Regelung des § 509 BGB gilt dagegen nur für Darlehensgeber, die nicht als Institute i. S. d. § 1 Abs. 1b KWG anzusehen sind, Palandt/*Grüneberg,* § 509 Rn. 1; zur Diskussion über die Schutzwirkung des § 18 Abs. 2 KWG und die Ansiedelung der Kreditwürdigkeitsprüfung im Aufsichtsrecht *Stockhausen/Warner,* WM 2009, 1548(1553) sowie unten 7. Kap. II. 5.

und Preiswahrheit. An diese Regelungszwecke knüpft auch Art. 4 RL an, sodass sich eine Umsetzung in der PAngV anbot[43].

Die Werbung für einen Kreditvertrag umfasst entgeltliche Finanzierungshilfen, die in Gestalt eines entgeltlichen Darlehens, eines entgeltlichen Zahlungsaufschubes oder einer sonstigen entgeltlichen Finanzierungshilfe erfolgen können[44]. Dementsprechend ist § 6a PAngV auch zu beachten, wenn mit Finanzierungsangeboten für Waren geworben wird[45].

§ 6a Abs. 1 PAngV knüpft die Pflicht zur Angabe des Sollzinssatzes, des Nettodarlehensbetrages und des effektiven Jahreszinses an die Frage, ob gegenüber dem Verbraucher mit Zinssätzen oder sonstigen Zahlen, die Kosten betreffen, geworben wird. Die Berechnung des effektiven Jahreszinses wird durch § 6 Abs. 2 i. V. m. der Anlage zur PAngV festgelegt[46]. Bei dem Nettodarlehensbetrag handelt es sich nach Art. 247 § 3 Abs. 2 Satz 2 EGBGB um den Höchstbetrag, auf den der Darlehensnehmer aufgrund des Darlehensvertrages einen Anspruch hat.

§ 6a Abs. 2 PAngV normiert weitere Pflichtangaben, soweit diese vom Werbenden zur Voraussetzung für den Abschluss des Vertrages gemacht werden. Die Regelung orientiert sich damit eng an Art. 4 Abs. 1 und 2 RL und soll verhindern, dass der Darlehensgeber nur einen besonders günstigen Bestandteil der Gesamtbelastung des Verbrauchers herausstellt und andere Elemente verschweigt[47]. Der Werbende kann im Ergebnis selbst beeinflussen, welche der genannten Angaben er in seine Werbung aufnehmen muss. Abgesehen von Teilzahlungsmodellen, bei denen regelmäßig die beworbene Sache oder Dienstleistung sowie der Barzahlungspreis angegeben werden, kann er durch flexible Vertragsmodelle den Umfang der Angabepflicht reduzieren[48].

Neu ist die Vorgabe des Art. 6a Abs. 3 Satz 1 PAngV, wonach die genannten Pflichtangaben mit einem Beispiel versehen werden müssen. Nach § 6a Abs. 3 Satz 2 PAngV muss das Beispiel auf der Grundlage eines effektiven Basiszinses gebildet werden, von dem der Werbende erwarten darf, dass er mindestens zwei Drittel der aufgrund der Werbung abgeschlossenen Verträgen zu diesem oder einem niedrigeren Effektivzinssatz abschließen wird. Die Regelung geht auf Erwägungsgrund 18 der RL zurück, der vorsieht, dass die Informationen in der Werbung „*in klarer, prägnant gefasster Form an optisch hervorgehobener Stellung durch ein repräsentatives Beispiel erteilt werden*". Bei der 2/3-Regelung hat sich der Gesetzgeber an der in Großbritannien geltenden Rechtslage orientiert[49]. Durch sie sollen „Lockvogel"-

---

[43] BT-Drucks. 16/11643, S. 143.

[44] *Köhler*/Bornkamm, UWG, PAngV § 6 Rn. 3, unter Hinweis auf Art. 3 lit. c) der RL.

[45] *Amschewitz,* DB 2011, 1565.

[46] Siehe hierzu sowie den möglichen Problemfeldern, vor allem im Zusammenhang mit der Abschnittsfinanzierung, ausführlich *Wimmer//Rösler,* BKR 2011, 6.

[47] *Artz,* in Bülow/Artz, Verbraucherkreditrecht, § 491a Rn. 55.

[48] *Amschewitz,* DB 2011, 1565 (1567).

[49] *Schürnbrand,* ZBB 2008, 383 (386); *Ady/Paetz,* WM 2009, 1061 (1068).

Angebote mit sehr günstigen Zinsangaben verhindert werden, die für den „durchschnittlichen Verbraucher" im Ergebnis nicht zu realisieren sind[50].

Fraglich ist, ob der Gesetzgeber durch die Einführung der 2/3-Regelung nicht die Vorgaben der Richtlinie überschritten hat. Die Richtlinie selbst verlangt lediglich die Verwendung eines „repräsentativen Beispiels". Repräsentativ ist ein Beispiel nach seinem Wortsinn aber bereits dann, wenn zu erwarten ist, dass mehr als die Hälfte der relevanten Verträge zu dem beworbenen Zinssatz abgeschlossen werden[51]. Da die Richtlinie dem Grundsatz der Vollharmonisierung folgt, der eine Abweichung von den Richtlinienvorgaben weder zugunsten noch zu Ungunsten des Verbrauchers zulässt, geht die Regelung über das EU-Recht hinaus[52].

Anders als § 6a Abs. 1 PAngV fordert § 6 Abs. 3 Satz 1 PAngV keine Angabe in „auffallender Weise". Da die Norm allerdings davon spricht, dass die jeweiligen Angaben mit einem Beispiel „zu versehen" sind, wird man jedenfalls eine gewisse räumlich Nähe zur Angabe des Nettodarlehensbetrages, des Sollzinssatzes und des effektiven Jahreszinses fordern können[53].

Ungeklärt ist außerdem, wie die 2/3-Regelung kontrolliert werden soll und welche Offenlegungspflichten die Kreditinstitute in diesem Zusammenhang treffen[54]. Dies gilt umso mehr, als gerade bei neuen Kreditprodukten die Ermittlung der 2/3-Grenze regelmäßig eine Prognoseentscheidung des Kreditinstituts erfordert[55]. Erweist sich diese Prognoseentscheidung später als falsch, ist dies unerheblich, solange sie auf nachvollziehbaren und fundierten Daten und Fakten beruht[56]. Dem Kreditinstitut obliegt es jedoch, die durchgeführten Prognosen und Berechnungen aufzubewahren, um nachzuweisen, dass es die sich aus § 6 Abs. 3 Satz 2 PAngV ergebenden Pflichten ordnungsgemäß erfüllt hat. Problematisch dürfte allerdings sein, welche Vergleichsprodukte im Einzelfall heranzuziehen sind und inwieweit die Kreditinstitute ihre Prognosegrundlagen offenlegen müssen[57]. Es dürfte jedenfalls zu weit gehen, vom Kreditgeber eine vollständige Offenlegung bereits auf die erste Reklamation hin zu fordern, da ansonsten eine Ausforschung durch Mitbewerber

---

[50] *Domke/Sperlich,* BB 2010, 2069 (2070), *Wittig/Wittig,* ZInsO, 2009, 633 (634).

[51] Stellungnahme des Bundesrates, BR-Drucks. 848/08, S. 22.

[52] Stellungnahme des Bundesrates, a. a. O.; zweifelnd auch *Domke/Sperlich*, BB 2010, 2069 (2070); ebenso *Wittig/Wittig,* ZInsO 2009, 633(634); *Nobbe,* WM 2011, 625 (626); nach Ansicht der Bundesregierung soll aber auch die gewählte 2/3-Regelung ein „repräsentatives" Beispiel darstellen; auch die vom Bundesrat angesprochene Erhöhung des Preisniveaus sei allein durch ein Abstellen auf 2/3 anstatt auf die Hälfte der aufgrund der Werbung abgeschlossen Verträge nicht zu befürchten, Gegenäußerung der Bundesregierung zur Stellungnahme des Bundesrates, BT-Drucks. 16/11643, S. 312; offen hierzu *Köhler*/Bornkamm, UWG, PAngV § 6 Rn. 13.

[53] *Amschewitz,* DB 2011, 1565 (1568).

[54] *Rösler/Werner,* BKR 2009, 1 (2); *Domke/Sperlich,* BB 2010, 2069 (2071).

[55] *Domke/Sperlich*, a. a. O.

[56] *Amschewitz,* DB 2011, 1565 (1568); zu den in diesem Fall zu prüfenden „Ermessensfehlern" des Kreditinstituts *Domke/Sperlich,* BB 2010, 2069 (2071).

[57] *Rösler/Werner,* BKR 2009, 1 (2).

mittels einer einfachen Beanstandung des beispielhaft beworbenen effektiven Jahreszinses möglich wäre[58].

Die Kosten einer Restschuldversicherung zählen weiterhin nicht zu den notwendigen Angaben in der Werbung. Nur wenn der Abschluss einer solchen Versicherung vom Darlehensgeber zur Voraussetzung für den Abschluss des Kreditvertrages gemacht wird, muss nach § 6a Abs. 4 PAngV auf diese Verpflichtung klar und verständlich und an gestalterisch hervorgehobener Stelle hingewiesen werden. Die Streitfrage bleibt weiterhin, ob der Abschluss der Versicherung im Einzelfall zwingende Voraussetzung des Kreditinstituts für den Vertragsabschluss war[59]. Die Vorschrift schafft dementsprechend weitere Rechtsunsicherheit. Außerdem dürfte die Aussagekraft durch den Hinweis im Zusammenhang mit dem effektiven Jahreszins begrenzt sein, da der Kunde hieraus lediglich ableiten kann, dass mehr als der effektive Jahreszins aufzubringen ist[60]. Zu den genannten Kosten einer anderen Zusatzleistung zählen insbesondere die Kontoführungskosten[61].

Eine Sonderregelung für Überziehungsmöglichkeiten nach § 504 Abs. 2 BGB enthält § 6b PAngV. Bei diesen hat der Kreditgeber anstatt des effektiven Jahreszinses den Sollzinssatz pro Jahr sowie die Zinsbelastungsperiode anzugeben. Für die Inanspruchnahme dieser Erleichterung darf die Zinsbelastungsperiode allerdings nicht kürzer als drei Monate sein und der Kreditgeber außer den Sollzinsen keine weiteren Kosten verlangen.

Verstößt das Kreditinstitut gegen die Angabepflichten nach § 6a PAngV, handelt es nach § 10 Abs. 2 Nr. 6 PAngV i. V. m. § 3 Abs. 1 Nr. 2 WiStG ordnungswidrig. Die Geldbuße kann in diesem Fall bis zu € 25.000 betragen.

Ob die Vorgaben des § 6a PAngV wirklich für ein Mehr an Transparenz beim Verbraucher und damit verbunden zu einer Verringerung der Konsumentenverschuldung beitragen, bleibt fraglich. Die Pflicht, auf einzelne, wesensbestimmende Merkmale des Kredits in klarer, verständlicher und auffallender Weise hinzuweisen, ist sicherlich zu begrüßen. Auf der anderen Seite bleibt zu bedenken, dass jedes Kreditinstitut über seine eigene Kreditvergabepraxis und Zinspolitik verfügt. Da die Kreditinstitute diese nicht offenlegen müssen, bietet die Angabe des effektiven Jahreszinses, der nach der Prognoseentscheidung für mehr als zwei Drittel der Kreditverträge zur Anwendung kommen soll, dem Verbraucher keine Gewähr dafür,

---

58 *Domke/Sperlich,* BB 2010, 2069 (2071).

59 *Rösler/Werner,* BKR 2009, 1 (2); siehe zu den in diesem Zusammenhang bestehenden Beweisproblemen auch die Kritik des Bundesrates, der die Aufnahme einer Vermutungsregelung vorgeschlagen hat, BR-Drucks. 848/08, S. 21; nach Ansicht der Bundesregierung kann allerdings allein der zeitliche Zusammenhang beim Abschluss zweier Verträge nicht die Vermutung begründen, dass der Abschluss des Zusatzvertrags vom Darlehensgeber verlangt wurde, Gegenäußerung der Bundesregierung zur Stellungnahme des Bundesrates, BT-Drucks. 16/11643, S. 309; zu den Schwierigkeiten des Darlehensnehmers, die Bedingung zwischen Restschuldversicherung und Kreditvertrag nachzuweisen, *Knops,* VersR 2006, 1455 (1456); *Schürnbrand,* ZBB 2008, 383 (387).

60 *Derleder,* NJW 2009, 3195 (3199); die Vorschrift übernimmt fast wortgleich den Text des Art. 4 Abs. 3 RL.

61 *Köhler*/Bornkamm, UWG, § 6 PAngV Rn. 14.

dass er den beworbenen Kredit auch zu diesen Konditionen erhält[62]. Auch wenn die Regelung daher nur eingeschränkten Nutzen für den Verbraucher aufweist, ist jedenfalls die Eindämmung der sogenannten „Lockvogelangebote“ durchweg zu begrüßen.

3. Allgemeines Darlehensrecht

Auch im Bereich des allgemeinen Darlehensrechts wurden im Zuge der Umsetzung der Verbraucherkreditrichtlinie einige Änderungen genommen. Teilweise wurde die Gelegenheit genutzt, um redaktionelle Änderungen vorzunehmen, die unabhängig von den Vorgaben der Richtlinie notwendig waren[63].

In § 489 Abs. 5 BGB wird nunmehr der in der Verbraucherkreditrichtlinie verwendete Begriff des Sollzinssatzes legaldefiniert. Der Begriff soll in Anlehnung an die Richtlinie auch in das deutsche Recht eingeführt werden, weil er leichter von anderen Zinssätzen abgegrenzt werden kann[64]. Er ersetzt den früheren Begriff des „Zinssatzes“ und orientiert sich an der Formulierung von Art. 3 lit. j) RL.

Die alte Regelung des § 489 Abs. 1 Nr. 2 BGB zur Kündigung von Verbraucherkreditverträgen wurde systematisch korrekt aus den allgemeinen Vorschriften herausgenommen und findet sich nunmehr in Kap. 2 in der neu geschaffenen Vorschrift des § 500 BGB. Gleichzeitig wurde § 489 Abs. 3 BGB dahingehend geändert, dass die dort angeordnete Rechtsfolge – die Kündigung gilt als nicht erfolgt, wenn der Darlehensnehmer den Darlehensbetrag nicht innerhalb von zwei Wochen zurückzahlt – auch für die ausgegliederte Vorschrift des § 500 BGB gelten soll. Nach Ansicht des Gesetzgebers ist diese Regelung europarechtskonform, da die Verbraucherkreditrichtlinie keine Vorgaben dazu enthält, welche Rechtsfolgen eintreten, wenn der Darlehensnehmer zwar kündigt, aber die Rückzahlungsforderung nicht begleicht[65].

§ 489 Abs. 5 Satz 2 und 3 BGB enthalten Regelungen zum festen Sollzinssatz und für die Vermutung einer Zinsbindung für die Zeiträume, in denen eine feste Prozentzahl bestimmt ist. Die Vorschrift orientiert sich an Art. 3 lit. k) RL, allerdings ohne den Zusatz, dass der Sollzinssatz bereits bei Vertragsabschluss fest vereinbart sein muss. Nach Ansicht des Gesetzgebers liefe ansonsten die Kündigungsregelung des § 489 Abs. 1 BGB weitestgehend leer, da nachträgliche Zinsvereinbarungen den

[62] *Wittig/Wittig*, ZInsO 2009, 633 (635); zweifelnd auch *Domke/Sperlich*, BB 2010, 2069 (2071); a. A. dagegen *Ady/Paetz*, WM 2009, 1061 (1068), die aufgrund der Neuregelung für die Zukunft *„eine realistischere Werbung für Verbraucherdarlehen“* erwarten.

[63] So wurde in § 488 Abs. 1 Satz 2 BGB der Begriff „zurückzuerstatten“ in „zurückzuzahlen“ geändert; der Gesetzgeber wollte hiermit einen einheitlichen Sprachgebrauch im Bereich des Gelddarlehens und zur Abgrenzung vom Sachdarlehen schaffen, da beim Gelddarlehen eine Zurückgewährung stets nur in Form einer Zurückzahlung erfolgen kann, BT-Drucks. 16/11643, S. 74.

[64] BT-Drucks. 16/11643, S. 74.

[65] BT-Drucks. 16/11643, S. 75.

Vertrag ansonsten stets zu einem veränderlich verzinslichen Vertrag i. S. des § 489 Abs. 2 BGB machen würden[66].

4. *Anwendungsbereich*

Die Verbraucherkreditrichtlinie nimmt in Art. 2 Abs. 2 RL eine Vielzahl von Verträgen vom Anwendungsbereich der Richtlinie aus. Besonders erwähnenswert ist in diesem Zusammenhang die Höchstbetragsgrenze von € 75.000 nach Art. 2 Abs. 2 lit. c) RL sowie der Ausschluss bei Kreditverträgen, die durch ein Grundpfandrecht gesichert sind (Art. 2 Abs. 2 lit. a).

Diesen Einschränkungen ist der deutsche Gesetzgeber bei der Umsetzung der Richtlinie nicht gefolgt. Geprägt durch die Erfahrungen mit der Schrottimmobilienkrise werden auch Immobiliardarlehensverträge wie im alten Recht dem Verbraucherkreditrecht zugewiesen[67]. Wegen des in der Regel hohen Darlehenswertes und der Risiken, die mit einem solchen Vertrag verbunden sind, ist diese Erweiterung des Anwendungsbereichs zu begrüßen[68]. Die Sonderregeln für Immobiliardarlehensverträge sind nunmehr in § 503 BGB zusammengefasst.

§ 491 Abs. 2 BGB schließt weiterhin Kleinstkredite bis € 200, Arbeitgeberdarlehen und kurzfristige Darlehen von der Anwendung des Verbraucherkreditrechts aus. Gleiches gilt nach § 491 Abs. 3 BGB für Darlehensverträge, die auf einem gerichtlichen Vergleich basieren. Neu eingeführt wurde die auf Art. 2 Abs. 2 lit. k) RL basierende Ausnahme für Kredite, bei denen der Gläubiger auf das Pfandrecht an einer ihm übergebenen Sache beschränkt ist.

Nicht nachvollziehbar ist dagegen die Regelung des § 491 Abs. 2 Nr. 5 BGB, wonach das Verbraucherkreditrecht ebenfalls nicht auf Darlehensverträge anzuwenden ist, die nur mit einem begrenzten Personenkreis aufgrund von Rechtvorschriften im öffentlichen Interesse abgeschlossen werden, wenn im Vertrag für den Darlehensnehmer günstigere als marktübliche Bedingungen und höchstens der marktübliche Sollzinssatz vereinbart sind. Die Vorschrift setzt Art. 2 Abs. 2 lit. l) RL um und bezieht sich auf Förderdarlehen, wobei die Regelung auch für durchgeleitete Förderdarlehen greift, die über die Hausbank abgeschlossen werden[69]. Die Regelung war bereits im früheren § 491 Abs. 2 Nr. 3 BGB a. F. enthalten, beschränkte sich dort allerdings auf den Bereich des Wohnungsbaus. Weshalb solche Darlehen, gerade bei teilweise erheblichen Darlehenssummen im Wohnungsbaubereich, bereits bei geringfügig niedrigeren Zinssätzen vom Schutzbereich des Verbraucherdarlehens-

---

[66] BT-Drucks. 16/11643, S. 75; sofern die Umsetzung der Richtlinie eine Übernahme des Begriffes erfordert wird die Vereinbarung eines gebundenen Sollzinssatzes bei Vertragsschluss in den einzelnen Vorschriften als besonderes Tatbestandsmerkmal erwähnt (z. B. § 502 BGB), BT.-Drucks. 16/11643, a. a. O.

[67] *Derleder,* NJW 2009, 3195 (3198).

[68] Siehe hierzu BT-Drucks. 16/11643, S. 88.

[69] *Rösler/Werner,* BKR 2009, 1 (2); *Bülow,* in: Bülow/Artz, Verbraucherkreditrecht, §§ 491 Rn. 171a; Palandt/*Weidenkaff,* § 491 Rn. 17.

rechts ausgenommen werden, bleibt fraglich. Letztendlich dürfte hierin lediglich eine Privilegierung der öffentlich-rechtlichen Förderbanken zu sehen sein, die allerdings aufgrund der angesprochenen möglichen finanziellen Auswirkungen für den Verbraucher nicht gerechtfertigt erscheint[70].

Neben den genannten Ausnahmen sollen – im Gegensatz zu den Vorgaben der Richtlinie – auch Überziehungskredite mit einer Laufzeit von weniger als einem Monat (Art. 2 Abs. 2 lit. e) RL), Kreditverträge zur Finanzierung des Erwerbs von Finanzinstrumenten (Art. 2 Abs. 2 lit. h) RL)[71] sowie Leasingverträge unter den Anwendungsbereich der §§ 491 ff. BGB fallen[72]. Für Überziehungsmöglichkeiten, die nach Art. 2 Abs. 2 lit. e) RL ebenfalls vom Anwendungsbereich der Richtlinie ausgenommen sind, finden sich Sonderregelungen in §§ 504, 505 BGB.

Die dargestellte Ausdehnung des Anwendungsbereichs des Verbraucherkreditrechts gegenüber der Richtlinie war den Mitgliedstaaten trotz des durch Art. 22 RL vorgeschriebenen Vollharmonisierungsgrundsatzes möglich. Nach Erwägungsgrund (10) der Richtlinie soll diese die Mitgliedstaaten nicht daran hindern, die einzelnen Bestimmungen auch auf Kreditverträge anzuwenden, die nicht in den Geltungsbereich der Richtlinie fallen. Diese Möglichkeit einer „überschießenden Anwendung" hat der deutsche Gesetzgeber für den Bereich der Sicherungsrechte dagegen unterlassen. Dementsprechend bleibt die Anwendung der Schutzvorschriften der §§ 491 ff. auf Sicherungsrechte wie die Bürgschaft weiterhin nur im Wege einer Analogie möglich[73].

5. Die Umsetzung des Informationspflichtenprogramms in den §§ 491 ff. BGB und Art. 247 §§ 1 ff. EGBGB

§ 491 BGB wurde durch das Umsetzungsgesetz vollständig neu gefasst. Die einzelnen Änderungen in Hinblick auf den Anwendungsbereich des Verbraucherdar-

---

[70] *Kulke,* VuR 2009, 373 (378); *Rösler/Werner,* BKR 2009, 1 (2).

[71] Nach der Gesetzesbegründung sollen auf diese Verträge zwar weiterhin nicht die Vorschriften über das verbundenen Geschäft anwendbar sein; der vorher in § 491 Abs. 3 Nr. 2 BGB a. F. festgelegte Rechtsgedanke, dass bei Spekulationsgeschäften grundsätzlich das Verlustrisiko mit Vertragsabschluss auf den Erwerber übergeht, besteht also fort; nach dem ausdrücklichen Willen des Gesetzgebers sollen die Aufklärungs- und Informationspflichten nach § 31 WphG aber nicht für einen wirksamen Schutz des Verbrauchers ausreichen, da sie sich nicht auf die darlehensspezifischen Risiken beziehen; dem Verbraucher soll aber gerade auch bei der Finanzierung von Finanzanlagen der gleiche Schutz zukommen, wie bei anderen Finanzierungen, weshalb im Unterschied zur Richtlinie diese Verträge nicht vom Anwendungsbereich ausgenommen werden, BT-Drucks. 16/11643, S. 76.

[72] Zu der insoweit *„überschießenden Umsetzung"* durch den deutschen Gesetzgeber *Wendehorst,* ZEuP 2011, 263 (273).

[73] *Nobbe,* WM 2011, 625 (626); für eine solche analoge Anwendung *Kulke,* VuR 2009, 373 (378); ausführlich zu dieser Problematik sowie den unterschiedlichen Auffassungen in Rechtsprechung und Literatur *Knops,* in: Derleder/Knops/Bamberger, Handbuch des deutschen und europäischen Bankrecht, § 25 Rn. 67.

lehensrechts wurden bereits dargestellt[74]. Im Zuge der Ausgliederung mehrerer Definitionen in das EGBGB findet sich die vorher in § 491 Abs. 2 Nr. 1 BGB a. F. angesiedelte Definition des Nettodarlehensbetrages nunmehr in Art. 247 § 3 Abs. 2 Satz 2 EGBGB. § 491 Abs. 1 BGB enthält dagegen weiterhin die Definition des Verbraucherdarlehens, welcher gegenüber der Altfassung lediglich in sprachlicher Hinsicht und durch den Verweis auf die neu geschaffenen §§ 503 bis 505 ergänzt wurde.

Anders als in der Verbraucherkreditrichtlinie verzichtet der Gesetzgeber auf eine Definition des „Verbrauchers" und des „Kreditgebers". § 491 Abs. 1 verweist vielmehr auf die Definitionen der Begriffe Verbraucher und Unternehmer in den §§ 13 und 14 BGB.

a) Die vorvertragliche Information nach § 491a Abs. 1 BGB i. V. mit Art. 247 EGBGB

Im Zuge der Umsetzung des umfangreichen vorvertraglichen Informationspflichtenkatalogs in Art. 5 Abs. 1 RL wurde mit §§ 491a BGB eine neue Vorschrift in das BGB integriert. Aufgrund des bereits beschriebenen gesetzgeberischen Entschlusses, das BGB nicht zu „überfrachten", wurden die einzelnen Standardinformationen allerdings in das EGBGB ausgegliedert. § 491a Abs. 1 BGB beschränkt sich daher auf die Feststellung, dass den Darlehensgeber die Pflicht trifft, den Darlehensnehmer so zu unterrichten, wie es Art. 247 EGBGB vorsieht[75]. Die Informationspflicht ist damit unabhängig von einem entsprechenden Verlangen des Verbrauchers und kann nicht durch die bloße Übergabe des nach § 491a Abs. 2 BGB geforderten Vertragsentwurfs erfüllt werden[76].

Obwohl es sich um vorvertragliche Informationen handelt und ein Vertragsschluss zum Zeitpunkt der Informationserteilung noch nicht erfolgt ist, werden die Begriffe „Darlehensgeber" und „Darlehensnehmer" verwendet. Diese Begriffe sollen einerseits eine möglichst einheitliche Textfassung gewährleisten und andererseits gegenüber dem Begriffspaar „Verbraucher" und „Unternehmer" verdeutlichen, dass es zwischen beiden Parteien bereits zu einem gewissen Kontakt gekommen sein muss[77].

Die Gesetzesbegründung nennt als vergleichbare Vorschriften § 312c BGB (vorvertragliche Informationspflichten beim Fernabsatzvertrag), der ebenfalls auf das EGBGB verweist, und § 5 BGB-InfoV (vorvertragliche Informationspflichten beim Reisevertrag)[78]. Da es sich um eine Informationspflicht handelt, setzt diese ein Schuldverhältnis im Sinne des § 311 Abs. 2 BGB voraus[79].

---

[74] Siehe oben 5. Kap. II. 4.

[75] *Artz,* in: Bülow/Artz, Verbraucherkreditrecht, § 491a Rn. 31.

[76] Palandt/*Weidenkaff,* § 491a Rn. 2; *Frings,* NWB 2010, 1608 (1611).

[77] BT-Drucks. 16/11643, S. 78.

[78] BT-Drucks. 16/11643, S. 78.

[79] BT-Drucks. 16/11643, S. 78; ein solches vorvertragliches Schuldverhältnis wird bei der Kreditanfrage des Verbrauchers regelmäßig vorliegen; nach § 311 Abs. 2 Nr. 2 BGB entsteht ein Schuld-

Form, Inhalt und Zeitpunkt der Informationserteilung werden in Art. 247 § 1 EGBGB geregelt. Dieser schreibt vor, dass die dem Verbraucher nach § 491a Abs. 1 BGB zu gewährenden Informationen „in Textform" und „rechtzeitig vor dem Abschluss eines Verbraucherdarlehensvertrages" erteilt werden müssen. Weiterhin müssen diese „die sich aus den §§ 3 bis 5 und 8 bis 13 ergebenden Einzelheiten enthalten".

In Abgrenzung zur § 491a Abs. 3 BGB spricht Abs. 1 lediglich von einer „Unterrichtung" des Verbrauchers. Rein sprachlich umfasst diese Unterrichtung weniger als die nach Abs. 3 geschuldete „Erläuterung". Dementsprechend könnte eine bloße Übermittlung der Informationen ausreichen. Hierfür würde auch Art. 247 § 4 Abs. 1 Nr. 4 EGBGB sprechen, der von einer Bindung an die vorvertraglich „übermittelten" Informationen spricht. Auch die Richtlinie spricht lediglich davon, dass dem Verbraucher bestimmte Informationen „gegeben" (Art. 5 Abs. 1 Satz 1 RL) bzw. „mitgeteilt" (Art. 5 Abs. 1 Satz 2 RL) werden müssen.

Aufgrund des Zwecks der Vorschrift, den Verbraucher in die Lage zu versetzen, auf der Grundlage der vom Darlehensgeber angebotenen Vertragsbedingungen unter Berücksichtigung seiner eigenen Wünsche verschiedene Angebote miteinander zu vergleichen und eine eigenverantwortliche Entscheidung für oder wider den Vertragsabschluss zu fällen[80], dürfte der Begriff jedenfalls über eine bloße Übermittlung der Informationen hinausgehen. Vielmehr ist ein bestimmtes Naheberingen der Informationen derart gefordert, dass der Darlehensgeber im Rahmen der Unterrichtung das von ihm dargebotene Produkt verständlich darstellt[81].

Eine genauere Eingrenzung ist letztendlich entbehrlich, da für die Informationserteilung ohnehin die Verwendung des Informationsmusters vorgeschrieben wird. Wird das Muster ordnungsgemäß ausgefüllt und in Textform übermittelt, gilt die Unterrichtungspflicht als erfüllt (Art. 247 § 2 Abs. 3 Satz 1 EGBGB). Weitergehende Darstellungen des Kreditgebers in Hinblick auf das angebotene Produkt werden daher nicht gefordert.

aa) Form und Zeitpunkt der Informationserteilung

Art. 247 § 1 EGBGB schreibt für die Form der vorvertraglichen Information die Textform nach § 126b BGB vor. Die Information muss daher in einer Urkunde oder auf andere zur dauerhaften Wiedergabe in Schriftzeichen geeignete Weise abgeben

verhältnis nach § 241 Abs. 2 BGB auch durch die Anbahnung eines Vertrags, bei welcher der eine Teil im Hinblick auf eine etwaige rechtsgeschäftliche Beziehung dem anderen Teil die Möglichkeit zur Einwirkung auf seine Rechte, Rechtsgüter und Interessen gewährt oder ihm diese anvertraut; hierfür genügen bereits bloße Vorgespräche, Gespräche im Vorfeld vertraglicher Verhandlungen sowie die Unterbreitung eines Antrags auf Abschluss eines Vertrages, MünchKomm/*Emmerich,* § 311 Rn. 73.

[80] BT-Drucks. 16/11643, S. 78.

[81] *Kulke,* VuR 2009, 373 (379).

werden[82]. Weiterhin muss die Person des Erklärenden genannt und der Abschluss der Erklärung durch Nachbildung der Namensunterschrift oder anders erkennbar gemacht werden.

Hinsichtlich des Zeitpunkts der Informationserteilung gibt Art. 247 § 1 EGBGB ferner vor, dass diese „*rechtzeitig vor Abschluss des Verbraucherdarlehensvertrages*" erfolgen muss. Nach Erwägungsgrund (19) der RL soll der Verbraucher jedenfalls die Möglichkeit haben, die ausgehändigten Informationen mitnehmen und prüfen zu können[83].

bb) Erfüllung der Unterrichtungspflicht mit Hilfe des gesetzlichen Musters

Art. 247 § 1 EGBGB verweist hinsichtlich des Umfangs der zu erteilenden Informationen auf die §§ 3 bis 5 und 8 bis 13[84]. Art. 247 § 2 Abs. 1 EGBGB verpflichtet den Kreditgeber, die Unterrichtung bei allen Formen von Verbraucherdarlehensverträgen unter Verwendung des Musters „Europäische Standardinformationen für Verbraucherkredite" durchzuführen. Das Muster findet sich in Anlage 3 zu Art. 247 § 2 EGBGB. Ausgenommen von der Verwendungspflicht sind lediglich Umschuldungen nach § 495 Abs. 3 Nr. 1 BGB, Immobiliardalehensverträge nach § 503 BGB und Überziehungsmöglichkeiten gemäß § 504 Abs. 2 BGB. Bei diesen Verträgen steht es dem Kreditgeber nach Art. 247 § 2 Abs. 2 Satz 1 und 2 EGBGB offen, ob er die in Anlage 4 und 5 zu Art. 247 enthaltenen Muster „Europäische Verbraucherkreditinformationen bei Überziehungskrediten und Umschuldungen" oder „Europäisches Standardisiertes Merkblatt" verwendet. Verzichtet er auf die Verwendung der Muster, ist er nach Art. 247 § 2 Abs. 3 Satz 3 EGBGB verpflichtet, bei der Unterrichtung alle nach den §§ 3 bis 5 und 8 bis 11 erforderlichen Angaben gleichartig zu gestalten und hervorzuheben[85].

Die Vorschrift setzt Art. 5 Abs. 1 Satz 2 RL um, der vorsieht, dass die vorvertraglichen Informationen „mittels" des Formulars „Europäische Standardinformationen für Verbraucherkredite" mitgeteilt werden. Der Begriff „Muster" wurde gewählt, um sowohl die aus der Verbraucherkreditrichtlinie stammenden Begriffe „Europäische Standardinformationen für Verbraucherkredite" und „Europäische Verbraucherkreditinformation" als auch das auf eine Empfehlung der Europäischen Kommission

---

[82] Zu den hiermit verbundenen Problemen beim Vertragsschluss im Internet siehe unten 7. Kap. I. 2.

[83] Zu den weiteren Problemen hinsichtlich der Rechtzeitigkeit der Informationserteilung und dem möglichen Erfordernis einer „Cooling-Off-Periode" siehe unten 7. Kap. I 4.

[84] Nach der Gesetzesbegründung soll auf diese Weise deutlich gemacht werden, in welchen Vorschriften die inhaltlichen Anforderungen an die Information stehen.

[85] Dem Kreditgeber ist damit zwar die Verwendung des Musterformulars freigestellt; tatsächlich dürfte von den Mustern aber ein erheblicher Vereinheitlichungsdruck ausgehen, weil jeder Kreditgeber, der aus Verständniszwecken eine knappere Darstellung wählt, das Risiko eingeht, die Belehrung könnte später von einem Gericht, dass die Musterbelehrung als Maßstab nimmt, bemängelt werden, *Wendehorst,* ZEuP 2011, 263 (289).

zurückgehende[86] „Europäische standardisierte Merkblatt" zu erfassen[87]. Da die in der Richtlinie enthaltenen Formularmuster für grundpfandrechtlich gesicherte Verträge nur bedingt geeignet sind, hat der Gesetzgeber, um auch in diesem Bereich einen „Gleichlauf" zu gewährleisten, auf das bereits seit dem Jahr 2001 bestehende „Europäische standardisierte Merkblatt" zurückgegriffen[88].

Hintergrund für die Aufnahme der Musterbelehrungen in das EGBGB und damit die Erhebung in den Rang eines formellen Gesetzes dürfte die gleichzeitig vollzogene Übernahme der Musterwiderrufs- und -rückgabebelehrung von der BGB-InfoV in das EGBGB sein. Auslöser hierfür war die Rechtsprechung einiger Zivilgerichte, nach denen das in der BGB-InfoV enthaltene Muster für die Widerrufsbelehrung nicht den gesetzlichen Anforderungen genügen sollte[89]. In der Gesetzesbegründung findet sich hierzu der ausdrückliche Hinweis, dass den Gerichten durch Übernahme der Belehrungsmuster in das EGBGB verwehrt werden sollte, die Muster als unwirksam zu verwerfen und aufgrund dessen die Gesetzlichkeitsfiktion für eine den Mustern entsprechende Belehrung zu versagen[90].

Diese Beweggründe dürften zwar für die Europäischen Standardinformationen für Verbraucher kaum Bedeutung gehabt haben, da das Formularmuster unmittelbar durch den europäischen Gesetzgeber vorgegeben wurde[91]. Nach Ansicht des Gesetzgebers soll die Übernahme der Informationspflichten in das EGBGB aber den zusätzlichen Vorteil bieten, dass neue Informationspflichten später unproblematischer integriert werden können[92].

---

[86] Empfehlung der Kommission vom 01.03.2001 über vorvertragliche Informationen, die Darlehensgeber, die wohnungswirtschaftliche Darlehen anbieten, den Verbrauchern zur Verfügung stellen müssen, Az. K (2001) 477, ABl. EG 2001, L 69/25; dabei handelt es sich um einen freiwilligen Verhaltenskodex, auf den sich die europäischen kreditwirtschaftlichen Verbände sowie einige Verbraucherverbände zuvor geeinigt hatten und der von der Kommission als Empfehlung ausgestaltet wurde, siehe hierzu *Hök,* MDR 2002, 925.

[87] BT-Drucks. 16/11643, S. 122.

[88] *Ady/Paetz,* WM 2009, 1061 (1065); das Merkblatt wurde für die Integration in das EGBGB sprachlich überarbeitet und um einige Informationen – insbesondere das Bestehen eines Widerrufsrechts – ergänzt, BTDrucks. 16/11643, S. 122.

[89] KG Berlin, Beschluss vom 18.07.2006, 5 W 156/06, NJW 2006, 3215, wonach das Muster für die Widerrufsbelehrung bei Fernabsatzverträgen nicht zur Erfüllung der vorvertraglichen Informationspflicht ausreicht; LG Halle (Saale), Urteil vom 13.05.2005, 1 S 28/05, WM 2007, 119, wonach § 14 Abs. 1 BGB-InfoV nichtig sein soll, da die Vorschrift nicht mit den gesetzlichen Regelungen in §§ 355 Abs. 2, 187 Abs. 1 BGB übereinstimmt und sich mithin nicht in den Grenzen der Verordnungsermächtigung bewegt; LG Koblenz, Urteil vom 20.12.2006, 12 S 128/06, BB 2007, 239; ausführlich zu dieser Rechtsprechung *Schröder,* NJW 2010, 1933 (1935).

[90] BT-Drucks. 16/11643, S. 74.

[91] Die Gesetzesbegründung verweist hinsichtlich der Bindung der Gerichte an die Muster daher auch nur auf die Anlagen 1 und 2 zum EGBGB, die die Widerrufs- und Rückgabebelehrung enthalten, BT-Drucks. 16/11643, S. 120.

[92] BT-Drucks. 16/11643, S. 120; der Gesetzgeber begründet diese Annahme damit, dass „*die einzelnen Artikel des EGBGB prinzipiell eine unbegrenzte Anzahl von Paragrafen enthalten können.*"; dass hierdurch das Verständnis für den Gesetzesanwender im Einzelfall weiter erschwert wird, bleibt unerwähnt.

cc) Fiktion einer pflichtgemäßen Belehrung nach Art. 247 § 2 Abs. 3 EGBGB

Verwendet der Kreditgeber das jeweilige Formularmuster, so „gilt" die ihm nach § 491a Abs. 1 BGB obliegende Informationspflicht als erfüllt. Die Vorschrift regelt damit – in Abgrenzung von der Problematik der „Rechtzeitigkeit" – die inhaltliche Erfüllung der Informationspflichten[93]. Durch die Regelung werden die Richtlinienvorgaben nach Art. 5 Abs. 1 Satz 3 und Art. 6 Abs. 1 Satz 5 RL umgesetzt, die dem Kreditgeber eine standardisierte Erfüllung seiner Informationspflichten ermöglichen sollen[94].

Voraussetzung der Fiktionswirkung ist zunächst, dass das Muster überhaupt ausgefüllt wird. Dies dürfte eigentlich selbstverständlich sein, ist allerdings eine Klarstellung zur Richtlinienvorgabe, die lediglich von einer „Verwendung" des Musters spricht. Als weitere Voraussetzung, muss das Muster die in den Art. 247 §§ 3 ff. EGBGB enthaltenen Informationen wiedergeben[95].

Das Muster muss weiterhin „ordnungsgemäß" ausgefüllt sein, d. h. es muss die tatsächlichen Vertragsbedingungen des Darlehensgebers wiedergeben und die Wünsche des Darlehensnehmers, soweit sie bekannt sind, berücksichtigen[96]. Bei Änderungen des Kreditwunsches während der Phase der Vertragsanbahnung muss das Muster entsprechend den geänderten Wünschen des Verbrauchers angepasst und diesem dann in geänderter Form ausgehändigt werden[97].

Im Hinblick auf die individuelle Gestaltung des Informationsmusters bleibt den Kreditinstituten wenig Spielraum[98]. Solche Informationen, die im Muster mit dem Vermerk „falls zutreffend" angegeben sind, können aber genauso gestrichen werden wie die einzelnen Informationen zum Fernabsatzgeschäft, wenn kein entsprechendes Geschäft vorliegt[99]. Nimmt der Darlehensgerber darüberhinaus gehende Änderungen oder Ergänzungen vor, entfällt die Gesetzlichkeitsfiktion.

---

93 *Schwintowski,* Bankrecht, § 13 Rn. 71.

94 BT-Drucks. 16/11643, S. 123, wonach die Regelung dem Rechtsgedanken des früheren § 14 Abs. 2 BGB-InfoV und dem neu hinzugefügten § 360 Abs. 3 Satz 1 BGB entspricht.

95 *Artz,* in: Bülow/Artz, Verbraucherkreditrecht, § 491a Rn. 33.

96 BT-Drucks. 16/11643, S. 123.

97 *Merz,* in: Kümpel/Wittig, Bank- und Kapitalmarktrecht, Rn. 10.79, der zusätzlich darauf hinweist, dass die Banken diesen Aufwand vermeiden können, indem sie das Muster erst am Ende der Vertragsanbahnungsphase aushändigen, wenn die wesentlichen Eckpunkte des Darlehens feststehen.

98 Zu den möglichen Schadensersatzansprüchen des Verbrauchers in den Fällen, in denen das Kreditinstitut zwar die vorgeschriebenen Informationen erteilt, allerdings hierfür nicht das gesetzliche vorgeschriebenen Muster verwendet siehe unten 7. Kap. I. 3.

99 *Merz,* a. a. O.; dem Verbraucher wird dabei zwar die Möglichkeit genommen, nachzuforschen, weshalb die genannten Informationen für seinen Vertrag „nicht zutreffend" sind; angesichts der Vielzahl der zu erteilenden Informationen dürfte aber davon auszugehen sein, dass durch das Auslassen nicht zutreffender Informationen die Verständlichkeit für den Verbraucher erhöht wird; allgemein kritisch zum *„überbordenden Umfang der dem Darlehensnehmer zu erteilenden Informationen"*, *Nobbe,* WM 2011, 625 (627), der davon ausgeht, dass viele Verbraucher aufgrund des Umfangs der Informationen ohnehin davon abgehalten werden, diese *„... auch nur zu lesen,*

Der Darlehensgeber darf das Standardformular nicht um weitere nach seinem Dafürhalten möglicherweise nützliche Informationen ergänzen. Dies wird durch Art. 247 § 4 Abs. 2 EGBGB untersagt, wonach weitere Hinweise des Darlehensgebers räumlich getrennt von den Angaben nach Art. 247 §§ 3 und 8 bis 13 erteilt werden müssen. Die Vorschrift setzt Art. 5 Abs. 1 Satz 5 RL um. Hierdurch soll dem Verbraucher verdeutlicht werden, bei welchen Informationen es sich um gesetzlich geschuldete handelt und welche ihm vom Kreditgeber freiwillig mitgeteilt werden[100]. „Vermischt" der Darlehensgeber daher eigene Informationen mit den gesetzlich vorgeschriebenen, gilt das Muster nicht als „ordnungsgemäß ausgefüllt", sodass auch die Gesetzlichkeitsfiktion nach Art. 247 § 2 Abs. 3 Satz 1 EGBGB nicht zum Tragen kommt[101]. Offen bleibt, ob sich dies nur auf Angaben bezieht, die in keinem Zusammenhang mit den Pflichtinformationen stehen, sodass dem Kreditgeber z. B. erläuternde Angaben zu den einzelnen gesetzlichen Pflichtinformationen möglich bleiben[102].

Handelt es sich beim Verbraucherkreditvertrag zugleich um einen Fernabsatzvertrag und verwendet der Darlehensgeber das ordnungsgemäß ausgefüllte Muster, hat er hiermit auch seine Informationspflichten nach § 312c Abs. 1 BGB i. V. mit Art. 246 §§ 1 und 2 EGBGB erfüllt. Durch die Regelung werden Art. 5 Abs. 1 Satz 3 und 6 Abs. 1 Satz 5 umgesetzt, die die Fiktionswirkung auch auf die Informationspflichten nach Art. 3 Abs. 1 und 2 der Fernabsatzrichtlinie[103] erstrecken. Die Informationsmuster enthalten daher jeweils auch Vorlagen zum Bereich des Fernabsatzrechts. Das „Europäische Standardisierte Merkblatt" wurde im Zuge des Gesetzgebungsvorhabens um einen Punkt 18 ergänzt, sodass auch dieses im Falle des ordnungsgemäßen Ausfüllens zusätzlich den Anforderungen des Fernabsatzrechts genügt[104]. Wird das betreffende Muster ordnungsgemäß ausgefüllt, scheiden auch die Rechtsfolgen des § 355 Abs. 4 Satz 2 BGB für das Erlöschen des Widerrufsrechts aus[105].

---

geschweige denn sie zu verarbeiten oder gar mit Kreditinformationen anderer Anbieter zu vergleichen".

[100] BT-Drucks. 16/11643, S. 126.

[101] *Merz,* in: Kümpel/Wittig, Bank- und Kapitalmarktrecht, Rn. 10.80.

[102] In diesem Sinne *Merz,* a. a. O.; hiergegen spricht aber einerseits der Richtlinientext, in dem von „*etwaige zusätzliche Informationen*" die Rede ist, worunter sämtliche weiteren Informationen neben den gesetzlich vorgeschriebenen fallen dürften; weiterhin ist bei der Aufnahme zusätzlicher Informationen in das für einen Laien ohnehin schwierig nachzuvollziehende Muster stets die bereits angesprochene Gefahr eines „information overload" zu beachten, der letztendlich beim Verbraucher nur dazu führt, dass die zahlreichen Informationen überhaupt nicht mehr zur Kenntnis genommen werden.

[103] Richtlinie 2002/65/EG des Europäischen Parlaments und des Rates vom 23.09.2002 über den Fernabsatz von Finanzdienstleistungen an Verbraucher, ABl. EG L 271/16.

[104] BT-Drucks. 16/11643, S. 123.

[105] BT-Drucks, 16/11643, S. 123.

Im Zusammenhang mit dem Gesetz über die Einführung einer Musterwiderrufsinformation für Verbraucherdarlehensverträge[106] wurden die Europäischen Standardinformationen für Verbraucherkredite und die Europäischen Verbraucherkreditinformationen geringfügig geändert. Diese Änderungen gelten zwar seit dem 30.07.2010[107]. Allerdings wurde durch das Änderungsgesetz auch eine Übergangsregelung in Art. 247 § 2 Abs. 3 Satz 3 eingefügt. Danach gilt die Verpflichtung zur vorvertraglichen Information nach § 491a Abs. 1 BGB bis zum 31.12.10 auch dann als erfüllt, wenn die gesetzlichen Muster aus der Anlage 3 und 4 in der Fassung des Umsetzungsgesetzes vom 29.07.2009 benutzt wurden[108].

dd) Die einzelnen Informationen nach Art. 247 §§ 3 ff. EGBGB

Da die Verwendung des gesetzlichen Musters nicht für alle Formen von Kreditverträgen zwingend ist, können die Kreditinstitute in einzelnen Fällen die Information individuell anpassen. Dabei stellt sich wiederum die Frage nach dem Umfang der zu erteilenden Informationen.

Art. 247 § 3 Abs. 1 EGBGB nennt die einzelnen vorvertraglich zu erteilenden Informationen. Dabei wurde von der Reihenfolge der Richtlinie abgewichen und stattdessen der Reihenfolge im Muster Europäische Standardinformationen für Verbraucherkredite gefolgt[109]. Systematisch wurden die Pflichtangaben für alle Arten von Verbraucherkreditverträgen von den Angaben getrennt, die nur bei bestimmten Verträgen enthalten sein müssen. Art. 247 § 3 Art. 1 EGBGB enthält die allgemeinen Pflichtangaben, während die nur im Einzelfall zu gewährenden Informationen in Art. 247 § 4 Abs. 1 EGBGB aufgezählt sind[110].

Die Definitionen für die einzelnen Begriffe finden sich in Art. 247 § 3 Abs. 2 EGBGB. Die Definition des Sollzinssatzes wurde in die Vorschrift des § 489 Abs. 5

---

[106] Vollständiger Name: Gesetz zur Einführung einer Musterwiderrufsinformation für Verbraucherdarlehensverträge, zur Änderung der Vorschriften über das Widerrufsrecht bei Verbraucherdarlehensverträgen und zur Änderung des Darlehensvermittlungsrechts, BGBl I 2010, 977; da die Information über das Widerrufsrecht sowohl zu den vorvertraglichen als auch den vertraglichen Pflichtinformationen zählt, das Gesetz hierfür aber keine Musterinformation enthielt, hatte der Deutsche Bundestag die Bundesregierung bereits mit einer Entschließung vom 02.07.2009, BR-Drucks 639/09, S. 2, aufgefordert, eine entsprechende Musterwiderrufsinformation zu erarbeiten; zu den Problemen, die sich aus der zeitlichen Lücke zwischen Inkrafttreten des Umsetzungsgesetzes am 11.06.2010 und dem Inkrafttreten des Änderungsgesetzes am 30.07.2010 ergeben *Bülow,* NJW 2010, 1713; *ders.,* in: Bülow/Artz, Verbraucherkreditrecht, Einf. Rn. 3d.

[107] BGBl I 2010, 977 (979).

[108] *Merz,* in Kümpel/Wittig, Bank- und Kapitalmarktrecht, Rn. 10.81a.

[109] Nach Ansicht des Gesetzgebers soll die Reihenfolge in der Musterinformation besser gegliedert und daher übersichtlicher sein; zum besseren Verständnis wurden die Informationen nach Art. 5 Abs. 1 Satz 3 RL außerdem teilweise aufgeteilt, sodass Art. 247 § 3 Abs. 1 EGBGB zahlenmäßig zwei Informationen mehr enthält als die Richtlinie, BT-Drucks. 16/11643, S. 123.

[110] Die Verbraucherkreditrichtlinie und die Formularmuster kennzeichnen diese im Einzelfall zu gewährenden Informationen mit den Zusätzen „*gegebenenfalls*“ oder „*falls zutreffend*“; BT-Drucks. 16/11643, S. 126.

Satz 1 BGB ausgegliedert, da diese Definition auch für Verträge gilt, die keine Verbraucherverträge sind[111]. Art. 247 § 3 Abs. 2 Satz 3 EGBGB verweist zur Berechnung des effektiven Jahreszinses auf § 6 PAngV sowie dessen Anlage[112]. Anstatt des Begriffs „Gesamtkreditbetrag" wird der bereits zuvor in § 492 Abs. 1 Nr. 1 BGB a. F. enthaltene Begriff des „Nettodarlehensbetrags" verwendet.

Nach Art. 247 § 3 Abs. 3 Satz 1 EGBGB müssen der Gesamtbetrag und der effektive Jahreszins anhand eines repräsentativen Beispiels verdeutlicht werden. Nach dem Willen des Gesetzgebers soll sich dieses Beispiel am Stadium der Vertragsverhandlungen sowie den individuellen Wünschen des Verbrauchers orientieren und dem Darlehensnehmer die Möglichkeit geben, realistisch seine Gesamtbelastung einzuschätzen. Die Kreditinstitute können daher nicht ohne weiteres auf die im Bereich der Werbung eingesetzten und nach § 6a Abs. 3 Satz 1 PAngV vorgeschriebenen Beispiele zurückgreifen[113].

Eine genaue Angabe, wie das repräsentative Beispiel ausgestaltet sein muss, um den gesetzlichen Anforderungen zu genügen, findet sich weder im Gesetz noch in der Gesetzesbegründung[114]. Letztere enthält lediglich den – eigentlich selbstverständlichen – Hinweis, dass Berechnungen aufgrund unvollständiger oder unzutreffender Grundlage nicht repräsentativ sind und daher die Anforderungen an den Informationsgehalt nicht erfüllen können[115]. Sofern die Berechnung des effektiven Jahreszinses vom Ergebnis eines mathematischen Verfahrens zur Berechnung der Wahrscheinlichkeit eines zukünftigen Verhaltens des Darlehensnehmers abhängt, muss von einem Ergebnis ausgegangen werden, das bei dem Darlehensnehmer tatsächlich oder jedenfalls normalerweise eintritt. Der Kreditgeber ist dabei allerdings nicht verpflichtet, zur Überprüfung des Beispiels seine Geschäftsstrukturen zu offenbaren[116].

Gerade die Zukunftsprognose für das wahrscheinliche zukünftige Verhalten des Darlehensgebers dürfte einen erheblichen Unsicherheits- und damit auch Fehlerspielraum beinhalten. Die Gesetzesbegründung spricht ausdrücklich von *„dem Darlehensnehmer*", weshalb sich die Prognose gerade auf den konkreten Vertragspartner beziehen muss. Eine bloße Wiedergabe der Berechnungsformel dürfte für den durchschnittlichen Verbraucher dabei im Regelfall ohne jeden Wert sein[117]. Dementsprechend wird man mindestens fordern müssen, dass durch das Beispiel die in die Berechnung einfließenden Beträge und Annahmen verständlich dargestellt werden[118].

---

[111] BT-Drucks. 16/11643, S. 125.

[112] Zur Problematik der Effektivzinsangabe bei Immobilienkrediten *Köhler,* WM 2012, 149.

[113] BT-Drucks. 16/11643, S. 125; *Artz,* in Bülow/Artz, Verbraucherkreditrecht, § 491a Rn. 38; *Schwintowski,* Bankrecht, § 13 Rn. 96.

[114] *Merz,* in Kümpel/Wittig, Bank- und Kapitalmarktrecht, Rn. 10.89.

[115] BT-Drucks. 16/11643, S. 125.

[116] BT-Drucks. 16/11643, S. 125.

[117] *Merz,* in Kümpel/Wittig, Bank- und Kapitalmarktrecht, Rn. 10.89.

[118] *Merz,* a. a. O.

Eine zusätzliche Informationspflicht wird durch Art. 247 § 3 Abs. 3 Satz 3 EGBGB festgelegt, wonach der Darlehensgeber darauf hinzuweisen hat, dass sich der effektive Jahreszins unter Umständen erhöht, wenn der Verbraucherdarlehensvertrag mehrere Auszahlungsmöglichkeiten mit unterschiedlichen Kosten oder Sollzinssätzen vorsieht und die Berechnung des effektiven Jahreszinses auf der Vermutung beruht, dass die für die Art des Darlehens übliche Auszahlungsmöglichkeit vereinbart wurde. Art. 247 § 3 Abs. 4 EGBGB ergänzt die Informationspflichten bezüglich des Sollzinssatzes nach Art. 247 § 3 Abs. 1 Nr. 5 EGBGB.

Während Art. 247 § 4 EGBGB wie bereits angesprochen vorvertragliche Informationen aufzählt, die nur im jeweiligen Einzelfall in den Vertrag aufzunehmen sind, regelt Art. 247 § 5 EGBGB die Informationspflichten bei besonderen Vertriebsformen, die keine Informationserteilung in der nach Art. 247 § 2 Abs. 3 Satz 1 EGBGB vorgeschriebenen Textform zulassen. Dies betrifft vor allem die fernmündliche Kommunikation. Die Form des Vertragsschlusses muss auf den Willen des Darlehensnehmers zurückzuführen sein, d. h. dieser muss die Initiative zum Vertragsschluss ergreifen und eine tatsächliche Wahlmöglichkeit zwischen mehreren Abschlussformen haben[119]. Ist dies der Fall, kann der Darlehensgeber seine Informationspflichten auch noch unverzüglich nach Vertragsschluss erfüllen.

Die Vorschrift setzt Art. 5 Abs. 3 RL um. Da nach deutschem Recht nach § 492 Abs. 1 BGB der Vertragsschluss aber grundsätzlich Schriftform erfordert, ist der Anwendungsbereich lediglich begrenzt[120]. Die Erleichterungen des Art. 247 § 5 EGBGB kommen daher z. B. bei eingeräumten Überziehungsmöglichkeiten nach § 504 Abs. 2 Satz 2 BGB oder bei Teilzahlungsgeschäften im Fernabsatz nach § 507 Abs. 1 Satz 2 BGB in Betracht[121].

Art. 247 § 8 Abs. 1 EGBGB regelt die Informationspflicht in Bezug auf bestimmte „Zusatzleistungen" des Kreditgebers. Hierunter sind solche Leistungen zu fassen, die zwingend zusammen mit dem jeweiligen Kreditvertrag abzuschließen sind bzw. deren zusätzlicher Abschluss vom Kreditgeber verlangt wird. Ein Verlangen im Sinne dieser Vorschriften ist aber nur dann gegeben, wenn das konkret angebotene Darlehen überhaupt oder nur zu den angebotenen Darlehenskonditionen gewährt wird, falls der Darlehensnehmer weitere Leistungen des Darlehensnehmers in Anspruch nimmt oder gleichzeitig ein weiterer Vertrag abgeschlossen wird[122]. Art. 247 § 8 Abs. 1 EGBGB kommt daher nicht zur Anwendung, wenn der Darlehensnehmer die gleichen Konditionen auch dann erhält, wenn er die angebotene Zusatzleistung nicht abschließt[123]. Beispiele für entsprechende Zusatzverträge sind vor allem Versicherungsverträge wie die Restschuldversicherung oder Kontoführungsverträge[124].

---

119 BT-Drucks. 16/11643, S. 126.

120 Nach Art. 10 Abs. 1 Satz 3 RL und Erwägungsgrund (30) der RL ist das Schriftformerfordernis auch richtlinienkonform, BT-Drucks. 16/11643, S. 126.

121 Palandt/*Weidenkaff*, EGBGB 247, § 5 Rn. 2; *Schwintowski*, Bankrecht, § 13 Rn. 105.

122 BT-Drucks. 16/11643, S. 128.

123 *Merz*, in Kümpel/Wittig, Bank- und Kapitalmarktrecht, Rn. 10.123.

124 Palandt/*Weidenkaff*, EGBGB 247, § 8 Rn. 2; die Vorschrift setzt Art. 5 Abs. 1 Satz 4 k) RL um.

Eine Sonderregelung für die Darlehenstilgung mittels so genannter Sparverträge findet sich in Art. 247 § 8 Abs. 2 Satz 1 und 2 EGBGB[125].

In Art. 247 §§ 9 bis 12 EGBGB werden Sonderregeln für Immobiliardarlehensverträge, Überziehungsmöglichkeiten, Umschuldungen, verbundene Verträge sowie entgeltliche Finanzierungshilfen festgelegt. Der Gesetzgeber hat diese in einzelnen Paragrafen geregelt, um Art. 247 § 3 EGBGB nicht zu überfrachten[126].

b) Die Verpflichtung zur Aushändigung eines Vertragsentwurfs, § 491a Abs. 2 BGB

§ 491a Abs 2 Satz 1 BGB erweitert den vorvertraglichen Pflichtenkatalog des Kreditgebers durch den Anspruch des Verbrauchers, einen Entwurf des Darlehensvertrages zu verlangen.

Die Vorschrift setzt Art. 5 Abs. 4 und 6 Abs. 6 RL um und ist ausdrücklich als Anspruchsgrundlage ausgestaltet. Damit soll einerseits klargestellt werden, dass die Pflicht zur Überreichung eine Vertragsentwurfs unabhängig von den Informationspflichten nach § 491a Abs. 1 BGB i. V. mit Art. 247 EGBGB besteht[127]. Der Kreditgeber kann sich von dieser Verpflichtung daher nicht durch die Erteilung der Musterinformation befreien. Umgekehrt stellt die Gesetzesbegründung ausdrücklich klar, dass die Informationspflicht nach § 491a Abs. 1 BGB nicht durch die Übersendung des Vertragsentwurfes erfüllt werden kann[128]. Die Verpflichtungen des Kreditgebers nach § 491a Abs. 1 und Abs. 2 BGB bestehen daher jeweils unabhängig voneinander[129]. Die Verpflichtung zur Überreichung des Vertragsentwurfs besteht – im Gegensatz zu den anderen vorvertraglichen Informationspflichten – allerdings nur auf Verlangen des Verbrauchers, d. h. wenn dieser die Aushändigung explizit wünscht[130].

Durch die Ausgestaltung als Anspruch wird weiterhin klargestellt, dass der Kreditgeber für den Vertragsentwurf kein Entgelt verlangen darf[131]. Dies gilt allerdings nur, wenn auch die Voraussetzungen nach § 491a Abs. 2 BGB vorliegen, d. h. wenn

[125] Siehe hierzu *Artz,* in Bülow/Artz, § 491a Rn. 44 sowie unten 8. Kap. I. 5.

[126] BT-Drucks. 16/11643, S. 121; dieses Ziel ist zwar grundsätzlich lobenswert; aufgrund der umfangreichen Ausnahmekataloge und der ohnehin komplizierten Verweisungstechnik zwischen BGB und EGBGB und von dort in weitere Gesetze wie die PAngV dürfte sich der Vorteil für den Gesetzesanwender allerdings in Grenzen halten; zurecht kritisch daher *Derleder,* NJW 2009, 3195 (3198).

[127] BT-Drucks. 16/11643, S. 78.

[128] BT-Drucks. 16/11643, S. 78; etwas anderes gilt nach Art. 248 § 4 Abs. 3 EGBGB beim Zahlungsdiensterahmenvertrag.

[129] *Nobbe,* WM 2008, 625 (627).

[130] *Merz,* in: Kümpel/Wittig, Bank- und Kapitalmarktrecht, Rn. 10.146; wobei der Verbraucher nach Art. 247 § 3 Abs. 1 Nr. 15 EGBGB vorvertraglich über seinen Anspruch auf Aushändigung eines Vertragsentwurfs informiert werden muss.

[131] BT-Drucks. 16/11643, S. 78; *Münscher/Peters,* in: Schimansky/Bunte/Lwowsky, Bankrechts-Handbuch, § 81 Rn. 113; *Schwintowski,* Bankrecht, § 13 Rn. 139; allgemein zur Problematik der

der Kreditgeber nach Abs. 2 Satz 2 auch zum Abschluss des Vertrages bereit ist. Verlangt der Verbraucher bereits vorher einen Vertragsentwurf, kann hierfür auch ein Entgelt verlangt werden[132].

Die Vorschrift erweitert den Pflichtenkreis des Kreditgebers, da er nach früherem Recht nur zur Aushändigung des endgültigen Vertragsentwurfes verpflichtet war[133]. Dabei stellt sich die Frage, ob weitere Informationen neben den bereits nach § 491a Abs. 1 BGB zu erteilenden überhaupt noch notwendig sind. Wie bereits beschrieben sollen die erteilten Informationen den Verbraucher aber gerade auch in die Lage versetzen, die Angebote verschiedener Kreditgeber zu vergleichen. Hierfür dürfte es tatsächlich sinnvoll sein, ihm nicht nur abstrakte Informationen über die Vertragsbedingungen des jeweiligen Anbieters vorzulegen, sondern einen Entwurf zu überreichen, in dem der Verbraucher seine Wünsche eingebracht hat und der die Bedingungen enthält, zu denen sich der Kreditgeber zum Vertragsschluss bereit erklärt[134]. Der Anspruch kann außerdem dann Bedeutung erlangen, wenn der Kreditgeber nicht die vorgegebenen Informationsmuster benutzt, was z. B. bei den in § 495 Abs. 3 Nr. 1 BGB genannten Fällen der Umschuldung und bei Überziehungsmöglichkeiten nach § 504 Abs. 2 BGB möglich ist[135]. In diesen Fällen können die Informationen im Vertragsentwurf über die vorvertraglich zu erteilenden Informationen hinausgehen, beispielsweise was die Auszahlungsbedingungen angeht[136].

Nach § 491a Abs. 2 Satz 2 BGB ist der Anspruch auf Aushändigung einer Vertragsurkunde ausgeschlossen, solange der Darlehensgeber nicht zum Vertragsabschluss bereit ist[137]. Dieser Aufschub gibt dem Darlehensgeber die Möglichkeit, z. B. das Ergebnis einer noch ausstehenden Bonitätsauskunft abzuwarten[138]. Der Anspruch erlischt, wenn beim Kreditgeber die Bereitschaft zum Abschluss des Kreditvertrages entfällt, ansonsten mit Abschluss des Kreditvertrages[139].

Inrechnungstellung von Gebühren für bestimmte Dienstleistungen durch den Kreditgeber *Bitter*, WM 2008, 2155.

[132] *Merz,* in: Kümpel/Wittig, Bank- und Kapitalmarktrecht, Rn. 10.146; dies kann z. B. der Fall sein, wenn der Darlehensgeber zunächst eine Bonitätsauskunft abwarten will, der Verbraucher allerdings bereits Gespräche mit weiteren Kreditinstituten führen und dabei die verschiedenen Vertragsentwürfe vergleichen will.

[133] § 492 Abs. 3 BGB a. F.; *Münscher/Peters,* in: Schimansky/Bunte/Lwowsky, Bankrechts-Handbuch, § 81 Rn. 113.

[134] *Artz,* in: Bülow/Artz, Verbraucherkreditrecht, § 491a Rn. 45.

[135] BT-Drucks. 16/11643, S. 78.

[136] BT-Drucks. 16/11643, S. 78.

[137] Dieser Aufschub wird durch Art. 5 Abs. 4 Satz 2 und Art. 6 Abs. 6 Satz 2 RL vorgegeben.

[138] *Artz,* in: Bülow/Artz, Verbraucherkreditrecht, § 491a § 47; *Schwintowski,* Bankrecht, § 13 Rn. 140.

[139] *Merz,* in: Kümpel/Wittig, Bank- und Kapitalmarktrecht, Rn. 10.146; nach Vertragsschluss ist der Darlehensgeber aber wiederum nach § 492 Abs. 3 Satz 1 BGB verpflichtet, dem Verbraucher eine Ausfertigung der Vertragsurkunde zu überlassen; diese Verpflichtung besteht anders als bei § 491a Abs. 2 Satz 1 BGB unabhängig von einem entsprechenden Verlangen des Darlehensnehmers.

c) Die Erläuterungspflicht nach § 491a Abs. 3 BGB

aa) Gesetzliche Ausgestaltung

Mit der neu geschaffenen Erläuterungspflicht nach § 491a Abs. 3 BGB setzt der deutsche Gesetzgeber die Richtlinienvorgaben aus Art. 5 Abs. 6 RL um. Die Regelung ist zusammen mit dem Katalog vorvertraglich zu erteilender Informationen das Kernstück des neuen Informationsmodells im Verbraucherkredit. Gleichzeitig bildet sie den Schlusspunkt unter die umfangreichen Diskussionen über das Modell der verantwortungsvollen Kreditvergabe, die in der Literatur gerade im Zusammenhang mit dem ersten Richtlinienentwurf der Kommission aus dem Jahr 2002 aufgekommen waren[140].

§ 491a Abs. 3 Satz 1 BGB verpflichtet den Darlehensgeber, dem Darlehensnehmer vor Abschluss des Verbraucherdarlehensvertrages angemessene Erläuterungen zu geben, damit der Verbraucher in die Lage versetzt wird, zu beurteilen, ob der Vertrag dem von ihm verfolgten Zweck und seinen Vermögensverhältnissen gerecht wird. In § 491a Abs. 3 Satz 2 BGB wird die Erläuterungspflicht anhand möglicher Erläuterungsinhalte näher beschrieben, wobei durch den Gebrauch des Wortes *„gegebenenfalls"* zum einen klar gestellt wird, dass § 491a Abs. 3 Satz 2 BGB nicht alle möglichen Inhalte abschließend aufzählt. Zum anderen bedeutet es auch, dass gerade nicht alle der aufgezählten Inhalte zwingend in jedem Fall Gegenstand der Erläuterung sein müssen[141].

§ 491a Abs. 3 Satz 1 und 2 BGB entsprechen den Vorgaben des Art. 5 Abs. 6 Satz 1 RL[142]. Beide Vorschriften definieren den Inhalt der Erläuterungspflicht letztlich über deren Ziel, nämlich den Verbraucher in die Lage zu versetzen, eine Entscheidung über den Kreditvertrag zu treffen bzw. denjenigen auszusuchen, der dem von ihm verfolgten Zweck und seinen Vermögensverhältnissen am ehesten gerecht wird[143]. Art. 5 Abs. 6 Satz 2 RL stellt es den Mitgliedstaaten frei, die Art und Weise der zu gewährenden Unterstützung, deren Umfang sowie die Frage, durch wen sie zu gewähren ist, den besonderen Umständen der Situation, in der der Kreditvertrag angeboten wird, der Person, der er angeboten wird und der Art des angebotenen Kredits anzupassen.

Wie man der Gesetzesbegründung selbst entnehmen kann, handelt es sich bei der Erläuterungspflicht um eine Neuheit im deutschen Recht[144]. Gerade auch wegen der fehlenden Vorgaben durch die Richtlinie bleiben Inhalt und Reichweite dieser

---

[140] Siehe hierzu oben unten 4. Kap. I. 2.

[141] BT-Drucks. 16/11643, S. 79.

[142] Siehe hierzu oben 4. Kap. II. 2. c).

[143] Siehe zu dieser erfolgsbezogenen Definition oben 4. Kap. II. 2. c) sowie *Ady/Paetz,* WM 2009, 1061 (1067).

[144] BT-Drucks. 16/11643, S. 78, allerdings mit der Einschränkung, dass sich die hieraus ergebenden Pflichten regelmäßig schon vorher als vertragliche Nebenpflichten aus § 241 Abs. 2 BGB ergeben haben.

Pflicht entsprechend dunkel[145]. Teile der Literatur wollen die Erläuterungspflicht zum größtmöglichen Schutz des Verbrauchers daher entsprechend einer Beratungspflicht verstehen oder jedenfalls dieser annähern[146].

bb) Umsetzung der Erläuterungspflicht in den einzelnen Mitgliedstaaten[147]

Mittlerweile liegen erste Studien zur Umsetzung der Verbraucherkreditrichtlinie in den einzelnen Mitgliedstaaten vor[148]. Während ein Großteil der Mitgliedstaaten die nach der Richtlinie vorgesehenen „angemessenen Erläuterungen" wortgleich übernommen hat, wurde in Italien auf eine Umsetzung der Vorschrift verzichtet[149]. In der lettischen Fassung wurde dagegen das Wort „angemessen" nicht übernommen. Erläuterungen sind damit in jedem Fall und nicht nur in angemessenem Umfang zu erteilen[150]. Dagegen wurde in Polen der Begriff „angemessen" dahingehend konkretisiert, dass der Verbraucher hierdurch in die Lage versetzt werden soll, zwischen den verschiedenen Kreditangeboten eine Auswahl zu treffen[151]. Vergleicht man diese Ausgestaltung mit der deutschen Fassung erkennt man, dass § 491a Abs. 3 Satz 1 BGB in erster Linie auf die Person des Verbrauchers abstellt, wenn dort lediglich von den Vermögensverhältnissen des Verbrauchers und dem von ihm verfolgten Zweck gesprochen wird[152].

Um sicherzustellen, dass die angemessenen Erläuterungen tatsächlich in dem von der Richtlinie vorgesehenen Umfang erteilt werden, wurde in Frankreich ein eigenes Trainingsprogramm für die Erläuterungspflichtigen geschaffen[153]. Art. 311–8 des Code de la Consommation schreibt in diesem Zusammenhang eine obligatorische Ausbildung für Personen, die Verbrauchern Erklärungen zu angebotenen Krediten, dem Verkauf von Krediten und der Überschuldungsprävention geben, vor[154].

In Großbritannien wurden dagegen durch das Office of Fair Trading, der dortigen Wettbewerbsbehörde, Richtlinien für die Erteilung der angemessenen Erläu-

---

[145] *Nobbe,* WM 2011, 625 (628).

[146] Zu den einzelnen Problempunkten siehe unten 7. Kap. II.

[147] Ausführlich hierzu *Metz,* NJW 2012, 1990 (1992).

[148] Implementation of the Consumer Credit Directive, abrufbar unter http://www.europarl.europa.eu/document/activities/cont/201201/20120130ATT36564/20120130ATT36564EN.pdf, zuletzt abgerufen am 27.01.2013.

[149] Implementation of the Consumer Credit Directive, S. 58.

[150] Implementation of the Consumer Credit Directive, a. a. O.

[151] Implementation of the Consumer Credit Directive, a. a. O.

[152] Wobei angesichts der Formulierung „*Bedürfnisse*" in Art. 5 Abs. 6 RL der nach § 491a Abs. 3 Satz 1 BGB „*verfolgte Zweck*" weitergehend im Sinne der gesamten Bedürfnisse des Verbrauchers zu verstehen sein dürfte, *Metz,* NJW 2012, 1990 (1992).

[153] Implementation of the Consumer Credit Directive, S. 59.

[154] Studie des Europäischen Verbraucherschutz e. V. „*Ein Europäischer Markt für Verbraucherkredite: existiert ein solcher wirklich? – Betrachtungen im Deutsch-Französischen Kontext*", abrufbar unter http://www.eu-verbraucher.de/fileadmin/user_upload/eu-verbraucher/PDF/Berichte/Studie_ZEV_Verbraucherkredite.pdf, zuletzt abgerufen am 27.01.2013, S. 3.

terungen erteilt[155]. Interessant ist, dass gerade für den Vertrieb über das Internet, der aufgrund des Ziels der grenzüberschreitenden Kreditaufnahme eigentlich steigen sollte, erhöhte Anforderungen gestellt werden. So geht das Office of Fair Trading davon aus, dass die Kreditinstitute verständliche Frequently Asked Questions (FAQ) oder die Kontaktdaten eines Callcenters für eine weitergehende Beratung bereithalten[156].

Während in Italien die Erläuterungspflicht nicht in die nationale Gesetzgebung übernommen wurde, haben andere Länder wie Frankreich oder Großbritannien dagegen sogar weitergehende Maßnahmen ergriffen, um den Verbrauchern vor Abschluss eines Kreditvertrages eine „angemessene Erläuterung" zu garantieren. Der deutsche Gesetzgeber hat dagegen die Vorgaben der Richtlinie nahezu wortgleich übernommen und auf weitergehende Sicherungsmaßnahmen, wie sie z. B. in Frankreich vorgesehen sind, verzichtet.

6. Vorvertragliche Informationspflichten bei Zahlungsaufschub, sonstigen Finanzierungshilfen und Teilzahlungsgeschäften

Durch § 506 BGB werden die für Darlehensverträge geltenden Verbraucherschutzvorschriften auf alle Finanzierungshilfen erstreckt. Die Vorschriften, die zur Umsetzung der Verbraucherkreditrichtlinie geschaffen wurden, gelten daher für alle Formen der Finanzierung[157]. § 506 Abs. 1 BGB verweist insoweit auch ausdrücklich auf § 491a, sodass auch in diesem Bereich die neu geschaffenen vorvertraglichen Informationspflichten Anwendung finden.

Für den Bereich der Teilzahlungsgeschäfte werden die vorvertraglichen Informationspflichten durch § 507 Abs. 3 Satz 1 BGB eingeschränkt. Sofern der Unternehmer lediglich gegen Teilzahlungen Sachen liefert oder Leistungen erbringt bedarf es keiner Angabe des Barzahlungspreises und des effektiven Jahreszinses.

7. Die Kreditwürdigkeitsprüfung nach § 18 Abs. 2 KWG

Mit § 18 Abs. 2 KWG hat der deutsche Gesetzgeber die Vorgaben aus Art. 8 Abs. 1 RL umgesetzt. § 18 Abs. 2 Satz 1 KWG verpflichtet die Kreditinstitute nunmehr vor Abschluss eines Verbraucherdarlehensvertrages oder eines Vertrages über eine entgeltliche Finanzierungshilfe, die Kreditwürdigkeit des Verbrauchers zu prüfen. Als Grundlage für diese Prüfung nennt § 18 Abs. 2 Satz 2 KWG beispielhaft Auskünfte

---

[155] Irresponsible lending – OFT guidance for creditors, abrufbar unter http://www.oft.gov.uk/shared_oft/business_leaflets/general/oft1107.pdf, zuletzt abgerufen am 27.01.2013.

[156] Implementation of the Consumer Credit Directive, S. 59.

[157] BT-Drucks. 16/11643, S. 91; Palandt/*Weidenkaff*, § 506 Rn. 1.

des Verbrauchers oder erforderlichenfalls Auskünfte von Stellen, die geschäftsmäßig personenbezogene Daten erheben, speichern oder verändern[158].

Eine vergleichbare Vorschrift enthält § 509 BGB für Verträge über entgeltliche Finanzierungshilfen. Die Vorschrift wurde in das BGB integriert, da Wirtschaftsunternehmen, die bei eigenen Geschäften wie dem Finanzierungsleasing oder dem Teilzahlungskauf Kredite gewähren, nicht unter das KWG fallen[159]. Im Rahmen der Kreditwürdigkeitsprüfung soll sich der Unternehmer ein Urteil darüber bilden, mit welcher Wahrscheinlichkeit der Verbraucher seine Verpflichtungen aus dem Vertrag über die entgeltliche Finanzierungshilfe endgültig zurückführen wird[160].

Aufgrund der unterschiedlichen Ausgestaltung der beiden Vorschriften – einerseits die Normierung für Verbraucherdarlehen im KWG und andererseits für Finanzierungshilfen im BGB – ist in der Literatur umstritten, inwieweit beide Vorschriften Schutzwirkung zugunsten des Verbrauchers entfalten, sodass dieser im Einzelfall hieraus einen Schadensersatzanspruch ableiten kann[161]. Unabhängig von der Frage des Schutzzwecks wird durch die Normierung in verschiedenen Gesetzen jedenfalls die Arbeit für den Gesetzesanwender erschwert. In diesem Zusammenhang erschließt sich nicht, weshalb der Gesetzgeber hier von einer einheitlichen Ausgestaltung im BGB Abstand genommen hat.

---

[158] Nach der Gesetzesbegründung soll es den Kreditinstituten freistehen, ob sie beide Informationsmöglichkeiten kombinieren oder zusätzlich auf weitere Erkenntnisse, z. B. aus eigenen Datenbeständen zurückgreifen, BT-Drucks. 16/11643, S. 144.

[159] BT-Drucks. 16/11643, S. 96.

[160] BT-Drucks. 16/11643, S. 96.

[161] Siehe zu den jeweiligen Ansichten und der Kritik an der Ausgestaltung der Kreditwürdigkeitsprüfung unten 7. Kap. II. 5.

Kapitel 6
Die Information bei Vertragsschluss: Formzwang und Sanktionen

Im Gegensatz zu den neu normierten vorvertraglichen Informationspflichten gab es bereits nach altem Recht für die im Verbraucherdarlehensvertrag zu erteilenden Informationen in § 492 BGB eine detaillierte Aufzählung. Diese wird auch nach neuem Recht durch ein spezielles Fehlerfolgensystem nach § 494 BGB ergänzt. Um die durch die Gesetzesänderung geschaffenen Veränderungen nebst Problemfällen nachvollziehen zu können, sollen in einem weiteren Schritt die vertraglichen Informationen nebst den Sanktionen von Form- und Mitteilungsverstößen nach altem und neuem Recht dargestellt werden.

I. Schriftformerfordernis nach § 492 Abs. 1 BGB

1. Schriftform, § 492 Abs. 1 Satz 1 BGB

§ 492 Abs. 1 Satz 1 BGB schreibt auch nach neuem Recht für Verbraucherkreditverträge die Schriftform nach § 126 BGB vor[1]. Im Zusammenspiel mit den zu erteilenden Pflichtangaben und der zweiwöchigen Überlegungsfrist nach §§ 495, 312 BGB bildet die Schriftform einen weiteren Bestandteil der gesetzlichen Aufklärung durch den Kreditgeber[2]. Sie geht auf Art. 10 Abs. 1 Satz 1 RL zurück, der vorschreibt, dass Kreditverträge auf Papier oder einem anderen dauerhaften Datenträger zu erstellen sind.

Schriftform bedeutet nach § 126 Abs. 1 BGB, dass der Vertrag von den Parteien eigenhändig durch Namensunterschrift oder mittels notariell beglaubigten Handzeichens unterzeichnet werden muss. Die Unterschriften müssen nach § 126 Abs. 2 Satz 1 BGB grundsätzlich auf derselben Vertragsurkunde vorgenommen werden. Werden über den Vertrag mehrere gleichlautende Urkunden aufgenommen, so ge-

[1] Siehe zur alten Rechtslage oben 3. Kap. II. 3. b).

[2] *Reifner,* in: Derleder/Knops/Bamberger, Handbuch des deutschen und europäischen Bankrechts, § 15 Rn. 144; *Artz,* in: Bülow/Artz, Verbraucherkreditrecht, § 492 Rn. 26.

C. Gercke, *Schadensersatz wegen vorvertraglicher Informationspflichtverletzung beim Verbraucherkredit,* Bibliothek des Bank- und Kapitalmarktrechts 1,
DOI 10.1007/978-3-642-39121-7_6, © Springer-Verlag Berlin Heidelberg 2014

nügt es nach § 126 Abs. 2 Satz 2 BGB, wenn jede Partei die für die andere Partei bestimmte Urkunde unterzeichnet.

Durch das Schriftformerfordernis und die Pflichtangaben im Vertrag soll der Verbraucher vor einem unüberlegten finanziellen Engagement gewarnt und über die einzelnen Darlehenskonditionen informiert werden, damit er eine sachgerechte Entscheidung auf gesicherter Basis für oder gegen die Darlehensaufnahme treffen kann[3]. Die Schriftform hat daher einerseits Warnfunktion für den Verbraucher, andererseits Informationsfunktion im Hinblick auf die Pflichtangaben, durch die ihm auch die Entscheidung über die Ausübung des Widerrufs erleichtert wird[4]. Die Parallelen zu den vorvertraglichen Informationspflichten sowie der neu geschaffenen Erläuterungspflicht liegen daher auf der Hand.

Das Schriftformerfordernis bezieht sich auf den gesamten Darlehensvertrag, d. h. nicht nur wie früher nach § 1a Abs. 1 Satz 1 AbzG auf die Willenserklärung des Verbrauchers, sondern auch auf die Willenserklärung des Unternehmers als Darlehensgeber[5]. Ausnahmen vom Schriftformerfordernis bestehen nach § 492 Abs. 2 Satz 1 BGB ausdrücklich bei einer strengeren vorgeschriebenen Form, so z. B. nach § 311b Abs. 1 Satz 1 BGB, wenn der Darlehensvertrag Teil eines Grundstückskaufvertrags ist[6].

§ 492 Abs. 1 Satz 2 und 3 BGB enthält bestimmte Formerleichterungen, die den Besonderheiten des Darlehensgeschäfts geschuldet sind. Nach § 492 Abs. 1 Satz 2 BGB ist der Schriftform genügt, wenn Antrag und Annahme durch die Vertragsparteien jeweils getrennt schriftlich erklärt werden. Die Erklärung des Darlehensgebers bedarf ferner nach § 492 Abs. 1 Satz 3 BGB keiner Unterzeichnung, wenn sie mit Hilfe einer automatischen Einrichtung erstellt wird. Hierunter fallen insbesondere Computerausdrucke[7]. Im Ergebnis fordert das Gesetz damit nur noch für den Darlehensnehmer zwingend die eigenhändige Unterschrift unter den Vertrag. Das Unterschriftserfordernis für den Darlehensgeber besteht nur noch bei herkömmlicher, individueller Erstellung der Erklärung[8].

Die dargestellten Ergänzungen sind für den Darlehensvertrag erforderlich, da es für die Schriftform nach § 126 Abs. 1 BGB z. B. nicht ausreicht, wenn eine Partei

---

[3] *Merz,* in: Kümpel/Wittig, Bank- und Kapitalmarktrecht, Rn. 10.171.

[4] BGH, Urteil vom 12.12.1973, VIII ZR 183/72, BGHZ 62, 42 (46) zum früheren § 1a AbzG; Urteil vom 06.12.2005, XI ZR 139/05, NJW 2006, 681 zu § 6 VerbrKrG; *Artz,* in: Bülow/Artz, Verbraucherkreditrecht, § 492 Rn. 34; *Herresthal,* BKR 2004, 479 (480); siehe auch die Gesetzesbegründung zur Vorgängernorm des § 4 Abs. 1 Satz 4 VerbrKrG, BT-Drucks. 11/5462, S. 19.

[5] *Artz,* in: Bülow/Artz, Verbraucherkreditrecht, § 492 Rn. 34.

[6] Palandt/*Weidenkaff,* § 492 Rn. 2.

[7] Erman/*Saenger,* § 492 Rn. 5; Bamberger/Roth/*Möller,* § 492 Rn. 6; *Artz,* in: Bülow/Artz, Verbraucherkreditrecht, § 492 Rn. 59; a. A. *Merz,* in: Kümpel/Wittig der auf BGH, Urteil vom 29.04.2004, VIII ZR 341/03, NZM 2005, 61 verweist; dort wird für die gleich lautende Formulierung in § 10 Abs. 1 Satz 5 WoBindG gefordert, dass es sich um eine Datenverarbeitungsanlage handelt, die die zuvor eingegebenen individuellen Daten selbstständig mit dem übrigen Text verbindet und die jeweilige Erklärung eigenständig erstellt, ohne dass es individueller hand- oder maschinenschriftlicher Nachträge bedarf.

[8] *Artz,* a. a. O.

nur das Vertragsangebot und die andere nur die Annahmeerklärung unterzeichnet[9]. Erforderlich ist vielmehr, dass das gesamte Vertragsangebot, also Angebot und Annahme von beiden Vertragsparteien unterzeichnet wird[10]. Da der Gesetzgeber allerdings die bei der Kreditvergabe übliche Geschäftspraxis der Unterzeichnung des Angebots durch das Kreditinstitut und die darauf folgende Erklärung der Annahme durch den Darlehensnehmer oder umgekehrt sowie die Verwendung von Formularsätzen nicht beeinträchtigen wollte, wurden in § 492 Abs. 1 Satz 2 und 3 BGB Sonderregelungen getroffen[11]. Diese Ausnahmen sind möglich, da die Verbraucherkreditrichtlinie ausdrücklich auf eine Regelung zum Vertragsschlusstatbestand verzichtet und es damit den Mitgliedstaaten überlässt, entsprechende Klauseln einzuführen oder beizubehalten[12].

Aufgrund der dargestellten Warn- und Informationsfunktion der Schriftform ist ein durch eine Blankounterschrift des Verbrauchers geschlossener Kreditvertrag nichtig[13]. Gleiches gilt im Zusammenhang mit § 492 Abs. 4 Satz 1 BGB für blanko unterschriebene Vollmachten[14].

Besteht der Darlehensvertrag – was regelmäßig der Fall sein dürfte – aus mehreren Seiten, verlangt § 126 BGB jedenfalls keine feste Verbindung der einzelnen Seiten[15]. Es reicht aus, wenn sich die Einheit der Blätter aus fortlaufender Paginierung, fortlaufender Nummerierung der einzelnen Bestimmungen, einheitlicher grafischer Gestaltung, inhaltlichem Zusammenhang des Textes oder vergleichbaren Merkmalen zweifelsfrei ergibt[16]. Da die Vertragserklärung der jeweils anderen Partei in der gebotenen Form zugehen muss, genügt eine Übermittlung mittels Fax nicht[17].

---

[9] *Peters,* in: Schimansky/Bunte/Lwowsky, Bankrechts-Handbuch, § 81 Rn. 123.

[10] BGH, Urteil vom 26.05.1999, VIII ZR 148/98, NJW 1999, 1412.

[11] *Peters,* in: Schimansky/Bunte/Lwowsky, Bankrechts-Handbuch, § 81 Rn. 122 f. unter Hinweis auf die Novellierung zu § 4 Abs. 1 Satz 1 VerbrKrG und die Gesetzesbegründung in BT-Drucks. 11/5462, S. 19; *Merz,* in: Kümpel/Wittig, Bank- und Kapitalmarktrecht, Rn. 10.177 weist in diesem Zusammenhang darauf hin, dass nach der Streichung des § 492 Abs. 1 Satz 5 BGB, wonach lediglich die vom Darlehensnehmer zu unterzeichnende Vertragsurkunde den gesetzlich vorgeschriebenen Inhalt aufweisen musste, bei Vertragsabschluss auf getrennten Urkunden seit Inkrafttreten des Gesetzes jede Urkunde auch den gesetzlich vorgeschrieben Inhalt aufweisen muss, a. A. PWW/*Kessal-Wulf,* § 492 Rn. 2.

[12] So ausdrücklich Erwägungsgrund (30) sowie Art. 10 Abs. 1 Satz 3 RL; *Artz,* in: Bülow/Artz, Verbraucherkreditrecht, § 492 Rn. 57.

[13] BGH, Urteil vom 29.02.1996, IX ZR 153/95 zur Blankounterschrift unter eine Bürgschaft; Urteil vom 19.05.2005, III ZR 240/04, NJW-RR 2005, 1330; Palandt/*Weidenkaff,* § 492 Rn. 2.

[14] *Artz,* in: Bülow/Artz, Verbraucherkreditrecht, § 492 Rn. 36; hinsichtlich einer Blankounterschrift des Darlehensgebers bestehen allerdings keine Bedenken, *ders.,* a. a. O., Rn. 48; PWW/*Kessal-Wulf,* § 492 Rn. 2.

[15] BGH, Urteil vom 07.07.1999, XII ZR 14/97, NJW 1999, 3257; Urteil vom 29.09.2999, XII ZR 312/98, NJW 2000, 354; Urteil vom 18.12.2002, XII ZR 253/01, NJW 2003, 1248.

[16] *Peters,* in: Schimansky/Bunte/Lwowsky, Bankrechts-Handbuch, § 81 Rn. 126; *Herresthal,* BKR 2004, 479 (482).

[17] BGH, Urteil vom 06.12.2005, XI ZR 139/05, NJW 2006, 681; PWW/*Kessal-Wulf,* § 492 Rn. 2 mit dem Hinweis, dass insoweit allerdings ein Verzicht auf die Annahme nach § 151 Satz 1 BGB

§ 492 Abs. 4 Satz 1 BGB erweitert das Schriftformerfordernis auf die Vollmacht, die ein Darlehensnehmer zum Abschluss eines Verbraucherdarlehensvertrages erteilt. Der Gesetzgeber hat sich mit dieser Regelung ausdrücklich gegen die frühere Rechtsprechung entschieden, wonach die Vollmachtsurkunde zum Abschluss eines Verbraucherkreditvertrags weder die Pflichtangaben des § 4 Abs. 1 Satz 5 VerbrKrG enthalten musste noch dem Schriftformerfordernis unterlag[18].

Durch die Regelung in Art. 247 § 6 Abs. 1 Nr. 6 EGBGB unterfallen nunmehr auch alle Nebenabreden zum Darlehensvertrag dem Schriftformerfordernis. Eine Differenzierung nach wesentlichen und unwesentlichen Nebenabreden dürfte aufgrund des insoweit klaren Wortlauts („sämtliche weitere Vertragsbedingungen") nicht in Betracht kommen[19]. Zu den Nebenabreden zählen insbesondere auch die allgemeinen Geschäftsbedingungen des Darlehensgebers[20].

2. Abschluss in elektronischer Form, §§ 126 Abs. 3, 126a BGB

§ 492 Abs. 1 Satz 2 BGB a.F. schloss für Verbraucherkreditverträge den Vertragsschluss in elektronischer Form aus. An dieser Regelung wurde im Zuge der Umsetzung der Verbraucherkreditrichtlinie nicht mehr festgehalten.

Die Änderung ist auf Art. 10 Abs. 1 Satz 3 RL zurückzuführen, der es den Mitgliedstaaten nunmehr freistellt, eigene Vorschriften über die Gültigkeit von Kreditverträgen zu erlassen, allerdings mit der Einschränkung, dass diese mit dem übrigen Gemeinschaftsrecht in Einklang stehen müssen[21]. Art. 10 Abs. 1 Satz 1 RL gibt insoweit lediglich vor, dass Kreditverträge „auf Papier oder einem anderen dauerhaften Datenträger" zu erstellen sind. Die Regelung bleibt hinter Art. 4 Abs. 1 Satz 1 der Richtlinie 87/102/EWG zurück, der für Kreditverträge noch ausdrücklich die Schriftform vorschrieb.

---

in Betracht kommt; siehe hierzu BGH, Urteil vom 27.04.2004, XI ZR 49/03, NJW-RR 2004, 1683; ebenso Bamberger/Roth/*Möller*, § 492 Rn. 6.

[18] *Schwintowski*, Bankrecht, § 13 Rn. 151 mit weiteren Nachweisen für die frühere Rechtsprechung des BGH; ausführlich zu dieser Problematik *Peters*, in: Schimansky/Bunte/Lwowsky, Bankrechts-Handbuch, § 81 Rn. 149 ff.

[19] *Artz*, in: Bülow/Artz, Verbraucherkreditrecht, § 492 Rn. 50; Palandt/*Weidenkaff*, Art. 247 EGBGB § 6 Rn. 2; laut *Merz*, in: Kümpel/Wittig, Bank- und Kapitalmarktrecht, Rn. 10.204 sollen dagegen nur die Darlehensbedingungen im engeren Sinne erfasst sein und nicht auch solche Bedingungen, die zwar anlässlich des Abschlusses des Darlehensvertrages vereinbart wurden, aber in keinem unmittelbaren Zusammenhang zu diesem stehen.

[20] BT-Drucks. 17/11643, S. 128; *Schwintowski*, Bankrecht, § 13 Rn. 161.; dabei war nach altem Recht streitig, ob Allgemeine Geschäftsbedingungen, die für das in Rede stehende Darlehensgeschäft gelten sollen, über eine bloße Einbeziehungsklausel Geltung erlangen konnten oder ob hierfür eine Verbindung mit dem Vertragstext derart notwendig war, dass sie auch äußerlich als Teil der Urkunde erkennbar waren, siehe hierzu *Zahn*, S. 203 f.; ebenso *Peters*, in: Schimansky/Bunte/Lwowski, Bankrechts-Handbuch, § 81 Rn. 127 ff.

[21] Ebenso Erwägungsgrund (30) RL.

Da die Schriftform durch die Richtlinie nicht mehr ausdrücklich vorgegeben wird, erlangt die e-commerce-Richtlinie[22] besondere Bedeutung. Art. 9 Abs. 1 der e-commerce-Richtlinie verpflichtet die Mitgliedstaaten sicherzustellen, dass das Rechtssystem den Abschluss von Verträgen im elektronischen Verkehr ermöglicht. Da die neue Verbraucherkreditrichtlinie kein zwingendes Schriftformerfordernis enthält, musste gemäß den Vorgaben des Art. 9 Abs. 1 der e-commerce-Richtlinie auch der Vertragsschluss in elektronischer Form zugelassen werden[23]. Nach § 126a Abs. 1 BGB kann ein Darlehensvertrag daher auch in elektronischer Form mittels einer qualifizierten elektronischen Signatur geschlossen werden[24]. Für die Beibehaltung der Schriftform beruft sich der Gesetzgeber auf die Öffnungsklausel des Art. 10 Abs. 1 Satz 3 RL[25].

II. Pflichtangaben im Kreditvertrag

1. Ausgliederung der einzelnen Formvorschriften in Art. 247 §§ 6 ff. EGBGB

Bei den vertraglichen Informationen hat der deutsche Gesetzgeber das Konzept des § 491a Abs. 1 BGB fortgeführt und auf eine Aufzählung der einzelnen Informationen im BGB verzichtet[26]. Im Zusammenspiel mit dem Schriftformerfordernis sollen die Pflichtangaben dem Verbraucher die Möglichkeit einräumen, anhand der ihm auszuhändigenden und von ihm zu unterzeichnenden Vertragserklärung mit den darin enthaltenen Darlehensangaben seine Entscheidung im Einzelnen in Ruhe zu überprüfen und eventuell seine Entscheidung sogar rückgängig zu machen, indem er den Kreditvertrag im Rahmen von § 495 BGB widerruft[27].

Durch § 492 Abs. 2 BGB i. V. m. Art. 247 §§ 6 ff. EGBGB wird Art. 10 Abs. 2 RL umgesetzt. Die einzelnen Informationen sollen danach in klarer prägnanter Form erteilt werden, d. h. sie müssen für den Darlehensnehmer aus sich heraus verständlich sein[28].

---

[22] Richtlinie 2000/31/EG des Europäischen Parlaments und des Rates vom 08.06.2000 über bestimmte rechtliche Aspekte der Dienste der Informationsgesellschaft, insbesondere des elektronischen Geschäftsverkehrs im Binnenmarkt („Richtlinie über den elektronischen Geschäftsverkehr"), ABl. EG L 178/1, siehe hierzu oben 4. Kap. II. 3. a).

[23] BT-Drucks. 16/11643, S. 79.

[24] Kritisch zu dieser Vereinfachung des Vertragsschlusses *Wösthoff,* S. 159, der davon ausgeht, dass wegen des Erfordernisses einer qualifizierten elektronischen Signatur auch die erforderliche Warnfunktion beibehalten wird.

[25] BT-Drucks. 16/11643, S. 79.

[26] Die Gesetzesbegründung spricht in diesem Zusammenhang von der Absicht, *„das BGB schlank zu halten",* BT-Drucks. 16/11643, S. 127.

[27] *Peters,* in: Schimansky/Bunte/Lwowski, Bankrechts-Handbuch, § 81 Rn. 119.

[28] BT-Drucks. 16/11643, S. 127.

Die Vorschrift des § 492 Abs. 1 Satz 5 BGB a.F. wurde komplett gestrichen. Stattdessen enthält § 492 Abs. 2 BGB nunmehr einen Verweis auf Art. 247 §§ 6 bis 13 BGB. Art. 247 § 6 Abs. 1 Nr. 1 EGBGB verweist sodann auf die vorvertraglich zu erteilenden Informationen nach Art. 247 § 3 Abs. 1 Nr. 1 bis 14 und Abs. 4 EGBGB[29]. Ein Großteil der vorvertraglich erteilten Informationen ist daher im Vertrag selbst noch einmal aufzuführen[30]. Zusätzlich muss der Kreditvertrag nach Art. 247 § 6 Abs. 1 Nr. 2 bis 6 EGBGB den Namen und die Anschrift des Darlehensnehmers, die für den Darlehensgeber zuständige Aufsichtsbehörde, einen Hinweis auf den Anspruch des Darlehensgebers auf Erteilung eines Tilgungsplans sowie das einzuhaltende Verfahren bei Kündigung des Vertrags nennen.

Art. 247 §§ 9 bis 12 EGBGB enthält bestimmte Ausnahmen für Immobiliardarlehensverträge, Überziehungsmöglichkeiten, Umschuldungen und Finanzierungshilfen. Eine weitere Ausnahme findet sich für Finanzierungshilfen in § 507 Abs. 3 BGB. Fehlen bestimmte Pflichtangaben im Vertrag, kann sich hieraus ein Schadensersatzanspruch des Verbrauchers aus § 280 Abs. 1 BGB ergeben[31]. Dies gilt selbst dann, wenn der Darlehensgeber die Angaben später gemäß dem ebenfalls neu geschaffenen § 492 Abs. 6 Satz 1 BGB nachholt[32].

Eine Klarstellung findet sich in Art. 247 § 6 Abs. 1 Nr. 6 EGBGB in Bezug auf die Einbeziehung von AGB in den Kreditvertrag. Nach altem Recht war streitig, ob Allgemeine Geschäftsbedingungen, die für das in Rede stehende Darlehensgeschäft gelten sollen, über eine bloße Einbeziehungsklausel Geltung erlangen konnten oder ob hierfür eine Verbindung mit dem Vertragstext derart notwendig war, dass sie auch äußerlich als Teil der Urkunde erkennbar waren[33]. Nach Art. 247 Abs. 1 Nr. 6 EGBGB muss der Darlehensvertrag nunmehr Angaben über „sämtliche weitere Vertragsbedingungen" enthalten. Hierunter fallen insbesondere die allgemeinen Geschäftsbedingungen des Darlehensgebers[34]. Dementsprechend müssen nach neuer Rechtslage auch die AGB des Kreditgebers dem Darlehensvertrag derart beigefügt sein, dass sie auch äußerlich als Teil der Darlehensurkunde erkennbar sind[35].

---

[29] Durch das Gesetz über zur Einführung einer Musterwiderrufsinformation für Verbraucherdarlehensverträge wurde § 492 Abs. 2 BGB dahingehend konkretisiert, dass der Vertrag nur die „für den Verbraucherdarlehensvertrag vorgeschriebenen Angaben" nach Art. 247 §§ 6 bis 13 EGBGB enthalten muss; die vorherige Fassung sah einen allgemeinen Verweis auf die Art. 247 §§ 6 bis 13 EGBGB vor und konnte daher dahingehend missverstanden werden, dass der Vertrag auch die den Darlehensvermittlungsvertrag betreffenden Angaben nach Art. 247 § 13 Abs. 2 und 3 EGBGB enthalten müsste, BT-Drucks. 17/1394, S. 14.

[30] *Derleder*, NJW 2009, 3195 (3199).

[31] Palandt/*Weidenkaff*, § 492 Rn. 3.

[32] So die Gesetzesbegründung für das Gesetz zur Einführung einer Musterwiderrufsinformation für Verbraucherdarlehensverträge, zur Änderung der Vorschriften über das Widerrufsrecht bei Verbraucherdarlehensverträgen und zur Änderung des Darlehensvermittlungsrechts, BT-Drucks. 17/1394, S. 15; Palandt/*Weidenkaff*, a. a. O.

[33] Eine ausführliche Darstellung des Streits sowie der unterschiedlichen Meinungen findet sich bei *Zahn*, S. 203 f.; ebenso *Peters*, in: Schimansky/Bunte/Lwowski, Bankrechts-Handbuch, § 81 Rn. 127 ff.

[34] BT-Drucks. 16/11643, S. 128; *Schwintowski*, Bankrecht, § 13 Rn. 161.

[35] *Artz*, in: Bülow/Artz, Verbraucherkreditrecht, § 492 Rn. 53; *Zahn*, S. 204.

Art. 247 § 6 Abs. 2 Satz 1 und 2 EGBGB bezeichnet einzelne Pflichtangaben zum Widerrufsrecht des Verbrauchers. Der Gesetzgeber hat in diesem Zusammenhang bewusst auf eine Belehrung vor Vertragsschluss mit den in § 360 BGB enthaltenen Pflichtangeben verzichtet, da diese als überzogene Anforderung an den Kreditvertrag mit den Vorgaben der Verbraucherkreditrichtlinie kollidieren würde[36]. Durch das Gesetz zur Einführung einer Musterwiderrufsinformation für Verbraucherdarlehensverträge wurde Art. 247 § 6 Abs. 2 EGBGB hinsichtlich der Verwendung des gesetzlichen Musters in Anlage 6 zu Art. 247 EGBGB ergänzt[37]. Während in den vorvertraglichen Informationen nur ein Hinweis auf das grundsätzliche Bestehen des Widerrufsrechts gefordert wird, bedarf es im Darlehensvertrag weiterer Angaben zur Widerrufsfrist, den einzelnen Umständen der Erklärung und den Modalitäten der Rückabwicklung[38].

Der Darlehensgeber muss sich nicht des gesetzlichen Musters bedienen. Setzt er es aber ein, gelten die gesetzlichen Anforderungen nach Art. 247 § 6 Abs. 2 Satz 3 EGBGB als erfüllt. Dem Muster kommt daher eine Gesetzmäßigkeitsfiktion zu[39]. Wie bei der Verwendung der Standardinformationen für Verbraucherkredite gilt aber auch hier, dass der Kreditgeber das Muster entsprechend den darin enthaltenen Vorgaben ausfüllen muss. Fehlen Angaben oder erfolgen nicht vorgesehene Ergänzungen, geht auch die Fiktion verloren[40].

Keine Änderungen ergeben sich durch die Umsetzung der Verbraucherkreditrichtlinie in Bezug auf die Erteilung von Vollmachten zum Abschluss eines Kreditvertrags. § 492 Abs. 4 Satz 1 BGB ordnet auch hierfür die Anwendung der durch § 492 Abs. 1 und 2 BGB vorgegebenen Form- und Informationsvorschriften an. Damit muss die Vollmacht insbesondere auch die durch Art. 247 § 6 EGBGB vorgegebenen Informationen enthalten.

2. Anspruch auf Überlassung einer Abschrift des Vertrags und eines Tilgungsplans

Nach § 492 Abs. 3 Satz 1 BGB hat der Darlehensnehmer nach Abschluss des Vertrages einen Anspruch auf Zurverfügungstellung einer Abschrift des Vertrages. Die Norm setzt Art. 10 Abs. 1 Satz 2 RL um und entspricht § 492 Abs. 3 BGB a.F. Als Abschrift genügt grundsätzlich auch ein elektronisches Dokument[41]. Die Überlas-

---

[36] BT-Drucks. 16/11643, S. 128; *Schwintowski,* Bankrecht, § 13 Rn. 162.

[37] Siehe zu der gesetzlichen Historie sowie zu ebenfalls neu geschaffenen Übergangsregelung in Art. 247 § 6 Abs. 2 Satz 4 EGBGB oben 5. Kap. I.

[38] Palandt/*Weidenkaff,* §Art. 247 § 6 EGBGB Rn. 3.

[39] MünchKomm/*Schürnbrand,* § 492 Rn. 29.

[40] Will der Darlehensgeber daher zusätzliche Vereinbarungen treffen, z. B. bei mehreren Darlehensnehmern, muss er dies an anderer Stelle tun, BT-Drucks. 17/1394, S. 22; *Artz,* ZGS 2010, 298 (299) mit ausführlichen Beispielen zur konkreten Formulierung.

[41] BT-Drucks. 16/11643, S. 80; eine strengere Form kann insoweit nicht verlangt werden, da nach der Streichung des § 492 Abs. 1 Satz 2 a.F. auch ein Vertragsschluss in elektronischer Form möglich ist.

sung der Abschrift ist keine Wirksamkeitsvoraussetzung für den Abschluss des Darlehensvertrages, sie hat nach § 355 Abs. 3 Satz 2 BGB allerdings Auswirkungen auf den Beginn der Widerrufsfrist[42]. Neben einem möglichen Zurückbehaltungsrecht nach § 273 BGB gegenüber Zahlungsansprüchen des Darlehensgebers begründet die Vorschrift außerdem eine vertragliche Nebenpflicht, deren schuldhafte Verletzung zu Schadensersatzansprüchen des Darlehensnehmers führen kann[43].

Mit dem Begriff „Abschrift" ist keine beglaubigte Abschrift, sondern lediglich der Vertragsinhalt in wiedergegebener Form gemeint[44]. In der Praxis wird der Vorschrift des § 492 Abs. 3 Satz 1 BGB daher regelmäßig dadurch genügt werden, dass der Darlehensnehmer einen Durchschlag der von ihm unterzeichneten Erklärung erhält, während das Original beim Kreditgeber verbleibt[45]. Bei § 492 Abs. 3 Satz 1 BGB handelt es sich um eine Nebenpflicht des Kreditgebers, auf die der Darlehensnehmer einen klagbaren Anspruch hat[46]. Die Zurverfügungstellung der Abschrift hat kostenlos zu erfolgen[47].

Durch § 492 Abs. 3 Satz 2 BGB wird dem Darlehensnehmer außerdem ein Anspruch auf Überlassung eines Tilgungsplans eingeräumt. Die Einzelheiten hierzu regelt Art. 247 § 14 EGBGB. Der Anspruch besteht nur bei Darlehen, für die eine bestimmte Laufzeit vereinbart ist. Die ursprünglich in der Richtlinie vorgesehene Verpflichtung des Darlehensgebers, stets einen Tilgungsplan zu erstellen, wurde wegen des möglichen großen Umfangs eines solchen Plans während der Beratungen der Verbraucherkreditrichtlinie im Europäischen Parlament in einen Anspruch auf Aushändigung umgewandelt[48]. Auf diesen Anspruch muss der Verbraucher nach Art. 247 § 6 Abs. 1 Nr. 4 EGBGB hingewiesen werden. Da es sich um einen gesetzlichen Anspruch handelt, hat die Zurverfügungstellung ebenso wie die Überlassung der Vertragsabschrift kostenlos zu erfolgen[49]. Aufgrund der Flut an Informationen, die sowohl vorvertraglich als auch im Vertrag selbst auf den Verbraucher einströmt, ist allerdings fraglich, inwieweit dieser kostenfreie Anspruch wirklich zur Kenntnis genommen und genutzt wird[50]. Aus Verbraucherschutzgesichtspunkten wäre es daher sicherlich sinnvoller gewesen, den Darlehensgeber jedenfalls beim Abschluss eines Kreditvertrages auch zwingend zur Aufstellung und Übergabe eines Tilgungsplanes zu verpflichten.

---

[42] *Artz,* in: Bülow/Artz, Verbraucherkreditrecht, § 492 Rn. 62.

[43] MünchKomm/*Schürnbrand,* § 492 Rn. 40.

[44] BT-Drucks. 16/11643, S. 80.

[45] MünchKomm/*Schürnbrand,* § 492 Rn. 41.

[46] Siehe die Gesetzesbegründung zum früheren § 4 Abs. 3 VerbrKrG, BT-Drucks. 11/5462, S. 20.

[47] Palandt/*Weidenkaff,* § 492 Rn. 4.

[48] BT-Drucks. 16/11643, S. 80; *Schwintowski,* Bankrecht, § 13 Rn. 170.

[49] *Merz,* in: Kümpel/Wittig, Bank- und Kapitalmarktrecht, Rn. 10.289; *Nobbe,* WM 2008, 185 (189).

[50] Siehe zum Problem eines „information overload" *Knops,* in: Habersack/Mülbert/Nobbe/Wittig (Hrsg.), Bankrechtstag 2009, 195 (224), der im Zusammenhang mit der Informationserteilung beim Abschluss eines Verbraucherkreditvertrages von einem *„informationellen Herzinfarkt"* spricht.

Nach Art. 247 § 14 Abs. 3 Satz 2 EGBGB erlischt der Anspruch auf Aushändigung des Tilgungsplans nicht, solange das Vertragsverhältnis besteht. Als Form sieht Art. 247 § 14 Abs. 3 Satz 1 Textform vor, wobei es ausreicht, dass sich der Darlehensnehmer den Plan an einem Automaten ausdrucken lassen kann[51]. Die Belastungen des Darlehensgebers werden durch diese vereinfachte Form der Zurverfügungstellung bereits abgeschwächt[52]. Trotzdem kann bei einer wiederholten Anforderung durch den Darlehensnehmer in Ausnahmefällen eine Begrenzung durch § 242 BGB möglich sein[53].

Durch § 492 Abs. 5 BGB wird nunmehr für alle Erklärungen des Darlehensgebers nach Vertragsschluss die Textform angeordnet. Die Vorschrift setzt die Vorgaben der Verbraucherkreditrichtlinie für Informationen bei Veränderungen des Sollzinssatzes oder bei Überziehungsmöglichkeiten um, die *„auf Papier oder einem anderen dauerhaften Datenträger"* erteilt werden sollen[54]. Alle in der Verbraucherkreditrichtlinie vorgesehenen Erklärungen und Unterrichtungen des Darlehensgebers nach Vertragsschluss bedürfen dieser Form. Dementsprechend wurde die Textform einheitlich für alle rechtserheblichen Erklärungen des Darlehensgebers angeordnet[55].

III. Nachholung von Angaben, § 492 Abs. 6 BGB

1. Erfordernis einer Nachholungsmöglichkeit

Durch das Änderungsgesetz vom 24.07.2010 wurde § 492 ein Abs. 6 angefügt[56]. Danach kann der Darlehensgeber die nach § 492 Abs. 2 BGB i. V. mit Art. 247 §§ 6 ff. EGBGB erforderlichen Angaben auch nach Vertragsschluss in Textform nachholen, § 492 Abs. 6 Satz 1 BGB. Hat das Fehlen der Vertragsbedingungen zu einer Vertragsänderung geführt, muss dem Darlehensnehmer nach §§ 492 Abs. 6 Satz 2 i. V. mit § 494 Abs. 7 BGB eine Abschrift des Vertragstextes mit den geänderten Konditionen überreicht werden. Die Widerrufsfrist beginnt nach § 492 Abs. 6

---

[51] BT-Drucks. 16/11643, S. 133.

[52] *Zahn,* S. 205.

[53] *Rösler/Werner,* BKR 2009, 1 (4); *Zahn,* S. 206; *Merz,* in: Kümpel/Wittig, Bank- und Kapitalmarktrecht, Rn. 10.288 geht davon aus, dass ein mehrmaliges Verlangen des Darlehensnehmers innerhalb eines Jahres grundsätzlich rechtsmissbräuchlich sein dürfte, sofern diese nicht durch Abweichungen vom letzten ausgehändigten Tilgungsplan gerechtfertigt seien.

[54] Art. 11 Abs. 1 und 12 Abs. 1 RL.

[55] BT-Drucks. 16/11643, S. 80; zu der Frage, ob hiervon nunmehr auch die Kündigungserklärungen gegenüber dem Verbraucher nach den §§ 488 Abs. 3, 490 Abs. 1, 490 Abs. 3, 314 BGB erfasst werden *Zahn,* S. 206 f.; dies bejahend Palandt/*Weidenkaff,* § 492 Rn. 7.

[56] Gesetz zur Einführung einer Musterwiderrufsinformation für Verbraucherdarlehensverträge, zur Änderung der Vorschriften über das Widerrufsrecht bei Verbraucherdarlehensverträgen und zur Änderung des Darlehensvermittlungsrechts vom 24.07.2010, BGBl. I, S. 977.

Satz 4 BGB einen Monat nach Nachholung der Informationen bzw. gemäß § 494 Abs. 7 Satz 2 BGB einen Monat nach Aushändigung der korrigierten Abschrift des Vertrages.

Diese Regelungen sollen es dem Darlehensgeber ermöglichen, durch Nachholung der Pflichtinformationen den Lauf der Widerrufsfrist in Gang zu setzen[57]. Sie beziehen sich auf diejenigen Fälle, in denen der Vertrag trotz des Fehlens von Pflichtangaben abweichend von der Anordnung des § 494 Abs. 1 BGB wirksam ist. In Betracht kommt hier einmal, dass das Fehlen der Pflichtangaben nicht zur Nichtigkeit führt, was ausnahmsweise bei den nach Art. 247 §§ 7 und 8 EGBGB zu erteilenden Angaben der Fall ist, oder dass der Vertrag durch Empfang des Darlehens nach § 494 Abs. Abs. 2 Satz 1 BGB gültig geworden ist[58]. Nach der Vorgabe des Art. 14 Abs. 1 Satz 2 RL beginnt die Widerrufsfrist nicht vor dem Zeitpunkt, in dem der Verbraucher die Vertragsbedingungen sowie die nach Art. 10 Abs. 2 RL zu erteilenden Informationen erhält. Korrespondierend hierzu schreibt § 495 Abs. 2 Satz 1 Nr. 2 lit. b) BGB vor, dass die Widerrufsfrist nicht beginnt, bevor der Darlehensgeber die Pflichtangaben nach § 492 Abs. 2 BGB gemacht hat.

Ohne die Regelung des § 492 Abs. 6 Satz 1 BGB würde der Vertrag in den genannten Sonderfällen zwar widerruflich wirksam werden, die nicht erfolgte Aufnahme der Pflichtangaben aber dazu führen, dass die Widerrufsfrist nicht zu laufen beginnt[59]. Dieses Ergebnis erscheint unpraktikabel, wurde im Rahmen des Umsetzungsgesetzes aber anscheinend als von der Richtlinie vorgegeben angesehen[60]. Ohne die Möglichkeit einer Nachholung von Pflichtangaben könnte der Verbraucher den Vertrag daher während der gesamten Vertragslaufzeit widerrufen[61]. Der Darlehensgeber könnte lediglich auf den Abschluss eines neuen, diesmal vollständigen Kreditvertrages drängen, an dessen Abschluss der Darlehensnehmer aufgrund der günstigeren Konditionen aber regelmäßig kein Interesse haben dürfte[62]. Durch das Änderungsgesetz wurde daher eine Möglichkeit für den Darlehensgeber geschaffen, die notwendigen Pflichtangaben nachzuholen und auf diesem Weg den Lauf der Widerrufsfrist in Gang zu setzen[63]. Die Regelung erscheint sachgerecht und dürfte auch mit der Richtlinie zu vereinbaren sein, da Art. 14 Abs. 1 Satz 2 lit. b) RL lediglich davon spricht, dass die Widerrufsfrist nicht vor dem Zeitpunkt beginnt, in dem der Verbraucher die erforderlichen Informationen „erhält“[64].

---

[57] BT-Drucks. 17/1394, S. 14.

[58] BT-Drucks. 17/1394, S. 14.

[59] *Artz,* in: Bülow/Artz, Verbraucherkreditrecht, § 492 Rn. 147.

[60] BT-Drucks. 17/1394, S. 15.

[61] Eine zeitliche Grenze könnte allenfalls durch § 242 BGB i. V. mit den Rechtsgrundsätzen der Verwirkung gezogen werden, Palandt/*Weidenkaff,* § 492 Rn. 8; MünchKomm/*Schürnbrand,* § 492 Rn. 56.

[62] *Artz,* in: Bülow/Artz, Verbraucherkreditrecht, § 492 Rn. 147.

[63] Die Gesetzesbegründung verweist in diesem Zusammenhang darauf, dass sich zwischenzeitlich gezeigt habe, dass auch die Europäische Kommission von der Möglichkeit einer Nachholung der Pflichtangaben ausgehe, BT-Drucks. 17/1394, S. 15.

[64] BT-Drucks. 17/1394, S. 15.

2. Nachholung von Angaben

Die Nachholung von Pflichtangaben ist nur möglich, wenn trotz der fehlenden Pflichtangaben ein wirksamer Verbraucherdarlehensvertrag vorliegt[65]. Wie bereits angemerkt kommen hier die Fälle in Betracht, in denen das Fehlen der Pflichtangaben nicht zur Nichtigkeit des Vertrags führt oder in denen der Fehler durch Entgegennahme des Darlehensbetrages geheilt wurde. Ist der Vertrag dagegen nach § 494 Abs. 1 BGB nichtig, können die Pflichtangaben nur durch den erneuten Abschluss eines schriftlichen Vertrags nachgeholt werden, da erst dann der Vertrag mit den erforderlichen Pflichtangaben wirksam geworden ist[66]. Um eine Überraschungswirkung gegenüber dem Verbraucher zu vermeiden, ordnet § 492 Abs. 6 Satz 4 BGB einer Verlängerung der Widerrufsfrist auf einen Monat ab Erhalt der nachgeholten Angaben an[67].

Im Hinblick auf die Modalitäten der Nachholung ist nach § 492 Abs. 6 Satz 2 BGB danach zu unterscheiden, ob das Fehlen der Angaben zu einer Änderung der Vertragsbedingungen nach § 494 Abs. 2 bis 6 BGB geführt hat. Ist dies der Fall, so kann eine Nachholung von Angaben nur dadurch erfolgen, dass der Darlehensnehmer die nach § 494 Abs. 7 BGB erforderliche Abschrift des geänderten Vertrages zur Verfügung stellt. Eine bloße Ergänzung der Pflichtangaben wäre in diesem Fall nicht sachgerecht, da der Verbraucher über die veränderten Vertragsinhalte informiert sein muss, um über die Ausübung des Widerrufsrechts entscheiden zu können[68]. Hat der Formverstoß dagegen keine Änderung des Vertrags zur Folge, kann der einzelne Informationsfehler auch isoliert berichtigt werden. Erforderlich ist aber ein Bezug zu der früheren Vertragserklärung, der dem Verbraucher deutlich macht, dass ein Informationsmangel im Nachhinein behoben wird[69].

Eine Nachholung von Angaben scheidet für die nach Art. 247 § 7 Nr. 3 EGBGB erforderliche Berechnungsmethode des Anspruchs auf Vorfälligkeitsentschädigung aus. Fehlt diese Angabe, ist nach § 502 Abs. 2 Nr. 2 BGB auch der Anspruch auf Vorfälligkeitsentschädigung ausgeschlossen[70]. Der Anspruch kann auch nicht durch Nachholung der Angaben wiederhergestellt werden, da dies eine Vertragsänderung

---

[65] Palandt/*Weidenkaff,* § 492 Rn. 8.

[66] BT-Drucks. 17/1394, S. 14; *Schwintowski,* Bankrecht, § 13 Rn. 180; möglich sein müsste allerdings auch eine Bestätigung des nichtigen Rechtsgeschäfts nach § 141 Abs. 1 BGB; da auch hier allerdings die vorgeschriebene Form zu wahren ist und alle sonstigen Tatbestandsmerkmale und Wirksamkeitsvoraussetzungen des Rechtsgeschäfts vorliegen müssen, dürfte gegenüber dem Neuabschluss des Rechtsgeschäfts kein wesentlicher Unterschied bestehen; siehe zur Formbedürftigkeit bei § 141 Abs. 1 BGB Palandt/*Ellenberger,* § 141 Rn. 4.

[67] Zu den europarechtlichen Bedenken im Hinblick auf die eigentlich angestrebte Vereinheitlichung der Widerrufsfristen *Wendehorst,* ZEuP 2011, 263 (279).

[68] BT-Drucks. 17/1394, S. 17.

[69] MünchKomm/*Schürnbrand,* § 492 Rn. 61.

[70] Siehe zu der Frage, ob § 502 Abs. 2 Nr. 2 BGB als Sanktionsvorschrift von der Befugnis des Art. 23 RL gedeckt ist *Ady/Paetz,* WM 2009, 1061 (1066); *Riehm/Schreindorfer,* GPR 2008, 244 (248).

wäre, die der Schriftform bedarf[71]. Die Information über die Berechnung ist dementsprechend nicht mehr von Relevanz für das Vertragsverhältnis und kann daher auch nicht nachgeholt werden[72].

Die Nachholung der Angaben führt nicht dazu, dass eine vom Darlehensgeber zu verantwortende Pflichtverletzung entfällt. Dementsprechend werden auch etwaige wegen unzureichender Pflichtangaben geltend gemachte Schadensersatzansprüche des Verbrauchers nach § 280 BGB nicht durch die Nachholung der Angaben nach § 492 Abs. 6 BGB ausgeschlossen[73]. Ebenso wenig führt die Nachholung zu einer Vertragsänderung zu Lasten des Verbrauchers, denn die durch den oder die Fehler ausgelösten Sanktionen werden dadurch nicht nachträglich rückgängig gemacht[74].

Auf den Beginn der einmonatigen Widerrufsfrist mit Nachholung der Angaben muss der Verbraucher nach § 492 Abs. 6 Satz 5 BGB hingewiesen werden. Damit wird dem Rechtsgedanken des § 355 Abs. 2 Satz 3 BGB Rechnung getragen, der nach § 495 Abs. 2 Satz 2 BGB im Verbraucherdarlehensrecht an sich keine Anwendung findet[75]. Bei dieser Information handelt es sich lediglich um eine vertragliche Nebenpflicht des Darlehensgebers, sie ist keine Voraussetzung für den Beginn der Widerrufsfrist[76]. Kommt der Darlehensgeber allerdings dieser Pflicht nicht nach und informiert nicht über den Beginn und die Dauer der Widerrufsfrist, kann er sich gegenüber dem Darlehensnehmer regelmäßig nach Treu und Glauben nicht auf den Ablauf der Widerrufsfrist berufen und Ansprüchen aus § 280 Abs. 1 BGB ausgesetzt sein[77].

IV. Informationen im laufenden Vertragsverhältnis

1. § 493 BGB

§ 493 BGB enthält Sonderregelungen für Informationen, die dem Verbraucher während des laufenden Vertragsverhältnisses zu erteilen sind. Die Vorschrift übernimmt im Wesentlichen den früheren § 492a BGB, der durch das Risikobegrenzungsgesetz eingeführt worden war[78]. Lediglich § 493 Abs. 3 BGB geht auf die Vorgaben

[71] BT-Drucks. 17/1394, S. 17.

[72] BT-Drucks. 17/1394, S. 17; MünchKomm/*Schürnbrand,* § 492 Rn. 59.

[73] BT-Drucks. 17/1394, S. 15.

[74] *Peters,* in: Schimansky/Bunte/Lwowski, Bankrechts-Handbuch, § 81 Rn. 145.

[75] *Artz,* in: Bülow/Artz, Verbraucherkreditrecht, § 492 Rn. 153.

[76] BT-Drucks. 17/1394, S. 18, wonach eine dahingehende Bedingung auch nicht mit der Verbraucherkreditrichtlinie vereinbar wäre, da Art 14 Abs. 1 RL den Beginn der Widerrufsfrist ausdrücklich vom Abschluss des Vertrages und dem Erhalt der Informationen abhängig macht; Palandt/*Weidenkaff,* § 492 Rn. 8.

[77] BT-Drucks. 17/1394, S. 18; PWW/*Kessal-Wulf,* § 492 Rn. 12.

[78] Gesetz zur Begrenzung der mit Finanzinvestitionen verbundenen Risiken (Risikobegrenzungsgesetz) vom 12.08.2008, BGBl. I, S. 1666; siehe zu den durch § 492a BGB eingeführten Unterrichtungspflichten *Clemente,* ZfIR 2008, 589 (593 f.).

des Art. 11 RL zurück. Die weitergehenden Informationspflichten stehen nicht im Widerspruch zum europäischen Recht, da die Richtlinie nicht abschließend vorgibt, welche Informationen während des laufenden Vertragsverhältnisses zu erteilen sind[79].

§ 493 Abs. 1 BGB betrifft die unechte, § 493 Abs. 2 BGB die echte Abschnittsfinanzierung[80]. In beiden Vorschriften wurden keine inhaltlichen Änderungen unternommen, sondern lediglich die Begrifflichkeiten an die neuen Regelungen angepasst. § 493 Abs. 4 BGB übernimmt unverändert die bisherige Regelung des § 492a Abs. 3 BGB.

§ 493 Abs. 3 Satz 1 BGB macht die Wirksamkeit der Anpassung des Sollzinssatzes davon abhängig, dass der Darlehensgeber dem Verbraucher die nach Art. 247 § 15 EGBGB erforderlichen Informationen erteilt. Hierzu zählen der angepasste Sollzinssatz, die angepasste Höhe der Teilzahlungen sowie die Zahl und die Fälligkeit der Teilzahlungen, sofern sich diese ändern. Die Vorschrift setzt Art. 11 RL um und gilt für alle Verbraucherdarlehensverträge mit veränderlichem Sollzinssatz und einer entsprechenden Änderungsvereinbarung im Vertrag[81]. Außerdem muss der Darlehensgeber in Ausübung seines Leistungsbestimmungsrechts eine Erklärung abgegeben haben, die den formellen Anforderungen des § 492 Abs. 5 BGB genügt[82].

Anders als in den Fällen der Abs. 1 und 2, bei denen insbesondere Schadensersatzansprüche in Betracht kommen, führt die Missachtung der Pflichten aus Abs. 3 dazu, dass die Anpassung nicht wirksam und der Vertrag daher zu den vorherigen Konditionen weitergeführt wird[83]. Ein Schadensersatzanspruch kommt allerdings dann in Betracht, wenn der Darlehensgeber die Mitteilung über eine Ermäßigung des Sollzinssatzes schuldhaft verzögert[84].

2. Sonderregeln für Überziehungsmöglichkeiten und eingeräumte Überziehungen

Die §§ 504 Abs. 1 Satz 1, 505 Abs. 1 Satz 1 BGB enthalten Sonderregelungen für regelmäßige Informationserteilung während des Vertragsverhältnisses bei Überziehungsmöglichkeiten und geduldeten Überziehungen.

Nach § 504 Abs. 1 Satz 1 BGB ist bei Verträgen, in denen der Darlehensgeber in einem Vertragsverhältnis über ein laufendes Konto dem Verbraucher die Möglichkeit einräumt, sein Konto in bestimmter Höhe zu überziehen, der Darlehensgeber verpflichtet, den Verbraucher in regelmäßigen Zeitabständen über die sich aus

---

[79] BT-Drucks. 16/11643, S. 80.

[80] Zu den Begriffen echte und unechte Abschnittsfinanzierung *Clemente,* ZfIR 2008, 589 (593).

[81] BT-Drucks. 16/11643, S. 81; MünchKomm/*Schürnbrand,* § 493 Rn. 2.

[82] BT-Drucks. 16/11643, S. 81.

[83] BT-Drucks. 16/11643, S. 81.

[84] Palandt/*Weidenkaff,* § 493 Rn. 3.

Art. 246 § 16 EGBGB ergebenden Einzelheiten zu unterrichten. § 505 Abs. 1 Satz 1 BGB verpflichtet den Darlehensgeber in den Fällen, in denen mit dem Verbraucher in einem Vertrag über ein laufendes Konto ohne eingeräumte Überziehungsmöglichkeit ein Entgelt für den Fall vereinbart wurde, dass er eine Überziehung des Kontos duldet, in den Vertrag die Informationen nach Art. 247 § 17 Abs. 1 EGBGB aufzunehmen und diese dem Verbraucher zusätzlich in regelmäßigen Zeitabständen mitzuteilen.

Eine Unterrichtung „in regelmäßigen Zeitabständen" bedeutet, dass die Unterrichtung in zeitlich aufeinander abgestimmten Terminen erfolgen muss, d. h. beispielsweise wöchentlich, monatlich oder vierteljährlich. Außerdem muss die Unterrichtung so gewählt sein, dass der Verbraucher angemessen informiert wird und seine Belastungen erkennen kann[85].

Durch § 504 Abs. 1 Satz 3 BGB wird die Informationspflicht bei Veränderungen des Sollzinssatzes auf Erhöhungen des Zinssatzes beschränkt. D. h., der Verbraucher ist nicht bei jeder Anpassung, sondern nur bei solchen zu seinem Nachteil zu informieren. § 505 Abs. 2 BGB enthält für geduldete Überziehungen eine gesonderte Informationspflicht, wenn es zu einer erheblichen Überziehung von mehr als einem Monat kommt. In diesem Fall hat der Darlehensgeber den Darlehensnehmer unverzüglich über die sich aus Art. 247 § 17 Abs. 2 EGBGB ergebenden Einzelheiten zu unterrichten. Hierzu zählen das Vorliegen einer Überziehung, der Betrag der Überziehung, der Sollzinssatz sowie etwaige Vertragsstrafen, Kosten und Verzugszinsen.

Im Vergleich zu § 493 Abs. 2 BGB a.F. wird der Überziehungszeitraum von drei Monaten auf einen Monat verkürzt. Damit werden die Vorgaben des Art. 18 RL umgesetzt[86]. Die „Erheblichkeit" der Überziehung ist nach den konkreten Umständen des Einzelfalls zu bestimmen. Je geringer die in einem bestimmten Zeitraum auf dem Konto des Verbrauchers festgeschriebenen Beträge sind, desto schneller wird die Erheblichkeitsschwelle überschritten[87]. Dabei kommt es gerade nicht darauf an, ob dem Verbraucher eine laufende Einnahmequelle zur Verfügung steht und wie schnell er den gewährten Überziehungsbetrag zurückzahlen kann[88].

---

[85] BT-Drucks. 16/11643, S. 89; nach der Gesetzesbegründung soll ein jährlicher Rhythmus hierfür nicht genügen; *Artz,* in: Bülow/Artz, Verbraucherkreditrecht, § 504 Rn. 22; siehe zu der Frage, ab welchem Zeitpunkt die Unterrichtungspflicht einsetzt *Zahn,* S. 208 ff.

[86] BT-Drucks. 16/11643, S. 91.

[87] BT-Drucks. 16/11643, S. 91.

[88] BT-Drucks. 16/11643, S. 91; *Zahn,* S. 212 stellt in diesem Zusammenhang auf den Warnzweck des § 505 Abs. BGB i. V. m. Art. 247 § 17 Abs. 2 EGBGB ab; um der drohenden Rechtsunsicherheit und den damit verbundenen Sanktionen vorzubeugen, empfiehlt er den Kreditinstituten letztlich, bei Überziehungen von mehr als einem Monat stets die Informationspflichten zu erfüllen.

V. Rechtsfolgen von Form- und Informationsmängeln

§ 494 BGB gibt wie nach altem Recht für Fehler bei der Form oder den gesetzlich vorgeschriebenen Angaben ein differenziertes System von Rechtsfolgen vor[89]. Die Vorschrift geht auf den früheren § 6 VerbrKrG zurück und wurde im Zuge des Schuldrechtsmodernisierungsgesetzes[90] zum 01.01.2002 in das BGB eingefügt.

Die Richtlinie selbst gibt keine expliziten Vorgaben für die Rechtsfolgen von Formmängeln. Erwägungsgrund (30) RL legt vielmehr ausdrücklich fest, dass die Richtlinie keine Aspekte des Vertragsrechts regelt, die die Wirksamkeit von Kreditverträgen betreffen. In Art. 14 Abs. 1 Satz 2 lit. b) RL findet sich lediglich die Vorgabe, dass das Widerrufsrecht nicht zu laufen beginnt, bevor der Verbraucher die nach Art. 10 RL im Vertrag zu erteilenden Informationen erhält[91]. Es bleibt daher bei der Vorgabe des Art. 23, wonach Richtlinienverstöße wirksam, verhältnismäßig und abschreckend sanktioniert werden müssen. Dieser Vorgabe genügt der deutsche Gesetzgeber durch das differenzierte Fehlerfolgensystem des § 494 BGB[92].

1. Grundsätzliche Nichtigkeit bei Formmängeln

§ 494 Abs. 1 BGB ordnet wie nach früherem Recht die Nichtigkeit des Verbraucherdarlehensvertrags an, wenn die gesetzlich vorgeschriebene Schriftform nicht eingehalten wurde oder im Vertrag eine der in Art. 247 §§ 6 und 9 bis 13 EGBGB für den Verbraucherdarlehensvertrag vorgesehenen Angaben fehlt[93]. Dies gilt auch für den Vertragsabschluss in elektronischer Form, da nach dem Sinn und Zweck des § 126 Abs. 3 BGB beide Vorschriften gleichgestellt sein sollen, ohne dass dies

---

[89] Der BGH hat im Zusammenhang mit der gleichlautenden Vorschrift des § 6 Abs. 2 Satz 2–6 VerbrKrG von einem abgestuften, *„an Schutzzweck und Bedeutung der jeweiligen Formvorschrift ausgerichtetem Sanktionensystem, das insofern gewissermaßen fehlerkongruent gestaltet ist"* gesprochen, Urteil vom 06.12.2005, XI ZR 139/05, NJW 2006, 681; MünchKomm/*Schürnbrand,* § 494 Rn. 1.

[90] Gesetz zur Modernisierung des Schuldrechts vom 26.11.2001, BGBl I 2001, 3138.

[91] Zu der Frage, ob Art. 14 Abs. 1 Satz 2 lit. b) RL bereits ein abschließendes Sanktionensystem vorgibt, dass durch nationale Regelungen nicht unterlaufen werden darf, *Wendehorst,* ZEuP 2011, 263 (274).

[92] MünchKomm/*Schürnbrand,* § 494 Rn. 3; *Bülow,* in: Bülow/Artz, Verbraucherkreditrecht, § 494 Rn. 6.

[93] Die Konkretisierung *„für den Verbraucherdarlehensvertrag"* wurde durch das Gesetz zur Einführung einer Musterwiderrufsinformation für Verbraucherdarlehensverträge ergänzt, um Missverständnisse dahingehend auszuschließen, dass der Vertrag bereits nichtig sein könnte, wenn eine der in Art. 247 §§ 6 und 9–13 EGBGB genannten vorvertraglichen Informationspflichten oder die Informationspflichten für den Darlehensvermittlungsvertrag nicht erfüllt wurden, BT-Drucks. 17/1394, S. 18.

in weiteren Vorschriften nochmals ausdrücklich erwähnt werden müsste[94]. Andere Nichtigkeitsgründe wie z. B. nach §§ 134, 138, 142, 177 BGB bleiben von § 494 BGB unberührt[95].

Aufgrund der Ausgliederung der vertraglichen Informationspflichten verweist § 494 Abs. 1 BGB nunmehr auf die Art. 247 §§ 6 und 9–13 EGBGB. Explizit ausgenommen wurden in diesem Zusammenhang die Art. 247 §§ 7 und 8 EGBGB. Diese enthalten Informationspflichten über mögliche Ansprüche des Darlehensgebers, sodass eine Nichtigkeit des Vertrages bei Fehlen dieser Informationen unangemessen wäre. Fehlen Angaben hierüber ist der Darlehensvertrag daher nicht nichtig, sondern die Sicherheit, Vorfälligkeitsentschädigung oder sonstige Zusatzleistung kann nicht verlangt werden[96].

Durch den expliziten Verweis auf sämtliche den Verbraucherdarlehensvertrag betreffenden Informationsvorschriften unterstreicht das Gesetz die besondere Bedeutung der Pflichtangaben für den Verbraucher[97]. Da § 494 Abs. 1 BGB allerdings nur von deren Fehlen spricht, bleibt weiter offen, inwieweit auch falsche Informationen zu einer Nichtigkeit des Vertrages führen können. Eine explizite Regelung zu fehlerhaften Informationen findet sich lediglich in § 494 Abs. 3 BGB im Zusammenhang mit der Angabe des effektiven Jahreszinses sowie nunmehr in § 502 Abs. 2 Nr. 2 BGB für falsche Informationen in Bezug auf die Laufzeit des Vertrages, das Kündigungsrecht des Darlehensnehmers und die Berechnung der Vorfälligkeitsentschädigung[98]. Der Gesetzgeber hat daher im Zuge der Reform eine weitere Spezialregelung für den Fall unzutreffender Informationserteilung eingefügt. Im Umkehrschluss kann demzufolge davon ausgegangen werden, dass in den sonstigen Fällen bloß fehlerhafter Informationen die Wirksamkeit des Verbraucherdarlehensvertrags unberührt bleibt[99]. Gibt der Darlehensgeber daher eine der zahlreichen Pflichtinformationen nach Art. 247 §§ 6 und 9–13 EGBGB lediglich falsch an, führt dies nicht zur Anwendung des § 494 BGB[100]. Etwas anderes sollte lediglich in den Fällen gelten, in denen die vorvertragliche Information so grob fehlerhaft ist, dass

---

[94] BT-Drucks. 16/11643, S. 81.

[95] *Schwintowski,* Bankrecht, § 13 Rn. 210.

[96] BT-Drucks. 16/11643, S. 81; dies entspricht der vorherigen Rechtslage, da § 494 Abs. 1 a. F. keinen Verweis auf § 492 Abs. 1 Satz 5 Nr. 7 BGB enthielt.

[97] MünchKomm/*Schürnbrand,* § 494 Rn. 11.

[98] Zur Vereinbarkeit des § 502 Abs. 2 Nr. 2 BGB mit den Vorgaben der RL *Wendehorst,* ZEuP 2011, 263 (274); *Riehm/Schreindorfer,* GPR 2008, 244 (248).

[99] *Peters,* in: Schimansky/Bunte/Lwowski, Bankrechts-Handbuch, § 81 Rn. 230 mit weiteren Hinweisen auf die Differenzierung in der Rechtsprechung des BGH im Hinblick auf eine unzutreffende Gesamtbetragsangabe.

[100] So für die Vorgängerreglung des § 494 Abs. 1 BGB a.F. BGH, Urteil vom 14.10.2003, XI ZR 134/02, NJW 2004, 154; Urteil vom 18.11.2003, XI ZR 322/01, WM 2004, 172; Urteil vom 25.04.2006, XI ZR 106/05, NJW 2006, 1955; im Fall einer schuldhaften Falschangabe ist in diesem Zusammenhang aber an einen Schadensersatzanspruch des Verbrauchers aus §§ 280 Abs. 1, 311 Abs. 2, 241 Abs. 2 BGB zu denken, Palandt/*Weidenkaff,* § 494 Rn. 13; zu dem hiermit im Zusammenhang stehenden Erfordernis einer wirksamen Sanktion nach Art. 23 RL *Zahn,* S. 218.

sie keinerlei Informationswert für den Verbraucher hat[101]. Dies kann z. B. bei gravierenden strukturellen Fehlberechnungen[102] oder fehlerhafte Pflichtangaben, die zu den essentialia negotii des Darlehensvertrages gehören[103], der Fall sein.

2. Modifizierung des Vertrags bei Empfangnahme des Darlehens

a) Gesetzeszweck

§ 494 Abs. 2 Satz 1 BGB schränkt die in Abs. 1 festgelegte Nichtigkeitsfolge ein, sofern der Verbraucher das Darlehen empfängt oder in Anspruch nimmt. Hintergrund dieser Heilungsmöglichkeit ist, dass der Verbraucher einerseits vor einer Rückabwicklung nach Bereicherungsrecht und der damit verbundenen Rückzahlungspflicht geschützt und anderseits dem Darlehensgeber nicht auferlegt werden soll, in Anlehnung an die damalige Regelung in § 1a Abs. 3 AbzG das Darlehen für die vereinbarte Laufzeit zinslos zur Verfügung zu stellen[104].

In Abgrenzung zu den allgemeinen Aufklärungspflichten, bei deren Verletzung Schadensersatz nach § 280 Abs. 1 BGB als Sanktion in Betracht kommt, differenziert der Gesetzgeber für die Verletzung der Informationsvorschriften des § 492 BGB im Hinblick auf die Rechtsfolgen danach, ob das Darlehen vom Verbraucher in Empfang genommen wurde oder nicht. Bereits vollzogene Darlehensverträge werden nach dem Prinzip behandelt, dass der Darlehensgeber nur verlangen kann, was er gegenüber dem Verbraucher auch in der vom Gesetz vorgeschriebenen Form kommuniziert hat[105].

Im Zuge der Gesetzesänderung wurde § 494 BGB systematisch neu geordnet. Während nach altem Recht die differenzierten Fehlerfolgen in § 494 Abs. 2 BGB zusammengefasst waren, werden diese nunmehr auf die Absätze 4 bis 6 verteilt. Der Regelungsgehalt des § 494 Abs. 2 BGB beschränkt sich auf die Heilung des formnichtigen Vertrages und die unmittelbar damit zusammenhängenden Änderungen des ursprünglichen Vertrags[106].

Aus der weiterhin bestehenden Formulierung „soweit" in § 494 Abs. 2 Satz 1 BGB folgt, dass sich der Umfang der Heilung danach bestimmt, in welcher Höhe das Darlehen nach Abschluss des Vertrages gemäß § 494 Abs. 1 BGB in Anspruch

---

[101] MünchKomm/*Schürnbrand,* § 494 Rn. 12; *Merz,* in: Kümpel/Wittig, Bank- und Kapitalmarktrecht, Rn. 10.224.

[102] *Derleder,* ZfIR 2006, 489 (497).

[103] Erman/*Saenger,* § 494 Rn. 4.

[104] So die Gesetzesbegründung zur Vorgängernorm des § 6 VerbrKrG, BT-Drucks. 11/5462, S. 21; *Peters,* in: Schimansky/Bunte/Lwowsky, Bankrechts-Handbuch, § 81 Rn. 236.

[105] *Reifner,* in: Derleder/Knops/Bamberger, Handbuch des deutschen und europäischen Bankrechts, § 15 Rn. 214.

[106] BT-Drucks. 16/11643, S. 81.

genommen wurde[107]. Damit kommt auch eine teilweise Heilung im Falle einer nicht vollständigen Auszahlung oder einer nur eingeschränkten Inanspruchnahme des Kredits in Betracht[108].

Aufgrund der Neuregelung des § 492 Abs. 1 i. V. mit Art. 247 § 6 Abs. 1 Nr. 6 EGBGB erübrigt sich nunmehr im Hinblick auf Nebenabreden die Abgrenzung, ob diese wesentlich oder nur unwesentlich sind. Vielmehr schreibt Art. 247 § 6 Abs. 1 Nr. 6 EGBGB die Angabe sämtlicher Vertragsbedingungen vor. Auch für Nebenabreden zum Darlehensvertrag gilt daher die Schriftform[109]. Dabei stellt sich die Frage, inwieweit für Nebenabreden auf die allgemeine Regelung des § 139 BGB zur Teilnichtigkeit zurückgegriffen werden kann. Hiergegen spricht, dass § 494 Abs. 1 BGB die Gesamtnichtigkeit des Verbraucherdarlehensvertrags dann anordnet, wenn sich der Formmangel auf einen Teil der in Art. 247 §§ 6 und 9 bis 13 EGBGB genannten Abreden oder sonstigen danach erforderlichen Angaben beschränkt[110]. § 494 Abs. 1 BGB ist daher grundsätzlich eine dem § 139 BGB vorgehende Sonderregelung[111]. Da eine Gesamtnichtigkeit des Darlehensvertrags in Bezug auf Nebenabreden für den Verbraucher aber zu unangemessenen Folgen führen kann, erscheint es angebracht, jedenfalls für diese einen Rückgriff auf die allgemeine Regelung des § 139 BGB zuzulassen[112]. Demgegenüber lässt das Fehlen einer oder mehrerer der in Art. 247 §§ 6 und 9–13 EGBGB aufgeführten Pflichtangaben für die Anwendung des § 139 keinen Raum, sondern führt stets zur Gesamtnichtigkeit des Vertrags[113].

b) Erstreckung der Heilungsfolgen auf die unwirksam erteilte Vollmacht

Auch nach der Neuregelung bleibt umstritten, inwieweit das Rechtsfolgensystem des § 494 BGB Auswirkungen auf eine nichtige Vollmacht haben soll. § 494 Abs. 1 BGB bezieht die Nichtigkeitsfolge ausdrücklich auf die formwidrig erteilte oder mit fehlenden Informationen versehene Vollmacht. Dagegen spricht § 494 Abs. 2 Satz 1 BGB lediglich davon, dass „der Verbraucherdarlehensvertrag" bei Empfang oder Inanspruchnahme des Darlehens gültig wird. Offen bleibt, ob auch die nichtige Vollmacht geheilt werden kann.

[107] MünchKomm/*Schürnbrand,* § 494 Rn. 18.

[108] PWW/*Kessal-Wulf,* § 494 Rn. 4.

[109] *Artz,* in: Bülow/Artz, Verbraucherkreditrecht, § 494 Rn. 14; *Schwintowski,* Bankrecht, § 13 Rn. 210, der allerdings anmerkt, dass Nebenabreden, die nicht unter den Pflichtenkatalog des Art. 247 fallen, formlos wirksam sind; aufgrund der Einbeziehung sämtlicher weiterer Vertragsbedingungen durch Art. 247 § 6 Abs. 1 Nr. 6 EGBGB dürfte sich hierfür allerdings kein verbleibender Anwendungsbereich ergeben.

[110] MünchKomm/*Schürnbrand,* § 494 Rn. 8.

[111] Palandt/*Weidenkaff,* § 494 Rn. 2.

[112] *Artz,* in: Bülow/Artz, Verbraucherkreditrecht, § 494 Rn. 19; Palandt/*Weidenkaff,* § 494 Rn. 2; *Schwintowski,* Bankrecht, § 13 Rn. 210; Erman/*Saenger,* § 494 Rn. 3.

[113] Erman/*Saenger,* § 494 Rn. 4.

Die Gesetzesbegründung enthält zu dieser Problematik keine weiterführenden Angaben. Dementsprechend kann auf die Überlegungen des Gesetzgebers bei der Einführung des § 494 Abs. 1 BGB a.F. im Zuge des Schuldrechtsmodernisierungsgesetzes zurückgegriffen werden[114]. Würde man bei einer bloßen Empfangnahme des Darlehens auch von einer Heilung der Vollmacht ausgehen, bestünde die Gefahr, dass sich der Vertreter den Darlehensbetrag als Empfangsbote auszahlen lässt. Dies hätte letztlich zur Folge, dass die zunächst unwirksame Vollmacht wirksam würde[115]. Daher erscheint es verbraucherrechtlich konsequent, die Heilungswirkung bei Empfangnahme des Darlehens nicht auf eine unwirksam erteilte Vollmacht zu erstrecken. Nach der Gesetzesbegründung zum Schuldrechtmodernisierungsgesetz und einigen Stimmen in der Literatur soll eine Ausnahme hiervon möglich sein, wenn der Darlehensnehmer selbst das Darlehen in Empfang nehme und damit konkludent zum Ausdruck bringe, dass er den Vertrag genehmige[116]. Diese Auffassung korrespondiert mit der Rechtsprechung des BGH zur Einwilligung in formbedürftige Erklärungen eines Dritten[117].

Gegen eine solche formfreie Heilung der eigentlich nichtigen Vollmacht könnte sprechen, dass auf diesem Weg die Warn- und Informationspflichten des § 492 Abs. 4 BGB, der auch für die Vollmacht explizit die Einhaltung der Schriftform vorschreibt, umgangen würden[118]. Weiterhin spricht gegen die Möglichkeit einer konkludenten Genehmigung des Rechtsgeschäfts, dass der Genehmigende nach allgemeinen Grundsätzen die Nichtigkeit kennen oder zumindest mit ihr rechnen muss[119]. Es erscheint daher sachgerecht, eine konkludente Genehmigung des Vertretergeschäfts nach den §§ 177, 182, 184 BGB auf die Fälle zu beschränken, in denen nachträglich die Anforderungen des § 492 BGB gegenüber dem Darlehensnehmer beachtet wurden[120]. Hier kann die Unterschrift des Verbrauchers unter die bereits vom falsus procurator unterzeichnete Vertragsurkunde genügen[121].

Hiervon getrennt ist die Heilung des aufgrund der Vollmacht geschlossenen Verbraucherdarlehensvertrages zu beurteilen. Da § 494 Abs. 2 Satz 1 BGB sogar formnichtige Darlehensverträge gültig werden lässt, muss diese Heilung erst recht

---

[114] Gesetz zur Modernisierung des Schuldrechts vom 26.11.2001, BGBl I 2001, 3138.

[115] BT-Drucks. 14/7052, S. 202.

[116] BT-Drucks. 14/7052, S. 202; Jauernig/*Berger,* §§ 495 Rn. 4; *Wittig/Wittig,* WM 2002, 145 (152); *Roth,* WM 2003, 2356 (2357).

[117] Im Ergebnis geht es hier stets um die Frage einer teleologischen Reduktion des § 182 Abs. 2 BGB; siehe hierzu BGH, Urteil vom 25.09.1996, VIII ZR 172/95 NJW 1996, 3338 zur Genehmigung des durch einen Vertreter abgeschlossenen Kaufvertrages über einen GmbH-Geschäftsanteil; Urteil vom 23.01.1998, V ZR 272/96, NJW 1998, 1482 zur Einwilligung in die Auflassung eines Grundstücks durch einen Dritten; BGH, Urteil vom 01.04.1998, XII ZR 278/96, NJW 1998, 1857 zur widerruflich erteilten Vollmacht zum Abschluss eines Ehevertrages.

[118] Bamberger/Roth/*Möller,* § 492 Rn. 33; *Bülow,* in Bülow/Artz, Verbraucherkreditrecht, § 494 Rn. 8; *ders.,* NJW 2002, 1145 (1147); *Timmann,* BB 2003, Beilage 6, 23 (30).

[119] Staudinger/*Kessal-Wulf,* § 494 Rn. 13; MünchKomm/*Schürnbrand,* § 494 Rn. 17, Fn. 27.

[120] Bamberger/Roth/*Möller,* § 494, Rn. 14; MünchKomm/*Schürnbrand,* § 494 Rn. 17.

[121] *Bülow,* in: Bülow/Artz, Verbraucherkreditrecht, § 494 Rn. 8.

bei lediglich schwebend unwirksamen Darlehensverträgen eintreten[122]. Zum Schutz des Darlehensnehmers soll die Heilungswirkung aber erst dann eintreten, wenn das Darlehen auch an ihn gelangt, d. h. von ihm in Empfang genommen wird, oder er nach eigenem Entschluss hierüber disponiert[123].

c) Voraussetzungen und Rechtsfolgen der Heilung

§ 492 Abs. 2 Satz 1 BGB fordert, dass der Verbraucher das Darlehen „empfängt oder in Anspruch nimmt". Hiervon ist grundsätzlich dann auszugehen, wenn der Darlehensgegenstand aus dem Vermögen des Darlehensgebers ausgeschieden und dem Vermögen des Darlehensnehmers in der vereinbarten Form endgültig zugeführt wurde[124]. Wird die Darlehensvaluta auf Weisung des Darlehensnehmers ausgezahlt, so hat der Darlehensnehmer regelmäßig den Darlehensbetrag empfangen, wenn der von ihm als Empfänger namhaft gemachte Dritte das Geld vom Darlehensgeber erhalten hat, es sei denn, der Dritte ist nicht überwiegend im Interesse des Darlehensnehmers, sondern lediglich als verlängerter Arm des Darlehensgebers tätig[125].

Die Inanspruchnahme des Darlehens setzt demgegenüber eine Disposition des Darlehensnehmers über die Darlehensvaluta mit Wirkung gegenüber dem Darlehensgeber voraus, z. B. durch Erteilung von Überweisungsaufträgen zulasten des Darlehenskontos oder durch Inanspruchnahme eines für den Darlehensnehmer eröffneten Rahmenkredits[126]. Bei einer Vertragsänderung, die nach § 494 Abs. 1 BGB nichtig ist, genügt für die Inanspruchnahme die Fortsetzung der Darlehensnutzung durch den Verbraucher[127].

Die Heilung vollzieht sich als mehraktiger Tatbestand. Der bereits vorliegende Vertrag wird durch die Leistungsbewirkung durch den Darlehensgeber ex nunc wirksam[128]. Bei ihr handelt es sich um das der Rechtsfigur der Heilung nach §§ 311b Abs. 1 Satz 2, 766 Satz 3 BGB entsprechende nachträgliche Wirksamwerden eines ursprünglich formnichtigen Vertrages infolge teilweiser oder vollständiger Erfüllung[129]. Es kommt daher auch nicht darauf an, ob sich die Parteien bei Vornahme der Erfüllungshandlung der Heilungswirkung bewusst waren und ob sie diese her-

---

[122] *Peters*, in: Schimansky/Bunte/Lwowski, Bankrechts-Handbuch, § 81 Rn. 234; *Artz*, in: Bülow/Artz, Verbraucherkreditrecht, § 494 Rn. 9; MünchKomm/*Schürnbrand*, § 494 Rn. 17; *Roth*, WM 2003, 2356 (2358); aA Staudinger/*Kessal-Wulf*, § 494 Rn. 13, da die Auszahlung regelmäßig durch den Vertreter aufgrund einer Weisung veranlasst sei.

[123] *Peters*, in: Schimansky/Bunte/Lwowski, Bankrechts-Handbuch, § 81 Rn. 234; *Artz*, in: Bülow/Artz, Verbraucherkreditrecht, § 494 Rn. 9; MünchKomm/*Schürnbrand*, § 494 Rn. 17.

[124] BGH, Urteil vom 09.06.2005, XI ZR 119/05, NJW-RR 2006, 1419; Palandt/*Weidenkaff*, § 494 Rn. 4.

[125] BGH, Urteil vom 17.01.1985, III ZR 135/83, NJW 1985, 1020; Urteil vom 12.11.2002, XI ZR 47/01, NJW 2003, 422.

[126] MünchKomm/*Schürnbrand*, § 494 Rn. 23.

[127] BGH, Urteil vom 05.12.2005, XI ZR 139/05, NJW 2006, 681.

[128] *Bülow*, in: Bülow/Artz, Verbraucherkreditrecht, § 494 Rn. 43; Erman/*Saenger*, § 494 Rn. 11.

[129] MünchKomm/*Schürnbrand*, § 494 Rn. 16.

beiführen wollten[130]. Als Sanktion wird vielmehr ein Vertragsinhalt verbindlich, der sich unabhängig vom rechtsgeschäftlichen Willen der Parteien bestimmt[131].

Da § 494 Abs. 2 Satz 1 BGB von einem Gültigwerden des Vertrages spricht, „soweit" der Verbraucher das Darlehen empfängt oder in Anspruch nimmt, kommt auch ein teilweise Heilung im Fall einer nicht vollständigen Auszahlung oder nur eingeschränkten Inanspruchnahme des Kredits in Betracht[132]. Der Darlehensgeber kann in diesem Fall keine Erfüllung verlangen, der Verbraucher kann in Bezug auf noch nicht erbrachte Teilleistungen diese lediglich zu den vereinbarten Konditionen fordern[133]. Durch jede weitere Teilleistung tritt sodann eine sukzessive Heilung des Darlehensvertrages ein[134].

3. Sanktionen von Informationsmängeln im Kreditvertrag

Liegen die Heilungsvoraussetzungen des § 494 Abs. 2 Satz 1 BGB vor, d. h. empfängt der Verbraucher das Darlehen oder nimmt dieses in Anspruch, wird der Vertrag zunächst gültig und damit voll wirksam[135]. Der Inhalt des geheilten Vertrags hängt in der Folge maßgeblich davon ab, was für ein Fehler i. S. des § 494 Abs. 1 BGB vorlag. Dabei können, wie bereits dargestellt, bloße Falschangaben – mit Ausnahme für den effektiven Jahreszins – nicht zu den differenzierten Fehlerfolgen des § 494 Abs. 2 bis 6 BGB führen[136].

a) Fehlende Schriftform

Fehlt es ausschließlich an der Schriftform des Vertrages ist nach der konkreten Art des Mangels zu differenzieren. So sind Fälle denkbar, in denen trotz fehlender Schriftform im Vertrag selbst alle notwendigen Pflichtangaben enthalten sind, z. B. bei fehlender formgerechter Vertragsannahme durch den Kreditgeber[137].

Beschränkt sich der Mangel ausschließlich auf die Schriftform, muss daher die Frage gestellt werden, ob der Formverstoß auch zu einer unzureichenden Informati-

---

[130] MünchKomm/*Schürnbrand*, a. a. O. unter Hinweis auf OLG Karlsruhe, Urteil vom 29.03.2000, 1 U 101/99, WM 2000, 1996.

[131] *Bülow*, in: Bülow/Artz, Verbraucherkreditrecht, § 494 Rn. 44.

[132] PWW/*Kessal-Wulf*, § 494 Rn. 4; Palandt/*Weidenkaff*, § 494 Rn. 3.

[133] *Bülow*, in: Bülow/Artz, Verbraucherkreditrecht, § 494 Rn. 52; *von Rottenburg*, in: Graf von Westphalen/Emmerich/von Rottenburg, Verbraucherkreditgesetz, § 6 Rn. 17 zur Vorgängernorm des § 6 Abs. 2 Satz 1 VerbrKrG.

[134] *Bülow*, a. a. O.

[135] Palandt/*Weidenkaff*, § 494 Rn. 5.

[136] Siehe oben 6. Kap. V. 1. a).

[137] *Bülow*, in: Bülow/Artz, Verbraucherkreditrecht, § 494 Rn. 45.

on des Verbrauchers geführt hat[138]. Beruht der Formverstoß ausschließlich auf dem Fehlen einer formgemäßen Annahmeerklärung durch den Darlehensgeber und sind in der Vertragsurkunde selbst sämtliche Pflichtangaben enthalten, tritt nach Empfang oder Inanspruchnahme des Darlehens Heilung ohne die Sanktionswirkungen des § 492 Abs. 2 bis 6 BGB ein[139]. Dies ist auch richtlinienkonform, da Art. 10 Abs. 1 Satz 1 RL lediglich vorschreibt, dass Verbraucherdarlehensverträge auf Papier oder einem anderen dauerhaften Datenträger zu erstellen sind[140].

Hiervon zu unterscheiden sind die Fälle, in denen aufgrund des Formfehlers auch die ordnungsgemäße Information des Verbrauchers unterblieben ist. Dies kann z. B. der Fall sein, wenn der Vertrag ausschließlich mündlich geschlossen wurde[141]. In diesem Zusammenhang muss auch die Warnfunktion der Schriftform[142] beachtet werden. Das Sanktionensystem der § 494 Abs. 2 bis 6 BGB kann danach auch greifen, wenn die Erklärung des Verbrauchers nicht formgültig ist, weil sie nicht in einer einheitlichen Urkunde oder ohne Unterschrift abgegeben wurde[143]. In diesen Fällen können dem Verbraucher zwar trotzdem sämtliche Informationen zur Verfügung gestanden haben. Da er aufgrund des erleichterten Vertragsabschlusses aber nicht hinreichend vor den möglichen Belastungen durch den Darlehensvertrag gewarnt wurde, erscheint es angebracht, seine Verpflichtungen auf das vom Gesetzgeber vorgesehene Maß zu beschränken. Aus diesem Grund ist auch die Unterschrift des Verbrauchers stets zwingende Voraussetzung für die Wirksamkeit des Kreditvertrags[144]. Zwar kann eine Unterschrift auch erteilt werden, ohne die vertraglichen Informationen ausreichend zur Kenntnis zu nehmen. Für den Verbraucher dürfte die eigenhändige Unterschrift aber in jedem Fall eine zusätzliche Warnfunktion begründen[145].

---

[138] BGH, Urteil vom 05.12.2005, XI ZR 139/05, NJW 2006, 681 unter Rn. 24 zur Anwendung des § 6 VerbrKrG.

[139] BGH, a. a. O.; Bamberger/Roth/*Möller,* § 494 Rn. 9; *Müller,* BB 2006, 685 (686); *Peters,* in: Schimansky/Bunte/Lwowsky, Bankrechts-Handbuch, § 81 Rn. 232; MünchKomm/*Schürnbrand,* § 494 Rn. 26 unter Hinweis auf die teilweise strengere Gegenmeinung in der Rechtsprechung, wonach ein „Fehlen" von Angaben i. S. d. Vorgängernorm des § 6 Abs. 2 Satz 2 BGB immer dann vorliege, wenn diese nicht formwirksam erteilt seien, OLG Karlsruhe, Urteil vom 24.09.2003, 6 U 52/03, NJW-RR 2004, 1497; OLG München, Urteil vom 23.12.2004, 19 U 4162/04, ZIP 2005, 160.

[140] *Bülow,* in: Bülow/Artz, Verbraucherkreditrecht, § 494 Rn. 45.

[141] Staudinger/*Kessal-Wulf,* § 494 Rn. 25.

[142] Erman/*Arnold,* § 125 Rn. 2; PWW/*Ahrens,* § 125 Rn. 3; Palandt/*Ellenberger,* § 125 Rn. 2.

[143] MünchKomm/*Schürnbrand,* § 494 Rn. 26.

[144] Eine Ausnahme ergibt sich hier lediglich für den nunmehr möglichen Vertragsschluss in elektronischer Form nach § 126a BGB.

[145] Anders wohl *Bülow,* in: Bülow/Artz, Verbraucherkreditrecht, § 494 Rn. 45, wonach die Vertragsurkunde auch bei fehlender Unterschrift des Verbrauchers mit allen Pflichtangaben errichtet sein kann; dagegen hat der BGH in der genannten Entscheidung vom 05.12.2005, XI ZR 139/95, NJW 2006, 681 ausdrücklich betont, dass der Informations- und Warnfunktion genügt ist, *„wenn die Erklärung des Verbrauchers formgültig alle nach § 4 Abs. 1 Satz 4 VerbrKrG notwendigen Angaben enthält";* eine formgerechte Unterschrift des Verbrauchers unter den Darlehensvertrag ist daher stets erforderlich.

Bei Fehlern der Schriftform und erfolgter Darlehensauszahlung ist im Hinblick auf die jeweilige Sanktion damit stets danach zu fragen, welche Angaben dem Verbraucher aufgrund des Formmangels vorenthalten wurden und inwieweit trotzdem der Warnfunktion genügt wurde.

b) Sanktionen fehlender oder fehlerhafter Informationen

In § 494 Abs. 2 Satz 2 bis Abs. 6 BGB findet sich nunmehr das zuvor in § 494 Abs. 2 Satz 2 bis 6 BGB a.F. geregelte Sanktionensystem für fehlende oder – im Fall des effektiven Jahreszinses – falsche Angaben im Verbraucherkreditvertrag. Die in § 494 Abs. 2 Satz 3 bis 6 BGB a.F. geregelten Rechtsfolgen wurden im Zuge der Gesetzesnovellierung in eigene Absätze ausgegliedert und damit von § 494 Abs. 2 Satz 1 BGB „losgelöst", da sie unabhängig davon greifen, ob der Vertrag zuvor nichtig war und geheilt wurde oder ob er bereits von Anfang an rechtsgültig war[146]. Damit greifen die Sanktionen nach Abs. 3, 4 und 6 immer ein, wenn der jeweilige Informationsmangel vorliegt[147]. § 492 Abs. 2 BGB beschränkt sich dagegen darauf, die Formnichtigkeit eines Verbraucherdarlehensvertrages und die unmittelbar damit verbundenen Änderungen des ursprünglichen Vertrages zu regeln[148].

§ 494 Abs. 1 BGB ordnet grundsätzlich für das Fehlen sämtlicher Informationen nach Art. 247 §§ 6 und 9 bis 13 EGBGB die Nichtigkeit des Vertrags an. Kommt es allerdings zur Heilung des Darlehensvertrages durch Empfang oder Inanspruchnahme des Darlehens, sieht das Gesetz nur für einen Teil der Informationen Rechtsfolgen bzw. eine Änderung des Vertragsinhalts vor. Dementsprechend kommt es zu keiner automatischen Vertragsanpassung bei fehlenden Angaben zur Art des Darlehens, zu den Auszahlungsbedingungen oder zum Nettodarlehensbetrag[149].

Fehlen mehrere Pflichtangaben, kann es u. U. zu einer Kumulation von Sanktionen kommen[150]. Unterlässt der Darlehensgeber daher mehrere Pflichtangeben, können auch mehrere Sanktionen nebeneinander greifen[151].

c) Einzeltatbestände

Nach § 494 Abs. 2 Satz 2 BGB ermäßigt sich der dem Verbraucherdarlehensvertrag zugrunde gelegte Sollzinssatz auf den gesetzlichen Zinssatz, wenn die Angabe

[146] BT-Drucks. 16/11643 S. 81; *Peters,* in: Schimansky/Bunte/Lwowski, Bankrechts-Handbuch, § 81 Rn. 240.

[147] MünchKomm/*Schürnbrand,* § 494 Rn. 25.

[148] BT-Drucks. 16/11643, S. 81.

[149] MünchKomm/*Schürnbrand,* a. a. O., Rn. 27 m. w. Bsp.; *Bülow,* in: Bülow/Artz, Verbraucherkreditrecht, § 494 Rn. 53.

[150] BGH, Urteil vom 05.12.2005, XI ZR 139/05, NJW 2006, 681; Palandt/*Weidenkaff,* § 494 Rn. 5.

[151] Staudinger/*Kessal-Wulf,* § 494 Rn. 25; *Merz,* in: Kümpel/Wittig, Bank- und Kapitalmarktrecht, Rn. 10.226.

des Sollzinssatzes, des effektiven Zinssatzes oder die Angabe des Gesamtbetrags fehlt[152]. Der Sollzinssatz bezeichnet nach Art. 3 Buchst. lit. j) den als festen oder variablen periodischen Prozentsatz ausgedrückten Zinssatz, der auf jährlicher Basis auf die in Anspruch genommenen Kredit-Auszahlungsbeträge angewandt wird. Wie bereits ausgeführt knüpft § 494 Abs. 2 Satz 2 BGB schon vom Wortlaut her ausdrücklich an die vorherige Nichtigkeit und drauffolgende Heilung des Darlehensbetrages an.

Anders als nach früherem Recht verzichtet das Gesetz nunmehr auf die Nennung des „anfänglichen effektiven Jahreszinses". Dieser dient dem Verbraucher vor allem zur Information bei Kreditverträgen mit variablen Konditionen, bei denen sich im Laufe des Vertragsverhältnisses entsprechend auch der effektive Jahreszins verändern kann[153]. Da die Verbraucherkreditrichtlinie aber unabhängig davon, ob der Zins gebunden oder veränderlich ist, lediglich die Angabe des effektiven Jahreszinses verlangt, war die dargestellte Änderung geboten[154]. Ein Nachteil soll dem Verbraucher hierdurch nicht entstehen, da die europäischen Standardinformationen für Verbraucherkredite auch Angaben beinhalten, unter denen die Kreditkosten im Zusammenhang mit dem Kreditvertrag geändert werden können, sodass sichergestellt ist, dass der Verbraucher von der Möglichkeit einer Änderung des effektiven Jahreszinses Kenntnis erlangt[155].

Fehlt eine der drei genannten Angaben, reduziert sich der vereinbarte Zinssatz auf den gesetzlichen Zinssatz, der nach § 246 BGB bei 4 % liegt[156]. Die Ermäßigung gilt für die gesamte Vertragslaufzeit. Im Fall einer unechten Abschnittsfinanzierung tritt die Ermäßigung daher nicht nur für den ersten Abschnitt, sondern für die gesamte Vertragslaufzeit ein[157]. Eine Ausnahme gilt für Immobiliardarlehensverträge, da bei diesen die Angabe des Gesamtbetrages nach Art. 247 § 9 Abs. 1 Satz 1 EGBGB keine Pflichtangabe darstellt. Die Sanktion nach § 494 Abs. 2 Satz 2 BGB greift daher nur bei Fehlen des Sollzinses oder des effektiven Jahreszinses[158].

Ohne Folgen bleibt § 494 Abs. 2 Satz 2 BGB bei Darlehen, die entweder zum gesetzlichen oder einem darunter liegenden Zinssatz ausgegeben wurden[159]. Eine Erhöhung des Zinssatzes auf den gesetzlichen Zinssatz scheidet in jedem Fall we-

---

[152] Für die Ermäßigung auf den gesetzlichen Zinssatz genügt es, dass nur eine dieser drei Angaben fehlt, PWW/*Kessal-Wulf,* § 494 Rn. 6.

[153] Gesetzesbegründung zum VerbrKrG, BT-Drucks. 115462, S. 19.

[154] BT-Drucks. 16/11643, S. 82.

[155] BT-Drucks. 16/11643, S. 82; *Schwintowski,* Bankrecht, § 13 Rn. 214.

[156] Dabei ist in der Literatur umstritten, ob § 246 BGB wegen eines bloßen Redaktionsversehens des Gesetzgebers auch für gewerbliche Existenzgründer gilt oder ob hier § 352 Abs. 1 HGB und damit ein Zinssatz von 5 % zur Anwendung kommt, siehe PWW/*Kessal-Wulf,* § 494 Rn. 6 sowie MünchKomm/*Schürnbrand,* § 494 Rn. 28 mit unterschiedlichen Ergebnissen und jew. w. Nachw.

[157] BGH, Urteil vom 29.05.2006, XI ZR 119/05, NJW-RR 2006, 1419; *Bülow,* in: Bülow/Artz, Verbraucherkreditrecht, § 494 Rn. 54.

[158] *Merz,* in: Kümpel/Wittig, Bank- und Kapitalmarktrecht, Rn. 10.227.

[159] *Peters,* in: Schimansky/Bunte/Lwowski, Bankrechts-Handbuch, § 81 Rn. 242.

gen des klaren Wortlauts des § 494 Abs. 2 Satz 2 BGB („ermäßigt") und des Sanktionszwecks der Vorschrift aus[160].

Hat der Verbraucher aufgrund der nach § 494 Abs. 2 Satz 2 BGB eintretenden Reduzierung bereits zu viel Zinsen gezahlt, sind diese zu erstatten[161]. In die Erstattung ist auch die in einem Disagio liegende Zinsvorauszahlung einzubeziehen[162].

§ 494 Abs. 3 BGB regelt wie nach früherem Recht die zu niedrige Angabe des effektiven Jahreszinses. Die Vorschrift wurde lediglich redaktionell angepasst, indem der Begriff des „anfänglichen effektiven Jahreszinses" gestrichen und anstatt von „Zinssatz" nunmehr von Sollzinssatz gesprochen wird[163]. Sie bildet eine Ausnahme zu dem oben dargestellten Grundsatz, dass bloße Falschangaben im Vertrag grundsätzlich nicht das Sanktionenprogramm des § 494 BGB eröffnen. Anders als bei der fehlenden Angabe des effektiven Jahreszinses bleibt der Vertrag allerdings wirksam. Der Verbraucher ist daher auch zur Abnahme des Darlehens verpflichtet[164].

Durch die ausdrückliche Sanktionierung einer fehlerhaften Angaben des effektiven Jahreszinses hat der Gesetzgeber zum Ausdruck gebracht, welche Bedeutung er dieser Information für den Verbraucher beimisst[165]. Nach dem Wortlaut der Vorschrift vermindert sich der im Verbraucherdarlehensvertrag zugrunde gelegte Sollzinssatz um den Prozentsatz, um den der effektive Jahreszins zu niedrig angegeben wurde. Untergrenze für die Herabsetzung bildet allerdings der gesetzliche Zinssatz nach § 246 BGB, da selbst das vollständige Fehlen der Angabe des effektiven Jahreszinses lediglich zu einer Reduzierung auf diesen Zinssatz führt[166].

Aus Vereinfachungs- und Verbraucherschutzgründen ist die Kürzung des Nominalzinses anhand der absoluten Differenz an Prozentpunkten zwischen dem richtigen und dem unrichtigen effektiven Jahreszins vorzunehmen[167]. Dies ist auch bei

---

[160] MünchKomm/*Schürnbrand,* § 494 Rn. 30; *Peters,* in: Schimansky/Bunte/Lwowski, Bankrechts-Handbuch, § 81 Rn. 242; PWW/*Kessal-Wulf,* § 494 Rn. 6; *Bülow,* in: Bülow/Artz, Verbraucherkreditrecht, § 494 Rn. 54.

[161] BGH, Urteil vom 23.01.2001, XI ZR 63/01, NJW 2002, 368; *Schwintowski,* Bankrecht, § 13 Rn. 215.

[162] BGH, Urteil vom 04.04.2000, IX ZR 200/99, NJW 2000, 2816; PWW/*Kessal-Wulf,* § 494 Rn. 6; *Schwintowski,* a. a. O.

[163] BT-Drucks. 16/11643, S. 82.

[164] *Bülow,* in: Bülow/Artz, Verbraucherkreditrecht, § 494 Rn. 73.

[165] MünchKomm/*Schürnbrand,* § 494 Rn. 31 unter Hinweis auf die Begründung des Regierungsentwurfs zu § 5 VerbrKrG, BT-Drucks. 11/5462, S. 21, die von einer *„für den Verbraucher besonders wichtigen Angabe"* spricht.

[166] *Peters,* in: Schimansky/Bunte/Lwowski, Bankrechts-Handbuch, § 81 Rn. 242; Palandt/*Weidenkaff,* § 494 Rn. 13; Bamberger/Roth/*Möller,* § 494 Rn. 15; aA Erman/*Saenger,* § 494 Rn. 19, mit der Begründung, dass ein falsch angegebener Effektivzinssatz den Verbraucher regelmäßig noch mehr verwirren wird als dessen fehlende Angabe; ebenso *Bülow,* in: Bülow/Artz, Verbraucherkreditrecht, § 494 Rn. 75 sowie *Brinkmann,* BB 1991, 1947 (1949) mit der Folge, dass der Effektivzins bis auf null gehen kann, sodass der Gesamtbetrag der vom Verbraucher zu erbringenden Leistungen dem Nettokreditbetrag entspricht.

[167] LG Stuttgart, Urteil vom 07.08.1992, 21 O 171/92; PWW/*Kessal-Wulf,* § 494 Rn. 8; MünchKomm/*Schürnbrand,* § 494 Rn. 33; *Bülow,* in: Bülow/Artz, Verbraucherkreditrecht, § 494 Rn. 74; Bamberger/Roth/*Möller,* § 494 Rn. 15; aA *Münstermann/Hannes,* Verbraucherkreditgesetz, § 6

variablen Zinsen zu berücksichtigen. Spätere Zinsanpassungen bleiben innerhalb des vertraglich Vereinbarten zwar möglich, sie haben sich jedoch stets an dem ermäßigten Sollzinssatz als Ausgangspunkt zu orientieren[168]. Wurde der effektive Jahreszins dagegen zu hoch angegeben, hat dies keine Rechtsfolgen, da der Kredit im Ergebnis für den Verbraucher tatsächlich günstiger ist als zunächst angenommen[169].

§ 494 Abs. 4 Satz 1 BGB übernimmt den früheren § 494 Abs. 2 Satz 3 BGB a.F., wonach nicht angegebene Kosten vom Darlehensnehmer nicht geschuldet werden. Ist im Vertrag außerdem nicht angegeben, unter welchen Voraussetzungen Kosten oder Zinsen angepasst werden können, entfällt nach § 494 Abs. 4 Satz 2 BGB die Möglichkeit, diese zum Nachteil des Verbrauchers zu ändern. Die Regelung ersetzt § 494 Abs. 2 Satz 5 BGB a.F., wobei der Begriff „preisbestimmende Faktoren" nunmehr durch „Kosten oder Zinsen" ersetzt wird. Nach dem Wortlaut und Schutzweck der Regelung gilt das Anpassungsverbot allerdings nur einseitig zulasten des Darlehensgebers, d. h., eine Änderung zugunsten des Darlehensnehmers wird von § 494 Abs. 4 Satz 2 BGB nicht betroffen[170].

Mit Kosten sind alle sonstigen Kosten i. S. des Art. 247 § 3 Abs. 1 Nr. 10 EGBGB gemeint, d. h. insbesondere solche im Zusammenhang mit der Auszahlung oder Verwendung eines Zahlungsauthentifizierungsinstruments, mit dem sowohl Zahlungsvorgänge als auch Abhebungen getätigt werden können. Fraglich ist, ob hierunter auch die Angabe von Kosten für obligatorische Zusatzleistungen nach Art. 247 § 8 Abs. 1 EGBGB fällt. Dies betrifft vor allem die Kosten einer Restschuldversicherung oder Kontoführungsgebühren.

Hiergegen spricht, dass der Kreditgeber nach Art. 247 § 8 Abs. 1 EGBGB nicht die Kosten einer Zusatzleistung angeben muss, sondern lediglich die Tatsache, dass diese Verpflichtung zusätzliche Voraussetzung für den Abschluss des Darlehensvertrages ist. Ebenso spricht die Gesetzesbegründung bei der Erläuterung des § 494 Abs. 4 BGB nur von solchen Kosten nach Art. 247 § 3 Abs. 1 Nr. 10 EGBGB. Das Fehlen der Angaben nach Art. 247 § 8 Abs. 1 EGBGB führt auch grundsätzlich nicht zur Nichtigkeit des Vertrags nach § 494 Abs. 1 BGB.

Der Bundesrat hat in seiner Stellungnahme daher eine Ergänzung des § 494 Abs. 6 Satz 2 BGB dahingehend gefordert, dass neben Sicherheiten auch explizit Zusatzleistungen genannt werden, sodass diese bei fehlender Angabe im Vertrag ebenfalls nicht gefordert werden können[171]. Die Bundesregierung hat in ihrer Stellungnahme hierzu allerdings klargestellt, dass bei fehlender Angabe der Kosten von Zusatzleistungen i. S. des Art. 247 § 8 Abs. 1 EGBGB diese Kosten vom Darlehens-

---

Rn. 323, nach denen lediglich die prozentuale und nicht die absolute Abweichung beim Effektivzins Maßstab für die Verminderung des Nominalzinses sein soll.

[168] BT-Drucks. 11/5462, S. 21 „*... bei variablem Zinssatz ist eine spätere Zinsanpassung auf der Basis des verminderten Nominalzinses vorzunehmen.*"; Erman/*Saenger,* § 494 Rn. 18; *Bülow,* in: Bülow/Artz, Verbraucherkreditrecht, § 494 Rn. 74.

[169] *Bülow,* in: Bülow/Artz, a. a. O., Rn. 77.

[170] MünchKomm/*Schürnbrand,* § 494 Rn. 37.

[171] BT-Drucks. 16/11643, S. 154.

geber ebenfalls nach § 494 Abs. 4 Satz 1 BGB nicht gefordert werden können[172]. Der Darlehensgeber muss daher die Kosten von Zusatzleistungen i. S. des Art. 247 § 8 Abs. 1 EGBGB im Vertrag ausweisen, damit der Darlehensnehmer diese auch schuldet[173].

§ 494 Abs. 5 BGB übernimmt § 494 Abs. 2 Satz 5 BGB a.F. Sofern zwischen den Parteien Teilzahlungen vereinbart wurden, hat der Darlehensgeber diese im Fall der Vertragsänderung unter Berücksichtigung der verminderten Zinsen und Kosten neu zu berechnen. Während es in der alten Gesetzesfassung allerdings lediglich hieß, dass die Teilzahlungen neu zu berechnen sind, stellt § 494 Abs. 5 BGB nunmehr klar, dass diese Berechnung dem Darlehensgeber obliegt[174]. Für den Verbraucher wird mit Hilfe der Neuberechnung klargestellt, dass sich lediglich die Höhe der Raten reduziert und er nicht etwa die Raten in alter Höhe, aber über einen verkürzten Zeitraum leisten muss[175].

d) Sonderfall: fehlende Angaben zur Laufzeit, zum Kündigungsrecht und den zu bestellenden Sicherheiten, § 494 Abs. 6 Satz 1, 2 BGB

Eine neue Sanktion findet sich in § 494 Abs. 6 Satz 1 BGB, wonach bei fehlenden Angaben zur Laufzeit oder zum Kündigungsrecht dem Darlehensnehmer ein jederzeitiges Kündigungsrecht eingeräumt wird. Die Vorschrift bezieht sich auf die Pflichtangaben nach § 492 Abs. 2 BGB i. V. mit Art. 247 § 3 Abs. 1 Nr. 6 und § 6 Abs. 1 Nr. 5 EGBGB. Die Gesetzesbegründung verweist insoweit auf Art. 13 Abs. 1 RL, wonach dem Verbraucher bei unbefristeten Verträgen ohnehin ein jederzeitiges ordentliches Kündigungsrecht zusteht[176].

Fehlt die Angabe zur Befristung und wird der deswegen formnichtige Vertrag nach § 494 Abs. 1 BGB geheilt, begründet § 494 Abs. 6 Satz 1 BGB zwar ein jederzeitiges Kündigungsrecht des Verbrauchers, die vereinbarte Zeitbestimmung bleibt allerdings wirksam[177]. Bei unechten Abschnittsfinanzierungen, bei denen der Darlehensgeber nach Ablauf der Darlehensperiode dem Verbraucher ein neues Angebot zu unterbreiten hat, erscheint es daher aus Verbraucherschutzgesichtspunkten angebracht, beide Laufzeitmöglichkeiten, je nachdem, ob man sich über die entsprechenden Anschlusskonditionen einigen kann oder nicht, anzugeben[178].

---

[172] BT-Drucks. 16/11643, S. 164.

[173] *Bülow,* in: Bülow/Artz, Verbraucherkreditrecht, § 494 Rn. 59; *Peters,* in: Schimansky/Bunte/Lwowski, Bankrechts-Handbuch, § 81 Rn. 243.

[174] BT-Drucks. 16/11643, S. 82.

[175] *Bülow,* in: Bülow/Artz, Verbraucherkreditrecht, § 494 Rn. 59; der Verbraucher hat insoweit auch kein Wahlrecht, die Tilgungsform derart zu verändern, dass die Raten zwar in gleicher Höhe, aber nur über einen kürzeren Zeitraum erbracht werden, BGH, Urteil 20.01.2009, XI ZR 504/07, NJW 2009, 2046.

[176] BT-Drucks. 16/11643, S. 82.

[177] MünchKomm/*Schürnbrand,* § 499 Rn. 5.

[178] *Peters,* in: Schimansky/Bunte/Lwowsky, Bankrechts-Handbuch, § 81 Rn. 253.

In diesem Zusammenhang ist § 502 Abs. 2 Nr. 2 BGB zu beachten, der bei fehlenden Angaben über die Laufzeit des Vertrags, das Kündigungsrecht des Darlehensnehmers oder die Vorfälligkeitsentschädigung den Anspruch des Darlehensgebers auf letztere ausschließt. Die Vorschrift bildet eine zusätzliche Sanktion i. S. des Art. 23 RL und ergänzt das Programm der § 494 Abs. 2 bis 6 BGB[179]. Durch sie wird der Verbraucher zwar von der zusätzlichen finanziellen Belastung durch die Vorfälligkeitsentschädigung befreit. Zu beachten ist aber die allgemeine Vorschrift des § 489 Abs. 3 BGB, wonach eine Kündigung als nicht erfolgt gilt, wenn der Verbraucher das Darlehen nicht innerhalb von zwei Wochen nach Wirksamwerden der Kündigung zurückzahlt[180].

§ 492 Abs. 2 i. V. mit Art. 247 § 7 Nr. 2 BGB verlangt die Angabe der vom Darlehensgeber verlangten Sicherheiten und Versicherungen. Fehlen diese Angaben, wirkt sich dies nach § 494 Abs. 1 BGB zwar nicht auf die Wirksamkeit des Darlehensvertrages aus. Nach § 494 Abs. 6 Satz 2 BGB können Sicherheiten, zu denen im Darlehensvertrag keine Angaben enthalten sind, vom Darlehensgeber aber nicht verlangt werden. § 494 Abs. 6 Satz 3 BGB schränkt dies allerdings für diejenigen Fälle ein, in denen der Nettodarlehensbetrag € 75.000 übersteigt[181]. § 494 Abs. 6 Satz 2 und 3 BGB übernehmen die Regelung des § 494 Abs. 2 Satz 6 BGB a.F., wobei der Schwellenwert zur besseren Übersichtlichkeit in einen gesonderten Satz aufgenommen wurde[182].

Die Aussage, dass im Vertrag nicht angegebene Sicherheiten nicht gefordert werden können, erscheint auf den ersten Blick selbstverständlich. Ihre Rechtfertigung findet die Vorschrift aber vor allem in dem sich aus Nr. 13 Abs. 1 und 2 AGB-Banken ergebenden Recht der Kreditinstitute, bei einer Veränderung des wirtschaftlichen Risikos auch nach Vertragsschluss die Bestellung von Sicherheiten zu verlangen[183].

Wie nach altem Recht stellt sich allerdings auch bei § 494 Abs. 6 Satz 2 BGB die Frage, welche Auswirkungen die fehlende Angabe im Vertrag für bereits geleistete Sicherheiten hat. Hintergrund ist, dass § 494 dem klaren Wortlaut nach nur davon

---

179 *Ady/Paetz,* WM 2009, 1061, (1066); zur Diskussion über die europarechtliche Zulässigkeit dieser zusätzlichen Sanktion *Wendehorst,* ZEuP 2011, 263 (274 f.).

180 Palandt/*Weidenkaff,* § 494 Rn. 10; kritisch hierzu *Derleder,* NJW 2009, 3195 (3202), der davon ausgeht, dass § 489 Abs. 3 BGB auf die Konstellationen der § 489 Abs. 1 und 2 BGB zu beschränken ist und daher nicht die Kündigung nach § 500 Abs. 1 Satz 1 BGB erfasst.

181 Der Schwellenwert wurde im Zuge der Gesetzesänderung aufgrund der allgemeinen wirtschaftlichen Lage von € 50.000 auf € 75.000 angehoben, BT-Druck. 16/11643, S. 83; dabei dürfte sich der Gesetzgeber allerdings an Art. 2 Abs. 2 lit. c) RL orientiert haben, der den Anwendungsbereich der Richtlinie auf Darlehen beschränkt, die über € 200 und unter € 75.000 liegen; die Höchstgrenze wurde – mit Ausnahme des § 512 BGB für Existenzgründungsdarlehen – nicht vom deutschen Gesetzgeber übernommen, *Peters,* in: Schimansky/Bunte/Lwowsky, Bankrechts-Handbuch, § 81 Rn. 253; hinsichtlich der Mindestgrenze von € 200 findet sich die entsprechende Beschränkung in § 491 Abs. 2 Nr. 1 BGB.

182 BT-Drucks. 16/11643, S. 82.

183 Erman/*Saenger,* § 494 Rn. 24; übersteigt der Kreditbetrag € 75.000, besteht der Anspruch auf Bestellung neuer oder Verstärkung bereits vorhandener Sicherheiten auch dann, wenn der Kreditbetrag keine oder keine abschließenden Angaben über Sicherheiten enthält.

spricht, dass Sicherheiten „nicht gefordert" werden können. Das Gesetz selbst enthält damit keine Angabe, was mit bereits geleisteten Sicherheiten zu geschehen hat.

Insoweit muss zunächst zwischen dem Darlehensvertrag und dem jeweiligen Sicherungsvertrag getrennt werden. Die konkrete Sicherungsvereinbarung muss auch nicht zwingend im Darlehensvertrag selbst ausformuliert sein[184]. Nach der Maßgabe des Art. 247 § 7 Nr. 2 EGBGB bedarf allerdings auch der schuldrechtliche Sicherungsvertrag grundsätzlich der Schriftform[185]. Wurde dieser formwirksam abgeschlossen und der Darlehensvertrag durch Auszahlung und Inanspruchnahme der Darlehenssumme geheilt, besteht für eine Kondiktion bereits bestellter Sicherheiten nach den §§ 812 ff. zunächst kein Raum[186].

In der Literatur werden daher aus Verbraucherschutzgesichtspunkten verschiedene Ansätze diskutiert, über die eine Kondiktion der jeweiligen Sicherheit(en) trotzdem möglich sein soll. So wird die Ansicht vertreten, es handele sich bei der Sanktion des § 494 Abs. 6 Satz 2 BGB um eine Einrede des Verbrauchers, da die entsprechenden Nebenabreden nicht in gleichem Maße nichtig seien wie andere formunwirksame Abreden[187]. Seien daher trotz der fehlenden Angabe im Darlehensvertrag Sicherheiten bestellt worden, könne sie der Verbraucher nach § 813 Abs. 1 Satz 1 BGB zurückfordern[188]. Eine weitere Ansicht will dem Verbraucher einen Anspruch aus § 812 Abs. 1 Satz 1 Alt. 1 BGB auf Rückgewähr der Sicherheiten gewähren. Hierdurch solle gerade der spezifisch Verbraucher schützenden Wirkung des § 494 Abs. 6 Satz 2 BGB Geltung verschafft werden[189].

Diesem Verbraucher schützenden Ansatz ist der BGH allerdings in Übereinstimmung mit der wohl überwiegenden Literaturmeinung jedenfalls für Sicherheiten wie dem abstrakten Schuldversprechen nach § 780 BGB nicht gefolgt[190]. Personalsicherheiten wie das abstrakte Schuldversprechen tragen ihren Rechtsgrund grundsätzlich in sich selbst[191]. Dementsprechend bestehe ein Behaltensgrund, solange die gesicherte Darlehensschuld bestehe. Eine nicht im Darlehensvertrag angegebene Sicherheit, die vor Abschluss des Vertrages gewährt worden sei, könne daher auch nicht kondiziert werden, wenn der Darlehensvertrag durch Empfang oder Inan-

---

[184] BT-Drucks. 16/11643, S. 128.

[185] *Artz,* in: Bülow/Artz, Verbraucherkreditrecht, § 492 Rn. 130.

[186] Zwar wird durch § 812 Abs. 2 BGB klargestellt, dass auch ein Schuldversprechen oder Schuldanerkenntnis Gegenstand eines Bereicherungsanspruchs sein kann; erforderlich hierfür wäre allerdings, dass die gesicherte Schuld nicht entstanden oder erloschen ist, was im Fall der Heilung nach § 494 Abs. 2 Satz 1 BGB aber gerade nicht der Fall ist, siehe hierzu Palandt/*Sprau,* § 780 Rn. 11.

[187] Bamberger/Roth/*Möller,* § 494 Rn. 13 zur Vorgängernorm des § 494 Abs. 2 Satz 6 BGB.

[188] Bamberger/Roth/*Möller,* a. a. O.

[189] MünchKomm/*Schürnbrand,* § 494 Rn. 39; Erman/*Saenger,* § 494 Rn. 24; *Artz,* in: Bülow/Artz, Verbraucherkreditrecht, § 494 Rn. 67; zur grundsätzlichen Kondizierbarkeit eines abstrakten Schuldversprechens bei Wegfall des Grundgeschäfts PWW/*Buck-Heeb,* § 780 Rn. 15.

[190] BGH, Urteil vom 22.07.2008, XI ZR 389/07, NJW 2008, 3208.

[191] BGH, Urteil vom 15.03.2005, XI ZR 135/04, NJW 2005, 1576; Urteil vom 17.10.2006, XI ZR 19/05, NJW 2007, 1813; Urteil vom 26.06.2007, XI ZR 287/05, NJW-RR 2008, 66.

spruchnahme des Darlehens nach § 494 Abs. 2 Satz 1 BGB geheilt worden sei[192]. Komme es dagegen nicht zu einer Heilung des Darlehensvertrages, sei auch die zuvor gewährte Sicherheit herauszugeben[193].

Die dargestellte Abgrenzung ist vor allem deshalb wichtig, weil die in den meisten Grundschuld- oder Hypothekenverträgen formularmäßig enthaltene persönliche Haftung des Sicherheitsbestellers samt Unterwerfung unter die sofortige Zwangsvollstreckung regelmäßig ein abstraktes Schuldversprechen darstellt[194]. Nach Ansicht des BGH kann eine solche Sicherheit auch bei einer fehlenden Angabe im Darlehensvertrag im Fall der Heilung nach § 494 Abs. 2 Satz 1 BGB regelmäßig nicht kondiziert werden. Dies mag aus Verbraucher schützender Sicht zwar unbefriedigend erscheinen. Letztlich dürfte aber der klare Wortlaut des § 494 Abs. 6 Satz 2 BGB, der lediglich davon spricht, dass Sicherheiten nicht „gefordert" werden können, dieses Ergebnis stützen[195]. Im Fall der Heilung fehlt es auch nicht an einem Rechtsgrund für die bestellte Sicherheit, denn diese sichert die kraft Heilung wirksame Verbindlichkeit aus dem Verbraucherdarlehensvertrag[196].

Dass der Darlehensgeber bei Heilung des Darlehensvertrages in jedem Fall weiter über die Sicherheit verfügen und aus dieser vorgehen kann, ist hierdurch aber nicht garantiert. Die geforderten Sicherheiten sind nach § 491a Abs. 1 BGB i. V. mit Art. 247 § 4 Abs. 1 Nr. 2 EGBGB vom Darlehensgeber im Rahmen der vorvertraglichen Informationspflichten mitzuteilen. Insoweit wäre an einen entsprechenden Anspruch aus §§ 280 Abs.1, 311 Abs. 2, 241 Abs. 2 BGB zu denken, der auf die Rückgängigmachung des Sicherungsvertrages gerichtet ist. Unabhängig von der Frage, ob ein solcher Anspruch nicht durch die Sonderregel des § 494 Abs. 6 Satz 2 BGB ausgeschlossen ist, wird die Bank in diesen Fällen regelmäßig einwenden, dass ein Vertragsschuss ohne Sicherheitsleistung nicht in Betracht gekommen wäre, sodass ein auf Rückgängigmachung des Sicherungsvertrags gerichteter Schadensersatzanspruch ausscheidet.

---

192 BGH, Urteil vom 22.07.2008, XI ZR 389/07, NJW 2008, 3208 unter Rz. 21; ebenso OLG Dresden, Urteil vom 23.03.2001, 8 U 2844/00, WM 2001, 1854; Palandt/*Weidenkaff,* § 494 Rn. 11; PWW/*Kessal-Wulf,* § 494 Rn. 12; *Peters,* in: Schimansky/Bunte/Lwowski, Bankrechts-Handbuch, § 81 Rn. 252; *Piekenbrock,* WM 2009, 49 (54); *Merz,* in: Kümpel/Wittig, Bank- und Kapitalmarktrecht, Rn. 10.232.

193 *Artz,* in: Bülow/Artz, Verbraucherkreditrecht, § 494 Rn. 66.

194 BGH, Urteil vom 10.12.1991, XI ZR 48/91, NJW 1992, 971; Palandt/*Sprau,* § 781 Rn. 9; siehe zu der gängigen Praxis, aus Anlass der Bestellung einer Sicherheitsgrundschuld auch ein abstraktes Schuldversprechen für den Betrag der Grundschuld samt Unterwerfung unter die sofortige Zwangsvollstreckung zu verlangen auch PWW/*Waldner,* § 1192 Rn. 13; allgemein zum Rückgewähranspruch bei Sicherungsgrundschulden in der Bankpraxis *Freckmann,* BKR 2012, 133.

195 Auch Art. 247 § 7 Nr. 2 EGBGB spricht insoweit nur von den *„vom Darlehensgeber verlangten Sicherheiten"*, *Peters,* in: Schimansky/Bunte/Lwowski, Bankrechts-Handbuch, § 81 Rn. 252; im Gegensatz zum Wortlaut des § 494 Abs. 6 Satz 2 BGB muss dieser Wortlaut aber nicht zwingend Sicherheiten ausschließen, die bereits vom Darlehensnehmer geleistet wurden; denn auch diese können vom Darlehensnehmer „verlangt" worden sein.

196 Staudinger/*Kessal-Wulf,* § 494 Rn. 33.

e) Widerrufsrecht

Nach § 492 Abs. 2 BGB i. V. mit Art. 247 § 6 Abs. 1 Nr. 1 i. V. mit § 3 Abs. 1 Nr. 13 EGBGB muss der Verbraucherdarlehensvertrag auch eine Information über das dem Verbraucher zustehende Widerrufsrecht enthalten. An die Stelle der Widerrufsbelehrung treten dabei nach § 495 Abs. 2 Satz 1 Nr. 1 die Pflichtangaben nach Art. 247 § 6 Abs. 2 EGBGB. Auch wenn § 495 Abs. 2 Satz 1 BGB lediglich auf die § 355 bis 359a BGB verweist, bleibt für die Anwendung der Widerrufsbelehrung nach § 360 BGB im Rahmen des Widerrufsrechts nach § 495 BGB kein Raum, da die Informationen über das Widerrufsrecht in den Vertrag aufzunehmen sind und keine separate Belehrung zulassen[197].

§ 495 Abs. 2 Satz 1 Nr. 2 lit. b) BGB ordnet an, dass die Widerrufsfrist so lange nicht zu laufen beginnt, wie der Darlehensnehmer nicht die gesamten Pflichtangaben nach § 492 Abs. 2 BGB erhält. Umfasst werden hier insbesondere die Informationen nach Art. 247 §§ 7 und 8 EGBGB, deren Fehlen weder zu einer Nichtigkeit noch zu einer Änderung des Vertrags führt[198]. Mangels Nichtigkeit oder Änderung des Vertrags ist die Aushändigung einer Vertragsabschrift mit den jeweiligen Änderungen nach § 494 Abs. 7 Satz 1 BGB hier nicht möglich. Dem Darlehensgeber wird daher durch § 492 Abs. 6 Satz 1 BGB die Möglichkeit gewährt, fehlende Angaben zu ergänzen[199]. Die Widerrufsfrist beträgt in diesem Fall einen Monat (§ 492 Abs. 6 Satz 4 BGB). Sie beginnt nach § 492 Abs. 6 Satz 5 BGB mit Erhalt der nachgeholten Angaben.

Eine korrespondierende Regelung für den Fall, dass sich aufgrund der fehlenden Angaben nach § 494 Abs. 2 bis 6 BGB eine Änderung des Vertrags ergibt, enthält § 494 Abs. 7 BGB. Der Darlehensgeber muss dem Darlehensnehmer nach § 494 Abs. 7 Satz 1 BGB eine Abschrift des Vertrags zur Verfügung stellen, in der die Vertragsänderungen berücksichtigt sind. In Abweichung von § 495 Abs. 2 Satz 1 Nr. 2 lit. b) BGB beginnt die Widerrufsfrist in diesen Fällen nach § 494 Abs. 7 Satz 2 BGB erst, wenn der Darlehensnehmer eine Abschrift des Vertrags mit den geänderten Vertragskonditionen erhält. Nachzuholen sind allerdings nur solche Informationen, die auch weiterhin von Relevanz für das Vertragsverhältnis sind. Hieran fehlt es bei mangelnden Angaben über die zu bestellenden Sicherheiten oder die Vorfälligkeitsentschädigung, da diese nach § 494 Abs. 6 Satz 2 und § 502 Abs. 2 Nr. 2 BGB den Anspruch des Darlehensgebers auf Bestellung der Sicherheiten entfallen lassen[200]. Eine Ausnahme hiervon gilt wiederum dann, wenn entsprechend dem oben Gesagten[201] Sicherheiten bereits geleistet wurden und der Darlehensgeber auch weiterhin aus diesen vorgehen kann.

---

[197] BT-Drucks. 16/11643, S. 83.

[198] BT-Drucks. 17/1394, S. 19; die Regelung geht auf Art. 14 Abs. 1 Satz 2 lit b) RL zurück, siehe hierzu *Wendehorst,* ZEuP 2011, 263 (279).

[199] BT-Drucks 17/1394, S. 19; siehe zu den Gründen für die Schaffung einer Nachholungsmöglichkeit oben 6. Kap. III. 1.

[200] MünchKomm/*Schürnbrand,* § 495 Rn. 11.

[201] Siehe hierzu oben 6. Kap. V. 3. d).

f) Besonderheiten für Überziehungskredite, Finanzierungshilfen und Teilzahlungsgeschäfte

Die §§ 504 ff. BGB enthalten verschiedene Sonderregeln für Informationspflichten bei bestimmten Darlehensformen. Für geduldete Überziehungsmöglichkeiten enthält § 504 Abs. 2 BGB neben dem Ausschluss der Erläuterungspflicht nach § 491a Abs. 3 BGB für bestimmte Fälle (Darlehenslaufzeit von höchstens drei Monaten oder jederzeitige Kündigungsmöglichkeit des Darlehensnehmers) in Satz 2 auch eine Ausnahme von der Formvorschrift des § 492 Abs. 1 BGB. Die Einräumung einer Überziehungsmöglichkeit durch ein Kreditinstitut an einen Verbraucher ist ein Verbraucherdarlehensvertrag, weil das kontoführende Kreditinstitut dem Verbraucher ein in der Überziehung liegendes Darlehen gewährt[202].

Von der eingeräumten Überziehung ist die geduldete Überziehung nach § 505 BGB abzugrenzen. Sie erfordert neben dem Vertrag über ein laufendes Konto, für das eine Überziehungsmöglichkeit nach § 504 Abs. 1 Satz 1 BGB nicht oder nur bis zu einem bestimmten Betrag vereinbart ist, die weitere Vereinbarung, dass der Darlehensgeber im Fall der von ihm vorbehaltenen, also nicht zugesagten Duldung der nicht oder nicht so hoch vereinbarten Überziehung des Kontos ein Entgelt verlangen kann[203]. Nach § 505 Abs. 1 Satz 1 BGB muss die Vereinbarung über die Duldung der Überziehung die in Art. 247 § 17 Abs. 1 EGBGB genannten Informationen enthalten. Die Informationen müssen ferner in Textform erteilt werden. Im Fall einer erheblichen Überziehung von mehr als einem Monat treffen den Darlehensgeber weitere Informationspflichten nach § 505 Abs. 2 BGB i. V. mit Art. 247 § 17 Abs. 2 EGBGB. Dagegen gelten die allgemeinen Informationspflichten nach §§ 491a ff. BGB nach § 505 Abs. 4 BGB nicht. Die Vorschrift folgt insoweit den eindeutigen Vorgaben nach Art. 2 Abs. 4 und Erwägungsgrund (11) der Richtlinie.

Verstößt der Darlehensgeber gegen die Informationspflichten nach § 505 Abs. 1 und 2 BGB, enthält § 505 Abs. 3 BGB eine an das Sanktionensystem des § 494 Abs. 2 bis 6 BGB erinnernde Rechtsfolge. Der Darlehensgeber kann in diesem Fall über die Rückzahlung des Darlehens hinaus keine Kosten verlangen. Nach der Gesetzesbegründung soll es sich hierbei um eine zulässige Sanktion i. S. des Art. 23 RL handeln[204]. Dem Wortlaut entsprechend führt jeder Verstoß gegen die Unterrichtungspflicht zur Sanktion, d. h. nicht nur für die fehlende, sondern auch für die unrichtige Information[205]. Im Zuge des Gesetzgebungsverfahrens wurde diese Rechtsfolge vom Bundesrat als unangemessen und missbrauchsanfällig bezeichnet[206]. Der Gesetzgeber hat sich in diesem Zusammenhang allerdings darauf berufen, dass § 505 Abs. 3 BGB gerade die Lücke schließen solle, die durch die fehlende

---

[202] *Bülow,* in: Bülow/Artz, Verbraucherkreditrecht, § 504 Rn. 17.

[203] Palandt/*Weidenkaff,* § 505 Rn. 2.

[204] BT-Drucks. 16/11643, S. 92.

[205] MünchKomm/*Schürnbrand,* § 505 Rn. 13.

[206] BT-Drucks. 16/11643, S. 156 f.; da die Informationen regelmäßig über den Kontoauszug erteilt werden, könne der Verbraucher schlicht den Zugang der Information bestreiten.

Anwendbarkeit des § 494 BGB entstehe[207]. Bestünde für den Verbraucher lediglich die Möglichkeit, Schadensersatzansprüche geltend zu machen, würde dies den Darlehensgeber unangemessen privilegieren. Weiterhin sind die einzelnen Informationen für den Darlehensgeber relativ leicht zu erteilen[208].

§ 506 Abs. 1 BGB erstreckt die Informationspflichten nach §§ 491a bis 502 BGB auf entgeltliche Zahlungsaufschübe sowie sonstige entgeltliche Finanzierungshilfen. Die Vorschrift entspricht damit im Wesentlichen dem vorherigen § 499 Abs. 1 BGB, bezieht aber auch explizit die vorvertraglichen Informationspflichten nach § 491a BGB ein.

Für Teilzahlungsgeschäfte ergeben sich Sonderregeln nach § 507 BGB, der die früheren §§ 501 und 502 BGB a.F. zusammenfasst und ersetzt. Die frühere Ausnahmeregelung des § 501 BGB a.F. war mit den zwingenden Angaben in Kreditverträgen nach Art. 10 RL nicht zu vereinbaren[209]. § 507 Abs. 1 Satz 1 schließt nunmehr Sanktionen und Heilungsvorschriften nach § 494 Abs. 1 bis 3 BGB sowie die Höchstgrenze von € 75.000 nach § 494 Abs. 6 Satz 3 BGB aus. Anders als nach früherem Recht finden §§ 494 Abs. 4 bis 7 BGB daher auch auf Teilzahlungsgeschäfte Anwendung. Der Gesetzgeber begründet dies damit, dass die dort vorgesehenen Rechtsfolgen auf Teilzahlungsgeschäfte ebenso zutreffen wie auf Darlehensverträge[210].

§ 507 Abs. 1 Satz 2 BGB enthält eine Formerleichterung dahingehend, dass im Einzelfall auf die Schriftform bei Vertragsabschluss verzichtet werden kann, wenn der Verbraucher den Vertrag im Wege des Fernabsatzes schließt und ihm der Vertragsinhalt unverzüglich nach Vertragsschluss in Textform mitgeteilt wird. Vergleichbar zu § 494 Abs. 1 BGB schreibt § 507 Abs. 2 Satz 1 BGB die Nichtigkeit des Teilzahlungsgeschäfts vor, wenn die vorgeschriebene Textform des § 492 Abs. 1 Satz 1 BGB nicht eingehalten ist oder im Vertrag eine der nach Art. 247 §§ 6, 12, 13 EGBGB vorgeschriebenen Angaben fehlt. Auch hier gilt, dass die bloße Unrichtigkeit der Angaben nicht zur Nichtigkeit des Vertrages führt[211].

Entsprechend § 494 Abs. 2 Satz 1 BGB regelt § 507 Abs. 2 Satz 2 BGB die Heilung des Vertrages bei Übergabe der erworbenen Sache oder Empfang der Leistung. § 507 Abs. 2 Satz 3 bis 5 BGB enthält ein eigenes Fehlerfolgensystem, das sich mit den nicht nach § 507 Abs. 1 Satz 1 ausgeschlossenen § 494 Abs. 4 bis 6 Satz 1, und 2 BGB ergänzt.

Eine Einschränkung der vorvertraglichen und vertraglichen Informationspflichten enthält § 507 Abs. 3 Satz 1 BGB. Danach entfallen die sich aus §§ 491a, 492 Abs. 2 BGB und Art. 247 §§ 3, 6 und 12 EGBGB ergebenden Informationspflichten

---

[207] BT-Drucks. 16/11643, S. 167.

[208] BT-Drucks. 16/11643, S. 167 mit dem Hinweis, dass ein Nachweis für die Informationserteilung bei einer Informationserteilung direkt im Anschluss an die Geldabhebung am Automaten regelmäßig über das im Automaten enthaltene Protokoll geführt werden könne; MünchKomm/*Schürnbrand,* § 505 Rn. 12.

[209] BT-Drucks. 16/11643, S. 93.

[210] BT-Drucks. 16/11643, S. 93.

[211] *Bülow,* in: Bülow/Artz, Verbraucherkreditrecht, § 507 Rn. 19.

in Bezug auf den Barzahlungspreis und den effektiven Jahreszins, wenn der Unternehmer nur gegen Teilzahlungen Sachen liefert oder Leistungen erbringt. Das Teilzahlungsgeschäft fällt zwar grundsätzlich unter die Definition des Kreditvertrags nach Art 3 lit. c) RL, sodass eigentlich auch die einzelnen Informationspflichten zwingend wären. Die Ausnahme ist nach der Gesetzesbegründung aber dennoch richtlinienkonform, da die Richtlinie ausdrücklich solche Kreditverträge ausnimmt, die zins- und gebührenfrei sind (Art. 2 Abs. 2 lit. f) RL). Liefert ein Unternehmer lediglich gegen Teilzahlungen, fällt dies unter die Ausnahme nach Art. 2 Abs. 2 lit. f) RL. Da aber auch bei diesen Geschäften der Zahlungsaufschub regelmäßig beim Verhältnis von Leistung Gegenleistung berücksichtigt wird, sollen die Verbraucherschutzvorschriften im Übrigen so weit wie möglich angewendet werden[212].

§ 509 BGB regelt die bereits dargestellte[213] Pflicht des Kreditgebers, vor Abschluss eines Vertrags über eine entgeltliche Finanzierungshilfe die Kreditwürdigkeit des Verbrauchers zu prüfen. Nach der Gesetzesbegründung bezieht sich die Vorschrift ausdrücklich nicht auf Verbraucherdarlehensverträge, da die Darlehensgeber insoweit der Aufsicht nach § 18 Abs. 2 KWG unterliegen[214]. Da Wirtschaftsunternehmen, die Kredite bei eigenen Geschäften wie bei Teilzahlungsgeschäften oder dem Finanzierungsleasing gewähren, aber nicht der Aufsicht nach dem KWG unterliegen, war zur Umsetzung der Verpflichtung aus Art. 8 Abs. 1 RL eine entsprechende zivilrechtliche Verpflichtung notwendig[215].

Der Kreditgeber kann die für die Bewertung notwendigen Informationen nach § 509 Satz 2 BGB entweder vom Verbraucher selbst oder auch von entsprechenden Stellen, die geschäftsmäßig personenbezogene Daten, die zur Bewertung der Kreditwürdigkeit von Verbrauchern genutzt werden dürfen, zum Zweck der Übermittlung erheben, speichern oder verändern. Hier kommt insbesondere die SCHUFA-Auskunft in Betracht. Daneben kann der Kreditgeber natürlich auch die bei ihm vorhandenen Daten hinsichtlich der Kredithistorie des Verbrauchers verwerten[216].

[212] BT-Drucks. 16/11643, S. 95.

[213] Siehe oben unter 5. Kap. II. 7.

[214] BT-Drucks. 16/11643, S. 95; siehe zur Kritik hieran unten 7. Kap. II. 5.

[215] BT-Drucks. 16/11643, S. 96.

[216] BT-Drucks.16/11643, S. 96; MünchKomm/*Schürnbrand,* § 509 Rn. 5.

Kapitel 7
Die Verletzung der Informationspflichten und ihre Rechtsfolgen

Wie bereits in den vorangegangenen Kapiteln dargestellt, hat der deutsche Gesetzgeber mit der Umsetzung der Verbraucherkreditrichtlinie für die Kreditinstitute ein umfassendes Programm vorvertraglicher Informationspflichten geschaffen, das bereits im Bereich der Werbung beginnt und mit der Erläuterung des vom Verbraucher gewünschten Kreditprodukts abschließt. Dabei stellt sich zunächst die Frage, wie sich die neu geschaffenen Informations- und Erläuterungspflichten zu dem bereits bestehenden Informationskonzept in § 492 BGB verhalten und welche Rechtsfolgen sich für den Verbraucher hierdurch ergeben können. Hierbei ist vor allem zu beachten, dass das BGB mit § 494 schon nach altem Recht ein spezielles Fehlerfolgensystem enthielt, das Verstöße gegen bestimmte Informationspflichten beim Vertragsschluss sanktionierte. Da dieses System mit einer Heilung des zunächst formnichtigen Vertrags bei Auszahlung des Darlehens auch nach der Umsetzung der Verbraucherkreditrichtlinie beibehalten wurde, stellt sich die Frage, inwieweit dies Auswirkungen auf einen Ersatzanspruch wegen Verletzung der vorvertraglichen Informationspflicht haben kann.

I. Verletzung der vorvertraglichen Informationspflicht nach § 491a Abs. 1 BGB i. V. mit Art. 247 §§ 1 ff. EGBGB

Zunächst soll auf die möglichen Verstöße gegen die vorvertragliche Informationspflicht nach § 491a Abs. 1 BGB i. V. mit Art. 247 §§ 1 ff. EGBGB eingegangen werden. Durch die gesetzliche Fiktion nach Art. 247 § 2 Abs. 3 Satz 1 EGBGB ergeben sich insoweit zwar Erleichterungen für den Darlehensgeber. Jüngere Tests zeigen allerdings, dass trotz der Möglichkeit einer formularmäßigen Erledigung der Informationspflichten zahlreiche Kreditinstitute die Informationspflichten anscheinend nicht oder noch nicht nachhaltig beachten[1].

---

[1] Siehe hierzu das Ergebnis der Stiftung Warentest, Finanztest 6/2012, „Die Kreditversager", S. 12 ff., wonach gerade bei den Filialbanken die vorvertraglichen Informationspflichten überwie-

C. Gercke, *Schadensersatz wegen vorvertraglicher Informationspflichtverletzung beim Verbraucherkredit,* Bibliothek des Bank- und Kapitalmarktrechts 1,
DOI 10.1007/978-3-642-39121-7_7, © Springer-Verlag Berlin Heidelberg 2014

1. Konkurrenz eines möglichen Schadensersatzanspruchs aus c.i.c. mit den Regelungen der §§ 492, 494 und 355 ff.?

a) Ausschluss aufgrund einer möglichen Sperrwirkung der §§ 492, 494 und 355 ff. BGB?

Bevor die möglichen Verstöße gegen die Informationspflicht nebst Rechtsfolgen erläutert werden, soll zunächst der Frage nachgegangen werden, wie sich ein Schadensersatzanspruch aus c.i.c., der grundsätzlich auch auf die Aufhebung des Vertrags gerichtet sein kann[2], zu dem speziellen Fehlerfolgensystem der §§ 492, 494 und den Sonderregelungen über das Widerrufsrecht verhält.

Beispiel Verbraucher V informiert sich bei der B Bank bezüglich eines Kreditvertrags. Vorvertraglich wird zwar über die Höhe des effektiven Jahreszinses gesprochen, die Europäischen Standardinformationen für Verbraucher werden allerdings nicht überreicht. Auch im Darlehensvertrag finden sich keine Angaben zur Höhe des effektiven Jahreszinses. Das Darlehen wird wie vereinbart an den V ausgezahlt. Zusammen mit der Auszahlung überreicht B dem V einen Vertragstext, aus dem sich die geänderten Vertragsbedingungen infolge der fehlenden Angabe des effektiven Jahreszinses ergeben. Anstatt des in den ersten Gesprächen genannten Sollzinssatzes wird nunmehr der gesetzliche Zinssatz zugrunde gelegt. Fünf Wochen später meldet sich der V bei B und macht geltend, dass er an der Fortführung des Kreditvertrages kein weiteres Interesse habe. Da er im Vorfeld nicht entsprechend den gesetzlichen Regelungen über die Höhe des effektiven Jahreszinses informiert worden sei, macht er nunmehr Schadensersatz nach §§ 311 Abs. 2, 280 Abs. 1, 241 Abs. 2 BGB gerichtet auf die Aufhebung des Kreditvertrags geltend. Bei ordnungsgemäßer Information hätte er einen solch teuren Kreditvertrag nie geschlossen.

Durch die nicht erteilte vorvertragliche Information über die Höhe des effektiven Jahreszinses hat die B hier gegen ihre Pflicht nach § 491a Abs. 1 BGB i. V. mit Art. 247 §§ 2 Abs. 1, 3 Abs. 1 Nr. 3 EGBGB verstoßen. Aufgrund der fehlenden Angabe im Darlehensvertrag hat die B außerdem gegen § 492 Abs. 2 BGB i. V. m. Art. 247 §§ 6 Abs. 1 Nr. 1, 3 Abs. 1 Nr. 3 EGBGB verstoßen. Grundsätzlich wäre der Darlehensvertrag daher ohnehin nach § 494 Abs. 1 BGB nichtig. Durch die Auszahlung des Darlehens an den V wurde der Vertrag allerdings gemäß § 494 Abs. 2 Satz 1 BGB geheilt. Als Sanktion für die fehlende Angabe des effektiven Jahreszinses im Vertrag sieht § 494 Abs. 2 Satz 2 BGB die Ermäßigung des dem Vertrag zugrundeliegenden Sollzinssatzes auf den gesetzlichen Zinssatz vor. V kann den Vertrag hier auch nicht mehr widerrufen. Durch die Aushändigung des Darlehensvertrages mit den geänderten Konditionen wurde nach §§ 492 Abs. 6 Satz 1, 494 Abs. 7 Satz 2 BGB der Lauf der Widerrufsfrist in Gang gesetzt, der nach § 492 Abs. 6 Satz 4 BGB einen Monat beträgt. Zum Zeitpunkt der Geltendmachung des Schadensersatzanspruches durch V war diese Frist bereits abgelaufen.

---

gend schlicht ignoriert werden; von zwölf getesteten Filialbanken erhielten in diesem Zusammenhang nur zwei die Note „ausreichend", die übrigen fielen komplett durch den Test durch.

[2] *Siol,* in: Schimansky/Bunte/Lwowski, Bankrechts-Handbuch, § 43 Rn. 44.

Nach dem Ablauf der Widerrufsfrist kann der Verbraucher eine Rückgängigmachung des Darlehensvertrages regelmäßig nur im Wege des Schadensersatzes geltend machen[3]. Dem könnte aber bereits entgegenstehen, dass sich die vorvertraglichen und vertraglichen Informationspflichten durch den Verweis des Art. 247 § 6 Abs. 1 Nr. 1 EGBGB auf Art. 247 § 3 Abs. 1 Nr. 1–14 EGBGB im Wesentlichen gleichen. In der Literatur wird daher vereinzelt darauf verwiesen, dass der Gesetzgeber für die vertraglichen Informationspflichten in §§ 492, 494 BGB bereits ein ausdifferenziertes Sanktionensystem bereitgestellt habe[4]. Dementsprechend könnte man überlegen, ob Verstöße gegen das Informationspflichtenprogramm der Art. 247 §§ 3 ff. EGBGB für die Wirksamkeit des Darlehensvertrags generell unbeachtlich sind, sofern das Darlehen später an den Verbraucher ausgezahlt wurde. Schließlich sieht § 494 Abs. 2 f. BGB spezielle Sonderreglungen für den Fall der Auszahlung vor. Diese Rechtsfolgen könnten im Fall eines Aufhebungsanspruchs aus §§ 311 Abs. 2, 280 Abs. 1 BGB im Ergebnis umgangen werden.

Gegen die Möglichkeit einer Vertragsaufhebung im Wege des Schadensersatzes könnten außerdem die Sonderregeln über das Widerrufsrecht sprechen. § 495 BGB räumt dem Darlehensnehmer ein eigenes Widerrufsrecht mit einzelnen Sonderregelungen gegenüber den §§ 355 ff. BGB ein. Hier ist wiederum zu beachten, dass die Widerrufsfrist nach § 495 Abs. 2 Nr. 2 lit. b) BGB nicht beginnt, bevor der Verbraucher nicht die Pflichtangaben nach § 492 Abs. 2 BGB erhält. Das BGB schützt die Entscheidungsfreiheit des Darlehensnehmers daher zusätzlich durch das Hinausschieben des Beginns der Widerrufsfrist. Nach § 494 Abs. 6 Satz 4 BGB verlängert sich die Widerrufsfrist außerdem von zwei Wochen auf einen Monat. Der Verbraucher hat daher die Möglichkeit, sich bis einen Monat nach Erhalt der Pflichtinformationen nach § 492 Abs. Abs. 1 BGB i. V. mit Art. 247 § 6 ff. EGBGB ohne Angabe weiterer Gründe vom Vertrag zu lösen. Aufgrund dieser speziellen Regelungen für eine Rückgängigmachung des Vertrags und den hinausgeschobenen Fristbeginns könnte ein Schadensersatzanspruch auf Aufhebung des Vertrags bei Verletzung vorvertraglicher Informationen daher ebenfalls ausgeschlossen sein[5].

---

[3] Nach § 500 Abs. 1 Satz 1 BGB kann der Verbraucher bei einem auf unbestimmte Zeit geschlossenen Darlehensvertrag zwar jederzeit kündigen und nach § 500 Abs. 2 BGB bei einem befristeten Darlehensvertrag diesen jederzeit ganz oder teilweise erfüllen; der Darlehensgeber wird sich für diese Fälle aber regelmäßig die Geltendmachung einer Vorfälligkeitsentschädigung nach § 502 Abs. 1 BGB vorbehalten haben, sodass die vorzeitige Vertragsbeendigung für den Verbraucher regelmäßig mit Kosten verbunden ist; dagegen ist das Rücktrittsrecht nach §§ 323 ff. BGB nach Vollzug des Vertrages aufgrund der vorrangigen Sonderregelungen über das Kündigungsrecht regelmäßig ausgeschlossen; allgemein zum Ausschluss des Rücktrittsrechts bei in Vollzug gesetzten Dauerschuldverhältnissen und den sich hierfür ergebenden Ausnahmen MünchKomm/*Gaier*, § 314 Rn. 3; PWW/*Medicus/Stürner*, § 314 Rn. 19.

[4] *Bülow*, in: Bülow/Artz, Verbraucherkreditrecht, § 491a Rn. 60; Bamberger/Roth/*Möller*, § 491a Rn. 7.

[5] Bamberger/Roth/*Möller*, § 491a Rn. 7; so wohl auch *Bülow*, in: Bülow/Artz, Verbraucherkreditrecht, § 491a Rn. 60, der davon spricht, dass in Bezug auf einen Schadensersatzanspruch auf Vertragsaufhebung „Zurückhaltung geboten sei"; ebenso Palandt/*Grüneberg*, Einf. v. Art. 238 EGBGB Rn. 11, der davon ausgeht, dass ein Anspruch auf Vertragsaufhebung kraft speziellerer Regelungen ausgeschlossen ist, sofern sich die Verletzung einer Informationspflicht auf das Wi-

Hiergegen spricht jedoch, dass durch einen Ausschluss des auf Vertragsaufhebung gerichteten Anspruchs aus c.i.c. die effektive Sanktionierung von Verstößen gegen die vorvertraglichen Informationspflichten gefährdet wäre. Von Teilen der Literatur wird ein solcher Ausschluss daher folgerichtig abgelehnt. *Schürnbrand* zufolge komme ein Vorrang des § 494 schon deshalb nicht in Betracht, da dieser bereits Schadensersatzansprüche wegen vertraglicher Ansprüche nicht ausschließe und daher erst recht keine Sperrwirkung im vorvertraglichen Bereich entfalten könne[6]. Eine weitere Rechtfertigung finde dies in den zusätzlichen Tatbestandsvoraussetzungen des Schadensersatzanspruchs wie Schaden, Kausalität und Verschulden[7].

Ein Ausschluss aufgrund der Regelungen über das Widerrufsrecht soll nach Ansicht von *Angermann* schon deshalb nicht in Betracht kommen, weil die Vorschriften über das Widerrufsrecht keinen ausdrücklichen Hinweis darauf bieten würden, dass entsprechende Schadensersatzansprüche ausgeschlossen seien[8]. Das Widerrufsrecht stelle stets nur eine Mindestsanktionierung dar, weitergehende Rechtsbehelfe zugunsten des Verbrauchers seien nach dem Unionsrecht grundsätzlich nicht ausgeschlossen[9].

Gegen einen Ausschluss des auf Vertragsaufhebung gerichteten Schadensersatzanspruchs aus c.i.c dürfte neben den beschriebenen Argumenten auch die sich aus Art. 23 Satz 2 RL ergebende Verpflichtung sprechen, für Verstöße gegen die Richtlinienvorgaben wirksame, verhältnismäßige und abschreckende Sanktionen zu schaffen[10]. Wie bereits ausführlich dargestellt bilden vor allem die vorvertraglichen Informationspflichten ein zentrales Schutzinstrument der Richtlinie. Dieses wesentliche Anliegen des europäischen Gesetzgebers würde durch eine eingeschränkte Sanktionierung in Form des Ausschlusses eines Schadensersatzanspruches auf Vertragsaufhebung erheblich entwertet. Nach alledem dürfte auch nach dem Grundsatz des „effet utile" eine Auslegung dahingehend geboten sein, dass trotz der speziellen Regelungen in § 494 und den Sonderregeln über das Widerrufsrecht bei Verletzung der vorvertraglichen Informationspflichten ein Schadensersatzanspruch aus c.i.c. gerichtet auf die Aufhebung des Vertrags möglich ist[11].

---

derrufsrecht auswirkt; dies ist beim Verbraucherkredit aufgrund der bereits dargestellten Regelung der §§ 492 Abs. 6 Satz 2 und 4, 495 Abs. 2 Nr. 2 lit. b) BGB der Fall; *Hoffmann,* ZIP 2005, 829 (837) will einen auf Loslösung vom Vertrag gerichteten Schadensersatzanspruch dagegen nur zulassen, wenn sich die falsch erteilte Information gerade auf das Widerrufsrecht bezieht und ihr Fehlen oder die Falschinformation geeignet war eine Fehlvorstellung über sein Bestehen zu begründen; nach *Grigoleit,* NJW 2002, 1151 (1155) sollen die Regeln über das Widerrufsrecht zudem leges speciales zu den allgemeinen schuldrechtlichen Vorschriften sein und daher sowohl einen Rücktritt nach § 324 BGB als auch einen auf Vertragsaufhebung gerichteten Schadensersatzanspruch aus c.i.c. ausschließen.

[6] MünchKomm/*Schürnbrand,* § 491a Rn. 6.

[7] *Ders., a. a. O.*, § 494 Rn. 8.

[8] *Angermann,* S. 260.

[9] *Dies.,* S. 261.

[10] *Dies.,* a. a. O.

[11] Allgemein zum Grundsatz des „effet utile" zur Sicherung der einheitlichen Geltung und Anwendung des Unionsrechts in den Mitgliedstaaten Streinz/*Streinz,* EUV Art. 4 Rn. 33; *Frenz,*

Dies wird gerade auch durch den Sinn und Zweck der vorvertraglichen Information gestützt. Die Information mit Hilfe des gesetzlichen Musters soll dem Verbraucher die Möglichkeit geben, vor Abschluss des Vertrages verschiedene Angebote vergleichen zu können, um dann in voller Sachkenntnis zu entscheiden[12]. Das Widerrufsrecht sowie die nach § 492 Abs. 1 Satz 1 BGB vorgeschriebene Schriftform bezweckt dagegen primär, den Verbraucher vor dem übereilten Abschluss eines Vertrags zu schützen. Die umfassende Information des Verbrauchers ist aber nur dann effektiv gewährleistet, wenn man ihm auch die Möglichkeit gibt, über das Widerrufsrecht hinaus nach den Regeln der c.i.c. eine Aufhebung des Vertrags, über den er entweder nicht oder lediglich fehlerhaft informiert wurde, zu erreichen.

Im Beispielsfall könnte dem V daher grundsätzlich ein auf die Aufhebung des Kreditvertrages gerichteter Schadensersatzanspruch aus §§ 311 Abs. 2., 280 Abs. 1, 241 Abs. 2 BGB zustehen[13]. Dabei ist allerdings zu beachten, dass die fehlende Angabe des effektiven Jahreszinses nach § 494 Abs. 2 Satz 2 BGB zu einer Reduzierung des Sollzinssatzes auf den gesetzlichen Zinssatz führt. Ein Schaden des V kommt daher nur in Betracht, wenn ihm ein Vertragsschluss zu einem günstigeren Zinssatz möglich gewesen wäre, was regelmäßig nicht der Fall sein dürfte, oder wenn dem Verbraucher der Nachweis gelänge, dass er bei zutreffender Information überhaupt keinen Kreditvertrag geschlossen hätte.

b) Schadensersatz bei lediglich fehlerhafter Informationserteilung

Zu demselben Ergebnis gelangt man, wenn die vorvertragliche Information nicht unterlassen, aber unrichtig erteilt wurde. Entsprechend dem oben Gesagten kann dem Verbraucher ein Schadensersatzanspruch aus c.i.c. zustehen, der weder durch die Sonderreglungen der §§ 492, 494 ff. BGB noch durch das Widerrufsrecht ausgeschlossen ist[14]. Wurde die Information auch im Vertrag selbst unzutreffend erteilt, hat dies nach § 494 Abs. 1 Satz 1 BGB zwar keine Auswirkungen auf die Wirksamkeit des Vertrags[15]. Die einzelnen Vertragskonditionen werden allerdings nach § 494 Abs. 2 Satz 2, Abs. 3 ff. BGB angepasst. Gelingt dem Verbraucher der Nachweis, dass er einen Vertrag auch zu den angepassten Konditionen bei ordnungsgemäßer

---

Handbuch Europarecht, 6. Band, Rn. 3396 ff.; MünchKomm/*Schürnbrand,* § 491a Rn. 6 verweist ebenfalls auf die unionsrechtliche Vorgabe einer effektiven Sanktionierung und merkt in diesem Zusammenhang an, dass der deutsche Gesetzgeber eine solche wegen der abschließenden Regelung des Art. 14 RL durch ein Hinausschieben des Beginns der Widerrufsfrist gar nicht hätte bewerkstelligen dürfen.

[12] Erwägungsgrund (19) der RL; nach der Gesetzesbegründung soll die Information dem Verbraucher *„eine fundierte Entscheidung über das für oder wider den Abschluss eines Darlehensvertrags"* ermöglichen, BT-Drucks. 16/11643, S. 121.

[13] Zu den möglichen Rechtsfolgen der Verletzung der vorvertraglichen Informationspflicht siehe unten 7. Kap. I. 6.

[14] Zur möglichen Bindung des Darlehensgebers an die vorvertraglich erteilten Informationen siehe unten 7. Kap. I. 1. c) aa).

[15] Siehe oben 6. Kap. V. 1.

Information nicht geschlossen hätte, kann er im Wege des Schadensersatzes nach §§ 311 Abs. 2, 280 Abs. 1, 241 Abs. 2 BGB die Aufhebung des Vertrages verlangen.

c) Konkurrenz zum Verbraucherschutz mittels Schriftform

Eine Abweichung kann sich wiederum ergeben, wenn der Verbraucher erst im Darlehensvertrag die korrekten Informationen erhält. In diesem Fall wird das Kreditinstitut regelmäßig einwenden, ein Schadensersatzanspruch komme nicht in Betracht, da dem Verbraucher alle notwendigen Informationen spätestens bei Vertragsschluss vorgelegen hätten.

Abwandlung des Eingangsbeispiels Der V wird wiederum vorvertraglich nicht über die Höhe des effektiven Jahreszinses informiert. Im Darlehensvertrag selbst wird dieser allerdings korrekt angegeben. Das Darlehen wird ausgezahlt. Vier Wochen später begehrt V die Aufhebung des Darlehensvertrages mit der Begründung, bei einer ordnungsgemäßen vorvertraglichen Aufklärung hätte er keinen so teuren Kreditvertrag geschlossen.

Die Konkurrenz zum Fehlerfolgensystem der §§ 492, 494 BGB ergibt sich hier nicht, da die Angaben im Vertrag selbst ordnungsgemäß erteilt wurden. Demzufolge schuldet V auch den im Vertrag vereinbarten effektiven Jahreszins. Sofern er nachweisen kann, dass für ihn der Abschluss eines günstigeren Vertrages möglich gewesen wäre, läge in Höhe der Differenzbelastung auch ein entsprechender Schaden bei V vor, den er ersetzt verlangen könnte.

aa) Bindungswirkung der vorvertraglichen Information

Zunächst könnte man für die Fälle der vorvertraglichen Information erwägen, diese als bindend für den Darlehensgeber anzusehen, sofern später nicht ausdrücklich darauf hingewiesen wird, dass der Darlehensvertrag von den im Vorfeld erteilten Angaben abweicht. Dies wäre am Beispiel des V relevant, wenn die vorvertragliche Information über den effektiven Jahreszins nicht komplett unterblieben, sondern lediglich ein zu niedriger Zinssatz angegeben worden wäre. In diesem Fall könnte V erwägen, aufgrund der Abweichung zwischen vorvertraglicher und vertraglicher Information die B an dem vorvertraglich mitgeteilten niedrigeren Zinssatz festzuhalten.

Gegen eine solche vorvertragliche Bindung spricht allerdings die Regelung des Art. 247 § 4 Abs. 1 Nr. 4 EGBGB. Danach muss der Darlehensgeber, soweit dies für den Vertragsabschluss erheblich ist, gegebenenfalls darüber informieren, für wie lange er sich an die vorvertragliche Information gebunden sieht. Die Benutzung des Wortes „gegebenenfalls" lässt bereits darauf schließen, dass das Gesetz im Regelfall nicht von einer Bindung des Darlehensgebers ausgeht. Dies wird gleichermaßen durch die Gesetzesbegründung bestätigt. Danach soll eine Bindung an die vorvertragliche Information gesetzlich nicht vorgegeben und somit fakultativ sein[16]. Dementsprechend liegt es im eigenen Ermessen des Darlehensgebers, ob und wie lange er sich an die vorvertragliche Information binden will.

Aufgrund der insoweit eindeutigen Aussage des Gesetzgebers kann man daher nicht von einer Bindung des Darlehensgebers an die vorvertragliche Information ausgehen. Weichen die Vertragsinhalte von den vorvertraglich erteilten Informationen ab, werden letztere nicht automatisch zum Vertragsinhalt, sofern kein ausdrücklicher Hinweis des Darlehensgebers erfolgt. Etwas anderes mag lediglich dann gelten, wenn der Darlehensgeber eine ausdrückliche Erklärung hinsichtlich der Bindung nach Art. 247 § 4 Abs. 1 Nr. 4 EGBGB abgegeben hat.

Ungeachtet der fehlenden Bindung des Kreditinstituts an die vorvertraglich erteilten Informationen stellt sich aber die Frage, inwieweit die Bank verpflichtet ist, dem Verbraucher bei Veränderungen der Vertragskonditionen zeitnah einen Hinweis zu erteilen, damit dieser die Möglichkeit hat entsprechend zu reagieren. *Münscher* will eine solche „erneute" Informationspflicht lediglich dann bejahen, wenn die eingetretenen Änderungen so wesentlich sind, dass das Informationsbedürfnis des Verbrauchers genauso hoch zu bewerten ist wie beim Erstkontakt[17]. Die Einschränkung auf wesentliche Änderungen sei dadurch gerechtfertigt sein, dass dem Verbraucher durch die Angabe in der Musterbelehrung, ob und ggf. wie lange sich der Darlehensgeber an die erteilten Informationen binde, bereits vor Augen geführt werde, dass sich Änderungen ergeben könnten[18].

Einer solchen Einschränkung steht bereits entgegen, dass die Angabe des Darlehensgebers, wie lange er sich an die übermittelten Informationen bindet, nach Art. 247 § 4 Abs. 1 Nr. 4 lediglich fakultativ ist[19]. Die Möglichkeit einer Veränderung der Vertragsbestandteile wird dem Verbraucher vorvertraglich daher nicht zwingend mitgeteilt. Die Richtlinie selbst spricht im Zusammenhang mit dem Zweck der vorvertraglichen Information ausdrücklich von einer *„größtmöglichen Transparenz und Vergleichbarkeit"*. Unabhängig von der Frage, ob diese durch die Vielzahl der Informationen noch gewährleistet ist[20], muss dem Verbraucher jede Änderung der zuvor mitgeteilten Vertragsbedingungen auch unverzüglich mitgeteilt werden. Ein Abstellen auf die Wesentlichkeit der Veränderung vernachlässigt zudem, dass die einzelnen Vertragsbedingungen von jedem Verbraucher unterschiedlich gewichtet werden.

Weiterhin ist zu beachten, dass der Darlehensgeber durch die vorvertraglichen Informationen beim Verbraucher zugleich eine bestimmte Erwartungshaltung und

---

[16] BT-Drucks. 16/11643, S. 126.

[17] *Münscher*, in: Schimansky/Bunte/Lwowski, Bankrechts-Handbuch, § 81 Rn. 65.

[18] *Münscher*, a. a. O.

[19] Palandt/*Weidenkaff*, EGBGB 247 § 4 Rn. 2; in Art. 5 Abs. 1 Satz 4 s) RL wird ebenfalls nur von einer *„gegebenenfalls"* zu erteilenden Information gesprochen.

[20] Kritisch in diesem Zusammenhang *Wendehorst*, ZEuP 2011, 263 (289), die darauf hinweist, dass die Musterbelehrungen – da sie sämtliche Eventualitäten abdecken müssen – so umständlich formuliert sind, dass selbst mit Rechtstexten vertraute Verbraucher den Sinn der Belehrung nur noch mit Mühe erfassen können.

Vertrauensposition schafft. Anhand dieser Informationen stellt der Verbraucher gegebenenfalls Vergleiche an und trifft letztendlich eine Entscheidung für oder gegen den Vertragsabschluss. Der Verbraucher kann sich daher grundsätzlich auf die Fortgeltung dieser Informationen verlassen und ist nicht gehalten, später die Darlehensurkunde auf mögliche Abweichungen zu kontrollieren[21]. Weist der Darlehensgeber den Verbraucher nicht auf die Abweichung hin, verletzt er die ihm obliegenden Vertragspflichten, sodass der Verbraucher ihm gegenüber Schadensersatzansprüche geltend machen kann[22]. Die Hinweispflicht des Darlehensgebers auf mögliche Abweichungen ergibt sich jedenfalls über § 241 Abs. 2 BGB als Nebenpflicht zu den vorvertraglichen Informationspflichten.

Weichen die vorvertraglichen Angaben daher von den vertraglichen ab, ohne dass der Darlehensgeber ausdrücklich auf diese hinweist, kann der Verbraucher gegebenenfalls Schadensersatzansprüche nach §§ 280 Abs. 1, 311 Abs. 2, 241 Abs. 2 BGB geltend machen.

bb) Ausschluss durch korrekte vertragliche Informationen

Offen bleibt allerdings die Frage, wie zu verfahren ist, wenn – wie im vorliegenden Beispielsfall – vorvertraglich überhaupt keine Information hinsichtlich bestimmter Vertragsinhalte erteilt wird. Hier stellt sich die Frage, ob sich das Kreditinstitut mit Erfolg darauf berufen kann, dem V hätten spätestens bei Vertragsschluss alle erforderlichen Informationen vorgelegen. Dieser Einwand erhält vor allem deshalb Bedeutung, da sich der vorvertragliche Informationskatalog nach Art. 247 § 3 Abs. 1 EGBGB über den Verweis in Art. 247 § 6 Abs. 1 Nr. 1 EGBGB nahezu mit den vertraglichen Informationen deckt. Der Vertragsschluss muss nach § 492 Abs. 1 Satz 1 BGB zwingend in Schriftform erfolgen. Der Schriftform selbst kommt neben der Warnfunktion in diesem Zusammenhang aber auch gerade eine Informationsfunktion zu[23].

Dementsprechend liegt der Einwand der Kreditinstitute nahe, der Verbraucher habe doch spätestens bei Vertragsschluss sämtliche Informationen vorliegen gehabt. Ein „Informationsplus" hätte sich daher auch nicht bei korrekter vorvertraglicher Information ergeben oder dieses hätte sich jedenfalls nicht auf den Vertragsschluss ausgewirkt. Da der Verbraucher den Vertrag geschlossen habe, in dem alle erforderlichen Informationen enthalten seien, zeige sich, dass für diesen die konkrete Information keine Bedeutung habe. Danach fehle es in jedem Fall an einer Kausalität der

---

[21] MünchKomm/*Schürnbrand,* § 491a Rn. 8.

[22] MünchKomm/*Schürnbrand,* a. a. O., der in diesem Fall wohl sogar eine Bindungswirkung bejaht, wenn es heißt, der Darlehensgeber müsse sich *überdies nach § 242 an der vorvertraglichen Information festhalten lassen, sofern diese für den Verbraucher günstiger ist*"; zur Bindungswirkung hinsichtlich der vorvertraglichen Informationspflichten nach § 312c BGB i. V. mit Art. 246 §§ 1 f. EGBGB beim Fernabsatzvertrag MünchKomm/*Wendehorst,* § 312c Rn. 138.

[23] So bereits der BGH zur Vorschrift des § 1a AbzG, Urteil vom 12.12.1973, VIII ZR 183/72, BGHZ 62, 42; *Artz,* in: Bülow/Artz, Verbraucherkreditrecht, § 492 Rn. 34.

unterlassenen vorvertraglichen Information für den beim Verbraucher entstandenen Schaden, d. h. den Abschluss des nachteiligen Vertrages[24].

Eine solche Verfahrensweise würde im Ergebnis aber dazu führen, dass der Darlehensgeber einen Verstoß gegen seine vorvertraglichen Informationspflichten stets durch eine korrekte Angabe im Darlehensvertrag heilen könnte. Die unterbliebene vorvertragliche Information bliebe im Ergebnis sanktionslos[25]. Letztendlich würden die neu geschaffenen vorvertraglichen Informationspflichten hierdurch aber fast ausnahmslos entwertet. Die vorvertragliche Information soll den Darlehensnehmer in die Lage versetzen, verschiedene Angebote miteinander zu vergleichen und eine eigenverantwortliche Entscheidung über den Vertragsschluss zu treffen[26]. Dies wäre aber durch die reine Angabe im Darlehensvertrag nicht gewährleistet. Auch der Gesetzgeber misst der Information im Darlehensvertrag einen völlig anderen Wert bei als der vorvertraglichen Information, was sich exemplarisch daran zeigt, dass für die Erfüllung der vorvertraglichen Informationspflichten die Überreichung des Vertragsentwurfs nach § 491a Abs. 2 Satz 1 BGB nicht ausreichen soll[27].

Könnte der Darlehensgeber die unterlassene Informationserteilung nach § 491a Abs. 1 BGB i. V. mit Art. 247 §§ 1 ff. EGBGB einfach durch eine korrekte Angabe im Darlehensvertrag heilen, bestünde auch keine wirksame und abschreckende Sanktion im Sinne des Art. 23 Satz 2 RL. Die Kreditinstitute hätten keinen Anreiz, den neu geschaffenen Informationspflichten nachzukommen, da durch die korrekte Angabe im Darlehensvertrag eine „Freizeichnung" möglich wäre[28]. Die vorvertraglichen Informationspflichten würden damit praktisch entwertet.

Dass eine solche Handhabe weder im Interesse des europäischen noch des nationalen Gesetzgebers liegt, dürfte eindeutig sein. Dementsprechend kann dem Verbraucher auch dann ein Schadensersatzanspruch aus §§ 280 Abs. 1, 311 Abs. 2, 241 Abs. 2 BGB zustehen, wenn lediglich die vorvertragliche Information nicht oder nicht korrekt erfolgt ist, im Vertrag selbst aber alle notwendigen Informationen enthalten sind. In Anwendung auf den Beispielsfall kann V, vorausgesetzt er kann den Nachweis führen, dass ihm ein günstigerer Vertragsschluss möglich gewesen wäre, Schadensersatz wegen Verletzung der vorvertraglichen Informationspflichten geltend machen.

---

[24] Zu der Frage, ob in diesen Fällen die Vermutung aufklärungsrichtigen Verhaltens Anwendung finden kann, siehe unten 7. Kap. I. 3. b).

[25] Eine Ausnahme würde dann lediglich in den Fällen gelten, in denen der Verbraucher nachweist, dass ihm in der Zeit zwischen unterbliebener vorvertraglicher Information und späterem Vertragsschluss der Abschluss eines günstigeren Kreditvertrages entgangen ist; zudem müsste er nachweisen, dass er bei ordnungsgemäßer Information auch den günstigeren Vertrag geschlossen hätte.

[26] Erwägungsgrund (19) RL und BT-Drucks. 16/11643, S. 78.

[27] BT-Drucks. 16/11643, S. 78.

[28] Der angesprochene Fall, in dem der Darlehensnehmer nachweist, dass ihm zwischenzeitlich ein günstigerer Vertragsschluss entgangen ist, dürfte eher die Ausnahme bilden.

2. Fehlerhafte Informationserteilung bei Vertragsschluss im Internet

Da die Verbraucherkreditrichtlinie als eines ihrer Ziele ausdrücklich *„die Entwicklung eines reibungslos funktionierenden Binnenmarkts bei Verbraucherkrediten"*[29] hervorhebt, kommt dem Vertragsabschluss im Internet eine wachsende Bedeutung zu. In diesem Zusammenhang stellt sich gleichermaßen die Frage, wie die Kreditinstitute in diesem Zusammenhang die vorvertraglichen Informationspflichten zu erfüllen haben.

Beispiel Verbraucher V informiert sich im Internet bei mehreren Kreditinstituten hinsichtlich eines Darlehensvertrags. Die Bank B erteilt die vorvertraglichen Informationen dabei in der Form, dass alle Angaben nach Art. 247 §§ 1 ff. EGBGB auf der Homepage des Bank bereitgestellt werden. Der Kunde kann sich auf der Homepage mittels eigener Angaben zu dem von ihm gewünschten Kredit „durchklicken". Nach Auswertung der Informationen stellt die Bank diese vorvertraglichen Pflichtangaben sodann auf ihrer Homepage zur Verfügung. Für den Kunden besteht die Möglichkeit, diese Informationen zu speichern und auszudrucken. V schließt bei der B einen Kreditvertrag ab. Später erwägt er die Geltendmachung von Schadensersatzansprüchen, da ihm der Vertrag zu teuer ist und er nach seiner Ansicht nicht ordnungsgemäß vorvertraglich über die finanziellen Belastungen informiert wurde.

Art. 247 § 1 EGBGB schreibt für die Form der vorvertraglichen Information die Textform nach § 126b BGB vor. Die Information muss daher in einer Urkunde oder auf andere zur dauerhaften Wiedergabe in Schriftzeichen geeignete Weise abgeben werden. Weiterhin muss die Person des Erklärenden genannt und der Abschluss der Erklärung durch Nachbildung der Namensunterschrift oder anders erkennbar gemacht werden.

Den Anforderungen des § 126b BGB genügt grundsätzlich jede Verkörperung auf Papier, Diskette, CD-ROM, E-Mail oder Computerfax[30]. Art. 5 Abs. 1 Satz 2 RL gibt lediglich vor, dass die Information „auf Papier oder einem anderen dauerhaften Datenträger" zu erteilen ist. Nach Art. 3 lit. m) RL ist unter einem „dauerhaften Datenträger" jedes Medium zu verstehen, das es dem Verbraucher gestattet, an ihn persönlich gerichtete Informationen derart zu speichern, dass er sie in der Folge für eine den Zwecken der Information angemessene Dauer einsehen kann, und das die unveränderte Wiedergabe der gespeicherten Informationen ermöglicht.

In diesem Zusammenhang stellt sich die Frage, ob es für die Informationserteilung ausreicht, wenn der Kreditgeber auf seiner Homepage ein entsprechendes Formular bereithält, das anhand der vom Verbraucher vorgegebenen Informationen die Musterinformation wiedergibt. Für den Verbraucher bestünde sodann die Möglichkeit, diese mittels eines Downloads bei sich zu speichern. Hier ist zunächst von Bedeutung, dass bei der Textform nach § 126b BGB die empfangsbedürftigen Erklärungen nicht nur formgerecht erstellt, sondern auch in der vorgeschriebenen Weise

[29] Erwägungsgrund (7) der RL.

[30] Palandt/*Ellenberger*, § 126b Rn. 3.

dem Empfänger zugehen müssen[31]. Hierfür soll grundsätzlich auch eine Internetseite genügen, sofern diese vom Nutzer ausgedruckt oder abgespeichert werden kann, da auch in diesem Fall die Erklärung derart in den Machtbereich des Empfängers gelangt, dass sie zur dauerhaften Wiedergabe in Schriftzeichen geeignet ist[32].

Gegen eine solche Auslegung spricht allerdings ein Vergleich mit der insoweit gleichlautenden Bestimmung über die Erteilung vorvertraglicher Informationen in der Fernabsatzrichtlinie[33]. Nach Art. 5 Abs. 1 der Richtlinie 2002/65/EG soll der Verbraucher die zu erteilenden Informationen rechtzeitig, bevor er durch einen Fernabsatzvertrag oder ein Angebot gebunden ist, „in Papierform oder auf einem anderen dauerhaften Datenträger" erhalten. Die Begriffsbestimmungen des „dauerhaften Datenträgers" in der Fernabsatzrichtlinie und der Verbraucherkreditrichtlinie sind gleichlautend. Erwägungsgrund (20) der Richtlinie 2002/65/EG stellt weitergehend klar, dass zu den dauerhaften Datenträgern insbesondere Disketten, CD-ROMs, DVDs und die Festplatte des Verbrauchers gehören, auf der die elektronische Post gespeichert wird. Nicht hierzu zählen allerdings Internet-Websites, es sei denn, sie erfüllen die in der Definition des Begriffs „dauerhaftes Medium" enthaltenen Voraussetzungen[34].

Sinn und Zweck dieser Regelung ist es, dass dem Verbraucher die Informationen schwarz auf weiß vorliegen, damit er sie kontrollieren und mit anderen Angeboten vergleichen kann[35]. Vor diesem Hintergrund müssen die dem Verbraucher zu erteilenden Informationen nicht nur vom Unternehmer in einer zur dauerhaften Wiedergabe geeigneten Weise abgegeben werden, sondern auch dem Verbraucher in einer zur dauerhaften Wiedergabe geeigneten Weise zugehen[36].

Diese Überlegungen zum Formerfordernis können auf die Regelung des Art. 5 Abs. 1 Satz 2 RL übertragen werden. Auch hier soll dem Verbraucher die Möglichkeit gegeben werden, die einzelnen Informationen zum avisierten Kreditvertrag „greifbar" vor sich zu haben, um ihm die Einzelheiten und finanziellen Auswirkungen auch tatsächlich zu verdeutlichen. Dementsprechend reicht es auch hier nicht

---

[31] BGH, Urteil vom 07.06.1995, VIII ZR 125/94, NJW 1995, 2217; MünchKomm/*Einsele,* § 126b Rn. 9.

[32] MünchKomm/*Einsele,* a. a. O.; Erman/*Arnold,* § 126b Rn. 3 jew. m. w. Nachw.

[33] Richtlinie 2002/65/EG des Europäischen Parlaments und des Rates vom 23.09.2002 über den Fernabsatz von Finanzdienstleistungen an Verbraucher, ABl. EG L 271/16.

[34] BGH, Urteil vom 29.04.2010, I ZR 66/08, NJW 2010, 3566.

[35] *Micklitz/Schirmbacher,* in: Spindler/Schuster, Recht der elektronischen Medien, § 312 c Rn. 160a.

[36] Ausdrücklich BGH, Urteil vom 29.04.10, I ZR 66/08, NJW 2010, 3566 im Hinblick auf die Information über das Widerrufsrecht bei Fernabsatzverträgen; OLG Naumburg, Urteil vom 13.07.2007, 10 U 14/07 (Hs), WM 2008, 326; OLG Hamburg, Urteil vom 24.08.2006, 3 U 103/06, BB 2006, 2327; KG Berlin, Beschluss vom 18.07.2006, 5 W 156/06, NJW 2006, 3215; Palandt/*Ellenberger,* § 126b Rn. 3; PWW/*Ahrens,* § 126b Rn. 4; *Micklitz/Schirmbacher,* in: Spindler/Schuster, Recht der elektronischen Medien, § 312 c Rn. 160a; *Schirmbacher,* BB 2010, 3114; a. A. *Ludwig,* ZGS 2011, 58 (61), der eine Belehrung über ein persönliches Mitgliedskonto auf der Website des Unternehmers für ausreichend hält; siehe zur Problematik der Textform bei Einsatz „moderner" Kommunikationsmittel auch *Bonke/Gellmann,* NJW 2006, 3169.

aus, wenn der Kreditgeber die vorvertraglichen Informationen lediglich auf seiner Homepage für den Verbraucher bereithält. Erforderlich ist vielmehr, dass er ihm diese auf einer zur dauerhaften Speicherung geeigneten Weise, d. h. per Mail oder in einem gesonderten Schreiben, zukommen lässt. Hierfür spricht auch der Wortlaut der Gesetzesbegründung, wonach dem Verbraucher die Information vor Abgabe eines Angebots oder einer anderen bindenden Erklärung „vorliegen" muss[37].

Die dargestellten Anforderungen erscheinen auch in Anbetracht des erklärten Ziels der Entstehung eines europäischen Binnenmarkts für Verbraucherkredite nicht überhöht. Hierfür ist zwar ein verstärkter Einsatz von Fernkommunikationsmitteln zwingend notwendig. Die umfangreichen Informationspflichten dürfen allerdings nicht durch die Möglichkeit eines bloßen „Durchklickens" für den Verbraucher „verwässert" werden. Außerdem enthält Art. 247 § 5 EGBGB für den Kreditgeber eine Formerleichterung, wenn der Vertrag auf Verlangen des Verbrauchers unter Einsatz eines Fernkommunikationsmittels geschlossen wird. In diesem Fall kann die Unterrichtung in Textform auch unverzüglich nach Abschluss des Vertrages nachgeholt werden.

Im vorliegenden Beispiel hat die B gegen die Formvorschrift nach Art. 247 § 1 EGBGB i. V. mit § 126b BGB verstoßen. Da die vorvertraglichen Informationen nicht ordnungsgemäß erteilt wurden, besteht für den V grundsätzlich die Möglichkeit, Schadensersatz nach §§ 280 Abs. 1, 311 Abs. 2, 241 Abs. 2 BGB geltend zu machen. In diesem Zusammenhang obliegt es allerdings dem V, konkret darzulegen, welcher Schaden ihm durch die ungenügende Information kausal entstanden ist.

3. Schadensersatz bei Nichtbenutzung des gesetzlichen Musters?

Nachdem ein Schadensersatzanspruch des Kreditnehmers im Fall der unzureichenden Informationserteilung nicht durch spezielle Sonderregeln ausgeschlossen wird, stellt sich die Frage, in welchen Fallgruppen dieser in Betracht kommt. Hierbei ist zunächst an die neu geschaffenen vorvertraglichen Informationspflichten nach § 491a Abs. 1 BGB i. V. mit Art. 247 §§ 1 ff. EGBGB zu denken. Der europäische Gesetzgeber hat den Kreditinstituten die Informationserteilung insoweit erleichtert, als das diese auf das Formularmuster „Europäische Standardinformationen für Verbraucherkredite" zurückgreifen können. Macht das Kreditinstitut hiervon Gebrauch und wird das Muster korrekt ausgefüllt, gilt die Informationspflicht nach Art. 247 Abs. 3 Satz 1 EGBGB als erfüllt[38]. Trotz dieser Möglichkeit, sich von einer Haftungsinanspruchnahme auf relativ einfachem Weg freizuzeichnen, hat sich die Benutzung der Europäischen Standardinformationen nach jüngeren Tests bei den Kreditinstituten noch nicht allgemein durchgesetzt[39].

---

[37] BT-Drucks. 16/11643, S. 122.

[38] Siehe zu dieser Fiktion einer pflichtgemäßen Belehrung oben 5. Kap. II. 5. a) cc).

[39] Siehe hierzu die Ergebnisse der Stiftung Warentest, Finanztest 6/2012 („Die Kreditversager"), S. 12 ff.; nach dem Ergebnis des Tests wurde gerade bei den Filialbanken vielfach entweder kein

Beispiel Der Verbraucher V benötigt einen Kredit und verhandelt diesbezüglich mit seiner Hausbank B. Im Zuge des Gesprächs werden dem V die allgemeinen Informationen für den von der B in diesem Fall angebotenen Kredit erteilt. Diese Informationen werden für V nach Abschluss des Gesprächs in einem „Allgemeinen Informationsblatt" zusammengefasst, das die B anhand eines bei ihr vorhandenen Musters erstellt. In diesem Muster sind alle Informationen enthalten, die Art. 247 §§ 3 ff. EGBGB für die vorvertragliche Information des Verbrauchers fordert. Das Informationsblatt unterscheidet sich aber sowohl von der äußeren Gestaltung als auch der Reihenfolge der erteilten Informationen her wesentlich von den Europäischen Standardinformationen für Verbraucherkredite. Nachdem V auch mit einigen anderen Banken verhandelt hat, entschließt er sich für das Angebot der B. Im Zuge des Vertragsschlusses wird ihm allerdings klar, dass der ausgewählte Vertrag erheblich teurer ist als das Angebot einer Konkurrenzbank, für die er ebenfalls ein Angebot eingeholt hatte. Ein Vertragsschluss mit der Konkurrenzbank ist nicht mehr möglich. V verlangt nun Schadensersatz in Höhe der Differenz zu dem günstigeren Kredit und begründet dies damit, dass er aufgrund der Nichtbenutzung des gesetzlichen Musters keine ausreichende Vergleichsmöglichkeit gehabt habe. Die B wendet dagegen ein, dass dem V doch alle nach dem Gesetz vorgeschriebenen Informationen erteilt worden seien.

Verletzt der Darlehensgeber schuldhaft die vorvertraglichen Informationspflichten nach § 491a Abs. 1 BGB i. V. mit Art. 247 §§ 1 ff. EGBGB, könnte dem Verbraucher grundsätzlich ein Schadensersatzanspruch nach §§ 280 Abs. 1, 311 Abs. 2, 241 Abs. 2 BGB zustehen[40]. Vorliegend stellt sich allerdings die Frage, inwieweit der B tatsächlich ein pflichtwidriges Verhalten vorgeworfen werden kann, da im Ergebnis alle Informationen erteilt wurden, die auch die Europäischen Standardinformationen für Verbraucher vorsehen. Ebenso stellt sich die Frage nach der Kausalität der Pflichtverletzung für den eingetretenen Schaden, da V bei ordnungsgemäßer Lektüre des Informationsblatts ebenfalls alle notwendigen Informationen erhalten hätte. Dementsprechend hätte er selbst erkennen können, dass das Angebot der B teurer war als das Konkurrenzangebot.

a) Pflichtverletzung durch Nichtbenutzung der gesetzlich vorgeschriebenen Musters trotz Vergleichbarkeit der erteilten Informationen

Grundsätzlich kann der Abschluss eines ungünstigen Vertrags zu einem Schaden führen, wenn die rechnerische Gegenüberstellung der Vor- und Nachteile der Verträge ergibt, dass der Kunde den Vertrag bei zutreffender und vollständiger Information zu günstigeren Bedingungen abgeschlossen hätte[41]. V könnte daher einen

---

Exemplar der Europäischen Standardinformationen für Verbraucherkredite überreicht oder dieses wurde nicht individuell für den Verbraucher ausgefüllt.

[40] Zu den konkreten Rechtsfolgen siehe unten 7. Kap. I. 6.

[41] BGH, Urteil vom 26.09.1997, V ZR 29/96, NJW 1998, 302; Urteil vom 19.05.2006, V ZR 264/05, NJW 2006, 3139; Palandt/*Grüneberg*, Einf. v. Art. 238 EGBGB Rn. 8; allgemein zum

Anspruch auf Ersatz des Schadens haben, der sich anhand der Differenz zu den finanziellen Belastungen aus dem günstigeren Konkurrenzangebot bemisst. Die Pflichtverletzung der B wäre dabei in dem Verstoß gegen § 491a Abs. 1 BGB i. V. mit Art. 247 § 2 Abs. 1 EGBGB zu sehen, der die Verwendung des Musters „Europäische Standardinformationen für Verbraucherkredite" vorschreibt.

Dem könnte allerdings entgegenstehen, dass auch das von der B selbst entworfene Informationsblatt alle nach dem Gesetz vorgeschriebenen Informationen enthielt. Die B hat lediglich versäumt, diese in der gesetzlich vorgeschriebenen Darstellung, d. h. durch Ausfüllen der Europäischen Standardinformationen für Verbraucherkredite, zu gewähren.

Ein Rückgriff auf Art. 247 § 2 Abs. 2 Satz 3 EGBGB kommt nicht in Betracht. Dieser enthält zwar eine Ausnahmeregelung für den Fall, dass der Darlehensgeber das amtliche Muster nicht verwendet. In diesem Fall müssen die erforderlichen Angaben gleichartig gestaltet und hervorgehoben werden. Die Vorschrift bezieht sich aber schon von der systematischen Stellung her nur auf die Ausnahmen nach Art. 247 § 2 Abs. 2 Satz 1 und 2 EGBGB. Dies wird auch durch die Gesetzesbegründung bestätigt, die auf Art. 6 Abs. 1 Satz 3 RL Bezug nimmt. Art. 6 RL regelt allerdings die vorvertraglichen Informationspflichten bei Kreditverträgen in Form von Überziehungsmöglichkeiten und sonstigen speziellen Kreditverträgen. Die Vorschrift des Art. 247 § 2 Abs. 2 Satz 3 EGBGB ist daher auf diese Ausnahmefälle beschränkt.

In diesem Zusammenhang bietet sich ein Vergleich zu denjenigen Fallkonstellationen an, in denen zwar bei Vertragsschluss alle notwendigen Informationen erteilt werden, es allerdings an der Einhaltung der Schriftform nach § 492 Abs. Satz 1 BGB fehlt, z. B. bei einer fehlenden Unterschrift des Kreditgebers[42]. In diesem Fall wird die Informationspflicht trotz der fehlenden Form vollständig erfüllt, sodass auch keine Reduzierung der Leistungspflichten des Verbrauchers nach § 494 Abs. 2 ff. BGB in Betracht kommt[43].

Dem steht allerdings entgegen, dass nach der Gesetzesbegründung die Verwendung des amtlichen Musters zwingend ist[44]. Hierdurch soll dem Verbraucher „ein übersichtliches Merkblatt an die Hand gegeben werden"[45]. Die strukturierte Aufarbeitung der Informationen mittels des gesetzlichen Musters erhöht die Verständlichkeit und Vergleichbarkeit und bedeutet daher für den Verbraucher einen Mehrwert[46]. Dementsprechend wird die Informationspflicht auch nicht durch die Überreichung eines Vertragsentwurfs, der ebenfalls alle notwendigen Informationen enthält, allerdings in einem anderen Aufbau, erfüllt[47].

Schaden im Hinblick auf den Nichtabschluss eines günstigeren Vertrags bei vorvertraglichen Aufklärungspflichtverletzungen MünchKomm/*Emmerich,* § 311 Rn. 210; *Kersting,* JZ 2008, 714.

[42] Siehe oben 6. Kap. V. 3. a).

[43] *Bülow,* in: Bülow/Artz, Verbraucherkreditrecht, § 494 Rn. 45.

[44] BT-Drucks. 16/11643, S. 122.

[45] BT-Drucks. 16/11643, a. a. O.

[46] MünchKomm//*Schürnbrand,* § 491a Rn. 4.

[47] Palandt/*Weidenkaff,* § 491a Rn. 2; *Müller-Christmann,* in: Nobbe (Hrsg.), Kommentar zum Kreditrecht, § 491a Rn. 7.

Art. 5 Abs. 1 Satz 2 RL spricht weiterhin davon, dass die Informationen mittels des Formulars „Europäische Standardinformationen für Verbraucherkredite" mitgeteilt „werden". Ein Ermessenspielraum bleibt insoweit nicht. Vielmehr ist die fakultative Nutzung der europäischen Mustertexte nur für bestimmte Vertragsformen wie z. B. Umschuldungen vorgesehen, wenn in den vom Darlehensgeber verwendeten Informationsblättern vergleichbare Informationen gewährt werden. Im Umkehrschluss ergibt sich hieraus, dass bei den übrigen Verbraucherdarlehensverträgen die vorvertraglichen Informationen stets anhand des Formularmusters zu erfolgen haben und für eine abweichende Gestaltung durch den nationalen Gesetzgeber überhaupt kein Spielraum besteht.

Durch die Verwendung des Formularmusters soll dem Verbraucher die Möglichkeit gewährt werden, mehrere Angebote zu vergleichen, um eine fundierte Entscheidung für und wider den Vertragsschuss zu treffen[48]. Ein solcher Vergleich soll aber auch gerade durch die Möglichkeit gewährleistet werden, die verschiedenen Vertragsangebote praktisch nebeneinander zu legen und die einzelnen Absätze zu vergleichen. Zu den vorrangigen Zielen der Verbraucherkreditrichtlinie zählt gerade auch die Schaffung eines echten Binnenmarkts für Verbraucherkredite[49]. Die Vereinheitlichung von Informationen bietet die Möglichkeit, auch Kreditangebote aus anderen Mitgliedstaaten der Europäischen Union einzuholen und diese ohne weiteren Aufwand zu vergleichen. Diese Möglichkeit wird dem Verbraucher allerdings erschwert, wenn das gesetzliche Muster durch ein eigenes Informationsblatt ersetzt wird.

Da dem Verbraucher durch die Nichtverwendung der Europäischen Standardinformationen für Verbraucherkredite der Vergleich zwischen mehreren Kreditformen unter Umständen wesentlich erschwert und damit eines der vorrangigen Ziele des Gesetzgebers beeinträchtig wird, hat die vorvertragliche Information zwingend unter Verwendung des gesetzlichen Musters „Europäische Standardinformationen für Verbraucherkredite" zu erfolgen. Im vorliegenden Fall hat die B daher durch die Übergabe eines eigenen Informationsblatts, obwohl dieses die in Art. 247 §§ 3 ff. EGBGB notwendigen Informationen enthält, gegen die vorvertragliche Informationspflicht nach § 491a Abs. 1 BGB i. V. mit Art. 247 § 2 Abs. 1 EGBGB verstoßen.

b) Vermutung aufklärungsrichtigen Verhaltens[50]

Allein aus der dargestellten Pflichtverletzung der Bank durch die Nichtverwendung des Formularmusters ergibt sich allerdings noch kein Schadensersatzanspruch des

---

[48] BT-Drucks. 16/11643, S. 122; *Münscher,* in: Schimansky/Bunte/Lwowsky, Bankrechts-Handbuch, § 81 Rn. 64.

[49] Vgl. Erwägungsgrund (7) der RL: *„Um die Entwicklung eines reibungslos funktionierenden Binnenmarkts bei Verbraucherkrediten zu erleichtern, muss in einigen Schlüsselbereichen ein harmonisierter gemeinschaftsrechtlicher Rahmen geschaffen werden."*

[50] Siehe hierzu BGH, Urteil vom 05.07.1973, VII ZR 12/73, BGHZ 61, 118; Urteil vom 24.03.1977, III ZR 198/74, NJW 1978, 41; Urteil vom 08.06.1978, III ZR 136/76, NJW 1978, 2145; Urteil vom

Verbrauchers. Stets erforderlich ist, dass die begangene Pflichtverletzung auch kausal für den beim Verbraucher eingetretenen Schaden ist[51]. Im Beispielsfall besteht der Schaden des V in dem Nichtabschluss des für ihn günstigeren Kreditvertrages bei der Konkurrenzbank. Hätte er dort den Vertrag abgeschlossen, müsste er effektiv geringere Zinsen zahlen, als sich aus dem Kreditvertrag mit der B ergibt. Im Zuge der nach § 249 Abs. 1 BGB vorzunehmenden Differenzhypothese ergibt sich ein Schaden in Höhe der tatsächlichen Mehrbelastung durch den Abschluss des nachteiligeren Kreditvertrages bei der B.

Da vorliegend zwischen der Pflichtverletzung, d. h. der fehlerhaften Information durch die B und dem abschließend schadensbegründendem Ereignis, dem Vertragsabschluss, eine weitere eigenverantwortliche Willensentscheidung des V zwischengeschaltet ist, könnten sich allerdings Probleme im Hinblick auf die Kausalität ergeben. So könnte B einwenden, der V hätte den Vertrag mit der Konkurrenzbank auch dann nicht geschlossen, wenn ihm die Informationen in der gesetzlich vorgeschriebenen Form erteilt worden wären. Hierfür könnte vor allem sprechen, dass die erteilten Informationen inhaltlich mit den nach Art. 247 §§ 3 ff. EGBGB geforderten übereinstimmten und lediglich der systematische Aufbau ein anderer war, da das Muster „Europäische Standardinformationen für Verbraucherkredite“ nicht verwendet wurde.

Grundsätzlich trägt der Gläubiger die Beweislast für den Kausalzusammenhang zwischen Pflichtverletzung und Schaden[52]. Dies gilt zunächst auch für diejenigen Fälle, in denen Schadensersatz wegen einer Aufklärungspflichtverletzung begehrt wird. Würde man diesen Grundsatz allerdings strikt anwenden, stünde man vor dem Problem, dass der Geschädigte in den meisten Fällen trotz der Pflichtverletzung durch den Aufklärungsverpflichteten leer ausginge, da vielfach unklar ist, wie sich der nicht oder nicht ausreichend informierte Teil bei ordnungsgemäßer Aufklärung verhalten hätte[53]. Um dies zu vermeiden, hat die Rechtsprechung die sog. Vermutung des aufklärungsrichtigen Verhaltens entwickelt[54]. Danach trifft denjenigen, der eine Aufklärungspflicht verletzt, die Beweislast dafür, dass der Schaden auch bei pflichtgemäßem Verhalten eingetreten wäre, weil sich z. B. der Geschädigte über jeden Rat oder Hinweis hinweggesetzt hätte[55].

23.06.1981, VI ZR 42/80, NJW 1981, 2741; Urteil vom 28.11.1984, IVa ZR 224/82, WM 1985, 265; Urteil vom 29.03.1990, IX ZR 24/88, NJW 1990, 1301; Urteil vom 02.03.2009, II ZR 266/07, WM 2009, 789; Urteil vom 12.05.2009, XI ZR 586/07, NJW 2009, 2298.

[51] Sog. haftungsausfüllende Kausalität, siehe hierzu MünchKomm/*Oetker,* § 249 Rn. 103 ff.; Bamberger/Roth/*Schubert,* § 249 Rn. 49 ff.

[52] BGH, Urteil vom 31.05.1978, VIII ZR 263/76, NJW 1978, 2197; Urteil vom 01.07.1980, VI ZR 112/79, NJW 1980, 2186; Urteil vom 01.10.1987, IX ZR 117/86, NJW 1988, 200; Urteil vom 08.06.1989, III ZR 63/88, NJW 1989, 2945; Palandt/*Grüneberg,* § 280 Rn. 38; MünchKomm/*Ernst,* § 280 Rn. 30.

[53] MünchKomm/*Emmerich,* § 311 Rn. 205.

[54] Ausführlich hierzu *Canaris,* in: Häuser u. a. (Hrsg.), FS Hadding, S. 3; *Andres,* BKR 2011, 277 (278); *Dieckmann,* WM 2011, 1153 (1154); *Podewils/Reisich,* NJW 2009, 116 (120 f.).

[55] BGH, Urteil vom 05.07.1973 („Bastel-Wettbewerb II“), VII ZR 12/73, BGHZ 61, 118; Urteil vom 30.09.1993, IX ZR 73/93, NJW 1993, 3259; Urteil vom 16.11.1993, XI ZR 214/92, NJW

Der BGH begründet diese Beweiserleichterung in seiner Grundlagenentscheidung „Bastel-Wettbewerb II" damit, dass dem Ersatzberechtigten ansonsten wenig geholfen wäre, wenn er seinen Vertragspartner zwar an sich aus schuldhafter Verletzung in Anspruch nehmen könnte, sein Schadensersatzanspruch aber regelmäßig daran scheitern würde, dass er den meist schwer zu führenden Beweis nicht erbringen könnte, wie er im Fall einer korrekten Aufklärung reagiert hätte[56]. In diesem Fall würde allerdings der mit der Aufklärungspflicht verbundene Schutzzweck verfehlt. Die besondere Interessenlage der beteiligten Vertragspartner erfordere dementsprechend, dass derjenige, der die Aufklärungspflicht verletze, auch das Risiko der Unaufklärbarkeit des Ursachenzusammenhangs zumindest insoweit zu tragen habe, als in Frage stehe, wie der andere Teil gehandelt hätte, wenn er pflichtgemäß ins Bild gesetzt worden wäre[57].

Die dargestellte Vermutung kann aber nur dann greifen, wenn es objektiv betrachtet für den Aufklärungsbedürftigen nur eine vernünftige Möglichkeit gegeben hätte, auf eine ordnungsgemäße Aufklärung zu reagieren[58]. Dementsprechend kann sich der aufzuklärende Vertragspartner nicht auf die Vermutung berufen, wenn er im Fall der vollständigen und richtigen Aufklärung vor einem echten Entscheidungskonflikt durch die Möglichkeit der Wahl zwischen mehreren gleich rationalen Alternativen gestellt würde[59].

Würde man die dargestellten Überlegungen zur Vermutung aufklärungsrichtigen Verhaltens auf den vorliegenden Fall übertragen, könnte man zunächst in Erwägung ziehen, dass es für V bei ordnungsgemäßer Information nur eine vernünftige Verhaltensweise gegeben hätte, nämlich den für ihn günstigeren Vertrag bei der Konkurrenzbank abzuschließen. In der Literatur wird die Beweislast für die Kausalität der Aufklärungspflichtverletzung dagegen teilweise auch in diesen Fällen dem Verbraucher auferlegt. Danach solle für die Aufklärungspflicht des § 491a Abs. 1 BGB i. V. mit Art. 247 §§ 1 ff. EGBGB die Vermutung aufklärungsrichtigen Verhaltens nicht gelten[60]. Es fehle insoweit an der Voraussetzung, dass es für den Adressaten der Information nur eine vernünftige Verhaltensalternative gebe, da die vorvertragliche Information im Grundsatz neutral sei und dem Verbraucher die Entscheidung über das Kreditangebot erst erleichtern solle[61].

1994, 512; siehe zur Vermutung aufklärungsgerechten Verhaltens bei Aufklärungspflichtverletzungen durch Kreditinstitute auch oben 3. Kap. III. 2. b) dd).

[56] BGH, Urteil vom 05.07.1973, VII ZR 12/73, BGHZ 61, 118 (122).

[57] BGH, a. a. O. unter Hinweis auf *Stoll,* in: Esser/Thieme (Hrsg.), FS v. Hippel, 517 (553 und 559).

[58] BGH, Urteil vom 19.12.1989, XI ZR 29/89, WM 1990, 681; Urteil vom 16.11.1993, XI ZR 214/92, NJW 1994, 149; *Dieckmann,* WM 2011, 1153 (1154).

[59] MünchKomm/*Emmerich,* § 311 Rn. 206.

[60] MünchKomm/*Schürnbrand,* § 491a Rn. 7 und 61; *Merz,* in: Kümpel/Wittig, Rn. 10.156; *Müller-Christmann,* in: Nobbe (Hrsg.), Kommentar zum Kreditrecht, § 491a Rn. 44; *Wösthoff,* S. 150 f.; *Wittig/Wittig,* ZInsO 2009, 633 (637).

[61] MünchKomm/*Schürnbrand,* a. a. O. Rn. 7.

Diese Auffassung würde den Verbraucher aber wiederum im Einzelfall vor das Dilemma stellen, den Nachweis zu erbringen, dass er bei korrekter Information die für ihn vernünftige Entscheidung getroffen hätte. Gerade in den Fällen, in denen das Kreditinstitut die sich aus Art. 247 §§ 3 ff. EGBGB ergebenden Informationen gewährt und nur auf die Benutzung des gesetzlichen Musters verzichtet, könnte es daher den Einwand erheben, dem Verbraucher hätten alle notwendigen Informationen vorgelegen und er habe trotzdem nicht die für ihn günstigere Alternativentscheidung getroffen. Dementsprechend fehlt es auch an der Kausalität der Aufklärungspflichtverletzung für den bei ihm entstandenen Schaden.

Hierdurch würde die Einführung der Europäischen Standardinformationen für Verbraucherkredite und das Ziel des europäischen Gesetzgebers, dem Verbraucher den Vergleich zwischen mehreren Kreditangeboten zu vergleichen, im Ergebnis entwertet. Die Kreditinstitute könnten beliebig eigene Formulare verwenden und sich letztendlich darauf berufen, dass die fehlende Verwendung des Musters ohnehin nicht kausal für den beim Verbraucher entstandenen Schaden sei, da diesem alle notwendigen Informationen vorgelegen hätten.

Einer solchen Entwertung der neu geschaffenen vorvertraglichen Informationspflichten kann dadurch begegnet werden, indem man in Anlehnung an *Canaris* die Kausalität allein deshalb bejaht, weil eine aufgeklärte und in diesem Sinne „freie" Entscheidung des Verbrauchers für die Inkaufnahme des fraglichen Erfolgs bzw. des sich in ihm verwirklichenden Risikos ein anderer Geschehensablauf ist als ein unaufgeklärtes, unreflektiertes und in diesem Sinne „unfreies" Hineingeraten in die schadensstiftende Lage, hier also den Abschluss eines im Ergebnis unvorteilhaften Vertrages[62]. Wird die Erfüllung der Aufklärungspflicht hinzugedacht, ändert sich der Kausalverlauf allein schon deshalb, weil die Entscheidung des anderen Teils nunmehr auf informierter Basis und dementsprechend nicht von Irrtum oder Unkenntnis des aufklärungspflichtigen Umstandes beeinflusst ist[63].

Diese Bewertung deckt sich auch mit der Rechtsprechung des BGH zu Aufklärungspflichten, die dazu bestimmt sind, dem Partner eine sachgerechte Entscheidung über den Abschluss bestimmter Geschäfte zu ermöglichen. Danach wird der Zweck solcher Pflichten nur erreicht, wenn Unklarheiten, die durch eine Aufklärungspflichtverletzung bedingt sind, zulasten des Aufklärungspflichtigen gehen, dieser die Nichtursächlichkeit seiner Pflichtverletzung also zu beweisen hat[64].

Im Grundsatz kann man daher trotz der zwischengeschalteten eigenen Willensentscheidung des Verbrauchers über den Vertragsschluss davon ausgehen, dass eine fehlerhafte Information durch das Kreditinstitut für den beim Verbraucher entstan-

---

[62] *Canaris,* in: Häuser u. a. (Hrsg.), FS Hadding, S. 3 (15); siehe hierzu auch *Dieckmann,* WM 2011, 1153 (1156 f.).

[63] *Canaris,* a. a. O., S. 3 (17).

[64] So ausdrücklich BGH, Urteil vom 16.11.1993, XI ZR 214/92, NJW 1994, 512 unter Rn. 24 m. w. Nachw; durch Urteil vom 08.05.2012, XI ZR 262/10, NJW 2012, 2427 hat der XI. Senat seine frühere Rechtsprechung zur Vermutung aufklärungsrichtigen Verhaltens bei Kapitalanlagen nunmehr aufgegeben und ausdrücklich festgestellt, dass es nicht mehr darauf ankommt, ob ein Kapitalanleger bei gehöriger Aufklärung vernünftigerweise nur eine Handlungsalternative gehabt hätte.

denen Schaden in Form des Abschlusses eines für ihn nachteiligen Vertrags kausal war. Eine andere Auslegung, die dem Verbraucher hierfür die Beweislast ohne eine Vermutung aufklärungsrichtigen Verhaltens auferlegen würde, hätte im Ergebnis eine Entwertung der vorvertraglichen Informationspflichten zur Folge. Wie im Fall der Vermutung aufklärungspflichtigen Verhaltens bleibt es den Kreditinstituten aber natürlich möglich, den entsprechenden Gegenbeweis zu führen, z. B. durch den Nachweis, dass der Verbraucher die fehlerhafte Information ohnehin nicht beachtet hat und dies auch bei korrekter Informationserteilung getan hätte oder dass es ihm hierauf schlicht nicht ankam[65].

Im Hinblick auf den vorliegenden Fall bedeutet dies, dass die Pflichtverletzung der B durch die Nichtverwendung des Formulars „Europäische Standardinformationen für Verbraucherkredite“ auch kausal für den bei V entstandenen Schaden war. Der B steht es offen, dies zu widerlegen. Allein aufgrund des vergleichbaren Inhalts des eigenen Informationsblatts kann dies aber nicht erreicht werden, da dem Verbraucher durch die Verwendung identisch aufgebauter Muster gerade der Vergleich verschiedener Produkte erleichtert werden soll. Dagegen wäre die Kausalität widerlegt, wenn die B nachweisen könnte, dass es dem V ohnehin nicht auf die vorvertraglichen Informationen ankam. Die Tatsache, dass V jedenfalls vergleichbare Informationen hatte und diese lediglich nicht in der gesetzlich vorgeschriebenen Form erteilt wurden, kann wegen Mitverschuldens nach § 254 Abs. 1 BGB berücksichtigt werden.

4. Mögliche Schadensersatzansprüche im Hinblick auf die „Rechtzeitigkeit“ der vorvertraglichen Informationserteilung

a) Erfordernis einer Mindestwartezeit i. S. einer „Cooling-Off-Periode“

Ein weiterer Anknüpfungspunkt für einen möglichen Schadensersatzanspruch des Verbrauchers kann der Zeitpunkt der Informationserteilung sein. Hier stellt sich vor allem die Frage, ob dem Verbraucher zwingend eine ausreichende Bedenkzeit für die Prüfung der vorvertraglichen Informationen zu gewähren ist, sodass ein Vertragsschluss im unmittelbaren Anschluss an die Informationserteilung praktisch ausscheidet.

Beispiel Verbraucher V plant die Anschaffung eines neuen Fernsehgeräts für € 5.000. Da er den Kaufpreis nicht aus eigener Kraft tragen kann und kein Finanzierungsangebot der größeren Elektromärkte in Anspruch nehmen will, bespricht er die Angelegenheit mit dem für ihn zuständigen Sachbearbeiter seiner Hausbank B. Im Zuge dieses Gesprächs wird dem V erläutert, dass die Kreditaufnahme kein Problem ist. Der Sachbearbeiter nimmt seine persönlichen Daten auf und füllt anhand dieser das Formularmuster „Europäische Standardinformationen für Verbraucher-

[65] MünchKomm/*Emmerich*, § 311 Rn. 207.

kredite“ aus. V liest sich die Informationen durch, aufgrund der großen Vorfreude auf den Erwerb des Fernsehgeräts unterschreibt er aber direkt im Anschluss noch im Büro des Sachbearbeiters den mit allen notwendigen Informationen versehenen Kreditvertrag. Drei Wochen später freut sich V zwar immer noch über den Fernseher, realisiert aber erst jetzt die sich aus dem Kreditvertrag ergebenden erheblichen Belastungen. Gegenüber B macht er daher Schadensersatz im Wege der Vertragsaufhebung mit der Begründung geltend, die vorvertraglichen Informationen seien ihm nicht in hinreichendem Abstand zum Vertragsschluss erteilt worden, sodass für ihn keine ausreichende Möglichkeit bestanden habe, diese zunächst zu überdenken. Die B hätte insoweit darauf bestehen müssen, dass der Kreditvertrag frühestens am nächsten Tag unterschrieben wird.

Für die Aufhebung des Vertrags bleibt V hier lediglich die Möglichkeit eines Schadensersatzanspruchs nach §§ 280 Abs. 1, 311 Abs. 2, 241 Abs. 2 BGB. Ein Widerruf des Vertrags scheidet aus, da die Widerrufsfrist nach §§ 495 Abs. 1, 355 Abs. 2 Satz 1 BGB mittlerweile abgelaufen ist.

Für einen Schadensersatzanspruch aus culpa in contrahendo müsste die B allerdings ihre vorvertraglichen Informationspflichten verletzt haben. Vorliegend wurden die Informationspflichten zwar vollständig und auch in der vorgeschriebenen Form mittels des Musters „Europäische Standardinformationen für Verbraucherkredite“ erfüllt. Eine Pflichtverletzung könnte allerdings darin liegen, dass die B dem V direkt im Anschluss an die Erteilung der vorvertraglichen Informationen den Abschluss des Kreditvertrags ermöglicht hat. Insoweit wäre daran zu denken, ob von den Kreditinstituten aus Verbraucherschutzgründen nicht eine Mindestwartezeit i.S. einer „Cooling-Off-Periode“ für den Verbraucher gewahrt werden muss. Hiermit würde dem Verbraucher die Möglichkeit eingeräumt, die erteilten Informationen noch einmal mit einer gewissen zeitlichen Distanz zu reflektieren und sich der finanziellen Auswirkungen der Kreditaufnahme bewusst zu werden. Die praktische Umsetzung könnte derart erfolgen, dass zwischen Informationserteilung und Vertragsschluss ein bestimmter Mindestzeitraum liegen muss, der dem Verbraucher für die Prüfung der Informationen gewährt wird. Eine solche Verfahrensweise würde für den Verbraucher außerdem eine zusätzliche Warnfunktion beinhalten, wenn ihm im Anschluss an die Informationserteilung der Hinweis erteilt wird, dass ein umgehender Vertragsschluss nicht möglich ist, um eine ausreichende Prüfung der Informationen zu gewährleisten.

b) Übertragung der Wertungen aus dem Fernabsatzrecht

Wie bereits dargestellt[66] gibt Art. 5 Abs. 1 Satz 1 RL vor, dass die Informationserteilung *„rechtzeitig, bevor der Verbraucher durch einen Kreditvertrag gebunden wird“,* zu erfolgen hat. Konkretisiert wird diese zeitliche Eingrenzung durch Erwägungsgrund (19) der RL. Danach soll der Verbraucher die vorvertraglichen

[66] Siehe oben unter 4. Kap. II. 2. b).

Informationen „mitnehmen und prüfen" können. Weitere Hinweise, wie viel Zeit zwischen Informationserteilung und Vertragsabschluss liegen muss, enthält die Richtlinie nicht.

Im Zusammenhang mit der Unterrichtungspflicht bei Fernabsatzverträgen nach § 312c Abs. 1 a.F.[67], wonach der Unternehmer den Verbraucher ebenfalls *„rechtzeitig vor Abgabe von dessen Vertragserklärung"* zu unterrichten hat, wird in der Literatur teilweise die Ansicht vertreten, dem Verbraucher müssten zwischen Informationserteilung und Vertragsabschluss mindestens drei Tage Zeit gelassen werden, damit er seinen Informationsprozess abschließen könne[68]. Nur auf diese Weise sei eine wirklich informierte Entscheidung des Verbrauchers tatsächlich gewährleistet. Ansonsten bestehe die Gefahr, dass der Kreditgeber den Verbraucher unter Druck setze, indem er die Gültigkeitsdauer seines Angebotes begrenze und gleichzeitig die Information erst so spät übermittele, dass kaum noch Zeit für eine ausreichend überlegte Entscheidungsfindung bleibe[69].

Da die Fernabsatz- und die Verbraucherkreditrichtlinie in Hinblick auf den Zeitpunkt der vorvertraglichen Information nahezu den identischen Wortlaut verwenden, könnte man diese Argumentation auch bei der Auslegung des Art. 247 § 1 Abs. 1 EGBGB heranziehen. Für eine Mindestwartezeit nach Informationserteilung spricht außerdem, dass ein Kreditvertrag aufgrund der Vielzahl von Fachbegriffen und Zahlenangaben für den Verbraucher in den meisten Fällen relativ schwierig zu verstehen ist. Würde man einen Zeitraum von 2 bis 3 Tagen bis zum Vertragsschluss abwarten, wäre gewährleistet, dass sich der Verbraucher ausreichend mit den Einzelheiten des Vertrages auseinandersetzen und noch weitere Informationen einholen kann. Gleichzeitig würde er vor übereilten Entscheidungen geschützt.

c) Vergleich mit anderen Mitgliedstaaten

Eine Vielzahl von Mitgliedstaaten hat die Richtlinienvorgabe der Information „rechtzeitig vor Vertragsschluss"[70] entsprechend übernommen. In Italien, Polen und Portugal wurde dagegen keine „Rechtzeitigkeits-Klausel" eingefügt[71]. Die dortigen Rechtsordnungen sehen daher lediglich vor, dass die Informationserteilung vor Abschluss des Verbraucherkreditvertrags zu erfolgen hat.

---

[67] Heute in Art. 246 § 1 Abs. 1 EGBGB geregelt, auf den § 312c Abs. 1 BGB verweist.

[68] *Micklitz,* in: Micklitz/Reich, Die Fernabsatzrichtlinie im deutschen Recht, S. 21; zu den Gegenmeinungen zusammenfassend Staudinger/*Thüsing,* § 312c Rn. 20 sowie Bamberger/Roth/*Schmidt-Räntsch,* § 312c Rn. 13 mit jeweils zahlreichen weiteren Nachweisen.

[69] *Micklitz,* a. a. O.

[70] In der englischen Fassung der RL heißt es, die Information habe *„in good time, before the consumer is bound by any credit agreement or offer"* zu erfolgen; die französische Fassung fordert, dass die Information erteilt wird *„avant que le consommateur ne soit lié par un contrat ou une offre de crédit"*.

[71] Implementation of the Consumer Credit Directive, S. 56.

In Polen und Griechenland wurde im Zuge des Gesetzgebungsverfahrens ebenfalls über die Einführung einer Mindestwartezeit diskutiert[72]. In beiden Ländern wurde später aber lediglich die Richtlinienvorgabe einer Information „rechtzeitig vor Vertragsschluss" übernommen[73]. In den meisten Mitgliedstaaten scheint sich die Überzeugung durchgesetzt zu haben, dass mit der offenen Formulierung einer „rechtzeitigen" Information der Spagat zwischen effektivem Verbraucherschutz und möglichen Interessen des Verbrauchers an einem zeitnahen Vertragsabschluss am besten bewältigt werden kann[74].

d) Gegenargumente

Gegen die Einführung einer Mindestwartezeit zwischen Informationserteilung und Vertragsschluss spricht zunächst, dass hierdurch eines der vorrangigen Ziele der Richtlinie, nämlich die Schaffung eines Binnenmarkts für Verbraucherkredite, gefährdet werden könnte[75]. Durch eine zeitliche Zäsur zwischen Informationserteilung und Vertragsschluss würde gerade die grenzüberschreitende Kreditvergabe erschwert, weil dort zumindest subjektiv jeder Kontaktaufnahme besondere Hemmnisse entgegenstehen[76].

Nach der Gesetzesbegründung soll es außerdem genügen, wenn dem Verbraucher die Möglichkeit eingeräumt wird, die Information vor Vertragsschluss auch in Abwesenheit des Darlehensnehmers zur Kenntnis zu nehmen und zu prüfen[77]. Zudem muss die Information vor jeglicher Form von rechtlicher Bindung zugehen[78]. Dem Darlehensnehmer soll dadurch vor allem die Möglichkeit gewährt werden, die Informationen räumlich getrennt vom Darlehensgeber zu prüfen.[79].

Ebenso ausdrücklich weist die Gesetzesbegründung allerdings darauf hin, dass diese Anforderungen einem Vertragsschluss am Tag der Informationserteilung und auch im unmittelbaren Anschluss an diese nicht entgegenstehen[80]. Die Gesetzes-

---

[72] In Griechenland sollte diese bei mind. 3 Tagen zwischen Information und Vertragsschluss liegen, Implementation of the Consumer Credit Directive, S. 57.

[73] Implementation of the Consumer Credit Directive, a. a. O.

[74] Rumänien hat als einziges Land eine „Höchstwartezeit" eingeführt; danach dürfen zwischen Information und Vertragsschluss höchstens 15 Tage liegen, eine Verlängerung dieser Höchstwartezeit ist nur durch schriftliche Vereinbarung zwischen Kreditgeber und Verbraucher möglich, Implementation of the Consumer Credit Directive, a. a. O.

[75] Siehe Erwägungsgrund (7) der Richtlinie.

[76] *Schürnbrand,* ZBB 2008, 383 (386).

[77] BT-Drucks. 16/11643, S. 121.

[78] BT-Drucks. 16/11643, S. 122.

[79] BT-Drucks. 16/11643, S. 122; dabei handelt es sich allerdings um eine bloße Möglichkeit für den Verbraucher, d. h. es ist nicht notwendig, dass der an einem raschen Vertragsabschluss interessierte Verbraucher im Vorfeld des Vertragsschlusses mit den ihm zur Verfügung gestellten Informationen die Räumlichkeiten der Bank verlässt, *Artz,* in Bülow/Artz, Verbraucherkreditrecht, § 491a Rn. 32.

[80] BT-Drucks. 16/11643, S. 122.

begründung geht damit über die Ausführungen im ersten Referentenentwurf zum Umsetzungsgesetz hinaus, der sich im Hinblick auf den Zeitpunkt der Informationserteilung auf einen Verweis auf Erwägungsgrund (19) der Richtlinie beschränkte[81].

Die Vorgabe der Gesetzesbegründung ist daher eindeutig: aus dem Erfordernis einer rechtzeitigen Informationserteilung soll sich nicht ergeben, dass ein Vertragsabschluss unmittelbar im Anschluss an die Informationserteilung ausgeschlossen ist. Dementsprechend darf dem Verbraucher auch nicht die Möglichkeit genommen werden, direkt im Anschluss an das Erstgespräch in der Bank nach erfolgter Information den Kreditvertrag zu schießen.

Diese Ablehnung einer „Cooling-Off-Periode" oder Mindestwartezeit zwischen Informationserteilung und Vertragsschluss erscheint aus verschiedenen Gründen zweckmäßig. Zunächst berücksichtigt sie, dass eine Vielzahl von Kreditverträgen in der heutigen Zeit außerhalb von Bankräumen geschlossen wird. Vielfach handelt es sich um Konsumentenkredite im Zusammenhang mit dem Erwerb größerer Einrichtungs- oder Elektronikgegenstände. In diesen Fällen wird der Kreditvertrag zumeist in unmittelbarem Anschluss an den Erwerb des Gegenstandes geschlossen. Würde man in diesen Fällen eine Mindestwartezeit fordern, würden sich für den Verbraucher eventuell sogar erhöhte Kosten aufgrund einer erneuten Anreise etc. ergeben.

Weiterhin steht es dem Verbraucher offen, nach Erhalt der Europäischen Standardinformationen für Verbraucherkredite eine zusätzliche Wartezeit zu erbitten und das Kreditangebot zunächst mit nach Hause zu nehmen, um es dort eingehend zu prüfen und mit anderen Angeboten zu vergleichen[82]. Sollte er dagegen auf eine umgehende Überlassung des Darlehensbetrages angewiesen sein, kann er den Kreditvertrag auch sofort unterschreiben. Zwar würde eine bestimmte Mindestwartezeit vor übereilten Vertragsabschlüssen und einer damit möglicherweise verbundenen Überschuldung schützen. Für die Fälle eines übereilten Vertragsabschlusses wird der Verbraucher aber auch durch das ihm zustehende Widerrufsrecht geschützt[83]. Eine Mindestwartezeit führt dagegen in den Fällen zu Problemen, in denen der Ver-

---

[81] Referentenentwurf vom 17.06.2011 eines Gesetzes zur Umsetzung der Verbraucherkreditrichtlinie, des zivilrechtlichen Teils der Zahlungsdiensterichtlinie sowie zur Neuordnung der Vorschriften über das Rückgabe- und Widerrufsrecht, teilweise abgedruckt in ZBB 2008, 355 ff.; die komplette Fassung findet sich z. B. auf der Homepage des VÖB – Bundesverband öffentlicher Banken Deutschlands unter http://www.voeb.de/download/referentenentwurf_verbraucherkreditrichtlinie, zuletzt abgerufen am 27.01.2013, S. 169.

[82] *Nobbe,* WM 2011, 625 (627); *Merz,* in: Kümpel/Wittig, Bank- und Kapitalmarktrecht, Rn. 10.74; *Wittig/Wittig,* ZInsO 2009, 633 (636); *Schürnbrand,* ZBB 2008, 383 (386); *Artz,* in Bülow/Artz, Verbraucherkreditrecht, § 491a Rn. 32; ebenso *Derleder,* NJW 2009, 3195 (3199), der davon ausgeht, dass der Darlehensnehmer die Rechtzeitigkeit der Information selbst sichern kann, sodass auch Schadensersatzansprüche wegen nicht rechtzeitiger Information kaum in Betracht kommen; siehe hierzu auch *Schwintowski,* Bankrecht, § 13 Rn. 64, wonach eine zeitliche Festlegung des Begriffs „Rechtzeitigkeit" aufgrund der Funktion des Begriffs, dem Kunden eine fundierte Entscheidung zu ermöglichen, nicht möglich sei; der Begriff müsse daher funktional interpretiert werden, sodass eine „rechtzeitige" Information immer dann vorliege, wenn sie eine fundierte Entscheidung ermögliche, ob ein Kreditvertrag geschlossen werden soll oder nicht.

[83] *Hoffmann,* Reform der Verbraucherkreditrichtlinie, S. 208 zu der Formulierung in Art. 5 Abs. 1 Satz 1 RL.

braucher auf eine möglichst zeitnahe Überlassung des Darlehensbetrages angewiesen ist. Auch bei einfachen Kreditprodukten oder entsprechenden Vorkenntnissen des Verbrauchers dürfte es angebracht sein, dem Verbraucher die vorvertraglichen Informationen in unmittelbarer zeitlicher Nähe zum Vertragsschluss zu überlassen[84].

Im Ergebnis wird durch das Erfordernis einer „rechtzeitigen" Informationserteilung die Abwicklung von Informationserteilung und Vertragsabschluss in einem einheitlichen Geschehensablauf nicht ausgeschlossen[85]. Dies dürfte einen angemessenen Kompromiss darstellen, da einerseits einer unüberlegten Kreditaufnahme mit dem Risiko privater Überschuldung durch die Möglichkeit angemessener Vorüberlegung samt Prüfung und Vergleich mit anderen Kreditangeboten vorgebeugt wird und andererseits übermäßige Verzögerungen, wie sie z. B. eine „Cooling-Off-Periode" mit sich bringen würde, vermieden werden[86]. Diese Auffassung entspricht auch der Handhabung in den meisten anderen Mitgliedstaaten. Eine feste Mindestwartezeit zwischen Information und Vertragsabschluss sieht dagegen keine der nationalen Rechtsordnungen vor[87].

5. Besonderheiten bei Spar-Kredit-Kombinationen

In den letzten Jahren haben sich in der Bankenpraxis vermehrt so genannte Spar-Kredit-Kombinationen durchgesetzt. Diese zeichnen sich dadurch aus, dass der Darlehensnehmer zwar laufende Zahlungen leistet, die einzelnen Zahlungen aber nicht unmittelbar der Rückführung des Darlehens dienen, sondern der Bildung eines gesonderten Kapitalstocks, mit dem das Darlehen nach Abschluss der Laufzeit in einem Betrag zurückgeführt werden soll[88]. Die Tilgung des Darlehens wird dabei regelmäßig gegen den Abschluss einer Lebensversicherung oder eines Bausparvertrags ausgesetzt[89]. Für den Darlehensnehmer bestehen hier besondere Gefahren, da die Anrechnung der Leistung aus dem Kapitalstock regelmäßig nur erfüllungshalber nach § 364 Abs. 2 BGB erfolgt, sodass der Darlehensnehmer das Risiko einer Unterdeckung zu tragen hat, die sich z. B. aus einer ungünstigen Wertentwicklung des Sparprodukts ergeben kann[90]. Ebenso führt eine vorzeitige Kreditkündigung

[84] *Münscher,* in: Schimansky/Bunte/Lwowski, Bankrechts-Handbuch, § 81 Rn. 64.

[85] *Münscher,* a. a. O.; MünchKomm/*Schürnbrand,* § 491a Rn. 10; *Nobbe,* WM 2011, 625 (627); *Merz,* in: Kümpel/Wittig, Bank- und Kapitalmarktrecht, Rn. 10.74; *Schürnbrand,* ZBB 2008, 383 (386); *Wösthoff,* S. 86; *Müller-Christmann,* in: Nobbe (Hrsg.), Kommentar zum Kreditrecht, § 491a Rn. 42.

[86] *Wittig/Wittig,* ZInsO 2009, 633 (636).

[87] Implementation of the Consumer Credit Directive, S. 57.

[88] *Merz,* in: Kümpel/Wittig, Bank- und Kapitalmarktrecht, Rn. 10.74.

[89] *Münscher,* in: Schimansky/Bunte/Lwowski, Bankrechts-Handbuch, § 81 Rn. 104.

[90] MünchKomm/*Schürnbrand,* § 491a Rn. 46.

wegen des ungünstigen Rückkaufswerts der Versicherung regelmäßig zu erheblichen Vermögenseinbußen[91].

Beispiel Der Verbraucher V benötigt für private Zwecke ein Darlehen in Höhe von € 150.000. Hierfür vereinbart er einen Gesprächstermin mit dem für ihn zuständigen Mitarbeiter bei seiner Hausbank B. Nachdem V sein Anliegen vorgebracht hat, weist man ihn darauf hin, dass eine Finanzierung durchaus möglich sei. Hierfür biete sich eine Kombination zwischen einer Lebensversicherung und einem endfälligen Darlehen an. Der V müsse dabei monatliche Raten in die Lebensversicherung einzahlen. Das hierdurch gebildete Vermögen werde dann zur Tilgung des Darlehens verwendet. Der V nimmt danach den Kredit in der gewünschten Höhe auf. Gleichzeitig schließt er einen Lebensversicherungsvertrag bei einem von B empfohlenen Versicherungsunternehmen ab und tritt die sich hieraus ergebenden Ansprüche an die B ab. Im Vorfeld des Vertragsschlusses werden V zwar die „Europäischen Standardinformationen“ ausgehändigt, diese enthalten jedoch keinen Hinweis gemäß Art 247 § 8 Abs. 2 Satz 2 EGBGB auf die lediglich erfüllungshalber wirkende Leistung aus dem Lebensversicherungsvertrag. Der Darlehensvertrag selbst, den V später unterschreibt, weist dagegen darauf hin, dass die Leistung aus der Lebensversicherung nicht zwingend zu einer vollständigen Prüfung der Darlehensforderung führen muss. Nach einem Jahr erfährt der V durch Dritte von den möglichen Risiken einer Spar-Kredit-Kombination. Er begehrt daraufhin von B die Rückgängigmachung sowohl des Darlehens- als auch des Lebensversicherungsvertrages, da er seinerzeit vor Vertragsschluss nicht ordnungsgemäß über die Risiken des Geschäfts aufgeklärt wurde. Jedenfalls möchte er von den hohen Raten für die Lebensversicherung freigestellt werden.

Wie bereits dargestellt, enthalten Spar-Kredit-Kombinationen für den Darlehensnehmer erhebliche Risiken. Neben der Gefahr, nach Vertragsablauf trotz jahrelanger Ratenzahlung wegen schlechter Wertentwicklung des Sparvertrages auf einem Teil der Darlehensforderung „sitzen zu bleiben“, kommen auch die oft undurchschaubaren Kosten für den Darlehensnehmer hinzu. Denn regelmäßig gehen Darlehenszins und die Zinsentwicklung des Sparprodukts auseinander, sodass der Darlehensnehmer, der zwischenzeitlich keine Tilgung des Darlehens vornimmt, eine höhere Belastung in Kauf nehmen muss als bei einem normalen Kredit[92].

a) Frühere Rechtsprechung zu Spar-Kredit-Kombinationen

Trotz der Risiken einer Spar-Kreditkombination war die Rechtsprechung des BGH zu dieser Problematik in den vergangenen Jahren für den Verbraucher überwiegend

[91] *Reifner,* in: Derleder/Knops/Bamberger (Hrsg.), Handbuch zum deutschen und europäischen Bankrecht, § 15 Rn. 275 unter Hinweis auf OLG Frankfurt, Urteil vom 23.08.2001, 16 U 190/00, WM 2002, 549.

[92] Beispielhaft die Berechnung bei *Reifner,* in: Derleder/Knops/Bamberger (Hrsg.), Handbuch zum deutschen und europäischen Bankrecht, § 15 Rn. 269 sowie die Darstellung von *Beining,* VuR 2005, 407.

negativ. So sollten die Prämien, für das Sparprodukt – im Entscheidungsfall eine Kapitallebensversicherung –, die der Tilgung des endfälligen Darlehens dienen, bei der Berechnung des effektiven Jahreszinses nicht zu berücksichtigen sein[93]. Selbst wenn es im Darlehensvertrag an den erforderlichen Angaben über die Kosten des Sparvertrages fehle, stehe ihm kein Freistellungsanspruch gegen das Kreditinstitut zu, da dieses sonst im Ergebnis dazu gezwungen werde, den ausgegebenen Kredit selbst zu tilgen[94].

Nach der Rechtsprechung des BGH soll das Risiko einer Unterdeckung, d. h. einer drohenden Zuzahlung, soweit die ausgezahlte Versicherungsleistung hinter der Darlehensforderung zurückbleibt, beim Verbraucher liegen[95]. In dem der Entscheidung zugrundeliegenden Fall verlangte das klagende Kreditinstitut vom Verbraucher die Rückzahlung eines Teils eines endfälligen Darlehens, der durch die Ablaufleistung der im Zusammenhang mit dem Darlehensvertrag geschlossenen Lebensversicherung nicht abgedeckt worden war[96]. Der Darlehensvertrag sah seinerzeit vor, dass die Tilgung des Darlehens *„aus der abzuschließenden Lebensversicherung"* erfolgen sollte. Der BGH hat hierzu klargestellt, dass in den Fällen, in denen bei endfälligen Krediten mit Tilgungsaussetzung die Tilgung aus einer Kapitallebensversicherung erfolgen soll, dies regelmäßig entsprechend § 364 Abs. 2 BGB erfüllungshalber und nicht an Erfüllung statt erfolge[97]. Das Risiko, dass die Lebensversicherungsleistungen nicht zur vollständigen Tilgung des Darlehens ausreichen, habe daher der Verbraucher zu tragen[98]. Dagegen wurde für Kreditkombinationen, bei denen der Darlehensvertrag die Regelung vorsah, dass die Tilgung der Darlehenssumme *„durch eine Lebensversicherung bei der ..."* zu erfolgen habe, eine Leistung an Erfüllung statt nach § 364 Abs. 1 BGB bejaht[99]. In diesen Fällen wird das Darlehen daher auch dann durch die Auszahlung der Versicherungssumme vollständig getilgt, wenn diese geringer ist als der Darlehensbetrag[100]. Allein die Verwendung des Wortes „aus" anstatt „durch" im Darlehensvertrag konnte dementsprechend dazu führen, dass der Darlehensnehmer trotz regelmäßiger Zahlungen auf die Lebensversicherung nach Ablauf des Darlehensvertrages mit einer wesentlichen Nachzahlung konfrontiert wurde.

---

[93] BGH, Urteil vom 18.01.2005, XI ZR 17/04, WM 2005, 415; hieran anschließend OLG Frankfurt, Urteil vom 01.06.2005, 9 U 36/04.

[94] BGH, a. a. O. unter II.2.b); der BGH hat sich hierbei auf die Vorgängerregelung zu § 494 Abs. 4 Satz 1 BGB in § 6 Abs. 2 Satz 3 VerbrKrG bezogen; zur Gegenmeinung *Bruchner/Ott/Wagner-Wieduwilt*, § 6 Rn. 18 sowie *Sauer*, BKR 2005, 154 (156) mit jew. w. Nachweisen.

[95] BGH, Beschluss vom 20.11.2007, XI ZR 259/06, WM 2008, 121.

[96] Der Sachverhalt ergibt sich aus der vorinstanzlichen Entscheidung des OLG Hamm, Urteil vom 03.07.2006, 31 U 6/06, BKR 2007, 423.

[97] BGH, a. a. O., 121 (122).

[98] BGH, a. a. O.; ebenso OLG Karlsruhe, Beschluss vom 09.02.2006, 9 U 154/05, WM 2006, 1247.

[99] OLG Karlsruhe, Urteil vom 04.04.2003, 15 U 8/02, NJW 2003, 2322; OLG Frankfurt, Urteil vom 06.10.2005, 3 U 191/04, zitiert nach juris.

[100] OLG Karlsruhe, a. a. O.

b) Neuregelung durch die Umsetzung der Verbraucherkreditrichtlinie

Um dem Verbraucher die besonderen Gefahren von Spar-Kredit-Kombinationen im Einzelfall zu verdeutlichen, wurde im Zuge der Umsetzung der Verbraucherkreditrichtlinie Art. 247 § 8 EGBGB aufgenommen. § 494 Abs. 4 Satz 1 BGB enthält weiterhin die Regelung, dass nicht angegebene Kosten im Vertrag nicht geschuldet werden[101]. Nach der dargestellten Rechtsprechung des BGH kann der Darlehensnehmer aus dieser Vorschrift allerdings regelmäßig keine Freistellung durch die Bank gegenüber dem Dritten als Vertragspartner des Versicherungsvertrages verlangen.

Nach Art. 247 § 8 Abs. 1 Satz 1 EGBGB muss der Darlehensgeber, sofern er zum Abschluss des Vertrages verlangt, dass der Darlehensnehmer zusätzliche Leistungen von ihm annimmt oder einen weiteren Vertrag abschließt, dies zusammen mit der vorvertraglichen Information angeben[102]. Für die Spar-Kredit-Kombinationen besteht außerdem eine Sonderregelung in Art. 247 § 8 Abs. 2 Satz 2 EGBGB. Verpflichtet sich der Darlehensgeber beim Abschluss des Verbraucherdarlehensvertrags auch zur Vermögensbildung, muss sowohl aus der vorvertraglichen Information als auch dem Verbraucherdarlehensvertrag klar und verständlich hervorgehen, dass weder die während der Vertragslaufzeit fälligen Zahlungsverpflichtungen noch die Ansprüche, die der Darlehensnehmer aus der Vermögensbildung erwirbt, die Tilgung des Darlehens gewährleisten, es sei denn, dies wird ausdrücklich vereinbart. Die Angabe ist damit entbehrlich, wenn das Risiko einer Unterdeckung nicht droht, weil beispielsweise im Darlehensvertrag die Anrechnung der Sparleistung nach § 364 Abs. 1 BGB an Erfüllungs statt vereinbart wurde[103].

Die Gesetzesbegründung stellt zunächst klar, dass auch insoweit die Rechtsfolge des § 494 Abs. 4 Satz 1 BGB gilt, sofern eine entsprechende Vereinbarung nicht in den Vertrag aufgenommen wurde[104]. Der Darlehensvertrag wird allerdings nicht nichtig, sodass der Darlehensnehmer das Darlehen verlangen kann und zum angegebenen Fälligkeitszeitpunkt zurückzahlen muss[105]. Regelmäßig wird diese Regelung dem Darlehensnehmer wie bereits dargestellt aber wenig helfen. Ihm bleibt weiterhin die Belastung mit den eventuell hohen Versicherungsprämien, da gerade

---

[101] Insoweit ist die Gesetzesbegründung allerdings nicht ganz eindeutig; so wird bei der Erläuterung des § 494 Abs. 4 Satz 1 BGB lediglich auf Art. 247 § 6 Abs. 1 und § 3 Abs. 1 Nr. 10 EGBGB verwiesen, BT-Drucks. 16/11643, S. 82; im Hinblick auf Art. 247 § 8 Abs. 2 Satz 2 EGBGB wird allerdings ausdrücklich festgestellt, dass bei fehlender Aufnahme der Vereinbarung in den Vertrag die Rechtsfolge des § 494 Abs. 4 Satz 1 BGB gilt, d. h. die nicht angegeben Kosten werden nicht geschuldet, BT-Drucks. 16/11643, S. 130; damit ist weiterhin zwischen den Kosten nach Art. 247 § 3 abs. 1 Nr. 10 EGBGB und denen nach Art. 247 § 8 EGBGB zu trennen, da nur im ersten Fall die Nichtigkeitsfolge bei fehlender Angabe im Vertrag greift; in beiden Fällen tritt aber die Rechtsfolge des § 494 Abs. 4 Satz 1 BGB ein, *Bülow*, in: Bülow/Artz, Verbraucherkreditrecht, § 494 Rn. 57.

[102] Die Gesetzesbegründung nennt hier neben den Spar-Kredit-Kombinationen beispielhaft Restschuldversicherungen oder Girokontoverträge, BT-Drucks. 16/11643, S. 129.

[103] MünchKomm/*Schürnbrand,* § 491a Rn. 46.

[104] BT-Drucks. 16/11643, S. 130.

[105] BT-Drucks. 16/11643, a. a. O.

kein Anspruch auf Übernahme der Kosten durch das Kreditinstitut besteht. Ebenso besteht für ihn je nach der Formulierung im Kreditvertrag die Gefahr, auf einer möglichen Unterdeckung nach Ablauf der Darlehenslaufzeit sitzen zu bleiben.

Von größerer Bedeutung dürfte für den Verbraucher daher die Frage sein, inwieweit er bei fehlerhafter Information durch den Darlehensgeber eine Loslösung vom Vertrag und eine Freistellung von den Versicherungsprämien verlangen kann. Art. 247 § 8 Abs. 2 Satz 2 EGBGB schreibt ausdrücklich vor, dass der Verbraucher bereits vorvertraglich über die mögliche Unterdeckung zu unterrichten ist. Fehlt es an einer solchen Information, könnte dem Verbraucher ein Schadensersatzanspruch nach §§ 280 Abs. 1, 311 Abs. 2, 214 Abs. 2 BGB zustehen. Dieser Schadensersatzanspruch wird auch nicht durch eine spätere korrekte Angabe im Vertrag ausgeschlossen, denn ansonsten würde die neu geschaffene vorvertragliche Information praktisch entwertet[106].

Fraglich ist allerdings, welchen Inhalt dieser Schadensersatzanspruch hat. Hierbei muss zwischen den Interessen des Verbrauchers differenziert werden. Einerseits besteht die Möglichkeit, dass dieser aufgrund der zuvor nicht erteilten Information über die mögliche Unterdeckung nach Vertragsschluss eine Loslösung vom gesamten Vertrag wünscht. Andererseits kann dieser seinen Schadensersatz auf die Differenz zu einem günstigeren Darlehensvertrag oder einer günstigeren Finanzierungsmöglichkeit richten.

Einer Vertragsaufhebung könnte hier allerdings die Rechtsprechung des BGH entgegenstehen. Dieser hat im Zusammenhang mit einem tilgungsfreien „Vorausdarlehen“, über das bis zur Zuteilungsreife zweier Bausparverträge eine Eigentumswohnung finanziert werden sollte, entschieden, dass eine etwaige Aufklärungspflichtverletzung des Kreditgebers nur zum Ersatz der jeweiligen Mehrkosten, nicht dagegen zur Rückabwicklung des Kaufvertrages führen könne[107]. Für den Darlehensnehmer besteht in diesem Fall also selbst dann kein Schadensersatzanspruch, wenn er behauptet, bei entsprechender Aufklärung mangels einer anderweitigen Finanzierungsmöglichkeit von dem Kauf der finanzierten Immobilie abgesehen zu haben. *Reifner* weist in diesem Zusammenhang zutreffend darauf hin, dass es für den Darlehensgeber dementsprechend genügt, die Alternativlosigkeit auf Seiten des Verbrauchers darzulegen, um selbst einer Sanktion aufgrund der unzureichenden Aufklärung über das komplizierte Kreditprodukt zu entgehen[108]. Denn sofern dem Verbraucher keine anderen Kreditangebote vorlagen oder aufgrund seiner wirtschaftlichen Verhältnisse nur die dargestellte Finanzierungsform für ihn in Betracht kam, wäre es ihm verwehrt, entsprechende Mehrkosten durch die Spar-Kreditkombination nachzuweisen. Sofern als Schadensersatz zudem nur der Ersatz von Mehrkosten in Betracht kommt, scheidet auch eine Vertragsaufhebung mit der

---

[106] Siehe oben 7. Kap. I. 1. c) bb).

[107] BGH, Urteil vom 20.03.2007, XI ZR 414/04, WM 2007, 876 (881); ebenso Urteil vom 16.05.2006, XI ZR 6/04, BGHZ 168, 1 (21) für den vergleichbaren Fall eines „Vorausdarlehens“, dass die Finanzierung einer Immobilie bis zur Zuteilungsreife zweier Bausparverträge absichert.

[108] *Reifner,* in: Derleder/Knops/Bamberger, Handbuch zum deutschen und europäischen Bankrecht, § 15 Rn. 288.

Begründung aus, man hätte bei Kenntnis von der möglichen Unterdeckung vom Vertragsschluss abgesehen[109].

Mit der Einführung des Art. 247 § 8 Abs. 2 Satz 2 EGBGB kann diese Bewertung allerdings nicht mehr aufrechterhalten werden. In Reaktion auf die Rechtsprechung, wonach bei Spar-Kredit-Kombinationen eine mögliche Deckungslücke regelmäßig zulasten des Verbrauchers geht[110], hat der Gesetzgeber nunmehr eine Vorschrift geschaffen, die den Verbraucher auf eben diese Gefahr hinweisen soll. Erteilt der Darlehensgeber die Information nicht, wird man im Gegenzug dem Verbraucher nicht mehr auf den Ersatz bloßer Mehrkosten beschränken können. Der Vortrag, bei einer ordnungsgemäßen Information über die Möglichkeit einer Deckungslücke von dem Finanzierungsvorhaben Abstand genommen zu haben, dürfte im Regelfall eine plausible Begründung für die Kausalität der Pflichtverletzung für den beim Verbraucher entstandenen Schaden, d. h. den Abschluss des Spar-Kreditvertrages sein. Nach alledem kann der Verbraucher bei einer fehlenden Belehrung über die besonderen Risiken einer Spar-Kredit-Kombination grundsätzlich nach Art. 247 § 8 Abs. 1 und 2 EGBGB Schadensersatz im Wege der Vertragsaufhebung geltend machen[111].

Der Verbraucher kann dagegen nicht einerseits am Kreditvertrag festhalten, und zum anderen eine Freistellung von den Kosten des Sparvertrages fordern. Denn dies würde letztendlich dazu führen, dass der Kreditgeber den von ihm gewährten Kredit mit Hilfe der laufenden Prämienzahlungen selbst tilgen müsste[112]. Der Kreditgeber stünde in diesem Fall schlechter als ein Kreditgeber, der ein Darlehen zu wucherisch hohen Zinsen ausreicht. Dieser kann jedenfalls die Rückzahlung des Nettodarlehensbetrags verlangen, während in dem genannten Fall über die Prämienzahlung praktisch selbst die Finanzierung des jeweiligen Vorhabens des Verbrauchers übernommen würde[113].

Dies kann aber wiederum nicht gelten, wenn der Verbraucher nicht am Vertrag festhält und den Darlehensbetrag zurückzahlt. In diesem Fall muss für den Verbraucher auch die Möglichkeit bestehen, bereits gezahlte Prämien erstattet zu bekommen und von weiteren Prämienzahlungen freigestellt zu werden. Die Argumentation des BGH im Hinblick auf die Schlechterstellung gegenüber dem Fall eines wucherischen Darlehens vermag hier ebenfalls nicht zu greifen, da das Kreditinstitut den Darlehensbetrag zurückerhält. Werden dem Verbraucher die bisherigen Prämienleistungen auf den Sparvertrag erstattet und eine Freistellung für zukünftige Leistungen geschuldet, kann der Kreditgeber nach Vertragsablauf auch die Kapitalleistungen aus dem Vertrag in Empfang nehmen.

---

[109] *Reifner,* a. a. O. verweist in diesem Zusammenhang darauf, dass ein Schadensersatzanspruch damit regelmäßig nur noch beim wohlhabenden Verbraucher in Betracht komme, da nur dieser die tatsächliche Auswahl an mehreren Kreditprodukten habe und entsprechende Mehrkosten nachweisen könne.

[110] BGH, Urteil vom 20.11.2007, XI ZR 259/06, WM 2008, 121.

[111] Zu den einzelnen Rechtsfolgen der vorvertraglichen Informationspflichtverletzung siehe unten 7. Kap. I. 6.

[112] BGH, Urteil vom 18.01.2005, XI ZR 17/04, NJW 2005, 985 (987); MünchKomm/*Schürnbrand,* § 494 Rn. 36.

[113] BGH, a. a. O.

Anders als vom BGH in der Entscheidung vom 18.01.2005 angenommen, fehlt für einen solchen Freistellungs- und Erstattungsanspruch nach Einführung des Art. 247 § 8 Abs. 2 Satz 2 EGBGB auch keine dogmatische Begründung[114]. Denn die vorvertraglichen Informationspflichten selbst setzen ein Schuldverhältnis im Sinne des § 311 Abs. 2 BGB voraus[115]. Verletzt der Kreditgeber diese, macht er sich schadensersatzpflichtig. Bei einem Schadensersatzanspruch wegen Aufklärungspflichtverletzung im Zusammenhang mit einem Darlehen dürfen bei der Schadensermittlung allerdings nicht nur die Zinsen und Kosten des Darlehens berücksichtigt werden. Vielmehr müssen auch die gesamten vermögensmäßigen Auswirkungen des finanzierten Vorhabens berücksichtigt werden[116]. Zu den vermögensmäßigen Auswirkungen gehören vorliegend aber gerade auch die Belastungen durch die Prämienzahlungen, die bei einer ordnungsgemäßen Information über die Risiken einer Spar-Kredit-Kombination nicht angefallen wären. Gleichermaßen kann der Verbraucher hier also vom Kreditgeber neben der Loslösung vom Vertrag eine Erstattung bereits geleisteter Prämien und eine Freistellung von zukünftigen Prämienzahlungen verlangen.

Für den V besteht im vorliegenden Beispiel daher die grundsätzliche Möglichkeit, einen auf Aufhebung des Darlehensvertrages gerichteten Schadensersatzanspruch aus §§ 280 Abs. 1, 311 Abs. 2, 241 Abs. 2 BGB geltend zu machen. Zahlt er den Darlehensbetrag zurück, kann er gleichfalls auch eine Erstattung der bereits geleisteten Prämienzahlungen sowie eine Freistellung von zukünftigen Prämienzahlungen fordern.

6. Rechtsfolgen aus der Verletzung der vorvertraglichen Informationspflicht nach § 491a Abs. 1 BGB i. V. mit Art. 247 §§ 1 ff. EGBGB

Nach der Gesetzesbegründung ist die vorvertragliche Informationspflicht nach § 491a Abs. 1 BGB i. V. mit Art. 247 §§ 1 ff. EGBGB als echte Rechtspflicht ausgestaltet, die ein vorvertragliches Schuldverhältnis i. S. des § 311 Abs. 2 BGB voraussetzt[117]. Verletzt der Darlehensgeber diese Pflicht, z. B. indem er die vorgeschriebenen Informationen gar nicht oder in unzutreffender Form erteilt, hat dies zunächst keine direkten Auswirkungen auf die Wirksamkeit des Vertrags[118]. Anders als im Fall des § 494 Abs. 1 BGB, der für die Nichtbeachtung der Schriftform oder

[114] Die herrschende Meinung in der Literatur hatte diesen aus § 6 Abs. 2 Satz 3 VerbrKrG, der Vorgängernorm zu § 494 Abs. 4 Satz 1 n.F., abgeleitet; siehe hierzu die Nachweise bei BGH, Urteil vom 18.01.2005, XI ZR 17/04, NJW 2005, 985 (987).

[115] BT-Drucks. 16/11643, S. 78.

[116] BGH, Urteil vom 09.04.1991, XI ZR 136/90, NJW 1991, 1881.

[117] BT-Drucks. 16/11643, S. 78.

[118] Palandt/*Weidenkaff*, § 491a Rn. 5; *Bülow*, in: Bülow/Artz, Verbraucherkreditrecht, § 491a Rn. 60; Erman/*Saenger*, § 491a Rn. 54.

der genannten vertraglichen Informationspflichten die Nichtigkeit des Vertrags vorschreibt, wirkt sich eine Informationspflichtverletzung daher nicht unmittelbar auf das Bestehen des Vertragsverhältnisses aus[119].

Wird die vorvertragliche Information nicht oder nicht in der vorgeschriebenen Form erteilt, kann dem Darlehensnehmer allerdings ein Schadensersatzanspruch nach den §§ 280 Abs. 1, 311 Abs. 2, 241 Abs. 2 BGB zustehen[120]. Voraussetzung hierfür ist eine schuldhafte Pflichtverletzung des Darlehensgebers, die beim Darlehensnehmer kausal zu einem Schaden i. S. der §§ 249 ff. BGB geführt hat. Dabei wird das Vertretenmüssen nach § 280 Abs. 1 Satz 2 BGB regelmäßig vermutet.

Der Schaden des Darlehensnehmers kann bei der Verletzung der vorvertraglichen Informationen regelmäßig im Abschluss oder dem ungünstigen Inhalt des Darlehensvertrags liegen. Dies ist dann der Fall, wenn die rechnerische Gegenüberstellung der Vor- und Nachteile des Vertrags ergibt, dass der Kunde den Vertrag bei zutreffender und vollständiger Information zu günstigeren Bedingungen abgeschlossen hätte[121]. Der Schadensersatzanspruch aus c.i.c. ist damit regelmäßig auf das negative Interesse, d. h. den Vertrauensschaden des Verbrauchers gerichtet, sofern dieser bei pflichtgemäßer Information den Vertrag nicht oder jedenfalls nicht zu den jeweiligen Bedingungen abgeschlossen hätte[122]. Ein Schadensersatzanspruch wegen Verschuldens bei Vertragsschluss kann allerdings auch ausnahmsweise auf den Ersatz des Erfüllungsinteresses gerichtet sein, wenn feststeht, dass ohne das schädigende Ereignis ein Vertrag zu anderen, für den Verbraucher günstigeren Bedingungen zustande gekommen wäre[123]. Lässt sich diese Feststellung nicht treffen, so kann der Verbraucher, sofern er an dem Vertrag festhalten will, als Ersatz des negativen Interesses verlangen, so gestellt zu werden, als wäre es ihm bei Kenntnis der wahren Sachlage gelungen, den Darlehensvertrag zu günstigeren Konditionen abzuschließen[124].

Nach der Rechtsprechung des BGH soll dem Geschädigten im Fall einer Auskunftspflichtverletzung aber regelmäßig kein Anspruch auf Anpassung des Vertrags

---

[119] In Frankreich wurde als Sanktion für Verstöße gegen die Verletzung der vorvertraglichen Informationspflichten dagegen ein teilweiser oder vollständiger Wegfall der Zinsverpflichtung gewählt, wobei die konkrete Höhe in das Ermessen des Gerichts gestellt wird, Studie des Zentrums für Europäischen Verbraucherschutz e. V., „Ein europäischer Markt für Verbraucherkredite: existiert ein solcher wirklich?", S. 4; die Rechtsfolge ist damit vergleichbar zum Sanktionensystem des § 494 BGB, allerdings mit einem Ermessenspielraum des Gerichts.

[120] PWW/*Kessal-Wulf,* § 491a Rn. 1; *Müller-Christmann,* in: Nobbe (Hrsg.), Kommentar zum Kreditrecht, § 491a Rn. 43; MünchKomm/*Schürnbrand,* § 491a Rn. 6; *ders.,* ZBB 2008, 383 (386); Palandt/*Weidenkaff,* a. a. O.; *Bülow,* a. a. O.; Erman/*Saenger,* a. a. O.; *Derleder,* NJW 2009, 3195 (3199); *Rott,* WM 2008, 1104 (1110); *Wittig/Wittig,* ZinsO 2009, 633 (637).

[121] BGH, Urteil vom 26.09.1997, V ZR 29/96, NJW 1998, 302; Palandt/*Grüneberg,* Einf. v. Art. 238 EGBGB Rn. 8.

[122] BGH, Urteil vom 19.05.2006, V ZR 264/05, NJW 2006, 3139; MünchKomm/*Emmerich,* § 311 Rn. 200.

[123] BGH, Urteil vom 24.06.1998, XII ZR 126/96, NJW 1998, 2900; Urteil vom 06.04.2001, V ZR 394/99, NJW 2001, 2875.

[124] BGH, Urteil vom 06.04.2001, V ZR 394/99, NJW 2001, 2875.

zustehen[125]. Dieser kann lediglich am Vertrag festhalten und den ihm entstandenen Vertrauensschaden geltend machen[126]. Soweit die Informationspflicht aber die Grundlage für die Entscheidung des Kunden über den Vertragsabschluss bilden soll, kann auch bei objektiver Werthaltigkeit von Leistung und Gegenleistung ein Vermögensschaden bereits in dem Vertragsabschluss liegen, wenn die Leistung für die Zwecke des Kunden nicht voll brauchbar ist[127]. Hat der Verbraucher aufgrund der fehlerhaften Information ein anderes Geschäft nicht abgeschlossen, kann er außerdem gemäß § 252 BGB den aus diesem Geschäft entgangenen Gewinn verlangen[128]. Im Einzelfall sind bei der Bemessung des Schadens auch die finanziellen Auswirkungen zu beachten, die sich durch das finanzierte Geschäft ergeben[129]. Ebenso kann der Schadensersatzanspruch des Verbrauchers im Fall einer ungenügenden vorvertraglichen Information auf die Aufhebung des für ihn lästigen Vertrages nebst Ersatz der entstandenen nutzlosen Aufwendungen gerichtet sein[130].

Verletzt der Darlehensgeber daher die sich aus § 491a Abs. 1 BGB i. V. mit Art. 247 §§ 1 ff. EGBGB ergebenden Informationspflichten, kann er den bei ihm hierdurch entstandenen Schaden zunächst derart geltend machen, dass er am Darlehensvertrag festhält, als Vertrauensschaden aber die Differenz zu einem günstigeren anderen Darlehensvertrag geltend macht. Als Beispiel käme hier der Fall in Betracht, dass der Verbraucher in Vertrauen auf die vorvertraglichen Angaben den Abschluss eines anderen, letztendlich günstigeren Vertrages unterlässt. Die unzutreffenden vorvertraglichen Informationen haben hier einen kausalen Schaden verursacht, nämlich das Unterlassen eines günstigeren Vertragsschlusses. Entsprechend dem oben gesagten kann der Verbraucher hier zwar keine Anpassung des nunmehr geschlossenen Vertrages an die günstigeren Konditionen des anderen Vertrages verlangen. Er kann allerdings die sich nach den Grundsätzen der Differenzhypothese ergebende finanzielle Mehrbelastung durch den ungünstigeren Vertrag im Wege des Schadensersatzes nach §§ 280 Abs. 1, 311 Abs. 2, 241 Abs. 2 BGB geltend machen.

Den Verbraucher trifft in diesem Zusammenhang die Pflicht, die Möglichkeit eines günstigeren Vertragsschlusses nachzuweisen. Hat er sich vor dem Abschluss

---

[125] BGH, Urteil vom 19.05.2006, V ZR 264/05, NJW 2006, 3139 unter Rn. 21; ebenso KG Berlin, Urteil vom 07.10.2004, 12 W 25/04, WM 2005, 1118; *Vortmann*, Rn. 66.

[126] Palandt/*Grüneberg*, § 311 Rn. 57.

[127] BGH, Urteil von 08.03.2005, XI ZR 170/04, NJW 2005, 1579 zur Haftung eines Anlageberaters beim Kauf von nicht dem Anlageziel des Kunden entsprechenden Wertpapieranlagen; Palandt/*Grüneberg*, Einf. v. Art. 238 EGBGB Rn. 8.

[128] *Angermann*, Die Verletzung vertragsschlussbezogener Informationspflichten des Europäischen Privatrechts, S. 270.

[129] BGH, Urteil vom 09.04.1991, XI ZR 136/90, NJW 1991, 1881 zum Schadensersatzanspruch des Empfängers eines zum Hauskauf gewährten Darlehens, wenn sich dieser gegenüber dem Darlehensgeber auf die Verletzung vorvertraglicher Aufklärungspflichten beruft; nach Palandt/*Grüneberg*, § 311 Rn. 57 führt dies im Ergebnis dazu, dass der Geschädigte so behandelt werde, als wäre es ihm bei Kenntnis der wahren Sachlage gelungen, den Vertrag zu günstigeren Bedingungen abzuschließen, obwohl feststehe oder doch wahrscheinlich sei, das sich der andere Teil auf diese Bedingungen nicht eingelassen hätte.

[130] *Siol*, in: Schimansky/Bunte/Lwowsky, Bankrechts-Handbuch, § 43 Rn. 44; siehe auch oben 3. Kap. II. 2. b) dd).

des Darlehensvertrags über verschiedene Angebote informiert, kann er dies anhand der übergebenen Standardinformationen belegen. Aus diesen lässt sich detailliert nachvollziehen, welcher Kreditvertrag mit welcher Gesamtbelastung hätte abgeschlossen werden können. Nachweisprobleme dürften sich allerdings dann ergeben, wenn im Vorfeld keine Vergleichsangebote eingeholt oder diese nicht ausreichend dokumentiert wurden. Die Kreditinstitute werden in diesem Fall regelmäßig vortragen, dass für den Verbraucher überhaupt kein günstigerer Vertragsschluss möglich war. Allein aus diesem Grund sollten die Verbraucher darauf bestehen, im Vorfeld eines Vertragsschlusses die Europäischen Standardinformationen für Verbraucherkredite zu erhalten.

Weiterhin besteht für den Verbraucher in den bereits geschilderten Fallgruppen die Möglichkeit, über den Schadensersatzanspruch aus c.i.c. eine Loslösung vom Kreditvertrag oder dessen Rückabwicklung zu bewirken. In diesem Fall obliegt es wiederum ihm, hinreichend plausibel nachzuweisen, dass er bei ordnungsgemäßer Informationserteilung von einer Kreditaufnahme komplett Abstand genommen hätte. In Frage kommen hier ohnehin nur solche Fälle, in denen der Verbraucher nicht zwingend auf das überlassene Darlehenskapital angewiesen war bzw. von dem finanzierten Vorhaben komplett Abstand nehmen konnte. Da der Verbraucher zudem gleichermaßen zur Rückgewähr der Darlehenssumme verpflichtet ist, dürften diese Fälle die Ausnahme bleiben.

II. Ansprüche des Verbrauchers bei Verletzung der Erläuterungspflicht nach § 491a Abs. 3 Satz 1, 2 BGB durch das Kreditinstitut.

§ 491a Abs. 3 Abs. 1 BGB normiert mit der Erläuterungspflicht eine so bisher im Verbraucherkreditrecht nicht existierende Rechtspflicht[131]. Die Kreditinstitute sollen dem Verbraucher angemessene Informationen erteilen, damit dieser in die Lage versetzt wird zu beurteilen, ob der angebotene Kreditvertrag dem von ihm verfolgten Zweck sowie seinen persönlichen Verhältnissen gerecht wird. In der Literatur besteht insoweit Einigkeit, dass es sich um eine echte Rechtspflicht handelt, die ebenso wie ein Verstoß gegen die vorvertragliche Information nach § 491a Abs. 1 BGB i. V. mit Art. 247 §§ 1 ff. EGBGB einen Schadenersatzanspruch nach §§ 280 Abs. 1, 311 Abs. 2, 241 Abs. 2 BGB nach sich ziehen kann[132].

---

[131] Siehe hierzu auch die Gesetzesbegründung, BT-Drucks. 16/11643, S. 78, *„[...] eine im deutschen Recht bislang nicht normierte Pflicht [...]“*; direkt im Anschluss folgt hierzu allerdings die Einschränkung, dass sich diese Pflicht regelmäßig zuvor schon aus § 241 Abs. 2 BGB ergeben haben soll; *Wittig/Wittig,* ZinsO 2009, 633 (638) weisen in diesem Zusammenhang allerdings zutreffend darauf hin, dass dies jedenfalls dann unzutreffend ist, wenn es sich um Erläuterungspflichten handelt, die über den Kreditvertrag und dessen Bedingungen hinausgehen.

[132] MünchKomm/*Schürnbrand,* § 491a, Rn. 61; Palandt/*Weidenkaff,* § 491a Rn. 5; *Merz,* in: Kümpel/Wittig, Bank- und Kapitalmarktrecht, Rn. 10.157; *Artz,* in: Bülow/Artz, Verbraucherkredit-

Da der Begriff der „Erläuterung" bisher als Aufklärungsinstrument des Verbraucherkreditrechts noch nicht in Erscheinung getreten ist, bestehen naturgemäß Schwierigkeiten, diesen genau zu umreißen und die hiermit verbundenen Pflichtenkreise des Kreditinstituts festzulegen[133]. So stellt sich unter anderem die Frage, inwieweit die Kreditinstitute nunmehr auch über bestimmte Alternativangebote aufklären müssen oder wie weit die Erläuterung Bezug auf die persönliche Sphäre des Verbrauchers nehmen muss.

1. Die Erläuterungspflicht als Auswahlpflicht des Kreditinstituts

Ein zuverlässiger Verbraucherschutz ergibt sich dann, wenn man die Erläuterungspflicht nach § 491a Abs. 3 BGB gleichermaßen als eine Pflicht des Kreditinstituts verstehen würde, dem Verbraucher den für ihn sinnvollsten Kredit auszusuchen und zu empfehlen. Erfüllt das Kreditinstitut seine Pflicht, erhält der Verbraucher das für ihn „beste" Produkt. Wird dagegen ein anderes, weniger passendes Produkt empfohlen, hat der Verbraucher die Möglichkeit, den Differenzbetrag im Wege des Schadensersatzes geltend zu machen.

Diese Verpflichtung würde letztendlich Art. 6 Abs. 3 des Richtlinienvorschlags 2002 entsprechen[134]. Wie bereits dargestellt, wurde diese Regelung im Laufe des Gesetzgebungsverfahrens gestrichen und auf die hier beschriebene Erläuterungspflicht beschränkt. Nach der Gesetzesbegründung soll es daher gerade nicht Gegenstand der Erläuterungspflicht sein, den Verbraucher auf den für ihn optimalen Vertrag hinzuweisen oder diesen für ihn herauszusuchen[135].

Auch wenn aus Verbraucherschutzgründen eine Pflicht der Kreditinstitute, dem Verbraucher den „für ihn optimalen Vertrag" zu empfehlen, durchaus begrüßenswert wäre, kann diese aufgrund der insoweit eindeutigen Abkehr des europäischen Gesetzgebers vom ersten Richtlinienvorschlag aus dem Jahr 2002 und dem klaren Wortlaut der Gesetzesbegründung nicht aus § 491a Abs. 3 BGB abgeleitet werden. Gegenstand der Erläuterungspflicht ist es daher nicht, dem Verbraucher einen auf seine Bedürfnisse und Interessen optimal zugeschnittenen Kreditvertrag herauszusuchen oder zu entwickeln und anzubieten[136].

---

recht, § 491a Rn. 60; *Ady/Paetz,* WM 2009, 1061 (1066); *Wittig/Wittig,* ZinsO 2009, 633 (639); *Nobbe,* WM 2011, 626 (628); *Heße/Niederhofer,* MDR 2010, 968 (972).

[133] Zur Umsetzung der Erläuterungspflicht in England und Frankreich und den dort gewählten Formulierungen *Metz,* NJW 2012, 1990 (1991).

[134] KOM (2002) 443, S. 42; siehe hierzu sowie zur Entwicklung des Art. 5 Abs. 6 RL aus Art. 6 Abs. 3 des Richtlinienvorschlags 2002 *Rott,* WM 2008, 1104 (1109).

[135] BT-Drucks. 16/11643, S. 79.

[136] *Artz,* in: Bülow/Artz, Verbraucherkreditrecht, § 491a Rn. 49; ebenso *Münscher,* in: Schimansky/Bunte/Lwowsky, Bankrechts-Handbuch, § 81 Rn. 109; *Nobbe,* WM 2011, 625 (628); MünchKomm/*Schürnbrand,* § 491a Rn. 57; *ders.,* in: Habersack/Mülbert/Nobbe/Wittig (Hrsg.), Bankrechtstag 2009, 194 (224).

2. Verpflichtung zum Hinweis auf Alternativangebote

Wenn man eine Pflicht zur Ermittlung des für den Verbraucher optimalen Vertrags ablehnt, stellt sich die Frage, ob das Kreditinstitut jedenfalls verpflichtet ist, auf alternative Angebote hinzuweisen. Bejaht man dies, ist weiterhin fraglich, ob sich die Hinweispflicht nur auf eigene Produkte des Kreditinstituts bezieht oder ob auch Hinweise auf günstigere oder besser passende Angebote von Konkurrenten geschuldet sind.

Betrachtet man allein den Wortlaut des Gesetzes, fällt auf, dass § 491a Abs. 3 Satz 1 BGB nur davon spricht, dass die Erläuterung den Verbraucher in die Lage versetzen soll, ob *„der Vertrag"* dem vom ihm verfolgten Zweck und seinen Vermögensverhältnissen gerecht wird. Das Gesetz selbst scheint daher lediglich auf den konkret angebotenen Vertrag und dessen Darstellung abzustellen, was gegen eine Hinweispflicht auf Alternativangebote spricht.

Auch die Gesetzesbegründung lässt diese Frage offen. Dort heißt es zwar, dass der Kreditgeber die Eigenschaften und Folgen *„der angebotenen Verträge"* darstellen soll[137]. Diese Formulierung kann man einerseits so verstehen, dass der Kreditgeber gerade die Produkte darstellen soll, die er im Angebot hat, sodass sich hieraus eine Pflicht ergibt, auch auf eigene Alternativprodukte hinzuweisen. Andererseits kann man die Verwendung des Plurals so auslegen, dass sich die Erläuterung auf die tatsächlich angebotenen Verträge beschränkt und ein Hinweis auf andere Produkte, über die nicht konkret gesprochen wurde, nicht geschuldet ist[138]. Die beispielhafte Aufzählung in § 491a Abs. 3 Satz 2 BGB bringt ebenfalls keine Klarheit, da dort wie in der Richtlinie und der Gesetzesbegründung lediglich auf *„die Hauptmerkmale der vom Darlehensgeber angebotenen Verträge"* verwiesen wird[139].

---

[137] BT-Drucks. 16/11643, S. 78; die Gesetzesbegründung orientiert sich dabei an Art. 5 Abs. 6 Satz 1 RL, in dem von einer Erläuterung *„... der Hauptmerkmale der angebotenen Produkte"* gesprochen wird.

[138] Gleiches gilt für Erwägungsgrund (27) RL, in dem von einer *„... Unterstützung in Bezug auf die Kreditprodukte, die sie dem Verbraucher anbieten"* gesprochen wird; auch dies kann sich wiederum auf die im konkreten Fall angebotenen Verträge beziehen.

[139] Die Gesetzesbegründung führt in diesem Zusammenhang zwar aus, dass der Darlehensgeber auf Gestaltungsmöglichkeiten hinweisen soll, allerdings mit der Einschränkung, *„... wenn der Darlehensnehmer die Möglichkeit hat, durch eigenen Erklärungen auf den Vertragsinhalt einzuwirken"*; dies kann ausgewählte Klauseln vorformulierter Vertragsbedingungen ebenso betreffen wie z. B. einen veränderlichen Sollzinssatz, BT-Drucks. 16/11643, S. 79; gerade die zuletzt genannte Klarstellung scheint sich aber wiederum auf den konkreten Vertrag und dessen einzelne Bestandteile und nicht auf mögliche Alternativangebote zu beziehen; *Merz,* in: Kümpel/Wittig, Bank- und Kapitalmarktrecht, Rn. 10.149 nennt in diesem Zusammenhang das Beispiel, dass ein angebotenes Darlehen wahlweise mit oder ohne Restschuldversicherung angeboten wird; der Darlehensnehmer muss hier den Hinweis erhalten, dass der Abschluss der Restschuldversicherung optional ist.

a) Meinungsstand in der Literatur

In der Literatur ist die Frage, ob den Kreditgeber im Rahmen des § 491a Abs. 3 BGB eine Hinweispflicht auf Alternativprodukte trifft, umstritten. *Herresthal* zufolge ist der Kreditgeber nicht verpflichtet, auf andere Produkte, die möglicherweise besser den Wünschen des Verbrauchers entsprechen, hinzuweisen[140]. Er begründet dies vor allem mit der unterschiedlichen Ausgestaltung des § 491a Abs. 3 Satz 1 BGB im Vergleich zum Referentenentwurf vom 17.06.2008[141]. Dieser nannte im Hinblick auf die Erläuterung gerade auch *„andere Vertragsgestaltungen unter Berücksichtigung der Vermögensverhältnisse des Verbrauchers"*. Da von einer solchen Formulierung später Abstand genommen worden sei, zeige sich, dass der Gesetzgeber gerade keinen Hinweis auf weitere Produkte habe fordern wollen. Die Pflicht zum Hinweis auf eine andere Gestaltung überschreite den Inhalt der Erläuterungspflicht und sei daher Teil einer Beratungspflicht[142].

Nach Ansicht von *Merz* gehört es ebenfalls nicht zu den Pflichten des Darlehensgebers, dem Verbraucher Gestaltungsalternativen in Form von anderen Darlehensprodukten aufzuzeigen[143]. Denn Ziel der Erläuterung sei nicht, dass der Darlehensgeber einen für seine Verhältnisse optimalen Darlehensvertrag angeboten bekomme, sondern dass er in die Lage versetzt werde, selbstständig darüber zu entscheiden, ob der angebotene Vertrag für ihn nützlich sei[144].

Eine differenzierende Auslegung in Bezug auf die Darstellung von Alternativangeboten nimmt dagegen *Schürnbrand* ein. Ihm zufolge kann der Gesetzeswortlaut zwar nicht auf die selbstverständliche Aussage reduziert werden, dass mehrere Angebote, die der Darlehnsgeber dem Darlehensnehmer bereits zur Auswahl gestellt habe, gesondert zu erläutern seien[145]. Vielmehr seien dem Darlehensnehmer darüber hinaus auch Gestaltungsvarianten und Varianten zu einem konkreten Produkt aufzuzeigen. Andererseits sei der Darlehensgeber nicht verpflichtet, den Darlehens-

---

[140] *Herresthal,* WM 2009, 1174 (1180).

[141] Referentenentwurf vom 17.06.2011 eines Gesetzes zur Umsetzung der Verbraucherkreditrichtlinie, des zivilrechtlichen Teils der Zahlungsdiensterichtlinie sowie zur Neuordnung der Vorschriften über das Rückgabe- und Widerrufsrecht, teilweise abgedruckt in ZBB 2008, 355 ff.

[142] *Herresthal,* WM 2009, 1174 (1180); ebenso Palandt/*Weidenkaff,* § 491a Rn. 4, wonach eine Pflicht zum Hinweis auf eine günstigere Gestaltung oder auf andere Verträge des Unternehmers nicht besteht; eine weitere Begründung hierzu fehlt allerdings.

[143] *Merz,* in: Kümpel/Wittig, Bank- und Kapitalmarktrecht, Rn. 10.149.

[144] *Merz,* a. a. O. unter Hinweis auf BT-Drucks. 16/11643, S. 79; ebenso wohl PWW/*Kessal-Wulf,* § 491a Rn. 13, derzufolge sich die Beratung gerade auf *„... die Eigenschaften und Folgen des angebotenen Vertrages"* beschränken soll; *Nobbe,* WM 2011, 625 (628), scheint diese Ansicht zu teilen, indem er feststellt, dass sich der Darlehensgeber darauf beschränken darf, dem Darlehensnehmer den Vertrag, die wesentlichen Vertragsbedingungen sowie ihre Auswirkungen zu erläutern; im Folgenden führt er dann allerdings aus, dass sich der Darlehensgeber auf die von ihm angebotenen Kreditprodukte beschränken darf und Produkte der Konkurrenz keine Berücksichtigung finden müssen; ebenso erfordere die nach § 491a Abs. 3 BGB zu leistende Erläuterung *„... eine Auswahl der in Betracht kommenden Kreditprodukte"*, a. a. O., S. 629; dies spricht eher für eine Hinweispflicht in Bezug auf eigene Alternativprodukte des Darlehensgebers.

[145] MünchKomm/*Schürnbrand,* § 491a Rn. 57.

nehmer auf ein für seine Zwecke vermeintlich günstigeres Produkt hinzuweisen oder mehrere Angebote zu unterbreiten, da hiermit die Grenze zur Beratungspflicht überschritten werde[146].

Dieser Auffassung stehen mehrere Ansichten gegenüber, die im Ergebnis eine Pflicht zum Hinweis jedenfalls auf eigene Alternativprodukte des Darlehensgebers bejahen. *Hofmann* zufolge kann sich der Darlehensgeber gerade nicht darauf beschränken, dem Kunden nur ein Produkt anzubieten und zu verschweigen, dass es auch bessere Gestaltungsformen gibt[147]. Dies ergebe sich insbesondere aus Erwägungsgrund 27 der Richtlinie, wonach die Mitgliedstaaten dafür sorgen sollen, dass der Kreditgeber dem Verbraucher die weitere Unterstützung gewährt, die dieser benötigt, um entscheiden zu können, welcher der ihm angebotenen Kreditverträge seinen Bedürfnissen und seiner finanziellen Situation am besten entspricht. Der Kreditgeber komme in diesem Zusammenhang gar nicht umhin, auf mögliche Alternativgestaltungen hinzuweisen[148].

Rösler/Werner gehen ebenfalls davon aus, dass sich die Banken nach der Einführung des § 491a Abs. 3 BGB auch ohne Abschluss eines Beratungsvertrages nicht mehr darauf beschränken können, das Produkt bloß verständlich darzustellen[149]. Die Verantwortlichkeit des Darlehensgebers werde vielmehr über die bisherige vorvertragliche Aufklärung um die Pflicht erweitert, andere Vertragsgestaltungen unter Berücksichtigung des verfolgten Zwecks und der Vermögensverhältnisse des Verbrauchers darzustellen[150]. Demnach müsse der Kreditgeber dem Verbraucher gerade auch Alternativen zu dem von ihm angebotenen Produkt aufzeigen, wodurch die aus dem Wertpapierbereich bekannte anlegergerechte Beratung ein Stück weit in den Kreditbereich einziehe[151].

Nach der Auffassung von *Derleder* stellt der Hinweis auf eigene Alternativprodukte ein zumutbares Beratungselement des Verbraucherkredits dar[152]. Die „angemessene Erläuterung" gehe daher über die bloß transparente Darstellung des Kredits hinaus. Auf der Basis der Angaben des Darlehensnehmers müsse daher die Zweckmäßigkeit der Kreditform insbesondere im Vergleich zu anderen Angeboten des Darlehensnehmers erläutert werden, auch wenn hiermit keine Gewähr des optimalen Kredits verbunden werden könne[153].

---

[146] MünchKomm/*Schürnbrand*, a. a. O.

[147] *Hofmann*, BKR 2010, 232 (235).

[148] *Hofmann*, BKR 2010, 232 (234); zur damit verbundenen Annäherung der Aufklärungspflichten im Kredit- und Anlagerecht *ders.*, in: Riesenhuber, Perspektiven des Europäischen Schuldvertragsrechts, S. 71 (S. 98 ff.).

[149] *Rösler/Werner*, BKR 2009, 1 (3).

[150] *Rösler/Werner*, a. a. O.

[151] Wobei unklar bleibt, ob diese Pflicht zum Hinweis auch Produkte anderer Anbieter erfassen soll; bei der Verpflichtung zum Hinweis auf andere Vertragsgestaltungen findet sich in Parenthese zwar die Einschränkung *„bei dem einen Anbieter"*, diese ist aber mit einem *„(?)"* versehen, *Rösler/Werner*, a. a. O.

[152] *Derleder*, NJW 2009, 3195 (3199).

[153] *Derleder*, a. a. O., womit noch einmal klar gestellt wird, dass die Erläuterung nach § 491a Abs. 3 Satz 1 BGB gerade nicht beinhaltet, dass der Darlehensgeber für den Verbraucher den für diesen günstigsten Kredit aussucht.

Rott begründet die Pflicht des Kreditgebers, auf eigene Alternativangebote hinzuweisen, dagegen mit der Weiterentwicklung des Art. 5 Abs. 6 RL aus Art 6 Abs. 3 des Richtlinienvorschlags 2002[154]. Da dieser – wie bereits dargestellt[155] – noch die Verpflichtung des Kreditgebers enthalten habe, aus der Palette seines Angebots den für den Verbraucher am besten geeigneten Kredit herauszusuchen, beziehe sich die Erläuterungspflicht gerade auch auf die alternativen Vertragsgestaltungen, die er im Angebot habe[156].

Ähnlich wie *Rösler/Werner* geht auch *Kulke* davon aus, dass nach der Einführung des § 491a Abs. 3 BGB nunmehr auch im Darlehensbereich von einer darlehens- und darlehensnehmergerechten Erläuterung im Sinne einer abgestuften Beratung auszugehen sei, die der anlage- und anlegergerechten Beratung im Kapitalanlagerecht entspreche[157]. Um seinen Pflichten aus § 491a Abs. 3 Satz 1 und 2 BGB nachzukommen, sei der Darlehensgeber insbesondere verpflichtet, die persönlichen Verhältnisse des Darlehensnehmers entsprechend den ihm mitgeteilten Informationen umzusetzen, auf das entsprechende von ihm angebotene Produkt zu beziehen und damit die Entscheidungsfindung und Entscheidungsbildung des Darlehensnehmers optimal vorzubereiten. Hierzu zähle gerade auch die Nennung möglicher alternativer Vertragsgestaltungen, unter Berücksichtigung der konkreten Vermögensverhältnisse des Darlehensnehmers und des mit dem Vertrag verbundenen Zwecks[158].

Knops weist zutreffend darauf hin, dass der Kreditgeber auch nach früherem Recht schon unter Umständen verpflichtet war, Alternativen aufzuzeigen oder über Besonderheiten von Finanzierungsvarianten zu beraten[159]. Dementsprechend könne sich der Kreditgeber nun nicht mehr in jedem Fall auf eine bloße Interpretation des angebotenen Vertrages beschränken. Er vertritt daher ebenfalls den Standpunkt, dass die Pflichten bei der Kreditvergabe durch den neuen § 491a Abs. 3 Satz 1 und 2 BGB deutlich näher an die Anlageberatung rücken würden, als dies bisher der Fall gewesen sei[160].

b) Eigene Stellungnahme

Der wohl überwiegende Teil der Literatur bejaht im Ergebnis eine Verpflichtung des Kreditgebers, im Rahmen der „angemessenen Erläuterungen" nach § § 491a Abs. 3 Satz 1 BGB auch auf Alternativangebote innerhalb der eigenen Produktpa-

---

[154] *Rott,* WM 2008, 1104 (1109).

[155] Siehe oben 4. Kap. I. 2.

[156] *Rott,* a. a. O., allerdings auch mit der Klarstellung, dass ein Hinweis auf günstigere Konkurrenzprodukte nicht geschuldet wird.

[157] *Kulke,* VuR 2009, 373 (379).

[158] *Kulke,* VuR 2009, 373 (380) unter Hinwies auf *Rösler/Werner,* BKR 2009, 1 (3).

[159] *Knops,* in: Habersack/Mülbert/Nobbe/Wittig (Hrsg.), Bankrechtstag 2009, 194 (224); siehe zu den Hinweispflichten z. B. im Zusammenhang mit Kombinationsfinanzierungen *ders.,* AcP 206 (2006), 867 (889).

[160] *Knops,* in: Habersack/Mülbert/Nobbe/Wittig (Hrsg.), Bankrechtstag 2009, 194 (225).

lette hinzuweisen. Durchgehend abgelehnt wird jedenfalls eine Hinweispflicht auf Angebote der Konkurrenz. Dem ist schon nach dem Wortlaut der Gesetzesbegründung zuzustimmen. Denn eine Pflicht zum Hinweis auf Konkurrenzangebote würde letztendlich darauf hinauslaufen, dass der Kreditgeber dem Verbraucher den für ihn günstigsten Vertrag angeben müsste[161].

Gegen eine Pflicht zum Hinweis auf eigene Alternativangebote könnte man die Entwicklung der Vorschrift im Gesetzgebungsverfahren sowohl auf europäischer als auch nationaler Ebene ins Feld führen. Anders als in Art. 6 Abs. 3 des Richtlinienvorschlags 2002 oder im ersten Referentenentwurf enthalten die endgültigen Fassungen des Art. 5 Abs. 6 RL und des § 491a Abs. 3 BGB keinen Hinweis auf Alternativangebote[162].

Allein aus diesem Grund wird man allerdings eine Verpflichtung zum Hinweis auf Alternativangebote nicht ausschließen können. Wie bereits dargestellt ging es im Gesetzgebungsverfahren vor allem darum, einen Kompromiss im Zusammenhang mit dem Grundsatz der verantwortungsvollen Kreditvergabe zu finden. Soweit sowohl die Richtlinie als auch die Gesetzesbegründung nunmehr auf den gut informierten Verbraucher abstellen, der eine autonome Entscheidung über die Kreditaufnahme anhand der vom Kreditgeber erteilten Informationen fällt, bedeutet dies nicht, dass zu der Erläuterung nicht auch eine Darstellung anderer (eigener) Angebote gehört. Eine solche Darstellung erscheint – anders als beispielsweise der Hinweis auf Konkurrenzangebote – für den Kreditgeber auch zumutbar[163].

Die Richtlinie selbst fordert, dass die Kreditgeber dem Verbraucher die notwendige Unterstützung *„in Bezug auf die Kreditprodukte, die sie dem Verbraucher anbieten“*[164], gewähren. Eine wirklich informierte Entscheidung kann der Verbraucher aber nur dann treffen, wenn ihm jedenfalls die einzelnen Angebote des Kreditgebers mitgeteilt werden und welche Variationsmöglichkeiten bei dem jeweiligen Anbieter für ihn bestehen. Auch wenn der Kreditgeber daher nicht verpflichtet ist, für den Darlehensnehmer den optimalen Vertrag herauszusuchen, trifft ihn doch die Pflicht, auf mögliche Alternativangebote innerhalb der eigenen Produktpalette hinzuweisen. Eine solche Verpflichtung ist auch deshalb sinnvoll, weil die Palette an möglichen Kreditprodukten in den letzten Jahrzehnten erheblich zugenommen hat und die einzelnen Finanzierungsformen für den Verbraucher immer schwieriger zu verstehen sind. Das Kreditinstitut kann sich daher nicht darauf beschränken, dem Verbraucher lediglich ein – möglicherweise kompliziertes – Kreditprodukt zu erläutern, sondern muss auch weitere eigene Produkte in die Erläuterung einbeziehen, die ebenfalls für den Verbraucher in Betracht kommen könnten.

---

[161] BT-Drucks. 16/11643, S. 79.

[162] Insoweit dürfte auch das von *Rott,* WM 2008, 1104 (1109) bemühte Argument der Entwicklung des Art. 5 Abs. 6 RL aus Art. 6 Abs. 3 des Richtlinienvorschlags 2002 nicht einschlägig sein, da man ebenso argumentieren kann, dass der europäische Gesetzgeber bewusst von dem dort verankerten Prinzip einer verantwortungsvollen Kreditvergabe Abstand genommen hat.

[163] *Derleder,* NJW 2009, 3195 (3199).

[164] Erwägungsgrund (27), Satz 2 RL.

3. Rein „produktbezogene" Erläuterungspflicht

Offen ist weiterhin, ob es sich bei der Pflicht zur Erteilung einer angemessenen Erläuterung nach § 491a Abs. 3 Satz 1, 2 BGB um eine „rein produktbezogene" Pflicht handelt. Damit stellt sich die Frage, ob der Kreditgeber beispielsweise auch über bestimmte Risiken im Zusammenhang mit der Mittelverwendung aufklären muss. Dies betrifft vor allem Umstände, die in der Person des Schuldners selbst liegen wie z. B. dessen finanzielle Verhältnisse. Ebenso kommen aber auch besondere Risiken im Zusammenhang mit dem finanzierten Geschäft in Betracht.

Wie bereits oben[165] dargestellt, galt in der bisherigen Rechtsprechung der Grundsatz, dass sich der Kreditgeber um den Verwendungszweck des Darlehensgebers nicht zu kümmern braucht[166]. Auf Bedenken gegen die Zweckmäßigkeit der gewählten Kreditart muss die Bank den Kunden daher in der Regel nicht unaufgefordert hinzuweisen[167]. Ebenso muss der Darlehensnehmer eigenverantwortlich sein Leistungsvermögen beurteilen, d. h. ob er die sich aus dem Darlehensvertrag ergebenden Belastungen tragen kann[168]. Ausnahmen hiervon werden von der Rechtsprechung nur in eingeschränktem Maße und für besondere Fallgruppen zugelassen.

a) Gesetzliche Vorgaben

Nach Art. 5 Abs. 6 Satz 1 RL soll sich die angemessene Erläuterung gerade auch auf die *„möglichen spezifischen Auswirkungen der Produkte auf den Verbraucher, einschließlich der Konsequenzen bei Zahlungsverzug"* beziehen. Der Verbraucher soll hierdurch in die Lage versetzt werden zu beurteilen, ob der Vertrag seinen Bedürfnissen und seiner finanziellen Situation gerecht wird.

Diese Vorgaben greift § 491a Abs. 3 Satz 1, 2 BGB auf. Nach § 491a Abs. 3 Satz 1 Hs. 2 BGB soll die angemessene Erläuterung den Darlehensnehmer in die Lage versetzen zu beurteilen, ob der Vertrag dem von ihm verfolgten Zweck und seinen Vermögensverhältnissen gerecht wird[169]. Nach § 491a Abs. 3 Satz 2 BGB soll die Erläuterung gegebenenfalls die Hauptmerkmale der vom Darlehensgeber angebotenen Verträge sowie ihre vertragstypischen Auswirkungen auf den Darlehensgeber einschließlich der Folgen bei Zahlungsverzug umfassen. Die Verwendung des Wortes „gegebenenfalls" hat in diesem Zusammenhang zwei Bedeutungen. Einerseits soll hierdurch klargestellt werden, dass die in § 491a Abs. 3 Satz 2 BGB genannten Punkte nicht abschließend sind, d. h. Gegenstand der Erläuterungspflicht können

---

[165] Siehe oben 3. Kap. III. 2. b) bb).

[166] Bamberger/Roth/*Rohe,* § 488 Rn. 81 ff.; MünchKomm/*Emmerich,* § 311 Rn. 157 ff. jeweils mit zahlreichen weiteren Nachweisen.

[167] *Tonner,* in: Derleder/Knops/Bamberger, Handbuch zum deutschen und europäischen Bankrecht, § 4 Rn. 44.

[168] *Siol,* in: Schimansky/Bunte/Lwowski, Bankrechts-Handbuch, § 44 Rn. 14.

[169] Siehe zu diesem erfolgsorientierten Definitionsansatz, der sich auch in der Richtlinie findet, oben 4. Kap. II. 2. c) sowie *Ady/Paetz,* WM 2009, 1061 (1067).

auch andere Punkte als die vorvertraglichen Informationen, die Hauptmerkmale der vom Darlehensgeber angebotenen Verträge sowie deren vertragstypische Auswirkungen auf den Darlehensgeber sein[170]. Die Gesetzesbegründung nennt in diesem Zusammenhang vor allem die bereits zuvor durch die Rechtsprechung entwickelten Aufklärungspflichten[171]. Diese Rechtsprechung soll durch die Gesetzesänderung ausdrücklich nicht geändert werden[172].

Zum anderen wird durch die Benutzung des Wortes „gegebenenfalls" aber auch verdeutlicht, dass die genannten Erläuterungen nicht in jedem Fall zu erteilen sind. Nach der Gesetzesbegründung sollen diese insbesondere entfallen, wenn hierfür kein Anlass besteht, weil der Verbraucher die vorvertraglich erteilten Informationen bereits verstanden hat[173]. Hieraus ergibt sich gleichermaßen, dass der Umfang der vorzunehmenden Erläuterungen im jeweiligen Einzelfall variieren kann. Die Gesetzesbegründung stellt in diesem Zusammenhang klar, dass der Umfang der Erläuterung gerade auch von der Verständnismöglichkeit des Verbrauchers sowie der Komplexität des jeweiligen Kreditprodukts abhängen soll[174]. Nimmt der Darlehensgeber daher neu gestaltete oder ungewöhnliche Klauseln in den Kreditvertrag auf, sind gleichermaßen ausführlichere Erläuterungen geschuldet[175].

Mit den „vertragstypischen Auswirkungen" sollen die finanziellen Auswirkungen auf den Verbraucher gemeint sein. Ein weiteres Beispiel können bestimmte Haftungsrisiken sein[176]. Weicht ein Darlehensvertrag in besonderer Weise von einem Durchschnittsdarlehensvertrag ab, gelten ebenfalls erhöhte Erläuterungspflichten. Von besonderer Bedeutung sollen in diesem Zusammenhang die Rechtsfolgen bei einem Zahlungsverzug des Verbrauchers sein. Diese wurden daher – wie auch in Art. 5 Abs. 6 Satz 1 RL – explizit im Gesetz erwähnt[177].

Eine Aufklärungspflicht in Bezug auf das zu finanzierende Geschäft wird weder in der Richtlinie noch im Gesetz und der Gesetzesbegründung ausdrücklich

---

[170] BT-Drucks. 16/11643, S. 79; *Schwintowski,* Bankrecht, § 13 Rn. 145; Palandt/*Weidenkaff,* § 491a Rn. 4.

[171] BT-Druck. 16/11643, S. 79 unter Verweis auf Bamberger/Roth/*Rohe,* § 488 Rn. 80 ff. sowie MünchKomm/*Berger,* vor § 488 Rn. 73 ff.

[172] BT-Drucks. 16/11643, S. 79; zu den einzelnen Fallgruppen siehe oben 3. Kap. III. 2. b) cc).

[173] BT-Drucks. 16/11643, S. 79; hieran dürfte sich dann aber die Folgefrage anschließen, wann der Kreditgeber zulässigerweise davon ausgehen durfte, dass die vorvertraglichen Informationen verstanden wurden; die Gesetzesbegründung schränkte die Erweiterung der Erläuterungspflicht in Bezug auf die Verständnismöglichkeiten des Verbrauchers nämlich durch den Zusatz ein *„soweit diese dem Darlehensgeber erkennbar ist"*, BT-Drucks. 16/11643, S. 78; gerade bei fernmündlich abgeschlossenen Kreditverträgen dürfte sich der Kreditgeber aber kaum ein Bild von den Verständnismöglichkeiten des Verbrauchers machen können, sodass in diesem Fall auch eine erhöhte Erläuterungspflicht ausscheidet.

[174] BT-Drucks. 16/11643, S. 78; *Merz,* in: Kümpel/Wittig, Bank- und Kapitalmarktrecht, Rn. 10.153.

[175] BT-Drucks. 16/11643, S. 79.

[176] BT-Drucks. 16/11643, S. 79.

[177] BT-Drucks. 16/11643, S. 79.

erwähnt[178]. Dagegen nennt § 491a Abs. 3 Satz 2 BGB ausdrücklich die vertragstypischen Auswirkungen auf den Verbraucher, was nach der Gesetzesbegründung gerade auch dessen finanzielle Belastungen umfasst. Offen bleibt aber auch hier, welchen Inhalt die Erläuterung haben soll. Genügt es z. B., die sich konkret ergebenden Belastungen darzustellen? Oder muss das Kreditinstitut explizit darauf hinweisen, wenn die monatlichen Raten für den Verbraucher eine Belastung bis an die Grenze des Existenzminimums darstellen können?

b) Meinungsstand in der Literatur

In der Literatur wird eine Aufklärungspflicht in Bezug auf das finanzierte Geschäft in weiten Teilen verneint. Die finanziellen Auswirkungen des Kredits für den Verbraucher sollen weiterhin nur produktbezogen erteilt werden, d. h. eine Hinweispflicht auf bestimmte Risiken bestehe ebenfalls nicht. Dabei wird vor allem auf die frühere Rechtsprechung zu den Aufklärungs- und Hinweispflichten der Kreditinstitute vor der Gesetzesnovellierung verwiesen.

So ist *Merz* der Ansicht, dass sich die Erläuterungspflicht des § 491a Abs. 3 nur auf den angebotenen Darlehensvertrag beziehe und mithin ausschließlich produktbezogen sei[179]. Zur Prüfung der wirtschaftlichen Zweckmäßigkeit oder zur Aufklärung über Vor- und Nachteile des finanzierten Geschäfts sei der Darlehensgeber daher weiterhin nicht verpflichtet[180]. Diese Entscheidungen fielen in den Bereich der wirtschaftlichen Dispositionen, für die der Darlehensnehmer im Verhältnis zum Darlehensgeber im Allgemeinen auch weiterhin das alleinige Risiko trage[181].

Schürnbrand rechtfertigt eine restriktive Auslegung der Erläuterungspflicht im Zusammenhang mit dem Verwendungszweck und den persönlichen Verhältnissen des Verbrauchers mit dem Zweck der Richtlinie. In Abkehr von früheren Entwürfen gehe es in dieser nicht darum, die Verantwortung für die Kreditaufnahme auf den Kreditgeber zu verlagern, sondern dem Verbraucher eine eigenverantwortliche Entscheidung zu ermöglichen[182]. § 491a Abs. 3 BGB begründe daher eine rein produktbezogene Erläuterungspflicht[183]. Dies bedeute zunächst, dass der Darlehensgeber dem Verbraucher durch die Mitteilung von Tatsachen Klarheit über den Vertrags-

---

[178] BT-Drucks. 16/11643, S. 79 spricht lediglich davon, dass es Ziel der Erläuterungspflicht ist, den Darlehensnehmer in die Lage zu versetzen, einschätzen zu können, ob der jeweilige Kredit unter Berücksichtigung seiner Vermögensverhältnisse und *„des mit dem Vertrage verfolgten Zwecks"* für ihn nützlich ist; dies bezieht sich aber lediglich auf die vom Verbraucher selbst vorzunehmende Einschätzung.

[179] *Merz,* in: Kümpel/Wittig, Bank- und Kapitalmarktrecht, Rn. 10.148.

[180] *Merz,* a. a. O.

[181] *Merz,* a. a. O., unter Verweis auf die frühere Rechtsprechung des BGH zum objektiv sittenwidrigen Verhalten einer Bank bei Einbeziehung bestimmter Versorgungsleistungen in die Tilgungsraten eines Kredits, BGH, Urteil vom 01.12.1988, III ZR 175/87, NJW 1989, 829; dem zustimmend PWW/*Kessal-Wulf,* § 491a Rn. 13, wonach der Darlehensgeber nicht in eigener Verantwortung prüfen müsse, ob der mit dem Darlehen verfolgte Zweck für den Verbraucher sinnvoll sei.

[182] *Schürnbrand,* in: Habersack/Mülbert/Nobbe/Wittig (Hrsg.), Bankrechtstag 2009, 173 (180).

[183] *Schürnbrand,* a. a. O., 173 (181).

gegenstand zu verschaffen habe. Damit einher gehe weiterhin eine Konzentration auf das Produkt, die Person des Verbrauchers müsse der Darlehensgeber dementsprechend nicht näher in den Blick nehmen[184]. Eine ausschließlich produktbezogene Auslegung der Erläuterungspflicht ergebe sich zudem aus der bewussten Abkehr des Gesetzgebers von der Fassung des § 491a Abs. 3 BGB im Referentenentwurf[185]. Der Wortlaut des § 491a Abs. 3 Satz 2 BGB schreibe im Gegensatz zum Referentenentwurf gezielt nur eine Erläuterung der vertragstypischen und gerade nicht der spezifischen Auswirkungen auf den Darlehensnehmer vor[186].

Auch nach Ansicht von *Nobbe* umfasst die Erläuterungspflicht nicht die zuvor ermittelten personenspezifischen Merkmale des Darlehensnehmers[187]. Die Vermögens- und Einkommensverhältnisse des Darlehensnehmers sowie dessen laufende Zahlungspflichten und Ziele sollen dementsprechend unberücksichtigt bleiben. Zur Begründung verweist er auf die Entstehungsgeschichte der Vorschrift und auf Art. 6 Abs. 3 des Richtlinienvorschlags 2002[188]. Der erste Richtlinienvorschlag, der noch eine Verpflichtung des Kreditinstituts vorsah, für den Verbraucher den am besten passenden Kredit auszuwählen, hätte nach seiner Auffassung eine *„betreuungsähnliche Bevormundung mündiger Bürger"* bedeutet und sei daher vom Europäischen Parlament zu Recht abgelehnt und in Art. 5 Abs. 6 RL auf die Statuierung einer Erläuterungspflicht reduziert worden. Dem sei bei der Auslegung des § 491a Abs. 3 BGB Rechnung zu tragen[189]. Der Darlehensgeber dürfe sich daher bei der Erläuterung von den Wünschen des Verbrauchers leiten lassen[190]. Eine optimierte kreditnehmergerechte Beratung unter Berücksichtigung der zuvor ermittelten personenspezifischen Merkmale des Verbrauchers werde daher nicht geschuldet[191].

---

[184] *Schürnbrand,* a. a. O.

[185] Referentenentwurf vom 17.06.2011 eines Gesetzes zur Umsetzung der Verbraucherkreditrichtlinie, des zivilrechtlichen Teils der Zahlungsdiensterichtlinie sowie zur Neuordnung der Vorschriften über das Rückgabe- und Widerrufsrecht, teilweise abgedruckt in ZBB 2008, 355 ff.; die komplette Fassung findet sich z. B. auf der Homepage des VÖB – Bundesverband öffentlicher Banken Deutschlands unter http://www.voeb.de/download/referentenentwurf_verbraucherkreditrichtlinie, zuletzt abgerufen am 27.01.2013; der Referentenentwurf sah noch ausdrücklich vor, dass die Erläuterung *„unter Berücksichtigung der Vermögensverhältnisse des Darlehensnehmers und des mit dem Vertrag verfolgten Zwecks"* erfolgen sollte; siehe zu den Abweichungen der späteren Gesetzesfassung vom Referentenentwurf *Schürnbrand,* ZBB 2008, 383 (389 f.), laut dem die Fassung des Referentenentwurfs eine Mitverantwortlichkeit des Darlehensgebers für die persönliche Sphäre des Verbrauchers begründet hätte, die in der Sache weder überzeuge noch in der Richtlinie angelegt sei; da der Darlehensgeber zudem die Informationen verwerten müsse, die er im Zusammenhang mit der Kreditwürdigkeitsprüfung nach § 18 Abs. 2 KWG erhalten habe, werde auf diese Weise die Entscheidung zugunsten einer lediglich aufsichtsrechtlichen Sanktionierung der Kreditwürdigkeitsprüfung konterkariert, *Schürnbrand,* a. a. O., S. 390.

[186] *Schürnbrand,* in: Habersack/Mülbert/Nobbe/Wittig (Hrsg.), Bankrechtstag 2009, 173 (181).

[187] *Nobbe,* WM 2011, 625 (629).

[188] *Nobbe,* a. a. O., S. 628.

[189] *Nobbe,* a. a. O.; dass diese restriktive Auslegung aufgrund der Entstehungsgeschichte der Vorschrift nicht unbedingt zwingend ist, erkennt man an der Ansicht von *Rott,* WM 2008, 1104 (1109).

[190] *Nobbe,* a. a. O.; ebenso *Schwintowski,* Bankrecht, § 13 Rn. 143.

[191] *Nobbe,* WM 2011, 625 (629).

Wittig/Wittig wollen dagegen die im Zusammenhang mit der Anlageberatung entwickelten Begrifflichkeiten auf die Erläuterungspflicht übertragen[192]. Der Kreditgeber schulde danach zwar eine objektgerechte Auskunft zu den angebotenen Krediten, aber auch weiterhin keine „kreditnehmergerechte", auf die persönlichen Verhältnisse des Darlehensnehmers unter Berücksichtigung seiner Ziele zugeschnittene Beratung. Es bleibe vielmehr bei den in der bisherigen Rechtsprechung entwickelten Grundsätzen, dass das Risiko der Mittelverwendung und das Risiko der Kreditaufnahme beim Darlehensnehmer und nicht beim Darlehensgeber liege[193].

Eine ausschließlich produktbezogene Erläuterungspflicht im Rahmen das § 491a Abs. 3 BGB wird auch von *Artz* bejaht[194]. Ähnlich wie *Nobbe* sieht auch er in der Erläuterungspflicht eine bewusste Abkehr vom Prinzip der verantwortungsvollen Kreditvergabe. Ob der Vertrag für ihn wirtschaftlich sinnvoll sei, habe der Verbraucher daher auf der Grundlage von Information und Erläuterung selbst zu entscheiden. Der Verbraucher müsse lediglich in die Lage versetzt werden, selbst zu beurteilen, ob der Vertrag dem von ihm verfolgten Zweck und seinen Vermögensverhältnissen gerecht werde[195].

Dieser restriktiven Auslegung der „angemessenen Erläuterung" nach § 491a Abs. 3 Satz 1 BGB stehen mehrere Stimmen in der Literatur gegenüber, die in der Erläuterung eine Annäherung an die Beratung und die damit verbundenen Pflichten sehen wollen. *Hofmann* zufolge steht die Rechtsprechung des BGH, wonach die Bank in aller Regel nicht gehalten ist, den Kreditbewerber von sich aus auf mögliche Bedenken gegen die Zweckmäßigkeit der gewählten Kreditart hinzuweisen, ebenso auf dem Prüfstand wie die Aussage, dass das legitime Eigeninteresse der Bank an Abschluss und Gestaltung des Vertrages einer allgemeinen Aufklärungspflicht über die Zweckmäßigkeit des Kredits und über die mit der Geldaufnahme verbundenen Risiken und Rechtsfolgen entgegenstehe[196]. Da die Risiken einer

---

[192] *Wittig/Wittig,* ZInsO 2009, 633 (639), unter Hinweis auf BGH, Urteil vom 06.07.1993, XI ZR 12/93, NJW 1993, 2433.

[193] *Wittig/Wittig,* a. a. O.; auf S. 638 wird zwar eine Hinweispflicht bejaht, sofern sich *„aus den Verträgen"* besondere Risiken für den Verbraucher ergeben können; dies bezieht sich aber wiederum nur auf die Besonderheiten des Darlehensvertrages selbst; so soll beispielsweise bei einem Fremdwährungsdarlehen auf die Möglichkeit von Währungsschwankungen hingewiesen werden, *Wittig/Wittig,* a. a. O., S. 638.

[194] *Artz,* in: Bülow/Artz, Verbraucherkreditrecht, § 491a Rn. 49.

[195] *Artz,* a. a. O.; ebenso *Münscher,* in: Schimansky/Bunte/Lwowski, Bankrechts-Handbuch, § 81 Rn. 109, nach dem die Bank insbesondere nicht zur Prüfung verpflichtet sei, ob der vom Darlehensgeber mit der Darlehensaufnahme verfolgte Zweck für diesen sinnvoll sei.

[196] *Hofmann,* BKR 2010, 232 (235) mit Verweis auf BGH, Urteil vom 08.03.1982, II ZR 60/81, NJW 1982, 1520; Urteil vom 09.03.1989, III ZR 269/87, NJW 1989, 1667; Urteil vom 04.12.1990, XI ZR 340/89, NJW 1991, 832; Urteil vom 07.04.1992, XI ZR 200/91, NJW 1992, 1820, allerdings mit der Einschränkung, dass die Risiken der Mittelverwendung auch weiterhin ausschließlich in die Sphäre des Kreditnehmers fallen, da es dem Kreditgeber regelmäßig an der Expertise fehle, das beabsichtigte Vorhaben angemessen zu beurteilen und zudem die privatautonome Entscheidung des Verbrauchers zu respektieren sei, a. a. O. S. 236; *ders.,* in: Riesenhuber, Perspektiven des Europäischen Schuldvertragsrechts, S. 71 (103) mit dem Hinweis, dass sich insoweit Wertpapierrecht und Kreditrecht auch weiterhin signifikant unterscheiden würden.

Überschuldung aufgrund eines falschen Kreditkonstrukts die Risiken einer fehlgeschlagenen Wertpapierspekulation sogar übersteigen würden, sei nicht einzusehen, warum der Kreditgeber nicht in gleichem Maße wie der Anleger im Wertpapierhandel geschützt werden solle[197].

Diesem Ansatz folgen *Rösler/Werner*, nach denen die aus dem Wertpapierrecht bekannte anlage- und anlegergerechte Beratung auch ein Stück weit in den Kreditbereich einziehe[198]. Danach könne sich eine Bank bei der Kreditvergabe auch ohne den Abschluss eines Beratungsvertrages nicht mehr darauf beschränken, lediglich das Kreditprodukt verständlich darzustellen[199].

Nach der Auffassung von *Kulke* muss die Bank, auch wenn kein ausdrücklicher oder konkludenter Beratungsvertrag geschlossen wurde, die individuellen Verhältnisse und Bedürfnisse des Kunden im Erläuterungsprozess angemessen berücksichtigen[200]. Um ihre Pflichten aus § 491a Abs. 3 Satz 1, 2 BGB angemessen zu erfüllen, sei sie verpflichtet, die persönlichen Verhältnisse des Darlehensnehmers entsprechend der ihm mitgeteilten Informationen umzusetzen und auf das jeweilige, von ihr angebotene Produkt zu beziehen. Auf diesem Weg müsse sie sowohl die Entscheidungsfindung als auch die Entscheidungsbildung des Darlehensnehmers optimal vorbereiten[201].

Derleder sieht in der Verpflichtung zur Erteilung einer angemessenen Erläuterung jedenfalls einen kleinen Schritt hin zu einer verantwortlichen Kreditvergabe[202]. In diesem Zusammenhang schulde der Darlehensgeber dann einen Hinweis, wenn es sich bei dem in Frage stehenden Angebot um einen Kredit handele, dessen Raten

---

[197] *Hofmann*, in: Riesenhuber, Perspektiven des Europäischen Schuldvertragsrechts, S. 71 (103), wobei sich die beschriebenen Pflichten vor allem auf eine ausführliche Beschreibung der gewählten Kreditform und der finanziellen Auswirkungen auf den Verbraucher beschränken und damit in erster Linie ebenfalls produktbezogen sein dürften; siehe zu den Informations- und Beratungspflichten im Anlagebereich ausführlich *Bamberger*, in: Derleder/Knops/Bamberger, Handbuch zum deutschen und europäischen Bankrecht, § 50 Rn. 129 ff.; *Fuchs*, in: Fuchs (Hrsg.), WpHG, § 31 Rn. 93 ff.; die Rechtsprechung geht im Bereich der Anlageberatung bzw. des Wertpapierhandels regelmäßig von einem stillschweigend geschlossenen Beratungsvertrag aus; hieraus ergibt sich einerseits die Pflicht, den gegebenenfalls zu erfragenden Wissensstand des Kunden über Anlagegeschäfte der vorgesehenen Art und dessen Risikobereitschaft zu berücksichtigen („anlegergerechte Beratung"); das von dem Kreditinstitut danach empfohlene Anlageobjekt muss diesen Kriterien Rechnung tragen („objektgerechte Beratung"), BGH, Urteil vom 06.07.1993, XI ZR 12/93, NJW 1993, 2433; Urteil vom 04.02.1987, IVa ZR 134/85, WM 1987, 531; den Anlageberater trifft die Pflicht, den Kunden über alle Eigenschaften und Risiken richtig und vollständig zu informieren, die für die jeweilige Anlageentscheidung Bedeutung haben oder haben können BGH, Urteil 10.11.2011, III ZR 81/11, WM 2011, 2353; siehe hierzu *Hannöver*, in: Schimansky/Bunte/Lwowski, Bankrechts-Handbuch, § 110 Rn. 45 ff.; *Hofmann*, in: Riesenhuber, Perspektiven des Europäischen Schuldvertragsrechts, S. 71 (76); *Weller*, ZBB 2011, 191 (193).

[198] *Rösler/Werner*, BKR 2010, 1 (3); ebenso *Knops*, in: Habersack/Mülbert/Nobbe/Wittig (Hrsg.), Bankrechtstag 2009, 195 (225).

[199] *Rösler/Werner*, a. a. O.

[200] *Kulke*, VuR 2009, 373 (379).

[201] *Kulke*, a. a. O.

[202] *Derleder*, NJW 2009, 3195 (3199).

der Darlehensnehmer nach seinen Einkommens- und Vermögensverhältnissen nur unter erkennbarer Beeinträchtigung seines Existenzminimums aufbringen könne[203].

c) Eigene Stellungnahme

Die Gesetzesbegründung stellt klar, dass die Erläuterung nach § 491a Abs. 3 Satz 1, 2 BGB von der Beratung abgegrenzt werden muss und dabei vom Pflichtenkreis her hinter dieser zurückbleibt[204]. Im Hinblick auf die Vorgaben der Richtlinie kann man außerdem festhalten, dass Art. 5 Abs. 6 RL hinter Art. 6 Abs. 3 des Richtlinienvorschlags 2002 zurückbleibt. Dem deutschen Gesetzgeber stand bei der Umsetzung der Erläuterungspflicht allerdings ein entsprechender Spielraum zu, weshalb die Erläuterungspflicht im ersten Referentenentwurf auch weiter gefasst und auf die Vermögensverhältnisse des Darlehensnehmers und den mit dem Vertrag verfolgten Zweck bezogen wurde[205]. Dass diese Punkte in der endgültigen Gesetzesfassung nicht mehr enthalten sind, spricht dafür, sie auch nicht mehr zum Gegenstand einer angemessenen Erläuterung zu machen.

Eine Hinweispflicht in Bezug auf die Mittelverwendung gehört deshalb auch nach der Einführung des § 491a Abs. 3 BGB nicht zu den Pflichten des Kreditgebers. Insoweit wird man auch nicht auf eine Annäherung an die Pflichten bei der Anlageberatung abstellen können. Denn im Gegensatz zum Anlagegeschäft hat der Darlehensgeber bei der Kreditvergabe regelmäßig keine tiefer gehenden Informationen über das finanzierte Geschäft[206]. Erläuterungen im Zusammenhang mit dem vom Darlehensnehmer finanzierten Geschäft werden daher grundsätzlich nicht geschuldet. Eine Ausnahme hiervon gilt weiterhin in den bereits von der früheren Rechtsprechung begründeten Fallgruppen. Diese Rechtsprechung sollte durch die Gesetzesänderung ausdrücklich nicht angetastet werden [207]. Zu denken wäre hier vor allem an die Fälle, in denen die Bank über einen konkreten Wissensvorsprung hinsichtlich des finanzierten Geschäfts verfügt[208].

---

[203] *Derleder,* a. a. O.; ebenso *Frings,* NWB 2010, 1608 (1611).

[204] BT-Drucks. 16/11643, S. 79.

[205] Siehe zu den Spielräumen der Mitgliedstaaten bei der Umsetzung der Verbraucherkreditrichtlinie *Wendehorst,* ZEuP 2011, 263 (267).

[206] *Hofmann,* in: Riesenhuber, Perspektiven des Europäischen Schuldvertragsrechts, S. 71 (103).

[207] BT-Drucks. 16/11643, S. 79; dabei stellt sich allerdings die Frage, inwieweit die Beibehaltung der durch die BGH-Rechtsprechung entwickelten Fallgruppen richtlinienkonform ist; Art. 22 Abs. 1 RL verbietet es dem Mitgliedstaaten, für die durch die Richtlinie harmonisierten Bereiche abweichende Regelungen zu erlassen bzw. aufrechtzuerhalten; sofern die einzelnen Fallgruppen über die Richtlinie hinausgehen, könnte hierin gerade eine solche Aufrechterhaltung einer abweichenden Regelung gesehen werden; da Art. 5 Abs. 6 Satz 2 RL es den Mitgliedstaaten allerdings offen lässt, den Umfang der zu gewährenden Unterstützung selbst zu regeln und auch Art. 5 Abs. 6 Satz 1 RL nur eine beispielhafte Aufzählung von zu erläuternden Punkten enthält („insbesondere"), dürften der Beibehaltung der durch die Rechtsprechung entwickelten Fallgruppen keine europarechtlichen Bedenken entgegenstehen.

[208] Siehe zu den einzelnen Fallgruppen oben 3. Kap. III. 2. b) cc) sowie *Tonner,* in: Derleder/Knops/Bamberger, Handbuch zum deutschen und europäischen Bankrecht, § 4 Rn. 48 ff.

Davon zu trennen ist die Frage nach einem Hinweis bezüglich der Zweckmäßigkeit des angebotenen Kredites. Auch nach früherer Rechtsprechung war der Darlehensgeber verpflichtet, den Darlehensnehmer auf bestimmte belastende Besonderheiten des angebotenen Kredittyps hinzuweisen[209]. Da § 491a Abs. 3 Satz 2 BGB zur Konkretisierung der Erläuterungspflicht gerade die Hauptmerkmale des angebotenen Vertrages und die vertragstypischen Auswirkungen auf den Darlehensnehmer nennt, wird die Zweckmäßigkeit des Kredits bei besonderen Kreditvarianten auch Gegenstand der Erläuterung sein.

Es gehört zwar nicht zu den Aufgaben des Kreditinstituts, den für den Verbraucher optimalen Kreditvertrag zu finden und diesem anzubieten[210]. Eine eigenverantwortliche und vollinformierte Entscheidung des Verbrauchers ist aber nur dann gewährleistet, wenn er auch über die Besonderheiten der angebotenen Kredite und die Unterschiede in Bezug auf das von ihm geplante Projekt aufgeklärt wird. Denn gerade bei verschiedenen Kreditvarianten mit teilweise komplizierten Gestaltungen wird der Verbraucher ohne einen entsprechenden Hinweis überhaupt nicht in der Lage sein zu beurteilen, ob der in Frage stehende Kredit dem von ihm verfolgten Zweck gerecht wird.

Diese Verpflichtung erscheint angesichts der Vorgaben der Richtlinie und des deutschen Gesetzgebers zumutbar. Wie bereits ausgeführt soll die Erläuterung sicherstellen, dass der Verbraucher eine informierte Entscheidung dahingehend treffen kann, ob der angebotene Kredit seinen Bedürfnissen und seiner finanziellen Situation entspricht. Hierfür wird es aber regelmäßig nicht genügen, ihm nur eine Reihe von Zahlen zu präsentieren, die die wesentlichen Vertragsmerkmale abbilden. Auch wenn sich der Verbraucher weiterhin darauf einstellen muss, dass die Bank bei der Kreditvergabe zulässigerweise eigennützig handelt[211], muss diese ihm gleichermaßen diejenige Unterstützung gewähren, die notwendig ist, die Zweckmäßigkeit des Kredites zu beurteilen. Sofern auf Seiten des Darlehensgebers daher Bedenken gegen die Zweckmäßigkeit des geplanten Kredits bestehen, muss er hierauf im Rahmen seiner Erläuterungspflicht nach § 491a Abs. 3 BGB hinweisen[212].

Weiterhin fraglich ist, ob der Darlehensgeber auch zu Hinweisen bezüglich der finanziellen Situation des Darlehensgebers und der Auswirkungen des beabsichtigten Kredits auf diese verpflichtet ist. § 491a Abs. 3 Satz 2 BGB nennt als ein Beispiel für die Erläuterungspflicht gerade die „vertragstypischen Auswirkungen auf den Darlehensnehmer". Die Gesetzesbegründung stellt insoweit klar, dass hiermit vor allem die finanziellen Auswirkungen, aber auch andere vertragstypische Risi-

---

[209] BGH, Urteil vom 03.04.1990, XI ZR 261/89, BGHZ 111, 117 für einen mit einer Kapitallebensversicherung verbundenen Festkredit; Urteil vom 04.12.1990, XI ZR 340/89, NJW 1991, 832 für einen sogenannten „Idealkredit" mit Zinsänderungsklausel.

[210] BT-Drucks. 16/11643, S. 79.

[211] BGH, Urteil vom 07.04.1992, XI ZR 200/91, NJW 1992, 1820; *Siol,* in: Schimansky/Bunte/Lwowski, Bankrechts-Handbuch, § 44 Rn. 13.

[212] Im Prozess wird man darauf abstellen müssen, ob sich dem Darlehensgeber anhand der vom Verbraucher gewährten Informationen über den Verwendungszweck des Darlehens, Zweifel an der Zweckmäßigkeit des Kredites aufdrängen mussten.

ken wie z. B. Haftungsprobleme fallen sollen[213]. An dem bisher geltenden Grundsatz, dass der Kunde sein Leistungsvermögen selbstständig beurteilen und einschätzen muss, ob die sich aus dem Darlehensvertrag ergebenden Belastungen für ihn tragbar sind[214], wird man daher nur noch eingeschränkt festhalten können.

Zwar betont § 491a Abs. 3 Satz 1 BGB die Entscheidungshoheit des Verbrauchers, in dem dieser durch die Erläuterung nur „in die Lage versetzt" werden soll, anhand der erteilten Erläuterung eine informierte Entscheidung zu treffen. Auch die Gesetzesbegründung weist darauf hin, dass der Darlehensnehmer „von sich aus" über den Abschluss des Kreditvertrags entscheiden soll[215]. Diese Entscheidung soll er aber auf Grundlage einer Erläuterung treffen, die ihm gerade auch die Auswirkungen auf seine eigenen finanziellen Verhältnisse verdeutlicht. Hierfür genügt es aber wiederum nicht, dem Verbraucher lediglich eine Reihe von Zahlen im Sinne einer „Vorher-Nachher-Rechnung" zu präsentieren. Die Erläuterungspflicht soll den Verbraucher vor allem deshalb eine informierte Entscheidung ermöglichen, damit dieser die Eingehung von Belastungen vermeidet, die er in der Zukunft nicht oder nur unter Beeinträchtigung seines Existenzminimums tilgen könnte. Sofern der Darlehensgeber anhand der vom Verbraucher mitgeteilten Informationen über dessen persönliche Verhältnisse absehen kann, dass der Kredit diesen bis an die Grenze seiner wirtschaftlichen Leistungsfähigkeit belasten würde, muss er den Verbraucher entsprechend hierauf hinweisen. Es bleibt dann dem Verbraucher überlassen, ob er angesichts dieses wirtschaftlichen Risikos den gewählten Kreditvertrag wirklich abschließen möchte.

Im Ergebnis kann daher festgehalten werden, dass den Darlehensgeber auch nach der Einführung der Erläuterungspflicht nach § 491a Abs. 3 BGB keine Hinweis- oder Aufklärungspflicht hinsichtlich der vom Kreditgeber beabsichtigten Mittelverwendung trifft. Weiterhin Bestand haben allerdings die in der Rechtsprechung entwickelten Fallgruppen, aus denen sich im Einzelfall eine Aufklärungspflicht ergeben kann. Um seinen Pflichten aus § 491a Abs. 3 BGB zu genügen, darf sich der Darlehensgeber allerdings nicht auf eine rein produktbezogene Erläuterung beschränken. Gerade bei komplizierten oder besonders umfangreichen Kreditvarianten trifft ihn auch eine Hinweispflicht bezüglich der Zweckmäßigkeit der gewählten Kreditform. Eine weitere Hinweispflicht besteht im Zusammenhang mit der Aufklärung über die vertragstypischen Auswirkungen nach § 491a Abs. 3 Satz 2 BGB, sofern die sich aus dem Kreditvertrag ergebenden Belastungen das Existenzminimum des Darlehensnehmers gefährden oder eine sonstige Gefährdung für dessen wirtschaftliche Existenz darstellen[216].

---

[213] BT-Drucks. 16/11643, S. 79.

[214] BGH, Urteil vom 09.04.1987, III ZR 126/85, WM 1987, 1546; Urteil vom 28.02.2989, IX ZR 130/88, NJW 1989, 1276; *Siol,* in: Schimansky/Bunte/Lwowski, Bankrechts-Handbuch, § 44 Rn. 14; *Eckert,* WM 1990, 85 (92).

[215] BT-Drucks. 16/11643, S. 79.

[216] Hier wäre vor allem an die auch in der Gesetzesbegründung erwähnten Haftungsrisiken zu denken.

4. Form und Umfang der Erläuterung

Nach einer Bestimmung des Inhalts der Erläuterungspflicht stellt sich die weitere Frage, in welcher Form diese zu erteilen ist und welchen Umfang die jeweiligen Ausführungen im Regelfall haben müssen. Die Vorgaben der Richtlinie hinsichtlich einer möglichen Standardisierung der Erläuterung wurden bereits dargestellt[217].

Der Umfang der zu erteilenden Erläuterung soll sich aus zwei Parametern ergeben: der Verständnismöglichkeit des Darlehensnehmers einerseits und der Komplexität des Kreditprodukts andererseits[218]. Hinsichtlich der Verständnismöglichkeiten des Darlehensnehmers kann das Kreditinstitut auf den durchschnittlichen Verbraucher abstellen, sofern sich keine anderweitigen Anhaltspunkte ergeben[219]. Je höher die Verständnisprobleme des Verbrauchers sind, desto höhere Anforderungen sind auch an die Erläuterungspflicht zu stellen. Ebenso werden umfangreichere Erläuterungen geschuldet, wenn der Darlehensgeber neu gestaltete oder ungewöhnliche Vertragsklauseln benutzt[220].

Wegen des erklärten Ziels der Verbraucherkreditrichtlinie, die Entstehung eines Binnenmarkts für Verbraucherkredite zu fördern, bedarf es keines persönlichen Gesprächs zwischen Darlehensgeber und Darlehensnehmer. Die Erläuterung kann daher auch schriftlich oder telefonisch vorgenommen werden[221].

Die Verbraucherkreditrichtlinie lässt den nationalen Gesetzgebern in Art. 5 Abs. 6 Satz 2 RL einen Gestaltungsspielraum in Bezug auf die Ausgestaltung der Erläuterungspflicht[222]. Danach können die Mitgliedstaaten die Art und Weise dieser Unterstützung sowie deren Umfang und die Frage, durch wen sie zu geben ist, den besonderen Umständen der Situation, in der der Kreditvertrag angeboten wird, der Person, der er angeboten wird, und der Art des angebotenen Kredits anpassen.

In diesem Zusammenhang wird in der Literatur die Frage diskutiert, ob der Darlehensgeber für die Erläuterung auf bestimmte standardisierte Erläuterungen zu-

---

[217] Siehe oben 4. Kap. II. 2. c).

[218] BT-Drucks. 16/11643, S. 78; *Merz,* in: Kümpel/Wittig, Bank- und Kapitalmarktrecht, Rn. 10.153; *Münscher,* in: Schimansky/Bunte/Lwowsky, Bankrechts-Handbuch, § 81 Rn. 112.

[219] BT-Drucks. 16/11643, S. 79; als mögliche Anhaltspunkte nennt die Gesetzesbegründung konkrete Rückfragen des Verbrauchers.

[220] BT-Drucks. 16/11643, S. 79; kennt sich der Kunde daher mit den Eigenarten des Kreditprodukts aus, kann die Erläuterungspflicht im Einzelfall ganz entfallen, *Münscher/Peters,* in: Schimansky/Bunte/Lwowski, Bankrechts-Handbuch, § 81 Rn. 112; handelt es sich um intransparente Finanzierungskonstruktionen oder kombinierte Finanzierungen ergibt sich gleichfalls ein höherer Erläuterungsbedarf, *Merz,* in: Kümpel/Wittig, Bank- und Kapitalmarktrecht, Rn. 10.153 mit Hinweis auf die hierzu bereits früher bestehende Rechtsprechung.

[221] BT-Drucks. 16/11643, S. 78 f.; *Schwintowski,* Bankrecht, § 13 Rn. 142; Palandt/*Weidenkaff,* § 491a Rn. 4; *Artz,* in: Bülow/Artz, Verbraucherkreditrecht, § 491a Rn. 48, der auf die Möglichkeit einer Erläuterung mittels E-Mail hinweist; *Wittig/Wittig,* ZInsO 2009, 633 (638); *Münscher,* in: Schimansky/Bunte/Lwowski, Bankrechts-Handbuch, § 81 Rn. 111.

[222] *Wendehorst,* ZEuP 2011, 263 (267).

rückgreifen kann[223]. Von der Form her dürften insoweit keine Probleme bestehen, da die Erläuterung wie bereits angesprochen nicht zwingend in einem persönlichen Gespräch erfolgen muss. Vielmehr kann sich das Kreditinstitut auch eines Fernkommunikationsmittels bedienen, um dem Verbraucher die notwendigen Erläuterungen für eine „informierte Entscheidung" zu geben.

Eine Standardisierung der Erläuterung könnte bereits deshalb ausscheiden, weil die Gesetzesbegründung für den Umfang der Erläuterung gerade auf den Verständnisgrad des einzelnen Darlehensnehmers abstellt[224]. Bestehen auf dessen Seite Verständnisprobleme, muss der Darlehensgeber diese durch weitere Erläuterungen beseitigen. Auf der anderen Seite darf das Kreditinstitut bei der Erläuterung grundsätzlich vom Verständnisgrad eines durchschnittlichen Verbrauchers ausgehen, sofern sich keine anderweitigen Rückschlüsse ergeben, z. B. durch konkrete Nachfragen zu einzelnen Punkten. An diesem „durchschnittlichen Verständnisgrad" könnte dann auch eine entsprechend standardisierte Erläuterung aufgebaut sein.

Fehlt es an konkreten Nachfragen könnte man daher eine standardisierte Erläuterung genügen lassen[225]. Hierfür spricht gerade bei kleineren Konsumentenkrediten das Argument der Kostenersparnis[226]. Außerdem könnten zu hohe Anforderungen an die Individualisierung der Erläuterung dem erklärten Ziel der Verbraucherkreditrichtlinie, einen echten Binnenmarkt für Verbraucherkredite zu schaffen, entgegenstehen[227].

Auf der anderen Seite wird durch § 491a Abs. 3 Satz 2 BGB ausdrücklich klargestellt, dass es bei der Erläuterung gerade darum geht, auch die wirtschaftlichen Auswirkungen auf den konkreten Darlehensnehmer darzustellen[228]. Hierfür bedarf es zwar keines persönlichen Gesprächs zwischen Darlehensgeber und Darlehensnehmer. Der Darlehensgeber muss allerdings auf die persönlichen Informationen und Wünsche des Darlehensnehmers eingehen. Wie bereits dargestellt können sich in diesem Zusammenhang für den Darlehensgeber auch besondere Aufklärungspflichten ergeben, beispielsweise wenn der Kredit durch den Darlehensnehmer nur unter Belastungen bis an die Grenze des Existenzminimums geschlossen wurde[229].

---

223 Ein Beispiel hierfür können spezielle Broschüren sein, die jeweils auf das Kreditprodukt abgestimmt sind und dem Verbraucher vor Abschluss des Vertrages übergeben oder übermittelt werden, MünchKomm/*Schürnbrand,* § 491a Rn. 59.

224 In diese Richtung auch *Metz,* NJW 2012, 1990 (1995), wonach die Erläuterung gerade ein „Verständlichmachen" enthält, das sich einer Darstellung mittels bloß schematischer Formulare entzieht.

225 So *Artz,* in Bülow/Artz, Verbraucherkreditrecht, § 491a Rn. 48; *Schürnbrand,* in: Habersack/Mülbert/Nobbe/Wittig (Hrsg.), Bankrechtstag 2009, 173 (181); *Merz,* in: Kümpel/Wittig, Bank- und Kapitalmarktrecht, Rn. 10.153.

226 *Schürnbrand,* a. a. O.

227 *Merz,* in: Kümpel/Wittig, Bank- und Kapitalmarktrecht, Rn. 10.153.

228 *Knops,* in: Habersack/Mülbert/Nobbe/Wittig (Hrsg.), Bankrechtstag 2009, 195 (224).

229 Siehe oben 7. Kap. II. 3. c) sowie *Derleder,* NJW 2009, 3195 (3199).

Dementsprechend muss die Erläuterung auch auf die jeweiligen individuellen Bedürfnisse des Darlehensgebers abgestimmt sein[230].

Dies steht einer gewissen Standardisierung im Bereich der Erläuterung allerdings nicht entgegen. Vielmehr können die Kreditinstitute Basisinformationen für die von ihnen vertriebenen Darlehensangebote erstellen, die entsprechend den Anforderungen der Gesetzesbegründung mit zunehmender Komplexität des Produkts ausführlichere Erläuterungen bieten[231]. Auf diese Weise können die Informationen des Darlehensnehmers aufgenommen und er im Gegenzug entsprechend informiert werden[232]. Anhand der vom Darlehensnehmer erteilten Informationen sind die Kreditinstitute sodann in der Lage, dessen weiteren Erläuterungsbedarf abschätzen. Handelt es sich um ein einfaches Kreditprodukt wie eine Anschlussfinanzierung ohne weitergehende Auswirkungen auf die wirtschaftlichen Verhältnisse des Verbrauchers, kann eine Erläuterung gänzlich entfallen[233].

Eine ausschließlich standardisierte Erläuterung genügt daher nicht den Anforderungen an eine angemessene Erläuterung nach § 491a Abs. 3 BGB. Auch wenn der Darlehensgeber grundsätzlich von einem durchschnittlich verständigen Verbraucher ausgehen kann, muss er seine Erläuterung doch der Komplexität des Kreditprodukts und den Auswirkungen auf die wirtschaftlichen Verhältnisse des Verbrauchers anpassen. Da aber in den einzelnen Phasen der Erläuterung standardmäßige Angaben zulässig sind, beeinträchtigt dies auch nicht das von der Richtlinie angestrebte Ziel der Schaffung eines Binnenmarkts für Verbraucherkredite. Beabsichtigt der Verbraucher, in einem anderen Land der EU einen Kredit aufzunehmen, kann er unproblematisch über ein Fernkommunikationsmittel den Kontakt zum Darlehensgeber herstellen und diesem seine persönlichen Informationen übermitteln. Aufbauend auf diesen Informationen kann das Kreditinstitut sodann das für den Verbraucher geeignete Kreditprodukt anbieten[234]. Die produktbezogenen Erläuterungen können dann insoweit standardisiert werden, als sich der Darlehensgeber grundsätzlich am Verständnis des durchschnittlichen Verbrauchers orientieren darf[235]. Individuell sind aber die vertragstypischen Auswirkungen auf den Darlehensnehmer zu erläutern, wobei hierfür wiederum kein persönliches Gespräch notwendig ist, sondern auch eine Mitteilung via E-Mail genügen kann.

Dieser Aufwand erscheint angesichts der steigenden Verbraucherverschuldung und der zunehmenden Komplexität von Kreditprodukten auch zumutbar. Wie dar-

---

[230] *Ady/Paetz,* WM 2009, 1061 (1067); *Hofmann,* BKR 2010, 232 (234); *Kulke,* VuR 2009, 373 (379); *Rösler/Werner,* BKR 2009, 1 (3).

[231] *Schürnbrand,* in: Habersack/Mülbert/Nobbe/Wittig (Hrsg.), Bankrechtstag 2009, 173 (181) verweist in diesem Zusammenhang auf die nach § 31 Abs. 3 WpHG im Anlagegeschäft zur Verfügung zu stellenden Basisinformationen und die Möglichkeit eines „information overload" bei komplexeren Kreditprodukten und damit zusammenhängenden zu umfassenden Erläuterungen;

[232] *Rösler/Werner,* BKR 2009, 1 (3), die in diesem Zusammenhang ebenfalls auf die im Anlagegeschäft verwendeten WpHG-Bögen verweisen.

[233] *Münscher,* in: Schimansky/Bunte/Lwowski, Bankrechts-Handbuch, § 81 Rn. 112.

[234] *Schwintowski,* Bankrecht, § 13 Rn. 143.

[235] *Schürnbrand,* in: Habersack/Mülbert/Nobbe/Wittig (Hrsg.), Bankrechtstag 2009, 173 (182) mit dem Hinweis auf die Möglichkeit einer Differenzierung nach Produktgruppen.

gestellt steht die – jedenfalls teilweise – individuelle Erläuterung einem grenzüberschreitenden Vertragsabschluss über Fernkommunikationsmittel nicht im Wege[236]. Aufgrund drohender Schadensersatzansprüche werden die Kreditinstitute ohnehin gehalten sein, die erteilten Erläuterungen entsprechend zu dokumentieren[237]. Die Erläuterung nach § 491a Abs. 3 BGB muss nach alledem individuell an den zuvor gemachten Angaben des Verbrauchers ausgerichtet sein, wobei ein persönliches Gespräch zwischen den Vertragsparteien nicht erforderlich ist.

5. Die Verpflichtung zur Prüfung der Kreditwürdigkeit nach § 18 Abs. 2 KWG

Im Zusammenhang mit den vorvertraglichen Pflichten des Kreditinstituts ist weiterhin die nunmehr gesetzlich normierte Pflicht zur Bewertung der Kreditwürdigkeit des Verbrauchers zu nennen. Dabei stellt sich vor allem die Frage, inwieweit diese Schutzwirkung zugunsten des Verbrauchers entfaltet und Schadensersatzansprüche wegen Verletzung der Prüfpflicht eröffnet.

Neben den im BGB und EGBGB enthaltenen vorvertraglichen Pflichten des Kreditgebers wurde die durch Art. 8 Abs. 1 RL vorgegebene Verpflichtung zur Bewertung der Kreditwürdigkeit des Verbrauchers in § 18 Abs. 2 KWG geregelt. Für entgeltliche Finanzierungshilfen wurde dagegen mit § 509 BGB eine Sonderregelung in das BGB integriert.

a) Schutzwirkung zugunsten des Verbrauchers

Fraglich ist, ob sich aus der Verpflichtung des Kreditinstituts zur Prüfung der Kreditwürdigkeit gleichermaßen eine Schutzpflicht zugunsten des Verbrauchers ergibt, d. h. ob dieser bei Fehlern des Kreditinstituts Schadensersatzansprüche aus der Verletzung des § 18 Abs.2 KWG ableiten kann[238].

---

[236] Wobei abzuwarten bleibt, inwieweit die Verbraucher von dieser Möglichkeit zum Abschluss eines Darlehensvertrages mit ausländischen Vertragspartnern Gebrauch machen werden; ein Darlehensvertrag wird – selbst wenn es sich lediglich um einen Konsumentenkredit mit einem geringen Kreditrahmen handelt – wesentlich durch die Vertrauensbeziehungen der Vertragsparteien geprägt; auch wenn mit der Verbraucherkreditrichtlinie ein einheitlicher Rechtsrahmen geschaffen wurde bleibt doch fraglich, ob nicht gerade die Verbraucher vor einem Vertragsabschluss mit einem ausländischen Vertragspartner, dessen Rechts- und Geschäftskultur sie im Regelfall nicht kennen, weiterhin Abstand nehmen.

[237] *Rösler/Werner,* BKR 2009, 1 (3), nach denen die Banken mehr als zuvor auf eine „gerichtsfeste Dokumentation" der Erläuterungspflicht achten müssen; *Ady/Paetz,* WM 2009, 1061 (1067) mit dem Hinweis, dass sich die Kreditwirtschaft auf die erweiterten Informationspflichten durch eine entsprechend umfangreiche Information der tatsächlichen Angaben des Darlehensnehmers und der von ihr gegebenen Erläuterungen einstellen wird.

[238] Ausführlich zu dieser Frage *Zahn,* Überschuldungsprävention durch verantwortliche Kreditvergabe, S. 220 ff.; zur Diskussion hierüber auf dem Bankrechtstag 2009 *Stockhausen/Warner,* WM 2009, 1548 (1553).

§ 18 Satz 1 KWG a.F. (heute § 18 Abs. 1 Satz 1 KWG) hat nach einhelliger Auffassung nicht den Charakter eines Schutzgesetzes zugunsten des Bankkunden[239]. Dieser sieht vor, dass ein Kreditinstitut einen Kredit, der insgesamt 750.000 € oder 10 % des haftenden Eigenkapitals des Kreditinstituts überschreitet, nur gewähren darf, wenn es sich von dem Kreditnehmer die wirtschaftlichen Verhältnisse, insbesondere durch Vorlage der Jahresabschlüsse, offenlegen lässt. Die Vorschrift besitzt allein ordnungspolitische Funktion und stellt dementsprechend kein Schutzgesetz im Sinne des § 823 Abs. 2 BGB dar[240]. Es bleibt daher offen, ob durch die Einfügung des neuen § 18 Abs. 2 KWG eine solche Schutzpflicht geschaffen werden sollte.

Die Richtlinie selbst gibt nicht vor, welche Sanktionen den Kreditinstituten bei einer Verletzung der Pflicht zur Kreditwürdigkeitsprüfung drohen[241]. In Erwägungsgrund (26) RL heißt es lediglich, dass die Mitgliedstaaten *„geeignete Maßnahmen zur Förderung verantwortungsvoller Verfahren in allen Phasen der Kreditvergabe"* ergreifen sollen. Weiterhin wird in diesem Zusammenhang ausgeführt, dass die Kreditgeber dafür verantwortlich sein sollen, *„in jedem Einzelfall die Bewertung der Kreditwürdigkeit des Verbrauchers zu prüfen"*. Auf dem expandierenden Kreditmarkt sei es wichtig, dass Kreditgeber nicht verantwortungslos bei Kreditvergaben tätig würden oder Kredite ohne vorherige Beurteilung der Kreditwürdigkeit vergäben. Die Mitgliedstaaten sollten daher *„die erforderlichen Kontrollen durchführen, um derartige Verhaltensweisen zu unterbinden und sie sollten die erforderlichen Sanktionsmittel für jene Kreditgeber bestimmen, die sich so verhalten"*.

Nach der Richtlinie müssen Verstöße gegen die Verpflichtung zur Kreditwürdigkeitsprüfung daher zwar wirksam sanktioniert werden[242]. In welcher Form dies zu geschehen hat, wird dagegen nicht ausdrücklich vorgegeben. Ebenso enthält Art. 8 Abs. 1 RL anders als beispielsweise Art. 5 Abs. 6 RL auch keinen konkreten Auftrag

239 OLG Stuttgart, Urteil vom 21.03.2001, 9 U 204/00, WM 2003, 343 unter Rn. 26; BFS-KWG/*Bock,* § 18 Rn. 3; *Hofmann,* NJW 2010, 1782 (1783).

240 *Döser,* in: Schwennicke/Auerbach, KWG, § 18 Rn. 44; *Kiethe,* BKR 2005, 177 (182); *Lehleiter/Hoppe,* BKR 2007, 178 (179).

241 Im ersten Richtlinienentwurf aus dem Jahr 2002 war dies noch anders; dort hieß es in der Begründung zu Art. 9 des Richtlinienvorschlags, die Pflicht zur Prüfung der Kreditwürdigkeit des Verbrauchers sei keine vom Vertrag losgelöste Pflicht, denn er hafte aus dem Vertrag; insoweit bestehe ein Zusammenhang zwischen dem Abschluss des Vertrags und der Kreditwürdigkeitsprüfung, KOM (2002) 443, S. 17; siehe hierzu *Rott/Terryn/Twigg-Flesner,* VuR 2011, 163 (165); zu den Vorgaben der Richtlinie *Zahn,* S. 164 f., nach dem die Einführung zivilrechtlicher Schadensersatzansprüche bei Verstößen gegen die Pflicht zur Kreditwürdigkeitsprüfung zwar gemeinschaftsrechtlich zulässig aber nicht geboten sei; seiner Ansicht nach spreche die Charakterisierung von Art. 8 RL als Verbraucherschutzvorschrift aber aus systematischen Gründen gegen eine aufsichtsrechtliche Umsetzung.

242 Dies ergibt sich weiterhin auch aus Art. 23 RL, wonach die Mitgliedstaaten für Verstöße gegen die aufgrund der Richtlinie erlassenen Vorschriften Sanktionen festlegen und die zu ihrer Anwendung erforderlichen Maßnahmen treffen; die Sanktionen müssen wirksam, verhältnismäßig und abschreckend sein, siehe hierzu *Knops,* in: Habersack/Mülbert/Nobbe/Wittig (Hrsg.), Bankrechtstag 2009, 195 (223).

für den nationalen Gesetzgeber zur präziseren Ausgestaltung der Kreditwürdigkeitsprüfung[243].

b) Meinungsstand in der Literatur

Um einen effektiven Verbraucherschutz zu gewährleisten, wird in Teilen der Literatur eine Schutzwirkung des § 18 Abs. 2 KWG zugunsten des Verbrauchers bejaht[244]. Begründet wird dies vor allem damit, dass eine rein aufsichtsrechtliche Ausgestaltung der Kreditwürdigkeitsprüfung dem durch die Verbraucherkreditrichtlinie vorgegebenen Verbraucherschutz nicht effektiv genug zur Geltung verhelfe[245]. Ebenso genüge die im Regelfall nur geringe Aufsicht über die Kreditvergabepraxis nicht den Anforderungen einer wirksamen, verhältnismäßigen und abschreckenden Sanktionierung von Verstößen gegen die Richtlinie[246]. Dabei könne davon ausgegangen werden, dass die BaFin als Aufsichtsbehörde ihrer Aufgabenzuweisung entsprechend drohenden Systemrisiken höhere Aufmerksamkeit schenken werde als dem individuellen Verbraucherschutz[247].

Auch anhand der Verbindung mit § 509 BGB zeige sich die Schutzwirkung des § 18 Abs. 2 KWG zugunsten des Verbrauchers[248]. Da Wirtschaftsunternehmen, die Kredite für eigene Geschäfte wie das Finanzierungsleasing oder den Teilzahlungskauf gewähren, nicht von der Aufsicht des § 18 KWG umfasst sind, wurde in § 509 BGB eine zivilrechtliche Pflicht zur Kreditwürdigkeitsprüfung für jede Form der entgeltlichen Finanzierungshilfe aufgenommen[249]. Dieser zivilrechtlichen Pflicht dürfe die Schutzwirkung zugunsten des Verbrauchers kaum abzusprechen sein[250]. In der Zusammenschau beider Vorschriften mache es dann aber wenig Sinn, für weniger gefährliche Verträge eine Sanktionierung vorzusehen, nicht aber für die

---

243 *Rott,* WM 2008, 1104 (1109), der die Handhabung der Vorschrift wegen ihrer Generalklauselartigkeit als schwierig bezeichnet.

244 *Hofmann,* NJW 2010, 1782 (1785); *Knops,* in: Habersack/Mülbert/Nobbe/Wittig (Hrsg.), Bankrechtstag 2009, 195 (223); *Grunewald,* in: Bugard/Hadding/Mülbert/Nietsch/Welter (Hrsg.), FS Schneider, 401 (405); *Ady/Paetz,* WM 2009, 1061 (1067); *Heße/Niederhofer,* MDR 2010, 968 (972).

245 *Hofmann,* NJW 2010, 1782, 1785; *ders.,* in: Riesenhuber (Hrsg.), Perspektiven des Europäischen Schuldvertragsrechts, 71 (101), wonach die durch Art. 8 Abs. 1 RL vorgegebene Kreditwürdigkeitsprüfung eine Abkehr von dem Grundsatz informierter Selbstbestimmung bedeute und der Kreditgeber gegen seine Wohlverhaltenspflichten verstoße, wenn er dem Kreditnehmer das negative Ergebnis seiner Kreditwürdigkeitsprüfung mitteile und dennoch auf Wunsch des Kunden den Kredit bewillige.

246 *Knops,* in: Habersack/Mülbert/Nobbe/Wittig (Hrsg.), Bankrechtstag 2009, 195 (223).

247 *Hofmann,* NJW 2010, 1782 (1784).

248 *Ady/Paetz,* WM 2009, 1061 (1067); *Knops,* in: Habersack/Mülbert/Nobbe/Wittig (Hrsg.), Bankrechtstag 2009, 195 (223); zum Verhältnis von § 18 Abs. 2 KWG und § 509 BGB *Zahn,* S. 224 f.

249 BT-Drucks. 16/11643, S. 96.

250 *Ady/Paetz,* WM 2009, 1061 (1067).

eigentlich von Art. 8 Abs. 1 RL beabsichtigten Verbraucherkreditverträge[251]. Die Ungleichbehandlung von Unternehmern, an die sich der § 509 BGB richtet, und gewerblichen Kreditgebern führe außerdem zu einer Wettbewerbsverzerrung zugunsten der Banken[252]. Da Art. 8 Abs. 1 RL eine Verbraucherschutzvorschrift darstelle, müsse dies gleichermaßen auch für die Umsetzungsnorm des § 18 Abs. 2 KWG gelten[253].

Dieser Auffassung steht eine Vielzahl von Stimmen gegenüber, die § 18 Abs. 2 KWG eine Schutzpflicht zugunsten des Verbrauchers absprechen[254]. Begründet wird dies vor allem mit der bewussten Anknüpfung der Norm an den bereits bestehenden, und unbestritten keine Schutzwirkung zugunsten des Verbrauchers entfaltenden, § 18 KWG a.F.[255]. Eine so erhebliche Abweichung von der bisherigen Rechtslage hätte bei einem entsprechenden Willen des Gesetzgebers ihren Niederschlag im Normtext finden müssen[256]. Obwohl die Auslegung des § 18 KWG a.F. den Verfassern bekannt gewesen sein müsse, fehle es weiterhin an Ausführungen in der Gesetzesbegründung, die einen Rückschluss auf die Begründung einer Schutzpflicht zuließen[257].

Die fehlende Schutzwirkung der Vorschrift lasse sich weiterhin an der unterschiedlichen Ausgestaltung für Kreditinstitute und sonstige Unternehmer ablesen. Hierdurch werde verdeutlicht, dass der Gesetzgeber weiterhin an der bestehenden rein aufsichtsrechtlichen Konzeption festhalte[258]. Die Regelung des § 509 BGB sei nur deshalb eingeführt worden, um keine Regelungslücken bei solchen Unternehmen entstehen zu lassen, die nicht der Aufsicht nach dem KWG unterliegen[259]. Deren fehlende Beaufsichtigung biete damit auch einen hinreichenden Sachgrund für die Ungleichbehandlung der verschiedenen Arten von Kreditverträgen[260].

---

[251] *Knops,* in: Habersack/Mülbert/Nobbe/Wittig (Hrsg.), Bankrechtstag 2009, 195 (224).

[252] *Grunewald,* in: Bugard/Hadding/Mülbert/Nietsch/Welter (Hrsg.), FS Schneider, 401 (405).

[253] *Zahn,* S. 223.

[254] *Münscher/Peters,* in: Schimansky/Bunte/Lwowski, Bankrechts-Handbuch, § 81 Rn. 115; *Merz,* in: Klümpel/Wittig, Bank- und Kapitalmarktrecht, Rn. 10.168; *Artz,* in: Bülow/Artz, Verbraucherkreditrecht, § 509 Rn. 7; *Wittig/Wittig,* ZInsO 2009, 633 (639); *Schürnbrand,* in: Habersack/Mülbert/Nobbe/Wittig (Hrsg.), Bankrechtstag 2009, 173 (184); *ders.,* ZBB 2008, 383 (388); *Derleder,* NJW 2009, 3195 (3199); *Rösler/Werner,* BKR 2009, 1 (3); *Nobbe,* WM 2011, 625 (629); *Herresthal,* WM 2009, 1174 (1178); *Wösthoff,* Die Verbraucherkreditrichtlinie 2008/48/EG und deren Umsetzung ins deutsche Recht, S. 154; *Rott/Terryn/Twigg-Flesner,* VuR 2011, 163, die allerdings davon ausgehen, dass die rein aufsichtsrechtliche Umsetzung des deutschen Gesetzgebers unionsrechtlich nicht haltbar ist; zu den europarechtlichen Problemen bei der Umsetzung der Vorschrift im KWG auch *Wendehorst,* ZEuP 2011, 263 (281) m. w. Nachw.

[255] *Schürnbrand,* in: Habersack/Mülbert/Nobbe/Wittig (Hrsg.), Bankrechtstag 2009, 173 (183); *Rösler/Werner,* BKR 2009, 1 (3).

[256] *Herresthal,* WM 2009, 1174 (1178).

[257] *Herresthal,* a. a. O.

[258] *Merz,* in: Kümpel/Wittig, Bank- und Kapitalmarktrecht, Rn. 168; *Wittig/Wittig,* ZinsO 2009, 633 (639).

[259] *Merz,* a. a. O. unter Hinweis auf BT-Drucks 16/11643, S. 95 f.

[260] *Schürnbrand,* in: Habersack/Mülbert/Nobbe/Wittig (Hrsg.), Bankrechtstag 2009, 173 (184); *Nobbe,* WM 2011, 625 (630).

Die Diskussion über die Schutzwirkung der Kreditwürdigkeitsprüfung wird dadurch verstärkt, dass auch der Schutzbereich des § 509 BGB in der Literatur unterschiedlich beurteilt wird[261]. Nach einem Teil der Literatur soll es sich auch bei § 509 BGB ausschließlich um eine Bonitätsprüfung im öffentlichen Interesse handeln, mit der Rechtsfolge, dass der Verbraucher aus der Verletzung dieser Pflicht ebenfalls keine Schadensersatzansprüche geltend machen könne[262]. Die Gegenmeinung, nach der § 509 BGB eine Verpflichtung gegenüber dem Verbraucher begründe und damit zu Schadensersatzansprüchen nach §§ 280 Abs. 1, 311 Abs. 2, 241 Abs. 2 BGB führen könne, wird auch von Vertretern der Auffassung geteilt, die § 18 Abs. 2 KWG diesen Schutzcharakter absprechen[263].

c) Umsetzung in anderen Mitgliedstaaten

Hinsichtlich der Rechtsfolgen von Verstößen gegen die Pflicht zur Prüfung der Kreditwürdigkeit finden sich in der einzelnen Mitgliedstaaten jeweils unterschiedliche Modelle. In Frankreich führt eine unterlassene Kreditwürdigkeitsprüfung zu einem Wegfall der Zinsverpflichtung des Verbrauchers[264]. Ob die Zinsen komplett oder nur zum Teil entfallen, wird in das Ermessen des Gerichts gestellt[265]. Noch schärfer sind die Sanktionen im griechischen Recht. Dort wird der Verbraucher komplett aus

[261] Ein zusätzliches Problem ergibt sich durch die Aufteilung der Kreditwürdigkeitsprüfung auf die § 509 BGB und § 18 Abs. 2 KWG im Hinblick auf den Anwendungsbereich beider Vorschriften; weder von § 18 Abs. 2 KWG noch von § 509 BGB werden Unternehmer erfasst, die ein Darlehen im Rahmen ihrer unternehmerischen Tätigkeit vergeben, aber keine Kreditinstitute i. S. d. § 1 Abs. 1 Satz 1 KWG sind; auch solche Unternehmer sind Adressaten der Vorschriften des Verbraucherkreditrechts, BGH, Urteil vom 09.12.2008, XI R 513/07, WM 2009, 262; ebenso fallen diese unter den Begriff des Kreditgebers nach Art. 3 lit. b) RL, *Schürnbrand,* in: Habersack/Mülbert/Nobbe/Wittig (Hrsg.), Bankrechtstag 2009, 173 (184); um hier ein Umsetzungsdefizit zu vermeiden, wird man entweder § 509 BGB oder § 18 Abs. 2 KWG analog auf Unternehmer anwenden müssen, die nicht der Aufsicht durch die BaFin unterliegen, siehe hierzu *Artz,* in: Bülow/Artz, Verbraucherkreditrecht, § 509 Rn. 9 sowie *Zahn,* S. 224 mit jeweils unterschiedlichen Begründungen.

[262] *Artz,* in Bülow/Artz, § 509 Rn. 7; PWW/*Kessal-Wulf,* § 509 Rn. 1; Palandt/*Weidenkaff,* § 509 Rn. 1; *Looschelders,* Schuldrecht Besonderer Teil, Rn. 386.

[263] So *Schürnbrand,* in: Habersack/Mülbert/Nobbe/Wittig (Hrsg.), Bankrechtstag 2009, 173 (184), wonach zivilrechtliche Sanktionen nur aus § 509 BGB abgeleitet werden können; ebenso *Derleder,* NJW 2009, 3195 (3196), demzufolge diese ausschließlich punktuelle Regelung nicht überzeugt, weshalb in Zukunft im Hinblick auf Art. 3 Abs. 1 GG jedenfalls schwerwiegende Mängel auch bei Kreditinstituten als Pflichtverstoß gegenüber dem Verbraucher zu werten seien; *Zahn,* S. 235; *Wösthoff,* S. 154; *Ady/Paetz,* WM 2009, 1061 (1067); offen *Nobbe,* WM 2011, 625 (630), der eine unterschiedliche Behandlung von Kreditinstituten und sonstigen Unternehmen als zulässig ansieht, da die BaFin nur gegenüber Kreditinstituten aufsichtsrechtlich tätig werden könne.

[264] Studie des Zentrums für europäischen Verbraucherschutz e. V., „Ein europäischer Markt für Verbraucherkredite: existiert ein solcher wirklich?", S. 4; dies gilt gleichermaßen auch für Verstöße gegen die vorvertragliche Informationspflichtverletzung.

[265] Studie des Zentrums für europäischen Verbraucherschutz e. V., „Ein europäischer Markt für Verbraucherkredite: existiert ein solcher wirklich?", a. a. O.

den gesamten Kosten des Kreditvertrags entlassen und muss lediglich innerhalb der nach dem Vertrag vorgesehenen Zeit das überlassene Kapital zurückführen[266].

In Großbritannien kann die Aufsichtsbehörde dagegen vergleichbar zum deutschen Recht entsprechende Sanktionen verhängen[267]. Der Verbraucher kann bei Unterbleiben oder fehlerhafter Durchführung der Kreditwürdigkeitsprüfung allerdings nicht automatisch Schadensersatz in Form der Vertragsaufhebung verlangen. Strengt die Bank nach einer unzureichenden Kreditwürdigkeitsprüfung allerdings eine Zahlungsklage gegen den Verbraucher an, um das überlassene Kapital nebst ausstehender Zinsen zu erhalten, kann das Gericht das Verschulden im Zusammenhang mit der Kreditwürdigkeitsprüfung entsprechend anspruchsmindernd berücksichtigen[268].

d) Eigene Stellungnahme

Die Gesetzesbegründung zu § 509 BGB enthält lediglich den Hinweis, dass eine Regelung für Kreditinstitute nicht in das BGB aufgenommen wurde, da diese der Aufsicht des Kreditwesengesetzes unterliegen würden[269]. Im Folgenden heißt es allerdings, dass die „primär" im öffentlichen Interesse vorgenommene Pflicht daher in das KWG eingefügt worden sei[270]. Die Verwendung des Wortes „primär" lässt in diesem Zusammenhang den Rückschluss zu, dass die Kreditwürdigkeitsprüfung durch Kreditinstitute jedenfalls sekundär auch anderen Zwecken dient[271]. Damit bestünde auch die Möglichkeit für den Verbraucher, aus der Verletzung der Pflicht außerhalb von § 509 BGB zivilrechtliche Ansprüche geltend zu machen.

Dem steht allerdings das insoweit klare gesetzgeberische Ziel einer rein aufsichtsrechtlichen Sanktionierung durch die Positionierung der Kreditwürdigkeitsprüfung im KWG entgegen. Die Gesetzesbegründung greift diesen Ansatz sogar auf, indem sie ausdrücklich festhält, dass die BaFin die Einhaltung dieser Pflicht *„ausschließlich im öffentlichen Interesse"* prüfe[272]. Dem wird man auch nicht entgegenhalten können, der Gesetzgeber habe in diesem Zusammenhang schlicht die Verbraucher schützende Wirkung des Art. 8 Abs. 1 RL verkannt[273]. Denn die Richtlinie schreibt eine Schutzwirkung der Kreditwürdigkeitsprüfung zugunsten des Kreditgebers gerade nicht vor[274]. Sie verlangt in Art. 23 RL lediglich, dass die Sanktionen wirksam, verhältnismäßig und abschreckend sein müssen. Anders als noch in Art. 31 des Richtlinienvorschlags 2002 enthält die Richtlinie 2008/48/EG

---

[266] Implementation of the Consumer Credit Directive, S. 56.

[267] Implementation of the Consumer Credit Directive, a. a. O.

[268] Implementation of the Consumer Credit Directive, a. a. O.

[269] BT-Drucks. 16/11643, S. 95 f.

[270] BT-Drucks. 16/11643, S. 96.

[271] *Knops,* in: Habersack/Mülbert/Nobbe/Wittig (Hrsg.), Bankrechtstag 2009, 195 (224).

[272] BT-Drucks. 16/11643, S. 144.

[273] So aber *Zahn,* S. 238.

[274] *Herresthal,* WM 2009, 1174 (1176).

auch keine ausdrücklichen Sanktionen zugunsten des Verbrauchers bei Verstößen gegen die Kreditwürdigkeitsprüfung[275].

Angesichts der insoweit klaren gesetzgeberischen Intention und der Tatsache, dass nach der Richtlinie eine zivilrechtliche Sanktionierung jedenfalls nicht zwingend ist, besitzt § 18 Abs. 2 KWG keine Schutzwirkung zugunsten des Verbrauchers. Dagegen ist für § 509 BGB der Ansicht zu folgen, die dem Verbraucher bei Verletzung der Vorschrift auch einen entsprechenden Schadensersatzanspruch zuspricht. Dies ergibt sich bereits aus der Gesetzesbegründung, die ausdrücklich davon spricht, dass es sich bei § 509 BGB um eine zivilrechtliche Pflicht handelt[276]. Ebenso grenzt die Gesetzesbegründung die Vorschrift ausdrücklich vom Anwendungsbereich des § 18 Abs. 2 KWG ab. Sofern es dem Gesetzgeber aber gerade darum ging, in Abgrenzung zum Bereich des Verbraucherdarlehensrechts eine zivilrechtliche Pflicht des Kreditinstituts zu schaffen, bedarf es bereits zur wirksamen Durchsetzung dieser Pflicht eines möglichen Schadensersatzanspruchs des Verbrauchers. Zivilrechtliche Ansprüche kann dieser daher nur aus § 509 BGB ableiten[277].

Damit ergibt sich das auf den ersten Blick unbefriedigende Ergebnis, dass dem Verbraucher, der einen Vertrag über eine Finanzierungshilfe abschließt, bei Durchführung einer fehlerhaften Kreditwürdigkeitsprüfung durch den Unternehmer Schadensersatzansprüche zustehen können, diese bei den in der Praxis wesentlich häufigeren und wichtigeren Konsumentenkrediten dagegen ausgeschlossen sind. Dies relativiert sich allerdings dadurch, dass den Darlehensgeber im Zusammenhang mit der Erläuterungspflicht nach § 491a Abs. 3 BGB besondere Hinweispflichten treffen können, wenn der Verbraucher die Belastungen durch den Kredit nur unter erkennbarer Beeinträchtigung seines Existenzminimums aufbringen kann[278]. Verletzt der Kreditgeber diese Pflicht, steht dem Verbraucher gleichfalls ein Schadensersatzanspruch aus § 280 Abs. 1 BGB zu.

Auf diesem Weg findet die auch von der Richtlinie angesprochene Förderung verantwortungsvoller Verfahren in allen Phasen der Kreditvergabe Einzug in das deutsche Recht[279]. Gleichzeitig vermeidet man es, entgegen dem insoweit klaren Willen des Gesetzgebers eine Schutzpflicht zugunsten des Verbrauchers aus dem allein aufsichtsrechtlich gestalteten § 18 Abs. 2 KWG abzuleiten.

6. Rechtsfolgen

Wie bereits dargestellt, kann die Verletzung der Erläuterungspflicht einen Schadensersatzanspruch des Verbrauchers aus §§ 280 Abs. 1, 311 Abs. 2, 241 Abs. 2 BGB begründen[280]. Die Beweislast für die Pflichtverletzung, Kausalität und Scha-

---

275 KOM (2002) 443, S. 60; *Herresthal,* a. a. O.

276 BT-Drucks. 16/11643, S. 96.

277 *Schürnbrand,* in: Habersack/Mülbert/Nobbe/Wittig (Hrsg.), Bankrechtstag 2009, 173 (184).

278 Siehe oben 7. Kap. II. 3. c) sowie *Derleder,* NJW 2009, 3195 (3199).

279 Erwägungsgrund (27) Satz 1 der RL.

280 Siehe oben 7. Kap. II.

den liegt in diesem Zusammenhang beim Verbraucher[281]. Die Kreditinstitute werden hierauf mit einer entsprechend umfangreichen Dokumentation der geleisteten Angaben des Darlehensnehmers sowie der eigenen Erläuterungen reagieren[282]. Da die Kreditinstitute Ansprüchen der Verbraucherseite dementsprechend leicht begegnen können, dürfte es angebracht sein, dem Verbraucher bestimmte Beweislasterleichterungen zukommen zu lassen. So wird man regelmäßig zu seinen Gunsten vermuten können, dass eine Beratung hinsichtlich von eigenen Alternativprodukten des Kreditinstituts nicht erfolgt ist, wenn nachgewiesen ist, dass es für den Verbraucher günstigere Finanzierungen aus der eigenen Produktpalette des Kreditinstituts gegeben hätte und keine durchgreifenden Gründe präsentiert werden, weshalb dieser nicht gewählt wurde[283].

Hinsichtlich der Rechtsfolgen kann zunächst auf die möglichen Rechtsfolgen bei Verletzung der Informationspflicht nach § 491a Abs. 1 BGB i. V. mit Art. 247 §§ 1 ff. EGBGB verwiesen werden[284]. Gerade bei der Erläuterung ist jedoch zu beachten, dass sich eine Pflichtverletzung im Einzelfall auf die jeweiligen spezifischen Besonderheiten des Kreditvertrags beziehen kann. Unterlässt es das Kreditinstitut beispielsweise, den Verbraucher ausreichend über die Nachteile einer intransparenten Finanzierungskonstruktion oder einer Finanzierung mittels Festkredit und Kapitallebensversicherung aufzuklären, rechtfertigt dies keinen Anspruch des Verbrauchers auf vollständige Rückabwicklung des Vertrages, sondern nur einen Anspruch auf Ausgleich der spezifischen gegenüber einer ansonsten üblichen Finanzierung[285]. Die Pflichtverletzung liegt in diesem Fall letztlich „nur" in der fehlenden Darstellung des wirtschaftlichen Nachteils der gewährten Kreditform. Hinsichtlich der Zweckmäßigkeit einer Kreditaufnahme im Allgemeinen liegt dagegen keine Pflichtverletzung vor. Dementsprechend besteht in diesen Fällen auch nur ein Anspruch auf Ersatz der durch die gewählte Finanzierungsart entstandenen Mehrkosten[286].

Etwas anderes mag wiederum dann gelten, wenn der Verbraucher geltend machen kann, dass er bei einer ordnungsgemäßen Erläuterung in jedem Fall von dem Kredit Abstand genommen hätte. Hier dürfte vor allem an die angesprochenen Fälle zu denken sein, in denen die Kreditaufnahme eine Belastung bis an die Grenze des Existenzminimums bedeutet und daher ausnahmsweise auch eine Hinweispflicht im Hinblick auf die Privatsphäre des Verbrauchers besteht. Dort wird man regelmäßig davon ausgehen können, dass der Verbraucher bei ordnungsgemäßer Auf-

---

[281] *Merz,* in: Kümpel/Wittig, Bank- und Kapitalmarktrecht, Rn. 10.156; MünchKomm/*Schürnbrand,* § 491a Rn. 61; *Nobbe,* WM 2011, 625 (629); *Wittig/Wittig,* ZInsO 2009, 633 (639).

[282] *Ady/Paetz,* WM 2009, 1061 (1067).

[283] AA MünchKomm/*Schürnbrand,* § 491a Rn. 61, der unter Hinweis auf die Neutralität der Erläuterungspflicht wie bei § 491a Abs. 1 BGB die Vermutung aufklärungsrichtigen Verhaltens verneint.

[284] Oben 7. Kap. I. 6.

[285] *Merz,* in: Kümpel/Wittig, Bank- und Kapitalmarktrecht, Rn. 10.158 unter Hinweis auf BGH, Urteil vom 20.03.2007, XI ZR 414/04, WM 2007, 876 und Urteil vom 24.04.2007, XI ZR 340/05, WM 2007, 1257.

[286] *Merz,* a. a. O.

klärung über die möglicherweise existenzgefährdenden Folgen von der Kreditaufnahme Abstand genommen hätte. Allerdings stellt sich im Zuge der Rückabwicklung für den Verbraucher wiederum das Problem, das überlassene Darlehenskapital zurückzuzahlen, das regelmäßig bereits investiert wurde und damit nicht mehr zur Verfügung steht. Auch aus diesem Grund dürften auf Rückabwicklung gerichtete Schadensersatzansprüche wegen Verletzung der Erläuterungspflicht nach § 491a Abs. 3 BGB die Ausnahme bleiben.

Kapitel 8
Zusammenfassung der Ergebnisse

1. Mit der Verabschiedung der Verbraucherkreditrichtlinie wurde das Informationsmodell durch den europäischen Gesetzgeber auf eine neue Ebene gehoben. Auch im Massengeschäft Verbraucherkredit setzt man nunmehr auf die neoliberale Vorstellung eines sich im Wesentlichen selbst regulierenden Marktes, der als Schutzmechanismus für den Verbraucher lediglich ein Höchstmaß an Transparenz fordert. Die Möglichkeit, einer steigenden Verbraucherverschuldung durch ausgeprägtere soziale Verbraucherschutzkonzepte zu begegnen, wurde insoweit nicht genutzt.
2. Hauptgrund für die Entstehung von Informationsasymmetrien und damit einhergehend eines erhöhten Informationsbedarfs auf Seiten der Verbraucher sind in erster Linie erhebliche Veränderungen auf der Anbieterseite in den letzten Jahrzehnten. Kreditprodukte werden zunehmend komplizierter und überfordern den Verbraucher in den meisten Fällen. Auf Seiten der Kreditinstitute werden im Gegenzug vermehrt speziell geschulte Fachkräfte eingesetzt, so dass die „Informationsschere" zwischen Bank und Verbraucher weiter auseinanderklafft. Zudem werden Verbraucher selbst beim Kauf von Alltagsgegenständen vermehrt mit angeblich attraktiven Finanzierungsmöglichkeiten gelockt.
3. Sowohl der europäische Gesetzgeber als auch der EuGH folgen dem Leitbild eines „informierten Verbrauchers". Danach ist der Verbraucher grundsätzlich in der Lage, die ihm zur Verfügung gestellten Informationen auch sachgerecht umzusetzen und für seine Zwecke zu nutzen. Zwingende oder halbzwingende Vorgaben bleiben auch nach den jüngsten Rechtsakten der EU weiterhin die Ausnahme.
4. Bereits in der alten Verbraucherkreditrichtlinie wurde die Information als Verbraucherschutzinstrument verankert. In diesem Zusammenhang sollte neben der Information über die Höhe des effektiven Jahreszinses der Schriftform eine besondere Bedeutung zukommen. Weitergehende Informationspflichten wurden dagegen seinerzeit in das Ermessen der Mitgliedstaaten gestellt.
5. Die Vorgaben der Richtlinie wurden in Deutschland durch das VerbrKrG umgesetzt. Dieses enthielt in § 6 VerbrKrG erstmals ein abgestuftes Sanktionensystem für den Fall der Verletzung vertraglicher Informationspflichten. Nach Empfang des Darlehens durch den Verbraucher wurde die fehlende Schriftform

C. Gercke, *Schadensersatz wegen vorvertraglicher Informationspflichtverletzung beim Verbraucherkredit*, Bibliothek des Bank- und Kapitalmarktrechts 1,
DOI 10.1007/978-3-642-39121-7_8, © Springer-Verlag Berlin Heidelberg 2014

oder das Fehlen bestimmter Pflichtangaben grundsätzlich geheilt. Abhängig vom jeweiligen Mangel veränderten sich allerdings die Vertragsbedingungen zulasten des Kreditinstituts. Durch das Schuldrechtmodernisierungsgesetz wurden diese Regelungen in die §§ 491 ff. BGB übernommen.

6. Weitergehende Informationspflichten des Kreditinstituts kommen in erster Linie durch den ausdrücklichen oder konkludenten Abschluss eines selbständigen Beratungsvertrags zwischen Bank und Verbraucher in Betracht. Im Bereich des Verbraucherkredits wird ein konkludenter Vertragsschluss aber im Regelfall zu verneinen sein, da es hier an einem entsprechenden Rechtsbindungswillen der Bank fehlt.
7. Nach ständiger Rechtsprechung des BGH steht einer allgemeinen Aufklärungspflicht des Kreditinstituts beim Verbraucherkredit regelmäßig das legitime Eigeninteresse der Bank am Vertragsschluss entgegen. Dies bezieht sich vor allem auf mögliche Hinweise hinsichtlich der vom Verbraucher geplanten Mittelverwendung. Ausnahmen hiervon sind lediglich in klar umgrenzten Fallgruppen (Schaffung eines besonderen Gefährdungstatbestands, schwerwiegender Interessenkonflikt, Überschreiten der Rolle als Kreditgeber, konkreter Wissensvorsprung bezüglich bestimmter Risiken) möglich. Diese Fallgruppen sollen nach dem Willen des Gesetzgebers auch nach Umsetzung der Verbraucherkreditrichtlinie weiterhin Geltung behalten.
8. Die ersten Richtlinienvorschläge aus den Jahren 2002 und 2005 sahen im Gegensatz zur Richtlinie 2008/48/EG weitergehende Schutzmaßnahmen zugunsten des Verbrauchers vor. Hervorzuheben ist insbesondere der Grundsatz verantwortungsvoller Kreditvergabe, der eine echte Sorgfaltspflicht des Kreditinstituts gegenüber dem Verbraucher regelt. Diese Sorgfaltspflicht beinhaltete u. a. die Auswahl des für den Verbraucher günstigsten Vertrags. Aufgrund heftiger Proteste seitens der Bankwirtschaft und einer klaren Absage durch das Europaparlament wurde dieser Grundsatz nebst den dazugehörigen Pflichten später aufgeweicht und durch ein umfassendes Informationsprogramm ersetzt. Einer der Hauptgründe hierfür dürfte darin liegen, dass die Richtlinie noch vor dem Einsetzen der globalen Finanzkrise verabschiedet wurde, sodass bei der Allgemeinheit zu diesem Zeitpunkt noch kein Bedürfnis nach weitergehenden marktkompensatorischen Maßnahmen im Bereich des Kreditrechts bestand.
9. Die Richtlinie 2008/48/EG folgt dem Grundsatz der Vollharmonisierung. Den in früheren Entwürfen hervorgehobenen Grundsatz verantwortungsvoller Kreditvergabe nennt sie lediglich beiläufig in den Erwägungsgründen. Stattdessen wurde das Programm vorvertraglicher Informationspflichten gegenüber den ersten Entwürfen erheblich erweitert. Um die Informationserteilung europaweit zu vereinheitlichen, wird den Kreditinstituten mit den „Europäischen Standardinformationen für Verbraucherkredite" erstmals ein Formularmuster an die Hand gegeben. Verwendet das Kreditinstitut das Muster, gelten die Informationspflichten als erfüllt. Für Kreditinstitute besteht daher in Zukunft grundsätzlich eine einfache Möglichkeit, das sehr umfassende Pflichtenprogramm für die vorvertragliche Information zu erfüllen. Erste Studien haben allerdings gezeigt, dass viele Kreditinstitute diese Pflichten weiterhin schlicht ignorieren

und die vorvertraglichen Informationen entweder gar nicht oder ohne Verwendung des Musters erteilen.

10. Die vorvertraglichen Informationspflichten werden durch eine neugeschaffene Erläuterungspflicht ergänzt. Diese Pflicht zur Erteilung angemessener Erläuterungen soll insbesondere die finanziellen Auswirkungen des Vertragsschlusses auf den Verbraucher umfassen. Neben den Eigenschaften des angebotenen Kredits müssen die Banken daher in Zukunft auch die Person des Verbrauchers bei Gesprächen im Vorfeld des Vertragsschlusses in den Fokus rücken.
11. Als ein Überbleibsel des Grundsatzes verantwortungsvoller Kreditvergabe gibt die Richtlinie erstmals ausdrücklich eine Pflicht der Kreditinstitute zur Prüfung der Kreditwürdigkeit des Verbrauchers vor. Hierzu soll insbesondere auf die verschiedenen, zur Verfügung stehenden Datenbanken zurückgegriffen werden. In der Vergangenheit dürften die Kreditinstitute aber bereits aus eigenem Interesse und der Furcht vor einem Ausfall des Kredits eine solche Prüfung unternommen haben. Ebenso wie bei den Informationspflichten gibt die Richtlinie zudem keine Rechtsfolge für Verstöße gegen die Prüfungspflicht vor. Es bleibt auch hier bei der allgemeinen Vorgabe des Art. 23 RL, wonach die Mitgliedstaaten die Sanktionen für Verstöße gegen die aufgrund der Richtlinie erlassenen Vorschriften festlegen und diese Sanktionen wirksam, verhältnismäßig und abschreckend sein müssen.
12. Bei der Umsetzung der Verbraucherkreditrichtlinie hat der deutsche Gesetzgeber seine in den letzten Jahren eingeschlagene Linie, verbraucherschützenden Gesetze nicht mehr in Spezialgesetzen zu regeln, beibehalten. Die neuen Regelungen wurden vielmehr in bereits bestehende Gesetze integriert. Mit § 491a BGB wurde die Kernvorschrift für die vorvertraglichen Informationen in das BGB aufgenommen, die Aufzählung der einzelnen Informationspflichten wurde dagegen in das EGBGB ausgegliedert. Durch die sich hieraus ergebende Verweisungstechnik wurde die Arbeit mit dem Gesetz allerdings eher erschwert als vereinfacht.
13. Nunmehr können im Wesentlichen drei Ebenen der Informationserteilung getrennt werden. Im Bereich der Werbung finden sich die wichtigsten Vorschriften in § 6a PAngV. Die vorvertraglichen Informationspflichten regelt § 491a Abs. 1 BGB i. V. mit Art. 247 §§ 1 ff. EGBGB, der durch die Erläuterungspflicht nach § 491a Abs. 3 BGB ergänzt wird. Die bei den vorvertraglichen Informationspflichten gewählte Verweisungstechnik in das EGBGB wurde nunmehr auch für die vertraglichen Informationspflichten übernommen. § 492 Abs. 2 BGB verweist insoweit auf Art. 247 §§ 6 ff. EGBGB.
14. Das Formularmuster „Europäische Standardinformationen für Verbraucherkredite" findet sich in der Anlage 3 zu Art. 247 § 2 EGBGB. Die Fiktion einer ordnungsgemäßen Belehrung bei korrekter Verwendung des ausgefüllten Musters regelt Art. 247 § 2 Abs. 3 Satz 1 EGBGB. Die Unterrichtung muss nach Art. 247 § 1 EGBGB rechtzeitig vor Abschluss des Verbraucherdarlehensvertrages erfolgen. Für eine individuelle Gestaltung des Musters verbleibt den Kreditinstituten wenig Spielraum. Zwar dürfen bestimmte, im Muster selbst vorgesehene Passagen im Einzelfall gestrichen werden. Hervorhebungen oder

Ergänzungen sind dagegen nicht möglich. Nimmt der Darlehensgeber solche Veränderungen vor, entfällt die Fiktion einer ordnungsgemäßen Belehrung.

15. Durch § 491a Abs. 2 Satz 1 BGB wird dem Darlehensnehmer ein Anspruch auf Überlassung eines Entwurfs des Darlehensvertrags eingeräumt. Aufgrund der Ausgestaltung als Anspruchsgrundlage wird klargestellt, dass der Kreditgeber für den Vertragsentwurf kein Entgelt verlangen darf. Die Verpflichtung besteht unabhängig von der Informationspflicht nach § 491a Abs. 1 BGB i. V. mit Art. 247 §§ 1 ff. EGBGB. Der Anspruch wird allerdings durch § 491a Abs. 2 Satz 2 BGB dahingehend eingeschränkt, dass auf die Überlassung des Vertragsentwurfs erst dann ein Anspruch besteht, wenn der Kreditgeber zum Vertragsabschluss bereit ist.
16. Aufgrund der Vielzahl an vorvertraglichen Informationen besteht beim Verbraucher die Gefahr eines „information overload". Insbesondere wirtschaftlich unerfahrene Verbraucher dürften Probleme bekommen, wesentliche Punkte von unwesentlichen zu trennen. Positiv dürfte dagegen sein, dass den Verbrauchern durch das zwingend vorgeschriebene Formularmuster die Möglichkeit gegeben wird, verschiedene Kreditprodukte durch „Nebeneinanderlegen" der einzelnen Muster relativ einfach zu vergleichen.
17. § 491a Abs. 3 BGB regelt die neu geschaffene Erläuterungspflicht. Sie ist entsprechend der Vorgabe des Art. 5 Abs. 6 RL zielbezogen definiert, d. h. durch die Erläuterung soll der Verbraucher in die Lage versetzt werden, die Zweckmäßigkeit des Kreditvertrages sowie dessen finanzielle Auswirkungen zu beurteilen. In § 491a Abs. 3 Satz 2 EGBGB findet sich eine Aufzählung der möglichen Erläuterungsinhalte, die allerdings nicht abschließend ist.
18. Bei der Umsetzung der Erläuterungspflicht bleibt Deutschland hinter den Regelungen anderer europäischer Mitgliedstaaten zurück. Um eine ordnungsgemäße Information sicherzustellen ist beispielsweise in Frankreich eine besondere Ausbildung für Personen vorgeschrieben, die Verbrauchern Kredite verkaufen oder Angaben hierzu machen. In Großbritannien hat das Office of Fair Trading Richtlinien für die Erteilung einer angemessenen Erläuterung erlassen. Die Spielräume, die den Mitgliedstaaten durch Art. 23 RL gelassen werden, wurden in erster Linie zugunsten der Bankwirtschaft und lediglich mit restriktiven verbraucherschützenden Tendenzen umgesetzt.
19. Die nach Art. 8 Abs. 1 RL vorgeschriebene Kreditwürdigkeitsprüfung wurde für Verbraucherkredite in Art. 18 Abs. 2 KWG umgesetzt. Für entgeltliche Finanzierungshilfen findet sich dagegen eine Sonderregel in § 509 BGB. Der Gesetzgeber hat die Kreditwürdigkeitsprüfung damit für den weit überwiegenden Teil der Kreditgeschäfte im Aufsichtsrecht und lediglich für einen Teilbereich als zivilrechtliche Pflicht im BGB geregelt.
20. § 492 Abs. 1 Satz 1 BGB schreibt für Verbraucherkreditverträge weiterhin die Schriftform vor. Nach dem Wegfall des § 492 Abs. 1 Satz 2 BGB ist nunmehr allerdings auch der Vertragsschluss in elektronischer Form möglich. Da Art. 10 Abs. 1 Satz 1 RL lediglich vorgibt, dass der Kreditvertrag *„auf Papier oder einem anderen dauerhaften Datenträger"* abgeschlossen werden muss, war der deutsche Gesetzgeber nach den Vorgaben der e-commerce-Richtlinie gezwun-

gen, für Verbraucherkreditverträge auch den Abschluss in elektronischer Form zuzulassen. Da dieser nach § 126a Abs. 1 BGB allerdings erfordert, dass das Dokument mit einer qualifizierten elektronischen Signatur nach dem Signaturgesetz versehen wird, bleibt fraglich, inwieweit die Verbraucher hiervon tatsächlich Gebrauch machen werden.

21. Bei den vertraglichen Informationspflichten wurde durch § 492 Abs. 2 BGB das auch bei den vorvertraglichen Informationspflichten verfolgte Konzept übernommen, die Aufzählung der einzelnen Informationen aus dem BGB herauszuhalten und damit die §§ 491 ff. BGB „schlank zu halten". Stattdessen verweist § 492 Abs. 2 BGB auf Art. 247 §§ 6 bis 13 EGBGB. Neben dem bereits nach altem Recht bestehenden Anspruch auf Überlassung einer Abschrift des Vertrags aus § 492 Abs. 3 Satz 1 BGB hat der Darlehensnehmer nunmehr bei Darlehen, für die eine bestimmte Laufzeit vereinbart ist, nach § 492 Abs. 3 Satz 2 BGB einen Anspruch auf Überlassung eines Tilgungsplans. Da es sich um einen gesetzlichen Anspruch handelt, hat die Zurverfügungstellung des Tilgungsplans ebenso wie die Überlassung der Vertragsabschrift kostenlos zu erfolgen.
22. Hinsichtlich der Rechtsfolgen von vertraglichen Informationsmängeln wurde das bereits nach altem Recht bestehende abgestufte Sanktionensystem des § 494 BGB beibehalten. Grundsätzlich führt die Nichteinhaltung der Schriftform oder das Fehlen der nach § 494 Abs. 2 BGB i. V. mit Art. 247 §§ 6 bis 13 EGBGB zu erteilenden Informationen daher zur Nichtigkeit des Vertrags. Wird das Darlehen allerdings vom Verbraucher empfangen oder in Anspruch genommen, wird der Vertrag hierdurch zunächst geheilt. Abhängig von dem jeweiligen Form- oder Informationsmangel wird dieser allerdings entsprechend den § 492 Abs. 2 bis 6 BGB zugunsten des Verbrauchers durch Anwendung des gesetzlichen Zinssatzes modifiziert. Hierdurch soll der Verbraucher einerseits vor einer Rückabwicklung des Vertrags nach Bereicherungsrecht und einem damit verbundenen Rückzahlungsanspruch geschützt werden. Andererseits soll dem Kreditinstitut nicht auferlegt werden, das Darlehen im Einzelfall für die vertragliche Laufzeit zinslos zur Verfügung zu stellen.
23. Die Heilungsmöglichkeit des § 494 Abs. 2 BGB gilt nicht für eine aufgrund eines Formmangels nach §§ 492 Abs. 4, 494 Abs. 1 BGB nichtige Vollmacht. Zum Schutz des Verbrauchers ist auch hier vielmehr erforderlich, dass nachträglich die Anforderungen des § 492 BGB gegenüber dem Darlehensnehmer beachtet wurden. Hiervon unberührt bleibt aber die Heilung des Darlehensvertrags bei Empfangnahme des Darlehens.
24. Auch nach neuem Recht können Sicherheiten, zu denen im Darlehensvertrag keine Angaben enthalten sind, nicht verlangt werden (§ 494 Abs. 6 Satz 2 BGB). Aufgrund des Gesetzeswortlauts kann hieraus kein Rückforderungsanspruch des Verbrauchers hinsichtlich bereits geleisteter Sicherheiten abgeleitet werden. Da die zu gewährenden Sicherheiten dem Verbraucher allerdings bereits vorvertraglich nach § 491a Abs. 1 BGB i. V. mit Art. 247 § 4 Abs. 1 Nr. 2 mitgeteilt werden müssen, kann bei Informationsmängeln im Einzelfall ein Schadensersatzanspruch nach §§ 280 Abs. 1, 311 Abs. 2, 241 Abs. 2 BGB in Betracht kommen.

25. § 492 Abs. 6 Satz 1 BGB erlaubt es dem Darlehensgeber, die Informationen nach § 492 Abs. 2 BGB i. V. mit Art. 247 §§ 6 ff. EGBGB nach Vertragsschluss in Textform nachzuholen. Die Regelungen sollen dem Darlehensgeber ermöglichen, durch Nachholung der Pflichtinformationen den Lauf der Widerrufsfrist in Gang zu setzen. Die Nachholung ist allerdings nur dann möglich, wenn trotz der fehlenden Pflichtangaben ein wirksamer Verbraucherdarlehensvertrag vorliegt. Hat das Fehlen der Angaben zu einer Änderung der Vertragsmodalitäten geführt, kann die Nachholung der Angaben gemäß § 494 Abs. 7 Satz 1 BGB nur dadurch erfolgen, dass der Darlehensgeber dem Darlehensnehmer eine Abschrift des geänderten Vertrags zur Verfügung stellt.
26. Verletzt das Kreditinstitut die vorvertraglichen Informationspflichten nach § 491a Abs. 1 BGB i. V. mit Art. 247 §§ 1 ff. EGBGB kann dem Verbraucher ein Schadensersatzanspruch nach §§ 280 Abs. 1, 311 Abs. 2, 241 Abs. 2 BGB zustehen. Dieser Schadensersatzanspruch kann im Einzelfall auch auf Aufhebung des Kreditvertrags gerichtet sein. Er wird aufgrund der unterschiedlichen Konzeption und Schutzwirkung nicht durch das Sanktionensystem nach §§ 492, 494 BGB oder die Regelungen über das Widerrufsrecht ausgeschlossen.
27. Ein Schadensersatzanspruch des Verbrauchers kommt gleichermaßen in Betracht, wenn die vorvertragliche Information nicht unterlassen, sondern lediglich unzutreffende Informationen erteilt wurden. Anders als bei § 494 Abs. 1 BGB, der nach dem BGH nicht für falsche Angaben im Vertrag gilt, kann der Verbraucher daher im Wege des Schadensersatzes bei unzutreffenden vorvertraglichen Informationen eine Rückgängigmachung des Kreditvertrags anstreben.
28. Aufgrund der insoweit eindeutigen Aussage der Gesetzesbegründung und dem Wortlaut des Art. 247 § 4 Abs. 1 Nr. 4 EGBGB ist eine Bindung des Kreditinstituts an die vorvertraglich erteilten Informationen zu verneinen. Diese wäre auch unangemessen, da der Bank bei Erteilung der Informationen regelmäßig noch nicht alle notwendigen Informationen, insbesondere im Hinblick auf die Bonitätsprüfung vorlagen. Will die Bank aber später von den vorvertraglich mitgeteilten Vertragskonditionen abweichen, bedarf es eines ausdrücklichen Hinweises. Unterbleibt dieser, kann der Verbraucher gegebenenfalls Schadensersatz nach §§ 280 Abs. 1, 311 Abs. 2, 241 Abs. 2 BGB geltend machen. Eine Beschränkung auf Veränderungen bei wesentlichen Informationen ist aufgrund der damit verbundenen Rechtsunsicherheit abzulehnen. Zugleich benötigt der Verbraucher einen Hinweis, damit er keine günstigeren Vertragsabschlüsse im Vertrauen auf die Fortgeltung der mitgeteilten Informationen unterlässt.
29. Informiert das Kreditinstitut vorvertraglich nicht ordnungsgemäß, wird ein Schadensersatzanspruch des Verbrauchers nicht ohne weiteres deshalb ausgeschlossen, weil die Informationen im Kreditvertrag selbst korrekt angegeben sind. Dies würde letztendlich dem Zweck der vorvertraglichen Information zuwiderlaufen und diese komplett entwerten, da die Kreditinstitute ihre vorvertraglichen Pflichten dann komplett ausblenden könnten und lediglich im Kre-

ditvertrag selbst auf die Einhaltung der Form- und Informationsvorschriften achten müssten. Gleichermaßen würde es an der durch Art. 23 RL vorgeschriebenen wirksamen und abschreckenden Umsetzung der Richtlinienvorgaben fehlen.

30. Eines der erklärten Ziele der Verbraucherkreditrichtlinie ist die Förderung eines grenzüberschreitenden Vertragsschlusses im Bereich des Verbraucherkredits. Eine besondere Bedeutung kommt in diesem Zusammenhang dem Vertragsschluss über das Internet zu. Um den Anforderungen der § 491a Abs. 1 i. V. mit Art. 247 § 1 EGBGB gerecht zu werden, genügt es allerdings nicht, wenn der Kreditgeber die vorvertraglichen Informationen lediglich auf seiner Homepage bereitstellt. Der Verbraucher soll die Möglichkeit erhalten, die vorvertraglichen Informationen ohne größere Umstände miteinander zu vergleichen und im Einzelfall auch nebeneinander zu legen. Dementsprechend erfordert eine ordnungsgemäße Informationserteilung bei Vertragsschluss über das Internet, dass dem Verbraucher die Information in einer zur dauerhaften Speicherung geeigneten Weise, etwa per E-Mail oder in einem gesonderten Schreiben, zugeht. Dem Kreditinstitut kann in diesen Fällen allerdings die Formerleichterung nach Art. 247 § 5 EGBGB zugute kommen, wenn der Vertrag auf Verlangen des Verbrauchers unter Einsatz eines Fernkommunikationsmittels geschlossen wird.
31. Nach § 491a Abs. 1 BGB i. V. mit Art. 247 § 2 Abs. 1 EGBGB hat die vorvertragliche Information mittels des Musters „Europäische Standardinformationen für Verbraucherkredite zu erfolgen. Den Kreditinstituten ist es insoweit verwehrt, auf eigene Formblätter zurückzugreifen, auch wenn diese alle nach dem Gesetz zu erteilenden Informationen enthalten. Andernfalls könnte etwa durch eine unterschiedliche Gestaltung oder einen abweichenden Aufbau den Verbrauchern der Vergleich zwischen den einzelnen Angeboten wesentlich erschwert werden.
32. Aufgrund der regelmäßig zwischengeschalteten eigenen Willensentscheidung des Verbrauchers könnten bei einem Schadensersatzanspruch wegen vorvertraglicher Informationspflichtverletzung für den Verbraucher Beweisschwierigkeiten hinsichtlich der Kausalität bestehen. Diese kann man allerdings ausschalten, indem man die Kausalität bereits deshalb bejaht, weil durch die unzutreffende Information gerade keine freie oder informierte Willensentscheidung des Verbrauchers möglich war. Ein Rückgriff auf die Vermutung aufklärungsrichtigen Verhaltens ist daher nicht erforderlich.
33. Die vorvertragliche Information hat rechtzeitig vor Abschluss des Kreditvertrages zu erfolgen. Um dem Rechtzeitigkeitsgebot zu genügen, bedarf es aber keiner Mindestwartezeit i. S. einer „Cooling-Off-Periode" zwischen Information und Vertragsschluss. Eine solche „Cooling-Off-Periode" wäre aus verschiedenen Gründen unzweckmäßig und würde dem Verbraucher zudem den Vertragsschluss gerade in den Fällen, in denen er auf eine zeitnahe Auszahlung des Darlehens angewiesen ist, unverhältnismäßig erschweren.
34. Eine Besonderheit gilt nunmehr hinsichtlich der für den Verbraucher besonders nachteiligen Fälle, in denen bei Abschluss einer so genannten Spar-Kredit-Kombinationen die Sparsumme für die Kredittilgung nicht ausreicht. Nach

der früheren Rechtsprechung des BGH genügte es den Banken regelmäßig, im Prozess darauf zu verweisen, dass für den Verbraucher überhaupt kein anderes Produkt in Betracht gekommen wäre, um entsprechenden Sanktionen zu entgehen. Nach der Einführung des Art. 247 § 8 Abs. 2 Satz 2 EGBGB, der einen ausdrücklichen Hinweis auf das Tilgungsrisiko verlangt, kann der Verbraucher nunmehr auch im Wege des Schadensersatzes die Loslösung vom Vertrag verlangen und zugleich Freihaltung von den Belastungen durch den mit dem Kreditvertrag abgeschlossenen Sparvertrag fordern.

35. Werden die vorvertraglichen Informationen nicht, nicht in der gebotenen Form oder mit unzutreffendem Inhalt erteilt, kann dem Verbraucher ein Schadensersatzanspruch nach §§ 280 Abs. 1, 311 Abs. 2, 241 Abs. 2 BGB zustehen. Der Verbraucher kann zunächst am Vertrag festhalten und als Vertrauensschaden die Differenz zu einem nicht abgeschlossenen günstigeren Vertrag geltend machen. Eine Anpassung des Vertrages scheidet insoweit allerdings aus. Um in diesen Fällen Beweisschwierigkeiten zu begegnen, sollten die Verbraucher bei jedem eingeholten Angebot auf Aushändigung des Formularmusters mit den vorvertraglichen Informationen bestehen. Macht der Verbraucher geltend, er hätte bei ordnungsgemäßer Information vollständig vom Vertragsschluss abgesehen, kann er über den Schadensersatzanspruch aus c. i. c. auch die Loslösung vom Vertrag und Rückgewähr des bereits Geleisteten verlangen.
36. Im Rahmen der Erläuterungspflicht nach § 491a Abs. 3 Satz 1 BGB trifft das Kreditinstitut keine Pflicht, für den Verbraucher aus der Palette der Kreditverträge den für diesen optimalen Vertrag auszuwählen. Hierdurch wäre zwar ein effektiver Verbraucherschutz gewährleistet. Zugleich würden einerseits aber die Grenzen zum Beratungsvertrag verwischt. Die Auswahlpflicht des Kreditinstituts wurde außerdem im Zuge des Gesetzgebungsverfahrens auf europäischer Ebene ausdrücklich verworfen und würde daher dem Willen des Gesetzgebers zuwiderlaufen.
37. Für eine angemessene Erläuterung nach § 491a Abs. 3 Satz 1 BGB müssen Kreditinstitute nunmehr auf Alternativangebote innerhalb der eigenen Produktpalette hinweisen. Angesichts der immer mehr zunehmenden Komplexität von Finanzprodukten erscheint eine solche Verpflichtung zumutbar, insbesondere da es den Banken nicht allzu schwer fallen dürfte, die eigenen Produkte darzustellen. In Zukunft kann sich ein Kreditinstitut bei der Kreditvergabe daher nicht darauf beschränken, nur eine einzelne Finanzierungsform darzustellen. Eine Ausnahme kann sich lediglich ergeben, wenn aufgrund der Umstände des Einzelfalls überhaupt nur ein bestimmter Vertrag für den Verbraucher in Betracht kommt.
38. Eine zurückhaltende Bewertung ergibt sich dagegen bei der Aufklärung des Verbrauchers im Hinblick auf die Mittelverwendung. Außerhalb der bereits durch die Rechtsprechung des BGH formulierten Fallgruppen wird man den Kreditinstituten auch nach Einführung des § 491a Abs. 3 BGB keine Pflicht auferlegen können, den Verbraucher auf bestimmte Probleme im Zusammenhang mit dem finanzierten Objekt hinzuweisen. Hiervon abzugrenzen ist die Frage der Zweckmäßigkeit des angebotenen Kredits. Um den Verbraucher eine wirklich informierte Entscheidung zu ermöglichen, bedarf es auch besonderer

Angaben dahingehend, warum gerade der ausgewählte Kredit für das jeweilige Vorhaben besonders geeignet ist. Auch wenn durch die Erläuterungspflicht nicht die Entscheidungsfreiheit des Verbrauchers infrage gestellt werden soll, wird man zudem in den Fällen einen Hinweis der Bank verlangen können, wenn der jeweilige Kredit den Verbraucher bis an die Grenze des Existenzminimums belastet.

39. Die Erläuterung muss im konkreten Fall auf die individuellen Bedürfnisse des Verbrauchers abgestimmt sein. Zwar kann die Bank grundsätzlich vom Verständnis eines durchschnittlichen Verbrauchers ausgehen. Spätestens die nach § 491a Abs. 3 Satz 2 BGB erforderliche Darstellung der Auswirkungen des Darlehensvertrags auf den Verbraucher verbietet jedoch eine komplette Standardisierung der Erläuterung. Dies schließt allerdings nicht grundsätzlich eine Vereinheitlichung auf bestimmten Ebenen der Erläuterung aus. Da sich die Bank zunächst am durchschnittlichen Verbraucher orientieren darf, können für die einzelnen Kreditinstitute bestimmte Basisinformationen erarbeitet werden. Diese können dann später anhand der persönlichen Angaben des Verbrauchers vor allem hinsichtlich der Auswirkungen der Kreditaufnahme konkretisiert werden. Ein Vertragsschluss mittels Fernkommunikationsmitteln, der gerade vor dem Ziel eines grenzüberschreitenden Marktes für Verbraucherkredite besondere Bedeutung erlangt, wird hierdurch nicht ausgeschlossen.
40. Die in § 18 Abs. 2 KWG umgesetzte Pflicht zur Durchführung einer Bonitätsprüfung entfaltet keine Schutzwirkung zugunsten des Verbrauchers. Er kann im Fall einer nicht oder nicht ordnungsgemäßen Bonitätsprüfung daher keine Schadensersatzansprüche wegen Verstoßes gegen § 18 Abs. 2 KWG geltend machen. Dies erscheint zunächst widersprüchlich, da mit § 509 BGB für Spezialfälle wie das Finanzierungsleasing oder den Teilzahlungskauf die Verpflichtung zur Prüfung der Kreditwürdigkeit in das BGB aufgenommen wurde und dementsprechend die Verletzung dieser Pflicht gleichermaßen einen zivilrechtlichen Schadensersatzanspruch begründen kann. Aufgrund der systematischen Einordnung des § 18 Abs. 2 KWG im Aufsichtsrecht und der Tatsache, dass die Richtlinie nicht zwingend einen Schadensersatzanspruch fordert, beinhaltet die Bonitätsprüfung für den Verbraucherkredit keine Schutzwirkung zugunsten des Verbrauchers. Die Problematik wird allerdings dadurch entschärft, dass das Kreditinstitut im Einzelfall eine Hinweispflicht aus § 491a Abs. 3 Satz 1, 2 BGB trifft, wenn der Kredit den Verbraucher bis an die Grenze des Existenzminimums belastet.
41. Bei Verstößen gegen die Erläuterungspflicht kann dem Verbraucher ein Schadensersatzanspruch aus §§ 280 Abs. 1, 311 Abs. 2, 241 Abs. 2 BGB zustehen. Die möglichen Rechtsfolgen entsprechend weitestgehend denjenigen bei Verletzung der vorvertraglicher Informationspflicht nach § 491a Abs. 1 BGB i. V. mit Art. 247 §§ 1 ff. EGBGB. Bei der Erläuterungspflicht nach § 491a Abs. 3 BGB ist allerdings zu beachten, dass sich die Pflichtverletzung gerade auf die jeweiligen spezifischen Besonderheiten im Kreditvertrag beziehen kann. Aufgrund der wirtschaftlichen Schwierigkeiten für den Verbraucher durch die Rückzahlung des gesamten Darlehensbetrags wird ein auf Rückabwicklung gerichteter Schadensersatzanspruch in der Praxis auch hier die Ausnahme bleiben.

Literatur

Ackermann, Thomas: Das Informationsmodell im Recht der Dienstleistungen, ZEuP 2009, S. 230–267.
Ady, Johannes/Paetz, Erich: Die Umsetzung der Verbraucherkreditrichtlinie in deutsches Recht und besondere verbraucherpolitische Aspekte, WM 2009, S. 1061–1070.
Akerlof, George A.: The Market for Lemons: Quality Uncertainty and the Market Mechanism, Quarterly Journal of Economics Bd. 84 (1970), S. 488–500.
Albrecht, Achim/Karahan, Davud/Lenenbach, Markus: Fachanwaltshandbuch Bank- und Kapitalmarktrecht, Münster 2010.
Zitiert: Albrecht/Karahan/Lenebach/*Bearbeiter,* FA Bank- und Kapitalmarktrecht.

Amschewitz, Dennis: Anforderungen an die Werbung für Verbraucherkredite – der neue § 6a Preisangabenverordnung, DB 2011, S. 1565–1569.
Andres, Ingrid: Die Kausalitätsvermutung im Kapitalanlagerecht – Eine kritische Würdigung der aktuellen Rechtsprechung, BKR 2011, S. 277–282.
Angermann, Juliane: Die Verletzung vertragsschlussbezogener Informationspflichten des Europäischen Privatrechts – Unionsrechtliche Vorgaben und Sanktionierung fehlerhafter Informationserteilung nach nationalem Recht, Baden-Baden 2010.
Ann, Christoph: Anmerkung zum BGH-Urteil vom 11.02.1999 (XI ZR 352/97), JA 1999, S. 827–829.
Artz, Markus: Neue Musterwiderrufsinformationen für Verbraucherkreditverträge, ZGS 2010, S. 298–302.
Assmann, Heinz-Dieter: Der Inhalt des Schadensersatzanspruchs fehlerhaft informierter Kapitalanleger, in: Medicus, Dieter/Mertens, Hans-Joachim/Nörr, Knut Wolfgang/Zöllner, Wolfgang (Hrsg.), Festschrift für Hermann Lange, Köln 1992, S. 345–372.
Bamberger, Heinz Georg/Roth, Herbert: Kommentar zum Bürgerlichen Gesetzbuch, Band 1, §§ 1–610, CISG, 3. Auflage, München 2012.
Zitiert: Bamberger/Roth/*Bearbeiter.*

Basedow, Jürgen: Kodifikationsrausch und kollidierende Konzepte – Notizen zu Marktbezug, Freiheit und System im Draft Common Frame of Reference, ZEuP 2008, S. 673–676.
Becker, Florian: Verhaltenspflichten und Haftung von Banken bei der Kreditvergabe, Berlin 2003.
Beining, Dietmar: Pflichten der Kreditinstitute bei der Vergabe von endfälligen Lebensversicherungsdarlehen, VuR 2005, S. 407–410.
Bergmann, Jan/Lenz, Christofer: Der Amsterdamer Vertrag vom 2. Oktober 1997– Eine Kommentierung der Neuerungen des EU- und EG-Vertrages, Köln 1998.
Zitiert: *Bearbeiter,* in Bergmann/Lenz (Hrsg.), Der Amsterdamer Vertrag.

C. Gercke, *Schadensersatz wegen vorvertraglicher Informationspflichtverletzung beim Verbraucherkredit,* Bibliothek des Bank- und Kapitalmarktrechts 1,
DOI 10.1007/978-3-642-39121-7, © Springer-Verlag Berlin Heidelberg 2014

Betti, Gianni/Dourmashkin, Neil/Rossi, Maria Cristina/Verma, Vijay/Yin, Yaping: Study of the problem of Consumer Indebtness, abrufbar unter http://ec.europa.eu/consumers/cons_int/fina_serv/cons_directive/fina_serv06_en.pdf, zuletzt abgerufen am 26.01.2013.

Bitter, Georg: Echter und scheinbarer Verbraucherschutz in der Praxis, WM 2008, S. 2155–2158.

Blaurock, Uwe: Informations- und Beratungspflichten bei der Kreditvergabe, in: Berger/Borges/Herrmann/Schlüter/Wackerbarth, Zivil- und Wirtschaftsrecht im Europäischen und Globalen Kontext – Festschrift für Norbert Horn, Berlin 2006, S. 697–716.

Börger, Andreas: Sanktionen für die Verletzung vorvertraglicher Informationspflichten – Eine Untersuchung gemeinschaftsrechtlicher Vorgaben und deren Umsetzung in Deutschland, Frankreich und Großbritannien, München 2010.

Bonke, Jörg/Gellmann, Nico: Die Widerrufsfrist bei eBay-Auktionen, NJW 2006, S. 3169–3171.

Boos, Karl-Heinz/Fischer, Reinfrid/Schulte-Mattler, Hermann: Kreditwesengesetz, 3. Auflage, München 2008.

Zitiert: BFS-KWG/*Bearbeiter.*

Brandt, Markus: Aufklärungs- und Beratungspflichten der Kreditinstitute bei der Kapitalanlage, Baden-Baden 2002.

Brinkmann, Rainer: Bewirkt § 6 Abs. 4 des Verbraucherkreditgesetzes, dass Kreditgeber an einer zu niedrigen Effektivzinsangabe festgehalten werden?, BB 1991, S. 1947–1950.

Bruchner, Helmut/Ott, Claus/Wagner-Wieduwilt: Verbraucherkreditgesetz, München 1992.

Bruchner, Helmut: Bankenhaftung bei fremdfinanziertem Immobilienerwerb, WM 1999, S. 825–838.

*Buck-Heeb, Petra:*Zur Aufklärungspflicht von Banken bezüglich Gewinnmargen, BKR 2010, S. 1–8.

Bülow, Peter: Das neue Verbraucherkreditgesetz, NJW 1991, S. 129–134.

Bülow, Peter: Verbraucherkreditrecht im BGB, NJW 2002, S. 1145–1150.

Bülow, Peter: Neues Verbraucherkreditrecht in Etappen, NJW 2010, S. 1713–1714.

Bülow, Peter/Artz, Markus: Verbraucherkreditrecht, 7. Auflage, München 2011.

Zitiert: *Bearbeiter,* in: Bülow/Artz, Verbraucherkreditrecht.

Bülow, Peter/Artz, Markus: Am Vorabend einer neuen Verbraucherkreditrichtlinie, WM 2005, S. 1153–1157.

Bydlinski, Franz: System und Prinzipien des Privatrechts, Wien 1996.

Callies, Christian/Ruffert, Matthias: EUV/EGV – Das Verfassungsrecht der Europäischen Union mit Europäischer Grundrechtscharta, 4. Auflage, München 2011.

Zitiert: *Bearbeiter,* in: Callies/Ruffert (Hrsg.), EUV/EGV.

Canaris, Claus-Wilhelm: Bankvertragsrecht, Erster Teil, 3. Auflage, Berlin 1988.

Canaris, Claus-Wilhelm: Verfassungs- und europarechtliche Aspekte der Vertragsfreiheit in der Privatrechtsgesellschaft, in: Badura, Peter/Scholz, Rupert, Wege und Verfahren des Verfassungslebens – Festschrift für Peter Lerche zum 65. Geburtstag, S. 873–891.

Canaris, Claus-Wilhelm: Die Schadensersatzpflicht der Kreditinstitute für eine unrichtige Finanzierungsbestätigung als Fall der Vertrauenshaftung, in: Horn/Lwowski/Nobbe (Hrsg.), Festschrift für Herbert Schimansky, Köln 1999, S. 43–66.

Canaris, Claus-Wilhelm: Die Vermutung „aufklärungsrichtigen Verhaltens" und ihre Grundlagen, in: Häuser, Franz/Hammen, Horst/Hennrichs, Joachim/Steinbeck, Anja/Siebel, Ulf R./Welter, Reinhard (Hrsg.), Festschrift für Walther Hadding zum 70. Geburtstag, Berlin 2004, S. 3–24.

Carlton, Dennis W./Perloff, Jeffrey M.: Modern Industrial Organization, 4. Auflage, Boston u. a. 2005.

Clemente, Clemens: Neuerungen im Immobiliardarlehens- und Sicherungsrecht, ZfIR 2008, S. 589–599.

Damm, Reinhard/Hart, Dieter/Kohl, Helmut/Ott, Claus: Kommentar zum Bürgerlichen Gesetzbuch, Band 1, §§ 1–240, Darmstadt 1987.

Danco, Anne: Die Novellierung der Verbraucherkreditrichtlinie, WM 2003, S. 853–861.

Dauner-Lieb, Barbara: Verbraucherschutz durch Ausbildung eines Sonderprivatrechts für Verbraucher, Berlin 1983.
Dauses, Manfred: Information der Verbraucher in der Rechtsprechung des EuGH, RIW 1998, S. 750–757.
Dauses, Manfred/Sturm, Michael: Rechtliche Grundlagen des Verbraucherschutzes im EU-Binnenmarkt, ZfRV 1996, S. 133–142.
Dehn, Wilma: Allgemeine Informationspflichten nach Art. 5 des Vorschlags für eine Richtlinie über Rechte der Verbraucher, in: Jud, Brigitta/Wendehorst, Christiane (Hrsg.), Neuordnung des Verbraucherprivatrechts in Europa?, Wien 2009, S. 41–64.
Derleder, Peter: „Schrottimmobilien"-Aufarbeitung in Karlsruhe – Das Ende eines Schismas, NZM 2006, S. 449–452.
Derleder, Peter: Der Verbraucherschutz für Schrottimmobilienerwerber und die Umsetzung der europarechtlichen Widerrufsregelungen, ZBB 2006, S. 375–386.
Derleder, Peter: Trennungsprinzip und Täuschungsabwehr – Die neue Linie des Bundesgerichtshofs gegenüber dem finanzierten Immobilienfondsanteilserwerb, ZfIR 2006, S. 489–499.
Derleder, Peter: Die Rechte des Schrottimmobilienerwerbers zwischen Überrumpelungs- und Täuschungsschutz, ZfIR 2007, S. 257–263.
Derleder, Peter: Die Restschuldversicherung zwischen Inhalts- und Äquivalenzkontrolle, VuR 2007, S. 241–245.
Derleder, Peter/Knops, Kai-Oliver/Bamberger, Heinz Georg: Handbuch zum deutschen und europäischen Bankrecht, 2. Auflage, Heidelberg 2009.
Zitiert: *Bearbeiter,* in: Derleder/Knops/Bamberger.

Dick, Hans: Das Verbraucherleitbild in der Rechtsprechung, München 1995.
Dieckmann, Andreas: Die Vermutung aufklärungsrichtigen Verhaltens bei Beratungsfehlern von Banken, WM 2011, S. 1153–1159.
Dietel, Sascha: Aufklärungspflichten bei der Vermittlung von Verbraucherdarlehen, Frankfurt a. M. 2009.
Doepner, Ulf: Verbraucherleitbilder zur Auslegung des wettbewerbsrechtlichen Irreführungsverbots, in: Niederleithinger/Werner/Wiedemann (Hrsg.), Festschrift für Otfried Lieberknecht, S. 165–195.
Domke, Frank/Sperlich, Anika: Werbung für Verbraucherkredite mit Zinsangaben, BB 2010, S. 2069–2071.
Dreher, Meinrad: Der Verbraucher – Das Phantom in der opera des europäischen und deutschen Rechts, JZ 1997, S. 167–178.
Drobnig, Ulrich: Neue rechtliche Konzepte für den europäischen Verbraucherschutz, in: Heusel, Wolfgang, Neues europäisches Vertragsrecht und Verbraucherschutz, Köln 1999, S. 201–207.
Eckert, Jörn: Übermäßige Verschuldung bei Bürgschafts- und Kreditaufnahme, WM 1990, S. 85–94.
Edelmann, Hervé: Anmerkung zum BGH-Urteil vom 20.03.2007 (XI ZR 414/04), BB 2007, S. 1693–1694.
Edelmann, Hervé/Hertel, Christian: Grenzen des Verbraucherschutzes und die Haftung der Banken bei Immobilienfinanzierung?, DStR 2000, 331–342.
Eidenmüller, Horst/Faust, Florian/Grigoleit, Hans Christopher/Jansen, Nils/Wagner, Gerhard /Zimmermann, Reinhard: Der gemeinsame Referenzrahmen für das Europäische , Privatrecht – Wertungsfragen und Kodifikationsprobleme, JZ 2008, S. 529–550.
Emmerich, Volker: Die Verbraucherkreditrichtlinie und die nationalen Verbraucherkreditgesetze, ELF 1991, S. 140–144.
Emmerich, Volker: Anmerkung zum BGH-Urteil vom 28.01.1997 (XI ZR 22/96), JuS 1997, S. 654–655.
Emmerich, Volker: Anmerkung zum BGH-Urteil vom 03.12.1991 (XI ZR 300/90), JuS 1992, S. 519–520.
Emmerich, Volker: Anmerkung zum BGH-Urteil vom 16.05.2006 (XI ZR 6/04), JuS 2006, S. 841–843.

Emmerich, Volker/Doehner, Rupert: Maximalharmonisiertes Verbraucherkreditrecht und Binnenmarktkompetenz, in: Bub/Knieper/Metz/Winter (Hrsg.), Zivilrecht im Sozialstaat, Festschrift für Peter Derleder, S. 367–381.

Enders, Germar: Neuerungen um Recht der Verbraucherdarlehensverträge – Fortschritt oder Rückschritt für den Verbraucherschutz, Berlin 2004.

Erman, Walter: Bürgerliches Gesetzbuch, Band I, 13. Auflage, Köln 2011.
Zitiert: Ermann/*Bearbeiter.*

Faßbender, Christian A.: Innerbetriebliches Wissen und bankrechtliche Aufklärungspflichten, Berlin 1998.

Fastrich, Lorenz: Richterliche Inhaltskontrolle im Privatrecht, München 1992.

Faust, Florian: Informationspflichten, in: Schulze, Reiner/von Bar, Christian/Schulte-Nölke, Hans (Hrsg.), Der akademische Entwurf eines Gemeinsamen Referenzrahmens, Tübingen 2008, S. 115–134.

Fischer, Reinfrid/Klanten, Thomas: Bankrecht – Grundlagen der Rechtspraxis, 4. Auflage, Köln 2010.

Fleischer, Holger: Informationsasymmetrie im Vertragsrecht, München 2001.
Zitiert: *Fleischer,* Informationsasymmetrie.

Fleischer, Holger: Vertragsschlussbezogene Informationspflichten im Gemeinschaftsprivatrecht, ZEuP 2000, S. 772–798.

Fleischer, Holger: Konkurrenzprobleme um die culpa in contrahendo: Fahrlässige Irreführung versus arglistige Täuschung, AcP 200 (2000), S. 91–120.

Franck, Jens-Uwe: Bessere Kreditkonditionen für Verbraucher durch mehr Regulierung?, ZBB 2003, S. 334–342.

Freckmann, Peter: Der Rückgewähranspruch bei Sicherungsgrundschulden in der Bankpraxis, BKR 2012, S. 133–141.

Freitag, Robert: Vorzeitige Rückzahlung und Vorfälligkeitsentschädigung nach der Reform der Verbraucherkreditrichtlinie, ZIP 2008, S. 1102–1110.

Frenz, Walter: Handbuch Europarecht, Bd. 6 – Institutionen und Politiken, Heidelberg 2011.

Frings, Michael: Das neue Recht des Verbraucherkredits, NWB 2010, S. 1608–1617.

Fritsch, Michael/Wein, Thomas/Ewers, Hans-Jürgen: Marktversagen und Wirtschaftspolitik – Mikroökonomische Grundlagen staatlichen Handelns, 7. Auflage, München 2007.

Fuchs, Andreas: Wertpapierhandelsgesetz (WpHG), München 2009.
Zitiert: *Bearbeiter,* in: Fuchs (Hrsg.), WpHG.

Fuellmich, Reiner/Rieger, Stefan: Die Haftung der Banken für massenhaft fehlerhafte Treuhandmodellfinanzierungen, ZIP 1999, S. 465–476.

Geßner, Timm: Retrozessionen im Fokus der neueren Judikatur, BKR 2010, S. 89–97.

Giese, Wolfgang: Wichtige Änderungen des Abzahlungsgesetzes, BB 1974, S. 722–723.

Gilles, Peter: Auf dem Weg zu einem Verbraucherkreditgesetz, ZRP 1989, S. 299–307.

Graf von Westphalen, Friedrich/Emmerich, Volker/von Rottenburg, Franz: Verbraucherkreditgesetz, 2. Auflage, Köln 1996.

Grigoleit, Hans Christoph: Besondere Vertriebsformen im BGB, NJW 2002, S. 1151–1158.

Grossmann, Sanford J./Stiglitz, Joseph E: On the Impossibility of Informationally Efficient Markets, American Economic Review. Vol. 70 (1980), S. 393–408.

Grundmann, Stefan: Europäisches Schuldvertragsrecht – Das europäische Recht der Unternehmensgeschäfte, Berlin/New York 1999.
Zitiert: *Grundmann,* Europäisches Schuldvertragsrecht.

Grundmann, Stefan: Europäisches Verbrauchervertragsrecht im Spiegel der ökonomischen Theorie – Vertragsinformation im Binnenmarkt, in: Schäfer, Hans-Bernd/Ott, Claus (Hrsg.), Vereinheitlichung und Diversität des Zivilrechts in transnationalen Wirtschaftsräumen, Bei-

träge zum VII. Travemünder Symposium zur ökonomischen Analyse des Rechts, Tübingen 2002, S. 284–321.
Zitiert: *Grundmann,* Vertragsinformation im Binnenmarkt.

Grundmann, Stefan: Europäisches Handelsrecht – vom Handelsrecht des laissez faire im Kodex des 19. Jahrhunderts zum Handelsrecht der sozialen Verantwortung, ZHR 163 (1999), S. 635–678.

Grundmann, Stefan: Privatautonomie im Binnenmarkt, JZ 2000, S. 1133–1143.

Grundmann, Stefan: Darlehens- und Kreditrecht nach dem Schuldrechtmodernisierungsgesetz, BKR 2002, S. 66–71.

Grunewald, Barbara: Rechtsfolgen bei unterlassener Prüfung der Kreditwürdigkeit, in: Burgard, Ulrich/Hadding, Walther/Mülbert, Peter/Nietsch, Michael/Welter, Reinhard (Hrsg.), Festschrift für Uwe H. Schneider zum 70. Geburtstag, S. 401–406.

Haase, Richard: Anmerkung zum BGH-Urteil vom 03.12.1991 (XI ZR 300/90), JR 1992, S. 291–292.

Habersack, Mathias: Verbraucherkredit- und Haustürgeschäfte nach der Schuldrechtmodernisierung, BKR 2002, S. 72–78.

Hadding, Walther: Welche Maßnahmen empfehlen sich zum Schutz des Verbrauchers auf dem Gebiet des Konsumentenkredits – Gutachten zum 53. Deutschen Juristentag, München 1980.

Hadding, Walter: Zur Abgrenzung von Unterrichtung, Aufklärung, Auskunft, Beratung und Empfehlung als Inhalt bankrechtlicher Pflichten, in: Horn/Lwowski/Nobbe (Hrsg.), Festschrift für Herbert Schimansky, Köln 1999, S. 67–81.

Hart, Dieter/Köck, Wolfgang: Zum Stand der Verbraucherrechtsentwicklung, ZRP 1991, S. 61–67.

Harte-Bavendamm, Henning/Henning-Bodewig, Frauke: Gesetz gegen den unlauteren Wettbewerb (UWG), 2. Auflage, München 2009.
Zitiert: Harte/Henning/*Bearbeiter.*

Hayböck, Gerwin: Verbraucherschutzmodelle für ein faires Vertragsrecht, Wien 2008.

Heiderhoff, Bettina: Gemeinschaftsprivatrecht, 2. Auflage, München 2007.

Heiss, Helmut: Verbraucherschutz im Binnenmarkt: Art. 129a EGV und die wirtschaftlichen Verbraucherinteressen, ZEuP 1996, 625–647.

Hennrichs, Joachim: Informationspflichten bei Darlehensgeschäften – Insbesondere bei Festdarlehen mit alternativen Tilgungsinstrumenten, in: Ekkenga/Hadding/Hammen (Hrsg.), Bankrecht und Kapitalmarktrecht in der Entwicklung, S. 241–255.

Herresthal, Carsten: Formanforderungen bei Änderungen eines Verbraucherdarlehens, BKR 2004, S. 479–483.

Herresthal, Carsten: Die Verpflichtung zur Bewertung der Kreditwürdigkeit und zur angemessenen Erläuterung nach der neuen Verbraucherkreditrichtlinie 2008/48/EG, WM 2009, 1174–1180.

Heße, Manfred/Niederhofer, Stefan: Die Eigenverantwortlichkeit des Darlehensnehmers und die Erläuterungspflicht des Darlehensgebers nach § 491a Abs. 3 BGB, MDR 2010, S. 968–973.

Hoffmann, Dieter: Analyse der europäischen Rechtssetzungstechniken im Bereich des Vertragsrechts aus der Sicht der Europäischen Kommission, in: Heusel (Hrsg.), Neues europäisches Vertragsrecht und Verbraucherschutz, Köln. 1999, S. 39–50.

Hoffmann, Jochen: Spezielle Informationspflichten im BGB und ihre Sanktionierung, ZIP 2005, S. 829–840.

Hoffmann, Markus: Die Reform der Verbraucherkreditrichtlinie (87/102/EWG), Berlin 2007.
Zitiert: *Hoffmann,* Reform der Verbraucherkreditrichtlinie.

Hoffmann, Markus: Der Diskussionsstand zur Reform der Verbraucherkreditrichtlinie, BKR 2004, S. 308–315.

Hofmann, Christian: Aufklärungspflichten der Kreditinstitute über das Finanzierungsmodell beim Immobilienerwerb unter Ausnutzung von Steuervorteilen („Steuersparmodelle"), ZBB 2005, S. 174–182.

Hofmann, Christian: Die Pflicht zur Bewertung der Kreditwürdigkeit, NJW 2010, S. 1782–1786.

Hofmann, Christian: Die Belehrungspflichten bei kreditfinanzierten Anlagemodellen: Die neue BGH-Rechtsprechung zu institutionalisiertem Zusammenwirken, WM 2006, S. 1847–1855.

Hofmann, Christian: Veränderte Aufklärungs- und Interessenwahrungspflichten im Bankvertragsrecht nach MiFID und der neuen Verbraucherkreditrichtlinie, in: Riesenhuber, Karl (Hrsg.), Perspektiven des Europäischen Schuldvertragsrechts, Berlin 2008, S. 71–112.

Hök, Götz-Sebastian: Immobilienfinanzierung – Die europäische Entwicklung des Verbraucherschutzes bei der Vergabe wohnungswirtschaftlicher Darlehen, MDR 2002, S. 925–928.

Höland, Armin: Leitbilder des Europäischen Verbraucherrechts, in: Krämer, Ludwig/Micklitz, Hans-W./Tonner, Klaus, Law an diffuse Interests in the European Legal Order – Recht und diffuse Interessen in der Europäischen Rechtsordnung – Liber amicorum Norbert Reich, Baden-Baden 1997, S. 195–219.

Hommelhoff, Peter: Zivilrecht unter dem Einfluss europäischer Rechtsangleichung, AcP 192 (1992), S. 71–107.

Hönn, Günther: Kompensation gestörter Vertragsparität, München 1982.

Hörmann, Günter/Holzscheck, Knut: Rechtstatsachen zum Konsumentenkredit, ZIP 1982, S. 1172–1176.

Horn, Norbert: Die Aufklärungs- und Beratungspflichten der Banken, ZBB 1997, S. 139–152.

Hüttebräuker, Astrid: Die Entstehung der EG-Richtlinien über den Verbraucherkredit, Bonn 2000.

Immenga, Ulrich: Bankenhaftung bei der Finanzierung steuerbegünstigter Anlagen, ZHR 151 (1987), S. 148–161.

Jauernig, Othmar: Bürgerliches Gesetzbuch, 13. Auflage, München 2009.
Zitiert: Jauernig/*Bearbeiter.*

Joerges, Christian: Verbraucherschutz als Rechtsproblem – Eine Untersuchung zum Stand der Theorie und zu den Entwicklungsperspektiven des Verbraucherrechts, Heidelberg 1981.

Jordans, Roman: Aufklärungspflichten über Einnahmen aus dem Vertrieb von Finanzprodukten – eine Übersicht über die Rechtsprechung zu Kick-Backs, Provisionen und Margen seit dem Jahr 2000, BKR 2011, S. 456–465.

Jungmann, Carsten: Schadensersatzansprüche in Schrottimmobilienfällen, NJW 2007, S. 1562–1566.

Kaiser, Sven: Vorschlag der EU-Kommission für eine Überarbeitung der Verbraucherkreditrichtlinie – Darstellung der wesentlichen Änderungen, VuR 2002, S. 385–390.

Kemper, Rainer: Verbraucherschutzinstrumente, Baden-Baden 1994.

Kersting, Christian: Die Rechtsfolge vorvertraglicher Informationspflichtverletzung – Vertragsaufhebungsanspruch oder „Minderung" aus c.i.c.?, JZ 2008, S. 714–721.

Kiethe, Kurt: Die zivil- und strafrechtliche Haftung von Vorstandsmitgliedern einer Sparkasse für riskante Kreditgeschäfte, BKR 2005, S. 177–186.

Kind, Sandra: Die Grenzen des Verbraucherschutzes durch Information – aufgezeigt am Teilzeitwohnrechtegesetz, Berlin 1998.

Kirchgässner, Gebhard: Führt der homo oeconomicus das Recht in die Irre?, JZ 1991, S. 104–111.

Knops, Kai-Oliver: Der Verbraucherkredit zwischen Privatautonomie und Maximalharmonisierung, in: Habersack, Mathias/Mülbert, Peter/Nobbe, Gerd/Wittig, Arne (Hrsg.), Bankrechtstag 2009, S. 195–232.

Knops, Kai-Oliver: Kombinationsfinanzierungen – insbes. zur Risikoverteilung bei auftretenden Deckungslücken, AcP 206 (2006), S. 867–901.

Knops, Kai-Oliver: Verbraucherschutz und Kreditrecht, VuR 1998, S. 107–117.

Knops, Kai-Oliver: Die Umsetzung der EuGH-Urteile *Crailsheimer Volksbank* und *Schulte* für die Abwicklung an der Haustür vermittelter Finanzierungen von Anlagen in Immobilien und Immobilienfonds, VuR 2006, 90–95 (Teil 1) und 186–189 (Teil 3).

Knops, Kai-Oliver/Kulke, Ulrich: Die Umsetzung der EuGH-Urteile *Crailsheimer Volksbank* und *Schulte* für die Abwicklung an der Haustür vermittelter Finanzierungen von Anlagen in Immobilien und Immobilienfonds, VuR 2006, 127–137 (Teil 2).

Knops, Kai-Oliver: Restschuldversicherung im Verbraucherkreditrecht, VersR 2006, S. 1455–1459.

Köhler, Helmut/Bornkamm, Joachim: Gesetz gegen den unlauteren Wettbewerb – UWG, 29. Auflage, München 2011.
Zitiert: *Bearbeiter*/Bornkamm, UWG.

Köhler, Helmut: Die Regelung zur Angabe des effektiven Jahreszinses bei Immobilienkrediten: Mehr – oder weniger Transparenz und Vergleichbarkeit von Kreditangeboten, WM 2012, S. 149–153.
Köndgen, Johannes: Selbstbindung ohne Vertrag, Tübingen 1981.
Köngen, Johannes: Die Entwicklung des Bankkreditrechts 1991–1993, NJW 1994, S. 1508–1518.
Köndgen, Johannes: Die Entwicklung des Bankkreditrechts 1995–1999, NJW 2000, S. 468–482.
Kuhlmann, Eberhard: Verbraucherpolitik, München 1990.
Kulke, Ulrich: Der Gesetzesentwurf der Bundesregierung zur Umsetzung der Verbraucherkreditrichtlinie, des zivilrechtlichen Teils der Zahlungsdiensterichtlinie sowie zur Neuordnung der Vorschriften über das Widerrufs- und Rückgaberecht, Teil 1 und 2, VuR 2009 S. 12–15 und S. 373–380.
Kulke, Ulrich: Anmerkung zum BGH-Urteil vom 26.09.2006 (XI ZR 283/03), VUR 2007, 108–112.
Kümpel, Siegfried/Wittig, Arne: Bank- und Kapitalmarktrecht, 4. Auflage, Köln 2011.
Zitiert: *Bearbeiter,* in: Kümpel/Wittig.

Lehleiter, Gunther/Hoppe, Christian: Die Haftung des bankenverantwortlichen bei der Kreditvergabe, BKR 2007, S. 178–185.
Lehmann, Michael: Vertragsanbahnung durch Werbung – Eine juristische und ökonomische Analyse der bürgerlich-rechtlichen Haftung für Werbeangaben gegenüber dem Letztverbraucher, München 1981.
Leisner, Walter: Der mündige Verbraucher in der Rechtsprechung des EuGH – Zur europarechtlichen Zulässigkeit abstrakter Gefährdungstatbestände (§§ 6a, 6b UWG), EuZW 1991, S. 498–504.
Lieb, Manfred: Sonderprivatrecht für Ungleichgewichtslagen? Überlegungen zum Anwendungsbereich der sogenannten Inhaltskontrolle privatrechtlicher Verträge, AcP 178 (1978), S. 196–226.
Limbach, Jutta: Die Kompensation von Ungleichgewichtslagen, KritV 1986, S. 165–188.
Lindacher, Walter F.: Richterliche Inhaltskontrolle Allgemeiner Geschäftsbedingungen und Schutzbedürftigkeit des Kunden, BB 1972, S. 296–299.
Löwe, Walter: Neuerungen im Abzahlungsrecht, NJW 1974, S. 2257–2264.
Looschelders, Dirk: Schuldrecht Besonderer Teil, 7. Auflage, München 2012.
Ludwig, Claus: Zum Textformerfordernis der Widerrufsbelehrung im Onlinehandel, ZGS 2011, S. 58–62.
Lüdemann, Jörn: Die Grenzen des homo oeconomicus und die Rechtswissenschaft, in: Engel, Christoph/Englerth, Markus/Lüdemann, Jörn/Spiecker genannt Döhmann, Indra (Hrsg.), Recht und Verhalten, Tübingen 2007, S. 7–59.
Lurger, Brigitta: Vertragliche Solidarität. Entwicklungschance für das allgemeine Vertragsrecht in Österreich und in der Europäischen Union, Baden-Baden 1998.
Martinek, Michael: Unsystematische Überregulierung und kontraintentionale Effekte im Europäischen Verbraucherschutzrecht, in: Grundmann, Stefan (Hrsg.), Systembildung und Systemlücken in Kerngebieten des Europäischen Privatrechts, Tübingen 2000, S. 511–557.
Metz, Rainer: Restschuldversicherungen bei Konsumentenkrediten: Die Rückkehr der Sittenwidrigkeit?, BKR 2007, S. 401–405.
Metz, Rainer: Verbraucherrelevante europäische Rechtssetzung im Bereich Finanzdienstleistungen, VuR 2007, S. 361–363.
Micklitz, Hans-W./Weatherill, Stephen: Consumer Policy in the European Community: Before and After Maastricht, in: Journal of Consumer Policy 16 (1993), S. 285–321.
Micklitz, Hans-W./Reich, Norbert: Die Fernabsatzrichtlinie im deutschen Recht, Baden-Baden 1998.

Micklitz, Hans-W./Reich, Norbert/Rott, Peter: Understanding EU Consumer Law, 2009.
Micklitz, Hans-W./Reich, Norbert: Verbraucherschutz im Vertrag über die Europäische Union – Perspektiven für 1993, EuZW 1992, S. 593–598.
Möllers, Thomas M. J.: Europäische Richtlinien zum Bürgerlichen Recht, JZ 2002, S. 121–134.
Müller, Wolfram: BB-Kommentar zu BGH, Urteil vom 06.12.2005 – XI ZR 139/05, BB 2006, S. 685–686.
Münchener Kommentar zum Bürgerlichen Gesetzbuch: Westermann, Harm Peter (Hrsg.), Band 3, Schuldrecht, Besonderer Teil I (§§ 433–606), 3. Auflage, München 1995.
Zitiert: MünchKomm/*Bearbeiter* (3. Aufl.).

Münchener Kommentar zum Bürgerlichen Gesetzbuch: Säcker, Franz Jürgen/Rixecker, Roland/Oetker, Hartmut (Hrsg.), Band 2, Schuldrecht Allgemeiner Teil (§§ 241–432), 6. Auflage, München 2012.
Zitiert: MünchKomm/*Bearbeiter.*

Münchener Kommentar zum Bürgerlichen Gesetzbuch: Säcker, Franz Jürgen/Rixecker, Roland (Hrsg.), Band 3, Schuldrecht Besonderer Teil I (§§ 433–610), 6. Auflage, München 2012.
Zitiert: MünchKomm/*Bearbeiter.*

Münstermann, Walter/Hannes, Rudi: Verbraucherkreditgesetz, Münster 1991.
Musielak, Hans-Joachim: Die „gefestigte Rechtsprechung" des Bundesgerichtshofs zum Zustandekommen eines Auskunftsvertrages mit einer Bank, WM 1999, S. 1593–1596.
Nicklisch, Fritz: Zum Anwendungsbereich der Inhaltskontrolle Allgemeiner Geschäftsbedingungen, BB 1974, S. 941–949.
Nobbe, Gerd: Kommentar zum Kreditrecht, Band. 1 (§§ 13–512), 2. Aufl., Heidelberg 2012.
Nobbe, Gerd: Zulässigkeit von Bankentgelten, WM 2008, S. 185–194.
Nobbe, Gerd: Neuregelungen im Verbraucherkreditrecht – Ein kritischer Überblick, WM 2011, S. 625–632.
Oechsler, Jürgen: Vertragliche Schuldverhältnisse, 2. Auflage, München 2007.
Omlor, Sebastian: Finanzierungsleasing unter der neuen Verbraucherkreditrichtlinie, NJW 2010, S. 2694–2700.
Paal, Boris: Verbraucherschutz und kreditfinanzierte Immobilieninvestitionen im Lichte der aktuellen Rechtsprechung, JuS 2006, 775–780.
Palandt, Otto: Bürgerliches Gesetzbuch mit Nebengesetzen, 72. Auflage, München 2013.
Zitiert: Palandt/*Bearbeiter.*

Pfeiffer, Thomas: Von den Principles of European Contract Law zum Draft Common Frame of Reference, ZEuP 2008, S. 679–707.
Piekenbrock, Andreas: Das AGB-Pfandrecht am Kundenguthaben in der Klauselkontrolle, WM 2009, S. 49–54.
Podewils, Felix/Reisich, Dennis: Haftung für „Schrott"-Zertifikate? – Aufkläungs- und Beratungspflichten nach BGB und WphG beim Erwerb von Zertifikaten, NJW 2009, S. 116–121.
Posner, Richard A.: Economic Analysis of Law, 5. Auflage, Aspen 1998.
Prütting, Hanns/Wegen, Gerhard/Weinreich, Gerd: BGB Kommentar, 7. Auflage, Köln 2012.
Zitiert: PWW/*Bearbeiter.*

Reese, Ulrich: Grenzüberschreitende Werbung in der Europäischen Gemeinschaft, München 1994.
Rehm, Gebhardt: Aufklärungspflichten im Vertragsrecht, München 2003.
Reich, Norbert: Markt und Recht, Neuwied/Darmstadt 1977.
Zitiert: *Reich,* Markt und Recht.

Reich, Norbert: Verbraucherrechte als – unverzichtbare – subjektive Rechte passiver Marktbürger, in: Grundmann, Stefan (Hrsg.), Systembildung und Systemlücken in Kerngebieten des Europäischen Privatrechts, Tübingen 2000, S. 481–509.

Zitiert: *Reich,* Verbraucherrechte als subjektive Rechte.

Reich, Norbert: Zivilrechtstheorie, Sozialwissenschaften und Verbraucherschutz, ZRP 1974, S. 187–194.
Reich, Norbert: Schuldrechtliche Informationspflichten gegenüber Endverbrauchern, NJW 1078, S. 513–519.
Reich, Norbert: Reform des Rechts des Konsumentenkredites, JZ 1980, S. 329–336.
Reich, Norbert: Verbraucherpolitik und Verbraucherschutz im Vertrag von Amsterdam, VuR 1999, S. 3–10.
Reich, Norbert/Micklitz, Hans-W.: Europäisches Verbraucherrecht, 4. Auflage, Baden-Baden 2003.
Zitiert: *Bearbeiter,* in: Reich/Micklitz.

Reich, Norbert/Tonner, Klaus/Wegener, Hartmut: Verbraucher und Recht – Überholte Konzeptionen, Lücken und Mängel in wichtigen Verbrauchergesetzen und die Praxis der Rechtsprechung, Göttingen 1976.
Zitiert: *Verfasser,* in: Reich/Tonner/Wegener, Verbraucher und Recht.

Reichenbach, Horst/Emmerling, Thea/Staudenmayer, Dirk: Integration: Wanderung über europäische Gipfel, Baden-Baden 1999.
Reifner, Udo: Alternatives Wirtschaftsrecht am Beispiel der Verbraucherverschuldung – Realitätsverleugnung oder soziale Auslegung im Zivilrecht, Darmstadt 1979.
Zitiert: *Reifner,* Alternatives Wirtschaftsrecht.

Reifner, Udo: Verantwortungsvolle Kreditvergabe im europäischen Recht, in: Thévenoz, Luc/ Reich, Norbert (Hrsg.), Droit de la consommation – Konsumentenrecht – Consumer Law – Liber Amicorum Bernd Stauder, Baden-Baden 2006, S. 383–403.
Reifner, Udo: Die EG-Richtlinie über den Konsumentenkredit – Nachhilfe im Verbraucherschutz für die Bundesrepublik Deutschland, in: Hörmann, Günther (Hrsg.), Verbraucherkredit und Verbraucherinsolvenz – Perspektiven für die Rechtspolitik aus Europa und USA, Bremen 1985, S. 621–643.
Reifner, Udo: Maximalharmonisierung, Heimatlandkontrolle oder Standardisierung – Das Ende des nationalen Verbraucherschutzes aus Brüssel?, in: Blaschek, Beate/Enthofer-Stoisser, Ruth/ Medwed, Disa/Perz, Hemuth/Pirker-Hörmann, Beate/Reiffenstein, Maria (Hrsg.), Konsumentenpolitik im Spannungsfeld von Liberalisierung und sozialer Verantwortung – Festschrift für Gottfried Mayer, Graz 2004, S. 159–178.
Reifner, Udo: Rechtsprobleme des Lebensversicherungsrechts, ZIP 1988, S. 817–825.
Reifner, Udo: Schuldrechtsmodernisierungsgesetz und Verbraucherschutz bei Finanzdienstleistungen, ZBB 2001, S. 193–200.
Reifner, Udo: Empfehlungen zum Vorschlag einer EU-Richtlinie zum Konsumentenkredit, VuR 2004, S. 11–15.
Reifner, Udo: Konsumentenkreditrichtlinie im Europaparlament – Zurück zu den Siebzigern?, BKR 2004, S. 85–90.
Reifner, Udo: Die Restschuldversicherung im Ratenkredit, WM 2008, S. 2329–2339.
Reifner, Udo: Neue Sittenwidrigkeit von Ratenkrediten?, BKR 2009, S. 51–65.
Reifner, Udo: Die weitere Deregulierung des Verbraucherkredites – Eine merkwürdige Antwort auf die Kreditkrise, KJ 2009, S. 132–147.
Reinking, Kurt: Die Änderungen des Kreditvertragsrechts und ihre Auswirkungen auf die Finanzierung und das Leasing von Kraftfahrzeugen, DAR 2010, S. 252–256.
Reuter, Dieter: Freiheitsethik und Privatrecht, in: Bydlinski, Franz/Mayer-Maly, Theo (Hrsg.), Die ethischen Grundlagen des Privatrechts, Wien 1994, S. 105–130.
Reuter, Dieter: Die ethischen Grundlagen des Privatrechts – formale Freiheitsethik oder materiale Verantwortungsethik?, AcP 189 (1989), S. 199–222.
Richrath, Jochen: Aufklärungs- und Beratungspflichten – Grundlagen und Grenzen, WM 2004, S. 653–661.

Richter, Rudolf/Furubotn, Eirik: Neue Institutionenökonomik – Eine Einführung und kritische Würdigung, 3. Auflage, Tübingen 2003.
Riehm, Thomas/Schreindorfer, Benedikt: Das Harmonisierungskonzept der neuen Verbraucherkreditrichtlinie, GPR 2008, 244–249.
Riesenhuber, Karl: Europäisches Vertragsrecht, 2. Auflage, Berlin 2006.
Riesenhuber, Karl: Information – Beratung – Fürsorge – Kritische Bemerkungen zum Vorschlag einer neuen Verbraucherkreditrichtlinie, ZBB 2003, 325–334.
Rittner, Fritz: Das Modell des homo oeconomicus und die Jurisprudenz, JZ 2005, S. 668–670.
Rink, Wilfried: Effektiver Jahreszins – eine effektive Information?, VuR 2011, S. 12–14.
Ritz, Corinna: Harmonisierungsprobleme bei der Umsetzung der EG-Richtlinie 87/102 über den Verbraucherkredit, Frankfurt a. M. 1996.
Rohe, Mathias: Privatautonomie im Verbraucherkreditrecht wohin?, ZBB 2003, S. 267–273.
Rösler, Hannes: Europäisches Konsumentenvertragsrecht, München 2004.
Rong, Yunlin: Die Entwicklung der Aufklärungspflichten – insbesondere im Kreditrecht, Berlin 2009.
Roth, Herbert: EG-Richtlinien und Bürgerliches Recht, JZ 1999, 529–538.
Roth, Markus: Heilung und Wirksamwerden von mit formnichtiger Vollmacht geschlossenen Verbraucherdarlehensverträgen, WM 2003, S. 2356–2360.
Rott, Peter: Mitverantwortung des Kreditgebers bei der Kreditvergabe – Warum eigentlich nicht?, BKR 2003, S. 851–859.
Rott, Peter: Die neue Verbraucherkredit-Richtlinie 2008/48/EG und ihre Auswirkungen auf das deutsche Recht, WM 2008, S. 1104–1113.
Rott, Peter: Kreditvermittlung nach der Reform des Verbraucherkreditrechts, VuR 2008, S. 281–285.
Rott, Peter/Terryn, Evelyne/Twigg-Flesner, Christian: Kreditwürdigkeitsprüfung: Verbraucherschutzverhinderung durch Zuweisung zum Öffentlichen Recht?, VuR 2011, S. 163–169.
Rühl, Wolfgang: Weitreichende Änderungen im Verbraucherdarlehensrecht und Recht der Zahlungsdienste, DStR 2009, S. 2256–2263.
Rümker, Dietrich: Haftung der Bank aus der Finanzierung von Bauherrenmodellen und geschlossenen Immobilienfonds-Modellen, ZHR 151 (1987), S. 162–178.
Sauer, Stefan: Anmerkung zu BGH vom 18.01.2005, XI ZR 17/04, BKR 2005, S. 154–157.
Schäfer, Hans-Bernd/Ott, Claus: Lehrbuch der ökonomischen Analyse des Zivilrechts, 4. Auflage, Berlin/Heidelberg 2005.
Schimansky, Herbert/Bunte, Hermann-Josef/Lwowski, Hans-Jürgen: Bankrechts-Handbuch, Band I, 3. Aufl., München 2007.
Zitiert: *Bearbeiter* in Schimanski/Bunte/Lwowski, Bankrechts-Handbuch.

Schirmbacher, Martin: „Bloße Speicherung der Widerrufsbelehrung bei eBay genügt nicht der gesetzlichen Textform", BB 2010, S. 3114.
Schmelz, Karl-Joachim/Klute, Sabin/Bender, Ulrich: Der Verbraucherkredit, München 1989.
Schmelz, Karl-Joachim/Klute, Sabine: Zum Gesetzesentwurf für ein Verbraucherkreditgesetz, ZIP 1989, S. 1509–1525.
Schmid, Christoph: Die Instrumentalisierung des Privatrechts durch die Europäische Union, Baden-Baden 2010.
Schmidt-Kessel, Martin: Vom Beruf unserer Zeit für Gesetzgebung und Wissenschaft auf dem Gebiete des Verbraucherrechts, VuR 2012, S. 350–355.
Scholz, Franz Josef: Schwerpunkte der EG-Verbraucherkreditrichtlinie – unter Berücksichtigung des geltenden deutschen Rechts, MDR 1988, S. 730–736.
Scholz, Franz Josef: Überlegungen der EG zur Verschärfung des Verbraucherkreditrechts, EWS 1995, S. 357–360.
Schröder, Bernhard: Gesetz … Zur Neuordnung der Vorschriften über das Widerrufs- und Rückgaberecht – Rückblick und Ausblick, NJW 2010, S. 1933–1938.

Schroeder, Conrad: Die soziale Marktwirtschaft als Garant für den Verbraucherschutz, in: Piepenbrock, Hartwig/Schroeder, Conrad (Hrsg.), Verbraucherpolitik kontrovers, Köln 1987, S. 127–138.
Schulte-Nölke, Hans: Ziele und Arbeitsweisen von Study Group und Acquis Group bei der Vorbereitung des DCFR, in: Schmidt-Kessel, Martin (Hrsg.), Der Gemeinsame Referenzrahmen, München 2009, S. 9–22.
Schünemann, Wolfgang B.: Mündigkeit versus Schutzbedürftigkeit – Legitimationsprobleme des Verbraucher-Leitbildes, in: Pfeiffer, Gerd/Kummer, Joachim/Scheuch, Silke (Hrsg.), Festschrift für Hans Erich Brandner, S. 279–298.
Schürnbrand, Jan: Das neue Recht der Verbraucherkredite und verbundenen Verträge, in: Habersack, Mathias/Mülbert, Peter/Nobbe, Gerd/Wittig, Arne (Hrsg.), Bankrechtstag 2009, S. 174–193.
Schürnbrand, Jan: Die Neuregelung des Verbraucherdarlehensrechts, ZBB 2008, S. 383–391.
Schumacher, Rolf: Vertragsaufhebung wegen fahrlässiger Irreführung unerfahrener Vertragspartner, Bonn 1979.
Schwennicke, Andreas/Auerbach, Dirk: Kreditwesengesetz, München 2009.
Zitiert: *Bearbeiter,* in: Schwennicke/Auerbach.

Schwintowski, Hans-Peter: Bankrecht, 3. Auflage, Köln 2011.
Siems, Mathias: Die neue Verbraucherkreditrichtlinie und ihre Folgen, EuZW 2008, S. 454–548.
Simitis, Konstantin: Verbraucherschutz, Schlagwort oder Rechtsprinzip?, Baden-Baden 1976.
Siol, Joachim: Aufklärungspflichten im Bankrecht bei Immobilienanlagen, DRiZ 2006, S. 223–228.
Spickhoff, Andreas/Petershagen, Jörg: Bankenhaftung bei fehlgeschlagenen Immobilienerwerber-Treuhandmodellen, BB 1999, S. 165–173.
Spindler, Gerald/Schuster, Fabian: Recht der elektronischen Medien, 2. Auflage, München 2011.
Zitiert: *Bearbeiter,* in: Spindler/Schuster, Recht der elektronischen Medien.

Staudenmayer, Dirk: Europäisches Verbraucherschutzrecht nach Amsterdam – Stand und Perspektiven, RIW 1999, S. 733–738.
Stauder, Bernd: Der Grundsatz der verantwortungsvollen Kreditvergabe, in: Blaschek, Beate/Enthofer-Stoisser, Ruth/Medwed, Disa/Perz, Hemuth/Pirker-Hörmann, Beate/Reiffenstein, Maria (Hrsg.), Konsumentenpolitik im Spannungsfeld von Liberalisierung und sozialer Verantwortung – Festschrift für Gottfried Mayer, Graz 2004, S. 193–212.
Staudinger, Julius von: Kommentar zum Bürgerlichen Gesetzbuch mit Einführungsgesetz und Nebengesetzen, §§ 491–505 (Verbraucherdarlehen) Berlin 2004; §§ 311, 311a, 312, 312a-f (Vertragsschluss), Berlin 2005.
Zitiert: Staudinger/*Bearbeiter.*

Steppeler, Wolfgang: Vorvertragliche Information, Vertragsabschluss und Widerrufsrecht im Entwurf einer EG-Verbraucherkreditrichtlinie und in nationalen Verbraucherkreditgesetzen, in: Hörmann, Günther (Hrsg.), Verbraucherkredit und Verbraucherinsolvenz – Perspektiven für die Rechtspolitik aus Europa und USA, Bremen 1985, S. 592–609.
Stiftung Warentest: Die Kreditversager, Finanztest 6/2012, S. 12–17.
Stockhausen, Lothar/Warner, Johanna: Zivilrechtliche Umsetzung der Zahlungsdiensterichtlinie – Finanzmarktkrise und Umsetzung der Verbraucherkreditrichtlinie – Bericht über den Bankrechtstag am 26. Juni 2009, WM 2009, S. 1548–1553.
Stoll, Hans: Die Beweislastverteilung bei positiven Vertragsverletzungen, in: Esser, Josef/Thieme, Hans (Hrsg.), Festschrift für Fritz von Hippel, S. 517–559.
Streinz, Rudolf: EUV/EGV – Vertrag über die Europäische Union und Vertrag zur Gründung der Europäischen Gemeinschaft, 2. Auflage, München 2012.
Zitiert: Streinz/*Bearbeiter,* EUV/EGV.

Tiedtke, Klaus: Die Haftung der Banken für unberechtigte Zusagen ihrer Sachbearbeiter, WM 1993, S. 1228–1232.

Tiffe, Achim: Die Struktur von Informationspflichten bei Finanzdienstleistungen, Baden-Baden 2006.

Timmann, Henrik: Formerfordernisse und Informationspflichten bei Erteilung der Vollmacht, BB 2003, Beilage 6, S. 23–31.

Tonner, Klaus: Verbraucherrechte und Selbstregulierungskonzepte, KJ 1985, S. 107–125.

Tonner, Klaus/Tamm, Marina: Der Vorschlag einer Richtlinie über Rechte der Verbraucher und seine Auswirkungen auf das nationale Verbraucherrecht, JZ 2009, S. 277–290.

von Bar, Christian/Clive, Eric: Principles, Definitions and Model Rules of European Private Law – Draft Common Frame of Reference (DCFR), Volume I, München 2009.

van den Bergh, Roger: Wer schützt den europäischen Verbraucher vor dem Brüsseler Verbraucherschutz? Zu den möglichen adversen Effekten der europäischen Richtlinien zum Schutze der Verbraucher, in: Ott, Claus/Schäfer, Hans- Bernd (Hrsg.), Effiziente Verhaltenssteuerung und Kooperation im Zivilrecht: Beiträge zum V. Travemünder Symposium zur ökonomischen Analyse des Rechts, Tübingen 1997, S. 77–102.

von Heymann, Ekkehardt: Zum neuen Verbraucherkreditgesetz, WM 1991, S. 1285–1294.

von Heymann, Ekkehardt/Merz, Christian: Bankenhaftung bei Immobilienanlagen, 18. Auflage, Heidelberg 2010.

von Hippel, Eike: Verbraucherschutz, 3. Auflage, Tübingen 1986.

von Hippel, Eike: Grundfragen des Verbraucherschutzes, JZ 1972, S. 417–423.

von Vogel, Alexander: Verbrauchervertragsrecht und allgemeines Vertragsrecht – Fragen der Kohärenz in Europa, Berlin 2006.

Vortmann, Jürgen: Aufklärungs- und Beratungspflichten der Banken, 10. Auflage, Köln 2012.

Weller, Marc-Philippe: Die Dogmatik des Anlageberatungsvertrags – Legitimation der strengen Rechtsprechungslinie von Bond bis Ille ./. Deutsche Bank, ZBB 2011, S. 191–199.

Welter, Reinhard/Lang, Volker: Handbuch der Informationspflichten im Bankenverkehr, Köln 2005.
Zitiert: *Bearbeiter,* in: Welter/Lang (Hrsg.).

Wendehorst, Christiane: Das deutsche Umsetzungskonzept für die neue Verbraucherkreditrichtlinie, ZEuP 2011, S. 262–291.

Westermann, Harm Peter: Verhaltenspflichten der Kreditinstitute bei der Vergabe von Verbraucherdarlehen, ZHR 153 (1989), S. 123–146.

Wicke, Hartmut: Anmerkungen zu einem allgemeinen Teil des europäischen Verbrauchervertragsrechts, GPR 2005, S. 106–109.

Wiedenmann, Kai-Udo: Verbraucherleitbilder und Verbraucherbegriff im deutschen und europäischen Privatrecht, Frankfurt a. M. 2003.

Wimmer, Konrad/Rösler, Patrick: Praxisprobleme bei Preisangaben im neuen Verbraucherkreditrecht, BKR 2011, S. 6–9.

Wittig, Judith/Wittig, Arne: Das neue Darlehensrecht im Überblick, WM 2002, S. 145–156.

Wittig, Judith/Wittig, Arne: Das neue Verbraucherdarlehensrecht – Schritte zur Vermeidung der Privatinsolvenz?, ZInsO 2009, S. 633–640.

Wösthoff, Philipp: Die Verbraucherkreditrichtlinie 2008/48/EG und deren Umsetzung ins deutsche Recht, Frankfurt a. M. 2011.

Wolf, Manfred: Rechtsgeschäftliche Entscheidungsfreiheit und vertraglicher Interessenausgleich, Tübingen 1970.

Zahn, Marcus: Überschuldungsprävention durch verantwortliche Kreditvergabe, Berlin 2011.

Verzeichnis weiterer Quellen

Bundesministerium der Justiz: Pressemitteilung vom 08.04.2008, abrufbar unter http://www.dnoti.de/Gesetzesaenderungen/gesaend2.htm, zuletzt abgerufen am 26.01.2013.

Bundesverband Deutscher Banken: Statistikservice Geschäftsentwicklung: Kreditgeschäft mit dem inländischen Privatsektor, abrufbar unter http://bankenverband.de/downloads/112011/ta-vw-geschaeftsentwicklung-kreditgeschaeft.pdf, zuletzt abgerufen am 26.01.2013.

Creditreform: Schuldneratlas 2010, abrufbar unter http://www.creditreform.de/Deutsch/Creditreform/Presse/Archiv/SchuldnerAtlas_Deutschland/2010/Analyse_SchuldnerAtlas_Deutschland_2010.pdf, zuletzt abgerufen am 26.01.2013.

Deutscher Richterbund: Stellungnahme zum Entwurf eines Gesetzes zur Umsetzung der Verbraucherkreditrichtlinie, des zivilrechtlichen Teils der Zahlungsdiensterichtlinie sowie zur Neuordnung der Vorschriften über das Widerrufs- und Rückgaberecht, abrufbar unter http://www.drb.de/cms/index.php?id=485, zuletzt abgerufen am 26.01.2013.

Europäische Kommission: Presseerklärung vom 16.01.2008, IP/08/55, abrufbar unter http://europa.eu/rapid/press-release_IP-08–55_de.htm, zuletzt abgerufen am 26.01.13.

Europäische Kommission: Presseerklärung vom 15.05.2009, IP/09/922, abrufbar unter http://europa.eu/rapid/press-release_IP-09-922_de.htm, zuletzt abgerufen am 26.01.2013.

Europäische Kommission: Konsultation und Anhörung zum Thema „Verantwortliche Kreditvergabe und Kreditaufnahme", abrufbar unter http://ec.europa.eu/internal_market/finservices-retail/credit/responsible_lending_de.htm, zuletzt abgerufen am 26.01.2013.

Europäische Kommission – Generaldirektion Gesundheit und Verbraucherschutz: Synthesepapier vom 08.06.2001, Leitlinien der geplanten Überarbeitung der Richtlinie 87/102/EWG, abrufbar unter http://ec.europa.eu/consumers/cons_int/fina_serv/cons_directive/cons_cred1a_de.pdf, zuletzt abgerufen am 26.01.2013.

Europäisches Parlament: Implementation of the Consumer Credit Directive, abrufbar unter http://www.europarl.europa.eu/document/activities/cont/201201/20120130ATT36564/20120130ATT36564EN.pdf, zuletzt abgerufen am 27.01.2013.

Office of Fair Trading: Irresponsible lending – OFT guidance for creditors, abrufbar unter http://www.oft.gov.uk/shared_oft/business_leaflets/general/oft1107.pdf, zuletzt abgerufen am 27.01.2013.

Statistisches Bundesamt: Wirtschaft und Statistik 3/2010, abrufbar unter http//www.destatis.de/DE/Publikationen/WirtschaftStatistik/Monatsausgaben/WistaMaerz10.pdf?_blob=publicationFile, zuletzt abgerufen am 19.01.2013.

Statistisches Bundesamt: Statistik zur Überschuldung privater Personen 2010, abrufbar unter http://www.destatis.de/DE/Publikationen/Thematisch/EinkommenKonsumLebensbedingungen/Ueberschuldung/Ueberschuldung5691101107004.pdf?_blob=publicationFile, zuletzt abgerufen am 01.01.2013.

Verbraucherzentrale Bundesverband: Stellungnahme zum Referentenentwurf des Bundesministeriums der Justiz zum Gesetz zur Umsetzung der Verbraucherkreditrichtlinie, des zivilrechtlichen Teils der Zahlungsdiensterichtlinie sowie zur Neuordnung der Vorschriften über das Widerrufs- und Rückgaberecht, abrufbar unter http://www.vzbv.de/2829.htm, zuletzt abgerufen am 26.01.2013.

Zentraler Kreditausschuss: Stellungahme zum Gesetzesentwurf der Bundesregierung für ein Gesetz zur Umsetzung der Verbraucherkreditrichtlinie, des zivilrechtlichen Teils der Zahlungsdiensterichtlinie sowie zur Neuordnung der Vorschriften über das Widerrufs- und Rückgaberecht, abrufbar unter http://bankenverband.de/downloads/022009/sp0902-re-vkr-umsg.pdf, zuletzt abgerufen am 26.01.2013.

Zentrum für Europäischen Verbraucherschutz e. V.: Ein Europäischer Markt für Verbraucherkredite: existiert ein solcher wirklich? – Betrachtungen im Deutsch-Französischen Kontext, abrufbar unter http://www.eu-verbraucher.de/fileadmin/user_upload/eu-verbraucher/PDF/Berichte/Studie_ZEV_Verbraucherkredite.pdf, zuletzt abgerufen am 27.01.2013.

The manufacturer's authorised representative in the EU is Springer Nature Customer Service Centre GmbH, Europaplatz 3, 69115 Heidelberg, Germany. If you have any concerns regarding our products, please contact ProductSafety@springernature.com

Printed and bound by CPI Group (UK) Ltd, Croydon, CR0 4YY
21/10/2026
02237159-0009